Siris · Guerilla Investing

Peter Siris

GUERILLA INVESTING

So überlisten Sie als Privatanleger die Profis

FinanzBuch Verlag München

Dieses Buch widme ich meiner Mutter Elaine Winik,
die mich lehrte, wie man richtig denkt,
und meinem Vater Burt Siris,
der mich lehrte, wie man investiert.

Erschienen 1998 bei Longstreet Press, Inc. unter dem Titel:
Guerrilla Investing

Aus dem Amerikanischen von Carsten Roth

Gesamtbearbeitung: Michael Volk, München
Lektorat: Patrick Apfeld, Bonn
Satz und Repro: SatzTeam Berger, Ellenberg
Druck: Jos. C. Huber, Dießen/Ammersee
Umschlaggestaltung: Julia Grunow
Umschlagfoto © by Tony Stone

2. Auflage 2000

Landshuter Allee 61, 80637 München
Tel.: 089/651285-0 Fax: 089/65 20 96
e-mail: siris@finanzverlag.com

ISBN 3-932114-23-X

Inhalt

Vorwort

Der Guerilla! Ein Wort, das an Freiheit, an Kampf und an Fairneß erinnert. Ein Wort, daß mir auf meinem täglichen Gang auf dem Parkett der New Yorker Börse neuen Mut und neue Energie verleiht und vor allem eines: Den Wunsch, auf dem Datenhighway auch nur einen leichten Hauch schneller und besser zu sein als andere Börsianer. Zeit ist Geld, für jeden Freiheitskämpfer in den Finanzmärkten.

Um in dem Dschungel der Finanzwelt nicht chancenlos zu sein, ist vor allem folgendes von Nöten: Mut, Kampfgeist und die richtigen »Waffen«. Schließlich ist Kapitalismus ohne Pleiten wie das Christentum ohne die Hölle. Wer gewappnet sein will, sollte sich dieses Buch zu Gemüte führen. Denn nur mit den richtigen Kampfmethoden ist der dauerhafte Erfolg vorprogrammiert. Die Spielregeln sind einfach: Wissen ist Macht!

Nicht zuletzt dem Internet ist es zu verdanken, daß die Welt nicht nur fairer, sondern auch flexibler geworden ist. So spielten in den Finanzkrisen der vergangenen Jahre weniger die Banken, sondern die Investoren eine bedeutende Rolle. Investoren bestrafen funktionsunfähige Finanzsysteme mit rapiden Kapitalabzügen, verzeihen jedoch im Gegensatz zu den Banken schneller und kehren mit Kapital zurück. So ist die unerwartet schnelle Erholung oder Stabilisierung der Finanzmärkte in Asien und Lateinamerika, einmal abgesehen von den weltweiten Zinssenkungen, vor allem auf eine überraschend schnelle Rückkehr von Liquidität zurückzuführen. Zuversicht steigt, Risikoprämien fallen und Börsen erholen sich. Profis müssen sich warm anziehen, denn der Vorsprung zum Hobbybörsianer schrumpft. Analysten müssen sich an den Gedanken gewöhnen, daß in Analystenkonferenzen a la Intel nun auch der Börsianer per Internet am Puls des Geschehens teilnimmt.

Durch das Zusammenschrumpfen der Welt steigt die Schlagkraft und der Einfluß der privaten Investoren. Niemals zuvor dürften Medien und Finanzhäuser aller Arten einer derart marktverändernden Revolution gegenüber gestanden haben. So mag die Rally der Internetaktien ohne Frage eine der größten Manien dieses Jahrhunderts sein. Die Branche insgesamt aber als überbewertet zu bezeichnen ist dennoch ein Fehler. Wie mißt man schließlich das Kurs-Gewinn-Verhältnis (KGV) einer weltverändernden Revolution? Besonders in diesen volatilen Zeiten ist das richtige Verhalten, zur richtigen Zeit, am richtigen Ort besonders wichtig. Mit noch nie dagewesenen Ereignissen wie einer Asienkrise, der Einführung des Euro oder der bevorstehenden Jahrtausendwende gilt dies mehr als je zuvor.

Meine Erfahrungen am US-Markt, die ich sowohl täglich auf dem Fernsehsender n-tv als auch monatlich im investormagazin wiedergebe und kommentiere, bestätigen diese Veränderungen und die sich daraus ergebenden Chancen für den Privatinvestor. In dieser multimedialen Informationswelt steht der Anleger nunmehr eher vor dem Problem, unabhängige Informationen zu erhalten und deren Wert entsprechend einzuordnen – und das Ganze natürlich kostengünstig. Hilfe ist in Sicht. Die neue Finanz-Community investorworld bietet jedem Anleger, ganz gleich, auf welchem Wissenstand er sich befindet, eine ideale Plattform, um sich in allen Bereichen rund um das Thema Anlage zu informieren. Somit kann jeder Anleger gut bewaffnet in den täglichen »Kampf« an der Börse – wie es der amerikanische Autor dieses Buches Peter Siris beschreibt – gehen. Der Erfolg wird planbar.

Markus Koch
n-tv-Korrespondent
investormagazin-Autor

Es soll Investoren geben, die grundsätzlich immer das machen, wovon die Profis gerade abraten. Ich möchte gar nicht soweit gehen und darin gleich eine Strategie erkennen wollen. Doch eines offenbart uns der Vergleich immer wieder. Analysten und Fondsmanager sind zwar so nah am Geschehen, doch manchmal so fern vom erwarteten Erfolg.

Und so kommt es, daß selbst ein »Guerilla«, wie Autor Peter Siris den Kleinanleger im Vergleich zu dem übermächtig erscheinenden Heer der Profis nennt, erfolgreich sein kann. Wer »Guerilla Investing« liest denkt nur im ersten Moment, daß es hier um martialisches Gemetzel zwischen zwei ungleichen Gegnern geht. In Wahrheit zeigt das Buch dem Privatinvestor die Wege auf, die er beschreiten muß, um im stetigen Kampf an der Börse erfolgreich sein zu können. Damit entsprechen Siris Ausführungen auch exakt den Gedanken der investorworld (www.investorworld.de). Als unabhängige Finanzgemeinschaft rüstet jene Community die Anleger kostenfrei mit strategischen Waffen aus. Solche, die sie brauchen, um in der ständig sich verändernden Börsenlandschaft zielgenau agieren zu können.

Volker U. Meinel
Chefredakteur investormagazin

Dank

Ich möchte an dieser Stelle meinem Großvater Sam Kappel und meinem Vater Burt Siris danken. Sie erzählten mir alles über die Börse, als ich noch ein kleiner Junge war. Ich glaube, diese Lektionen haben inzwischen doch etwas genutzt. Außerdem möchte ich meiner Mutter Elaine Winik danken, die mir beibrachte, wie wichtig es ist, etwas zu lernen – auch wenn ich nicht gerade der einfachste Schüler war.

Außerdem möchte ich mich bei einigen Leuten bedanken, mit denen ich an der Wall Street zusammengearbeitet habe. David Keidan und David Goldsmith von Buckingham Research Group führen eine der besten Aktien-Boutiquen auf der Wall Street. Bei vielen Firmen ist Qualitätsarbeit nicht immer ein Markenzeichen, doch auf Buckingham trifft dies uneingeschränkt zu. Ich verdanke David und David und den anderen früheren Partnern bei Buckingham viel von meinem Erfolg. Für mich war es ein Glücksfall, daß ich sieben Jahre mit so hervorragenden Menschen zusammenarbeiten durfte.

Mark Suvall, Andy Rodman und Charlie Frumberg von UBS Securities sind drei der schlauesten und charismatischsten Menschen an der Wall Street. Sie übernahmen eine fast im Tiefschlaf befindliche Brokerfirma und entwickelten daraus eine Großmacht – und das, ohne Qualität und moralische Grundsätze zu vernachlässigen. Es war eine Ehre für mich, für sie arbeiten zu dürfen.

Ich möchte Linda Wachner, der Vorstandsvorsitzenden von Warnaco und Authentic Fitness, dafür danken, daß sie mir Gelegenheit gab, für sie zu arbeiten. In den langen Jahren an der Wall Street habe ich viele Topmanager kennengelernt, doch Linda ist die beste. Sie widmet sich ihrer Arbeit mit einem Erfolgswillen, dem ich in dieser Form noch nicht wieder begegnet bin.

Ich möchte mich bei den Leuten von Keim-Wilson bedanken, die mir jahrelang geholfen haben. Stud Hoffmann, ein legendärer Trader, und Mark Erman, ein Spitzenmann in der Marktanalyse, hielten mich ständig über die entscheidenden Entwicklungen, die mir während der Arbeit an diesem Buch entgingen, auf dem Laufenden. Dick Keim und David Wilson schenkten mir ihre Freundschaft und manch guten Rat. (Außerdem leisteten sie Großartiges, als sie einen Teil meines Geldes managten.)

Besonderer Dank gilt Leigh Curry, die nicht nur aktuelle Untersuchungsergebnisse lieferte, sondern auch das Manuskript dieses Buchs las und dazu wertvolle Beiträge leistete. Einige der besten Abschnitte stammen von ihr. Vielen Dank auch an Stephen Cohen, einen echten Guerilla-Investor, für seine Anregungen und an Peter Levinson, für seine ständige Unterstützung.

Schließlich möchte ich mich bei meiner lieben Frau Barbara Wyckoff und meinen Kindern Alex und Tracy bedanken, die es mit mir in der Zeit aushielten, als ich das Buch verfaßte. Es ist wirklich kein Vergnügen, einen Ehemann oder Vater zu haben, der bis in die späte Nacht hinein in seinem Büro sitzt und an seinem Manuskript tippt. Ich schätze ihre Liebe und ihre Unterstützung.

Trotz der vielen Tips und Ratschläge, die ich von vielen Freunden und Mitarbeitern erhielt, stammen alle Ansichten in diesem Buch ausschließlich von mir. Das Buch soll Einzelinvestoren zeigen, wie die Profis investieren, und wie ein Einzelner dagegenhalten kann. In diesem Buch habe ich bestimmte Unternehmen, Manager, Brokerfirmen und Analysten erwähnt – immer nur, um dem Leser mit einem Beispiel zum besseren Verständnis zu verhelfen. Es ist nicht meine Absicht, bestimmte Aktien, Brokerfirmen oder Analysten zu empfehlen oder zu kritisieren. Kein aus dem Zusammenhang gerissener Kommentar sollte zur Wertung der Qualität einer bestimmten Person oder Firma genutzt werden. Jeder Analyst und jede Brokerfirma macht Fehler. Ich auch. Es ist keinesfalls meine Absicht, mich auf billige Weise bei irgendjemandem zu revanchieren; vielmehr möchte ich darstellen, was im Aktienmarkt wirklich abläuft. Ich hoffe, daß Einzelinvestoren nach der Lektüre dieses Buchs einen Weg finden, wie sie mit der Kapitalanlage in Aktien zum Erfolg kommen.

Peter Siris, New York

Einführung

Als kleiner Junge besuchte ich sehr oft meine Großeltern, und während wir im Fernsehen die Brooklyn Dodgers sahen, las mein Vater meinem Großvater die Aktienkurse vor, und sie unterhielten sich über Aktien. Ich kann mich noch immer an viele Aktien erinnern, die mein Großvater besaß, obwohl die meisten dieser Aktiengesellschaften längst nicht mehr existieren. Es war Ende der 50er Jahre und die meisten Amerikaner begannen gerade, an der Börse zu investieren. Später nahm ich das Geld, das ich durch das Austragen von Zeitungen verdient hatte, und kaufte meine erste Aktie: American Motors. (Mir gefiel der kleine Nash Rambler, dessen Hupe immer so quäkte.) Auch wenn dieses Unternehmen ebenfalls nicht mehr existiert, verlief mein erstes Investment durchaus zufriedenstellend. Von da an hat mich die Börse immer fasziniert.

Viele Jahre lang teilten nur wenige Menschen mein Interesse. Verständlich, denn 1982 lief die Börse schlechter als 1969. Kluge Investoren steckten ihr Geld in Immobilien, Sachwerte, Gold, impressionistische Gemälde, antike Möbel und sogar in Baseball-Sammelkarten. Fünf Karten und ein Kaugummi hatten einen Nickel gekostet, aber sie waren nun Hunderte von Dollars wert. (Natürlich hatte meine Mutter meine Sammlung weggeworfen, als ich in den Sommerferien im Ferienlager war. Sie dachte, es sei Abfall. Sie wußte offensichtlich nicht, daß diese Sammlung bei der finanziellen Absicherung meines Ruhestands eine Rolle spielen sollte.) Weshalb sollte jemand das Glücksspiel an der Börse mitmachen, wo man doch in Sammelkarten investieren konnte? Und übrigens: Wer brauchte damals einen toten Aktienmarkt, wo doch Schuldverschreibungen und Geldmarktfonds mehr als 10 % Rendite einbrachten?

Auch nachdem der Aktienmarkt sich zu erholen begann, waren nur wenige Leute interessiert. Die Besserung schien nur eine vorübergehende Abweichung von der Norm zu sein. Als sich 1987 der Aktiencrash ereignete und der Dow Jones an einem Tag um 500 Punkte fiel, bestätigte das nur, was ohnehin schon jeder zu wissen glaubte: Die Geldanlage in Aktien war etwas für Dummköpfe. Meine Freunde, die wußten, daß ich an der

Wall Street arbeitete, riefen an, um mich zu trösten. Einige boten mir leihweise ihre Baseballkarten an, und einer sogar einen Job als Kellner. (Ich hoffte auf einen Job als Taxifahrer, aber in New York arbeiteten meine Schwierigkeiten mit der englischen Sprache gegen mich.) Zu meinem Glück schüttelte die Börse den Crash schnell ab und erholte sich wieder. Und bald war das Interesse der Leute für die Wall Street wieder da. Dies könnte durch die Tatsache gefördert worden sein, daß der Immobilienmarkt zusammengebrochen war, oder durch die Tatsache, daß inzwischen jeder wußte, daß es Leute gab, die an der Börse echt Geld machten.

Als sich der Aufschwung an der Börse fortsetzte und jeder Geld verdiente, überholten die Aktien die Immobilien als Kapitalanlage der Wahl und wurden Gegenstand der Party-Plaudereien. Die Leute hörten auf, Fragen zu stellen, und begannen, Ratschläge zu erteilen. Heute hat jeder »heiße« Aktien auf Lager. Mein Freund, der in Immobilien angelegt hat, hat heiße Aktien. Ebenso mein Arzt, mein Rechtsanwalt, der Mann vom Kabelfernsehen, der Klempner und der Automechaniker. Der Mann vom Kabelfernsehen mag Medienaktien und der Klempner bevorzugt Aktien von Biotechnik-Unternehmen. Der Automechaniker beklagt die ganze Zeit, daß er versäumt hat, rechtzeitig bei den Autoaktien einzusteigen. »Ich fahre diese amerikanischen Autos jeden Tag. Ich konnte sehen, daß sie besser wurden«, erzählt er mir immer, wenn ich wegen einer Reparatur zu ihm komme. »Weshalb war ich nur so dumm, diese Gelegenheit zu verpassen?«

Gesundgeschrumpft

Der Grund für den neuen Aufschwung von Aktien ist sehr einfach. Als die Baby Boomer ins mittlere Alter kamen, kamen sie auch in die Krise. Die 20prozentigen Zunahmen ihrer Gehälter, an die sie gewohnt waren, waren nun auf die Steigerung der Lebenshaltungskosten zurückgeschraubt worden. Beförderungen hörten auf, da Millionen die wenigen freien Stellen an der Spitze der Pyramide belagerten. Es waren einfach zu viele, die um die wenigen Jobs im Top-Management konkurrierten. Irgend jemand mußte verlieren, und das waren die Baby Boomer. Schlimmer noch: Die Unternehmen begannen, ihre Belegschaften zu reduzieren. Nun waren es die mit den weißen Hemdenkragen und nicht die Arbeiter, die ihre Arbeitsplätze verloren. Einst kalkulierten die Baby Boomer mit starkem jährlichen Wachstum ihrer Einkommen, und nun beteten sie darum, ihre Jobs behalten zu dürfen. Um die Situation noch weiter zu verschlechtern, ließen die Wertsteigerungen von Immobilien, die Grundlagen ihres Wohlstands, stark zu wünschen übrig. Als die Unternehmen ihr Personal reduzierten und Immobilien in Schwierigkeiten gerieten, merkten sie plötzlich, daß sie sich dem »Mittelalter« näherten und bisher noch wenig für den Ruhestand gespart hatten. Mehr als die Hälfte ihres Arbeitslebens lag schon hinter ihnen. Die Dinge wurden nicht besser, und die Uhr tickte unablässig. Sie mußten Geld machen ..., und zwar schnell.

Glücklicherweise hatten die Baby Boomer bereits alle Dinge gekauft, die sie je benötigen würden. Immerhin hatten sie beinahe drei Jahrzehnte lang jedes vorstellbare materielle Gut erworben, und nie zuvor gab es eine Generation, die das Geld hemmungsloser ausgab. Aber das, was sie am meisten brauchten, die finanzielle Sicherheit, die fehlte ihnen. Sie hatten für ihren Lebensabend noch wenig gespart, und als sie sich umsahen und feststellten, daß sie noch weitere 50 Jahre leben könnten, da begannen sie, sich Sorgen zu machen. Sie wußten, daß sie ganz schnell noch ein goldenes Ei in ihr Nest legen mußten.

Ironischerweise stellten die Probleme der Baby Boomer auch gleichzeitig ihre Lösung dar. Das Downsizing der Unternehmen, ein schwacher Immobilienmarkt und reduzierte Konsumausgaben führten zu einem scharfen Rückgang der Inflation. Schuldverschreibungen, die einstmals über 10 % Gewinn einfuhren, brachten nur noch 6 % ein, Geldmarktfonds nur noch 4 %. Immobilien waren tot. Gold kostete nur noch die Hälfte seines historischen Höchststands. Sogar Baseballkarten wurden weniger geschätzt. Man hatte keine andere Wahl, als in Aktien zu investieren.

Geld floß aus den Schuldverschreibungen in Aktien, aus den Geldmarktfonds in Aktien, von Immobilien in Aktien, aus Sammlungen in Aktien, und auch die alltäglichen Konsumausgaben wurden zugunsten von Aktien eingeschränkt. Der Geldzufluß drückte die Aktienkurse nach oben. Das Downsizing, das die Zukunft der Boomer so sehr bedroht hatte, machte Unternehmen effizienter, und das führte zu höheren Gewinnen. Bei geringeren Zinsraten waren Investoren bereit, mehr für diese Gewinne auszugeben. Und so trieb die Kombination aus höheren Gewinnen und höheren Kurs/Gewinnverhältnissen den Aktienmarkt nach oben.

Der Dow Jones Industrial Average lag 1968 über 1.000 Punkten; 1982 war er auf unter 800 gefallen. Fast 15 Jahre lang verdiente niemand mit Aktien Geld. Aber dann begann der Boom. Zwischen 1982 und 1987 vervierfachte sich der Dow beinahe. Dann kam der Crash von 1987. Der Dow fiel an einem Tag um mehr als 500 Punkte und insgesamt um 1.000 Punkte von seinem Höchststand. Aber der Crash hielt nicht lange vor. In dem Maß, wie die Zinsen sanken, nahm die Börse ihren Aufwärtstrend auf. 1997 hatte der Dow 8.200 Punkte überschritten, das war etwa zehnmal mehr als 1982. Innerhalb von 15 Jahren war der Markt um mehr als 1.000 % explodiert, eine Durchschnittsrendite von 20 % pro Jahr – ein noch nie zuvor dagewesener Anstieg!

Die Realität schlägt zu

Es gibt nichts, das immer aufwärts geht. So wie Immobilien in früheren Jahrzehnten boomten, nur um in den 80er Jahren wieder schwächer zu werden, so wie Gold von 32 $ auf 800 $ je Unze anstieg, um heute auf unter 300 $ zu fallen, so wie Sammlungen einen Boom hatten, aber auch Einbrüche – so wird es auch an der Börse sein. Man kann nie wissen, wann die Börse flacher werden und wann sie fallen wird. Aber eines ist sicher: Kein Vermögenswert, keine Aktien, keine Immobilien, keine Gemälde – und nicht einmal Baseballkarten – können Jahr für Jahr um 16 % steigen. Der enorme Zulauf zur Börse in den letzten 15 Jahren hat vielen Baby Boomern finanzielle Sicherheit gebracht und dafür gesorgt, daß das Spiel so einfach erschien. Wenn der Aktienmarkt sich nicht weiter nach oben entwickelt, dann werden viele der neuen Investoren zum ersten Mal mit einem flachen oder gar fallenden Markt konfrontiert. Die meisten von ihnen waren 1987 noch nicht an der Börse engagiert. Für sie ist der 19. Oktober 1987 lediglich irgendein Datum in der Geschichte. Sie waren nicht gezwungen dazusitzen und zuzusehen, wie ihr Vermögen vor ihren Augen zerfiel. Noch weniger Investoren können sich an den langsamen Tod der Börse in den 70er Jahren erinnern, als sich der Markt 13 Jahre lang einer Seitwärtsbewegung hingab und die Werte fielen. Ein flacher oder fallender Markt wird für die meisten Investoren eine neue Erfahrung sein, und diese Erfahrung wird unter den Investoren höchstwahrscheinlich die Spreu vom Weizen trennen.

Weshalb Sie dieses Buch brauchen

Wie schön wäre es, sich aussuchen zu können, ausschließlich in Bullenmärkten zu investieren, aber das ist unmöglich. Der einzige erfolgversprechende Weg, das Spiel zu gewinnen ist es, besser als der Durchschnitt zu sein – das gilt für alle Märkte. In einem aufsteigenden Markt kann ein erfolgreicher Investor mehr Geld verdienen als der Durchschnitt, er kann einiges Geld in flachen Märkten verdienen und in einem fallenden Markt weniger als der Durchschnitt verlieren.

Um besser zu sein als der Markt, muß man die Konkurrenz ausschalten. Wer den durchschnittlichen Investor nicht besiegen kann, der kann auch nicht gewinnen. Aber, ganz anders, als man gemeinhin annimmt und ganz anders, als es jeder Investor hofft, ist der Durchschnittsinvestor keine Witwe im Altersheim, die ein Grundstück verkauft. Der durchschnittliche Investor ist auch keine Waise, deren einziges Ziel ist, ihr Erbe zu schützen. Statt dessen ist der durchschnittliche Investor im allgemeinen ein ausgebildeter Profi, der mindestens so sehr gewinnen möchte wie Sie, und er wird alles nutzen, was ihm zur Verfügung steht, um Sie zu besiegen.

Einzelinvestoren sind jedoch nicht ganz wehrlos. Das Internet hat ihnen Informationen vor die Füße gelegt. Heute können sie mit einem Mausklick ihre Portfolios beobachten, Kurse abrufen, Charts nutzen, die Gewinnschätzungen und Empfehlungen der führenden Analysten verfolgen. Sie können den Nachrichten um eine Nasenlänge voraus sein und aussagekräftige Finanzberichte der Unternehmen selber studieren, und sie können zu Kursen traden, die genauso oder sogar noch günstiger sind als die, die den Profis zur Verfügung stehen. Die Herausforderung für den Einzelinvestor ist zu lernen, wie man diese neue mächtige Quelle nutzt.

Um zu gewinnen, müssen die Einzelinvestoren Wege finden, sich gegenüber den Profis Vorteile zu verschaffen. Für diejenigen, die nicht viel Zeit haben, bedeutet das nichts weiter, als daß sie gute Aktien kaufen und halten und damit den Spielchen der Profis aus dem Weg gehen. Aber für die, die mehr Zeit und mehr Geld zur Verfügung haben, kann *Guerilla Investing* eine ganze Reihe aktionsorientierte Strategien bereitstellen, die dem Einzelinvestor Vorteile verschaffen.

Guerilla Investing wurde für den ernsthaften Amateuranleger geschrieben, der es mit den Profis in guten und in schlechten Märkten aufnehmen möchte. Dennoch hat dieses Buch keine Zauberformeln anzubieten. Es kann Ihnen nicht sagen, wie Sie viel Geld verdienen. Nur sehr wenige Anleger verdienen an der Börse wirklich viel Geld. Die Konkurrenz ist einfach zu stark. Dieses Buch wird Sie nicht in die vielbesungenen zehn Geheimnisse des Erfolgs einweihen, die den Gewinn garantieren. Gewinn kann nicht garantiert werden, und wenn es solche Geheimnisse gäbe, dann hätte sie irgend jemand schon vor langer Zeit entdeckt. Dieses Buch wird Ihnen keine Tips für spezielle Aktien geben. Der Markt ist zu dynamisch. Jede Kauf- oder Verkaufsempfehlung wäre veraltet, bevor Sie sie lesen könnten. Tatsächlich ist der Wandel das einzig Stetige an der Börse. Branchen werden bevorzugt oder vernachlässigt. Aktien steigen und fallen. Nur die Investoren, die den Wechsel vorhersehen können, werden gewinnen, während jene, die den Wechsel nicht vorhersehen können, sich auf der Verliererseite wiederfinden werden.

Dieses Buch kann dem Amateuranleger das Werkzeug zur Verfügung stellen, um die Dynamik der Börse zu verstehen und die Veränderungen an der Börse zu antizipieren. Es stellt auch spezielle Informationen über Möglichkeiten des Online-Investing zur Verfügung. Das Computersymbol auf den Seiten wird Sie darauf hinweisen, im Internet nach Informationen zu suchen. *Guerilla Investing* ist eine Strategie, die sowohl die neueste Technologie als auch bewährte, allgemeinverständliche Techniken berücksichtigt, die den Amateur in die Lage versetzen, entgegen allen Voraussagen zu gewinnen. *Guerilla Investing* stellt dem Investor auch Waffen zur Verfügung, die er braucht, um sich dem Kampf mit den Profis zu stellen und um besser zu sein als der Markt.

Teil I

Der Schlachtplan

KAPITEL 1

Das Schlachtfeld verstehen lernen

- Haben Sie schon einmal gehört, wie Börsenprofis über ihre Performance sprechen, und sich gewundert, warum Sie nicht so gut abgeschnitten haben?
- Haben Sie bemerkt, daß es den Anschein hat, als ob die Profis die wichtigen Nachrichten immer schon vor Ihnen kennen würden?
- Haben Sie bemerkt, daß die Profis jede Aktie einer heißen Neuemission ergattern?
- Haben Sie schon einmal einen Bericht von Ihrem Broker erhalten, nur um festzustellen, daß eine bestimmte Aktie schon vorher um 25 % gestiegen war?

Als Einzelinvestor spielen Sie ein Spiel, dessen Regeln gegen Sie gerichtet sind. Die Profis erhalten bessere Informationen von Verkäufern, Analysten, Tradern und vom Management der Unternehmen. Sie haben mehr Kapital zur Verfügung und bessere Trading-Systeme. Sie können schnell handeln und ihre Trades abschließen, bevor der Einzelinvestor überhaupt weiß, was geschieht. **Einzelinvestoren verlieren typischerweise, weil sie den Kampf mit den Profis auf deren Terrain aufnehmen.** Einzelinvestoren können nicht auf die Ressourcen und Informationen zugreifen, die den Profis zur Verfügung stehen. Aber es gibt eine Möglichkeit, wie der Einzelinvestor die Profis besiegen kann.

Stellen Sie sich die Kapitalanlage in Aktien als einen Krieg vor und die Profis als eine gut ausgebildete Armee. Der Einzelne kann die Profis nicht frontal angreifen. Der Einzelne hat dafür nicht die Waffen, aber er kann gegen die Profis in der gleichen Art und Weise kämpfen, wie Guerillas eine gut gerüstete Armee bekämpfen: Sie attackieren die Schwächen der Profis, vermeiden die Stärken der Profis, kämpfen auf bekanntem Terrain und finden Nischen, die den Profis entgehen. Sie machen die geringere Größe des Einzelnen zum Vorteil und betrachten sie nicht als Nachteil. Wir nennen das *Guerilla Investing*. Wenn sich Einzelinvestoren als Guerillakämpfer verstehen und sich eine Strategie ausdenken, mit der sie gut gerüstete Profis so angreifen wie Guerillas eine gut gerüstete Armee, dann haben sie reelle Chancen zu gewinnen.

In Aktien investieren ist wie ein Krieg

Als Investor versuchen Sie wie ein Militärstratege, Ihren Feind zu besiegen und besser zu sein als der Markt, während Ihr Feind versucht, Sie zu schlagen. Jedes Investment ist wie eine Schlacht und die Summe der Schlachten macht den Krieg aus. Wenn Sie nicht die meisten Schlachten gewinnen, dann können Sie auch den Krieg nicht gewinnen. In seinem Buch *Die Kunst des Krieges* formulierte der chinesische Philosoph Sun Tzu die wichtigste Regel: Wenn das die erste und wichtigste Regel der Kriegskunst ist, dann ist es auch die erste und wichtigste Regel für die Kapitalanlage. Um an der Börse gewinnen zu können, müssen Investoren die eigenen Stärken und Schwächen sowie die ihrer Feinde kennen.

Bei der Geldanlage ist jeder der Feind, der auf der anderen Seite eines Trades steht. Sie haben kein Bild Ihres Feindes an der Wand mit einer Kugel in seinem Herzen. Und wirklich, es ist schwierig, den warmherzigen Portfolio-Manager einer Bank oder den charismatischen CEO eines Unternehmens als Feind zu sehen. Tatsache aber ist, daß sie beim Traden Ihre Feinde sind und nur einer Gewinner sein kann.

Wenn er über Aktien nachdenkt, dann muß der Investor sich folgende Fragen stellen:

- »Was weiß mein Feind, das ich nicht weiß?«
- »Weshalb verkauft mein Feind, während ich kaufe?«
- »Wie kann ich einen Vorteil gewinnen, der mir ermöglicht, meinen Feind zu besiegen?«

Für die meisten Menschen ist die Kapitalanlage in Aktien nicht wie Krieg. Wenn man eine Aktie kauft und sie an Wert gewinnt, dann hatte man recht. Wenn man eine Aktie kauft, die in ihrem Wert fällt, dann lag man falsch. Die meisten Leute regen sich auf, wenn der Markt steigt, und sind frustriert, wenn es abwärts geht. Zur Zeit sind die meisten Leute freudig erregt. Aber riesige Bullenmärkte, genau wie der aktuelle, kommen nur einmal in einer Generation vor. Der letzte vergleichbare Bullenmarkt war in den späten 60ern zu beobachten. Nach seinem Ende mußten die Investoren 13 Jahre lang warten, bevor sich die Aktien wieder erholten. Weil es unmöglich ist, Marktbewegungen vorherzusagen, sollten Investoren üben, ihre Feinde zu besiegen und besser zu sein als der Durchschnitt. Um diese Ziele zu erreichen, muß jedes Investment als militärische Operation gesehen werden. Wenn Investoren wissen, wie sie die meisten Schlachten gewinnen, dann werden sie letztendlich auch den Krieg gewinnen.

Bei jedem Trade liegen 50 % der Investoren falsch

Jedesmal wenn ein Trade stattfindet, sagt der Käufer: »Das Beste, was ich mit meinen Geld tun konnte, war, diese Aktie zu kaufen.« Der Verkäufer hingegen sagt: »Diese Aktie zu kaufen, war das Schlimmste, was ich mit meinem Geld tun konnte.« Wenn der Kurs der Aktie steigt, dann hat der Käufer recht. Wenn der Kurs der Aktie fällt, dann hat der Verkäufer recht. Es ist unmöglich, daß beide recht haben.

Entscheidend ist, daß jeder Investor diesen Grundsatz versteht. **Kapitalanlage ist kein Spiel, bei dem jeder gewinnt. Es ist ein Spiel, bei dem einer gewinnt und der andere verliert.** Jeder, der in dieses Spiel einsteigt, geht an die Börse, um zu gewinnen. Auch die anderen sind nicht an der Börse, um die Welt zu verbessern oder ihr Vermögen nur zu mehren. Sie gehen an die Börse, um möglichst viel Geld zu machen. Wenn Sie Aktien kaufen, die ein Profi oder ein Unternehmens-Insider verkauft, wird nur einer von Ihnen am Ende recht behalten. In einer solchen Auseinandersetzung haben die Profis und Insider entscheidende Vorteile. Als Guerilla-Investor dürfen Sie sich keinesfalls mit stärkeren Gegnern auf deren Terrain einlassen.

»Cleveres Geld« verliert auch

Viele Leute glauben, das es an der Börse »cleveres Geld« gebe, und daß dieses in der Regel gewinne. Die institutionellen Anleger stellen offensichtlich das »clevere Geld«. Ihre Portfolio-Manager und Analysten erhalten jährlich Hunderte, Tausende oder Millionen von Dollars, und deshalb müssen sie clever sein. Fidelity Investments ist offensichtlich die cleverste der Cleveren, weil sie auch der größte Anleger ist. Wenn Fidelity kauft oder verkauft, dann nimmt die Börse davon Notiz. Ich hörte oft, wie Geschäftsleute flüsterten: »Fidelity kauft.« Ihr Tonfall ließ darauf schließen, daß alle Aktien, die Fidelity kauft, großartige Aktien sein müssen. Aber wenn Fidelity immer recht hat, dann muß die Person oder Institution auf der anderen Seite des Trades, entsprechend der Regel, immer falsch liegen.

Denken Sie einmal einen Augenblick an die andere Seite der Transaktion. Wenn Fidelity 2 Millionen Aktien kauft, wer verkauft dann? Glauben Sie, daß es 20.000 arme Waisen gibt, von denen jede 100 Aktien verkauft, die sie zu ihrer Geburt geschenkt bekam? Wie wäre es mit 200 Witwen, von denen jede 10.000 Aktien verkauft, die ihnen ihr Ehemann hinterlassen hat? Natürlich nicht. Wenn Fidelity 2 Millionen Aktien kauft, dann verkauft ein anderer institutioneller Anleger.

Fidelity gibt Millionen für Analysen aus, aber das tut auch der Anleger auf der anderen Seite der Transaktion. Fidelity hat geschickte Portfolio-Manager, Analysten und Trader und erhält hervorragende Informationen von der Wall Street. Aber genau das gleiche hat die andere Seite der Transaktion ebenfalls zur Verfügung. Auf jeder Seite einer Transaktion werden Millionen Dollar an Gehältern bezahlt, aber nur einer der institutionellen Anleger und dessen Experten werden recht behalten.

Viele werden dieser Beschreibung widersprechen. Sie werden behaupten, daß die Leute auf unterschiedliche Arten investieren, und daß sie Trades abschließen, die für alle Beteiligten von Vorteil sind. Ein Value-Investor würde beispielsweise eine Aktie kaufen, die abgestürzt war und unterhalb des Unternehmenswerts gehandelt wird. Sobald sich die Aktie erholt, würde der Value-Investor die Aktie wiederum an einen bescheidenen Wachstums-Investor verkaufen, der sie von einem Level knapp unter einem fairen Marktwert bis zu einem Level etwas über dem fairen Marktwert behalten würde. Der bescheidene Wachstums-Investor wiederum würde die Aktie an einen Wachstums-Investor verkaufen, der nur solche Aktien kauft, die hohes Gewinnwachstum und relative Stärke versprechen. In diesen Fällen könnte jemand behaupten, daß alle Seiten Gewinner wären, weil jeder von ihnen die Aktie während der Zeitspanne hielt, die am besten zu seinem Investment-Stil paßte.

Es gibt offensichtlich Augenblicke, in denen eine Aktie so sehr zulegt, daß sich jeder als Gewinner fühlen kann. Im Januar 1995 empfahl ich, CompUSA zu 7 $ zu kaufen. (Die Aktie war zuvor von 21 $ gefallen, so daß diejenigen, die zu 7 $ verkauften, nicht besonders glücklich waren.) Aber bei 7 $ war CompUSA der ideale Kandidat für Value-Investoren, die auf einen Turnaround setzten. Ein neues Management wurde eingesetzt, die Kontrollen wurden verbessert und die Insider kauften. Als die Aktie einen Kurs von 14 $ erreichte, begannen einige Value-Investoren zu verkaufen.

Die bescheidenen Wachtstums-Investoren stiegen ein, als deutlich wurde, daß das Unternehmen auf dem Wege der Besserung war. Das Management kaufte weiterhin Aktien zurück. Überraschend verbesserten sich die Gewinne. Die Aktie stieg auf einen Kurs von 28 $. Nun stiegen die Wachstums-Investoren ein. Im Januar 1996 erreichte CompUSA 45 $.

Wenn der Kurs einer Aktie innerhalb von 16 Monaten von 7 auf 45 $ ansteigt, ist es für jeden schwierig, sich als Verlierer zu empfinden, außer natürlich für denjenigen der die Aktie für 7 $ verkaufte. Alle Investoren konnten hochzufrieden sein, innerhalb von sechs Monaten ihr Geld verdoppelt zu haben. Das Problem dabei ist, daß sie sich selbst einige Fragen hätten stellen können. Der Value-Investor, der bei 14 $ verkaufte, muß große Augen gemacht haben, als der Kurs bis auf 45 $ raste, und seine Verkaufsentscheidung angezweifelt haben. Der bescheidene Wachstums-Investor könnte Überlegungen in zwei Richtungen anstellt haben: Er hätte schon bei 10 $ statt bei 14 $ einsteigen und er hätte bei 40 $ statt schon bei 28 $ verkaufen sollen. Hätte er das getan, hätte er seinen Einsatz vervierfacht, statt ihn nur zu verdoppeln. Auch die Wachstums-Investoren hätten schon früher einsteigen können, statt zu warten, bis sich der Wert der Aktie mehr als verdreifacht hatte.

Auch bei nochmaligem Überlegen könnte jeder dieser Investoren entzückt sein. Aber was geschieht normalerweise? Eine Aktie wird zu 20 $ gehandelt. Am folgenden Tag veröffentlicht das Unternehmen die Gewinnaussichten. Jemand kauft die Aktie, weil er Gewinne vermutet. Ein anderer verkauft die Aktie, weil er Verluste erwartet. Wenn die Gewinne über Plan liegen und die Aktie in ihrem Wert steigt, liegt der Käufer richtig. Wenn die Gewinne unter Plan liegen und der Wert der Aktie fällt, hat der Verkäufer recht. Bleibt der Kurs der Aktie unverändert, verlieren beide, weil sie die Transaktionskosten zu bezahlen haben. Die Wirklichkeit ist sehr einfach: Das ist Krieg. Jeder Trade ist eine Schlacht und in jedem Trade kann nur eine von beiden Seiten gewinnen.

Der Aktienkurs – im Niemandsland zwischen den Fronten

Kein General würde seine Truppen in ein Gefecht schicken, ohne zuerst das Schlachtfeld besichtigt und die Kräfte eingeschätzt zu haben, so wie sie sich im Augenblick darstellen. Das gleiche gilt für den Aktienmarkt. Um Ihre Feinde zu besiegen, müssen Sie den momentanen Zustand des Marktes verstehen, denn an diesem Punkt werden sich Veränderungen ereignen.

Kurse reflektieren das kollektive Wissen aller Marktteilnehmer zu einem bestimmten Zeitpunkt. Dies ist eine ganz einfache Wahrheit, aber sie ist entscheidend für Ihren Erfolg an der Börse. Es gibt keinen absolut richtigen Kurs für eine Aktie oder einen gesamten Markt. Die Kurse reflektieren zu jedem Zeitpunkt ein Unentschieden zwischen zwei kämpfenden Mächten. Die Broker kommen ständig mit großartigen Ratschlägen, die den Markt und einzelne Aktien betreffen. Wie oft haben Sie schon gehört, daß jemand sagte: »Diese Aktie ist viel zu billig, man sollte sie jetzt kaufen!« oder: »Diese Aktie ist viel zu teuer. Niemals wird sie weiter steigen.«

Es ist verführerisch zu glauben, daß der Broker tatsächlich etwas weiß. Broker, Analysten und Strategen haben Meinungen – aber es sind eben nur Meinungen. Egal, was Sie persönlich denken, Tatsache ist, daß eine Aktie zu keinem Zeitpunkt billig oder teuer ist. Sie ist nur im Verständnis des Brokers billig oder teuer. Damit möchte ich nicht Ihren Broker angreifen. Aber wenn Ihr Broker glaubt, daß eine ganz bestimmte Aktie unterbewertet sei, dann muß es jemanden geben, der glaubt, sie sei überbewertet. Andernfalls gäbe es keinen Verkäufer, der mit einem Käufer handelseinig würde. Nur wenn es ein Gleichgewicht von Käufern und Verkäufern gibt, kann die Aktie tatsächlich gehandelt werden, und wenn die Aktie gehandelt wird, dann zu einem Kurs, der das kollektive Wissen aller Marktteilnehmer zu diesem Zeitpunkt widerspiegelt. Es gibt kein »zu billig« oder »zu teuer«. Das ist immer nur eine ganz persönliche Ansicht in Relation zum Rest der Welt.

Wenn der Dow Jones bei 8.000 steht, dann ist dies der Kurs, den die Investoren zu diesem Zeitpunkt für richtig halten. Es kann sein, daß einige Investoren glauben, der Dow sei überbewertet. Das sind die Verkäufer. Aber wenn der Dow bei 8.000 steht, dann glauben andere Investoren, daß er unterbewertet ist, und dies sind die Käufer. Täglich werden 1 Milliarde Aktien gehandelt. Die Summe des kollektiven Wissens dieser Trader ist der Kurs des Marktes.

Das gleiche gilt für einzelne Aktien. Es ist naheliegend, den Kursverlauf einer Aktie zu betrachten und zu sagen, sie sei überbewertet oder unterbewertet. Haben Sie jemals beobachtet, wie eine Aktie von 50 auf 20 $ fiel, und sich gedacht, daß sie nun zu billig sei? Ja, Ihrer Ansicht nach kann sie zu billig sein, aber die Tatsache, daß sie um 30 $ fiel, bedeutet nicht, daß sie plötzlich ihren Kurs ändern und wieder an Wert gewinnen wird. Wenn die Aktie zu 20 $ gehandelt wird, dann reflektiert dieser Kurs das kollektive Wissen aller Investoren.

Aktienanleger diskutierten die Bewertung der neuen Internet-Aktien. Netscape, Yahoo!, Amazon.com, E*Trade und andere Internet-Unternehmen wurden von einigen Analysten als äußerst überbewertet charakterisiert. Aber jedem Investor, der eine dieser Aktien verkaufte, stand ein anderer gegenüber, der die Aktie kaufte. Jedem, der glaubt, daß das Internet nur eine Laune sei, steht jemand gegenüber, der annimmt, es sei die Zukunft. 50 % dieser Investoren werden recht haben, die anderen 50 % werden falsch liegen.

Und so ist es unvernünftig zu behaupten, daß der Markt oder eine einzelne Aktie zu billig oder zu teuer sei. Es ist nur vernünftig zu sagen, daß einzelne diese Auffassung vertreten. Zu jedem Zeitpunkt reflektiert der Markt die festen Überzeugungen aller Beteiligten. Für Investoren ist es äußerst wichtig, diese Regel zu verstehen. Das augenblickliche Level des Marktes richtig einzuschätzen, ist genauso, wie das Schlachtfeld richtig zu beurteilen. Bevor Sie in die Offensive gehen können, müssen Sie wissen, wer Ihr Feind ist und wie Ihr Feind positioniert ist. Künftige Marktbewegungen sind der Schlüssel, aber die können Sie nicht verstehen, wenn Sie nicht auch die momentanen Positionen verstehen.

Die Erwartungen der Investoren verändern das Gleichgewicht auf dem Schlachtfeld

Da an der Börse zu jedem Zeitpunkt zu einem Level gehandelt wird, der die kollektiven Erwartungen aller Investoren reflektiert, können sich die Kurse nur ändern, wenn die Investoren ihr Verhalten ändern. Wenn eine Aktie zu 30 $ gehandelt wird, ohne sich nach oben oder nach unten zu bewegen, dann deshalb, weil es ein Gleichgewicht von Käufern und Verkäufern gibt. Der Kurs wird sich nur verändern, wenn das Gleichgewicht verändert wird. Wenn sich mehr Menschen auf der Käuferseite engagieren, dann wird der Kurs der Aktie steigen. Wenn sich mehr Menschen auf der Verkäuferseite engagieren, dann wird der Kurs der Aktie fallen.

Veränderte Erwartungen bringen Menschen dazu, ihr Verhalten gegenüber einer Aktie zu ändern. Der Kurs der Aktie selbst kann diese veränderten Erwartungen bewirken. Wenn eine Aktie im Wert steigt, glauben die Leute oft, daß sich ihr Risiko/Gewinnverhältnis verändert habe. Ein Investor kaufte IBM bei 90 $. Als IBM 105 $ erreichte, stellte dieser Investor fest, daß nun das Risiko größer war als die Chance, und es an Zeit war, die Gewinne mitzunehmen.

Während die Wertschätzung einer Aktie die Leute oft dazu bringt, sie zu verkaufen, gibt es Leute, die gerade deshalb kaufen. Es gibt Investoren die glauben, daß eine Aktie, wenn sie eine Widerstandslinie durchbrochen hat, weiter steigen wird. Diese Investoren könnten einen Chart betrachten und überzeugt sein, daß dann, wenn IBM 105 $ erreicht, die Aktie auch auf 115 $ ansteigen wird. Deshalb werden diese Investoren warten, bis IBM 105 $ erreicht, und dann werden sie zuschlagen.

Ankündigungen von Unternehmen verändern die Erwartungen

Eine veränderte Erwartungshaltung kann aus aktuellen Ereignissen resultieren, beispielsweise einer Ankündigung von Gewinnen. Am 27. Oktober 1997 kündigten Oxford Health Plans an, daß sie im dritten Quartal wegen geringer als erwartet ausfallender Einnahmen und höher als erwarteter Abschreibungen Verluste hinnehmen müßten. Die Nachricht schockierte die Investoren. Wegen dieser schwachen Erwartungen wollten viele schnell verkaufen, aber niemand wollte kaufen. Die Aktie die zu 68,75 $ geschlossen hatte, eröffnete mit 38,75 $ – ein Verlust von 44 %. Der Kurs von 38,75 $ reflektierte das neue Niveau der Erwartungen für das Unternehmen. Zum Unglück der Aktionäre von Oxford hielt dieser Level nicht lange. Im Verlauf des Tages wurde die Nachricht bewertet, und die Aktie fiel auf 25,8125 $, was einem Verlust von 62,5 % an einem Tag entsprach. Auch die Ankündigung einer Fusion verändert die Erwartungshaltung. Als Staples und Office Depot ihre Fusion bekanntgaben, stieg die Aktie von Office Depot von 14 auf 20 $ an, während die Aktie von Staples von 23 auf 19 $ fiel. Der Grund für die veränderte Erwartungshaltung war das Verfahren der Fusion, in dem die Aktionäre von Office Depot mehr als eine Aktie von Staples für jede Aktie von Office Depot erhalten sollten. Da der Aktienkurs von Office Depot weitaus niedriger war als der Kurs von Staples vor der Ankündigung, stieg er an. Die Staples-Aktie andererseits fiel, weil die Investoren glaubten, daß die Fusion ihre Gewinne mindern würde. Nachdem die Regierung den Zusammenschluß aus Wettbewerbsgründen nicht genehmigte, entwickelten sich die Aktien gegenläufig, also wieder zurück auf den ursprünglichen Stand.

Veränderungen in den Erwartungen können auch durch Kommentare von Analysten ausgelöst werden. Da die Analysten die Unternehmen sehr genau verfolgen, können sie oft ahnen, ob die Geschäfte besser oder schlechter als geplant verlaufen. Manchmal geht der Anstoß für eine solche Einschätzung aus ihren eigenen Nachforschungen hervor, manchmal kommt der Anstoß aber auch von den Unternehmen selbst. Wenn die Analysten die Gewinnerwartungen höher oder niedriger einschätzen, dann werden auch die Investoren ihre Erwartungen verändern.

Wirtschaftsdaten verändern die Erwartungen

Schon eine einzelne ökonomische Größe kann verursachen, daß sich Erwartungen verändern. Zu jedem Zeitpunkt reflektieren die Kurse auf dem Markt einen speziellen Aktivitäts-Level der Wirtschaft. Wenn Maßzahlen wie beispielsweise der Producer Price Index (PPI) oder der Consumer Price Index (CPI) bekannt gegeben werden, versuchen Wirtschaftswissenschaftler sofort festzustellen, wie die neuen Informationen die Wirtschaft beeinflussen. Auch die Politik der Notenbank verändert die Erwartungen. Wenn der Markt erwartet, daß die Zinsen um 25 Basispunkte gesenkt werden und die Notenbank genau dies veranlaßt, dann wird diese Aktion höchstwahrscheinlich keinen Einfluß auf die Kurse haben. Der Markt wird diese Veränderung schon berücksichtigt haben. Senken die Banker die Zinsen jedoch um 50 Basispunkte, dann wird der ganze Markt voraussichtlich anziehen, weil die Veränderung positiver war, als erwartet. Senken die Bundesbanker hingegen die Zinsen nicht, dann wird der Markt wahrscheinlich schwächer, weil die Investoren eine Zinssenkung erwartet haben.

Öffentlichkeitsarbeit der Unternehmen verändert Erwartungen

Manchmal verändern sich die Erwartungshaltungen, weil eine Brokerfirma oder irgendein Kommentator ein spezielles Unternehmen vorstellt. Es ist auch möglich, daß ein Unternehmen im Fernsehen oder auf einer Analysten-Konferenz, gesponsert von einer Brokerfirma, vorgestellt wird. Manchmal liefert das Unternehmen echte Informationen, aber häufig leitet sich die Erwartungshaltung von der Qualität der Präsentation ab. Wenn ein Management konkreten Fragen ausweicht, oder wenn die Repräsentanten des Unternehmens aussehen wie Ganoven, dann werden die Investoren ihre Erwartungen niedriger ansetzen. Wenn das Management hingegen seine Position sehr überzeugend darstellt, dann kann es sein, daß die Investoren ihre Erwartungen höher ansiedeln. Der Grund dafür, daß die Aktie in ihrem Wert steigt oder fällt, liegt darin, daß die Investoren ihr Urteil über die unternehmerischen Fähigkeiten des Managements neu überdenken.

Es ist die Erwartungshaltung, die wirklich zählt

Es ist entscheidend zu erkennen, daß nicht gute oder schlechte Nachrichten die Aktienkurse beeinflussen, sondern ob die Nachrichten besser oder schlechter als die Erwartungen sind. Jeder Investor hat schon erlebt, daß ein Unternehmen hervorragende Gewinne bekanntgab und der Aktienkurs dennoch fiel. Oder daß eine größere Abschreibung bekanntgegeben wurde und der Aktienkurs anzog. Diese Vorgänge erscheinen völlig unlogisch, sind es aber nicht. Hohe Gewinne reichen nicht aus, um den Kurs einer Aktie nach oben zu drücken. Die Gewinne müssen besser sein als erwartet. Ebenso sind niedrige Gewinne niemals ausreichend dafür, den Kurs einer Aktie sinken zu lassen. Sie müssen in Relation zu den Erwartungen niedrig sein. Wenn die Gewinne nicht so niedrig waren, wie man es erwartet hatte, dann kann der Kurs der Aktie sogar steigen.

Im Mai 1997 gab Mecklermedia, ein Pionier unter den Internet-Unternehmen mit großartigem Management und hervorragenden Ergebnissen, ein weitaus besseres Quartalsergebnis als erwartet bekannt. Auf der Analysten-Konferenz jedoch warnte das Management davor, daß die Ergebnisse des nächsten Quartals einen Verlust ausweisen würden, weil eineVerkaufsausstellung verschoben werden müßte. Aus der Sicht des Managements war dies eigentlich nichts Wichtiges, aber die Investoren gerieten in Panik. Die Aktie, die gerade um 1 $ gestiegen war, fiel innerhalb der nächsten Stunde um 7 $, weil die Erwartungen sich negativ verändert hatten.

Wenn Investoren sehr schlechte Nachrichten erwarten, steigt der Aktienkurs zuweilen, nachdem die Nachricht wirklich verkündet wurde und die negativen Erwartungen nicht mehr bestehen. Vor einer Reihe von Jahren begab sich Fruit of the Loom auf einen Einkaufsbummel, aber die Akquisitionen waren ein Desaster. Die Gewinne von Fruit of the Loom sanken, und die Schulden wurden aufgebläht. Am Ende 1995 gab Fruit of the Loom bekannt, daß es die meisten Neuerwerbungen abschreiben würde. Sofort stieg der Aktienkurs, und innerhalb des nächsten Jahres verdoppelte die Aktie fast ihren Wert. Die Abschreibungen haben sehr wohl die Fehler des Managements deutlich gemacht, aber sie ermöglichten es dem Unternehmen, die verlustbringenden Akquisitionen abzustoßen und sich auf das profitable Unterwäschegeschäft zu konzentrieren. Als die Verlustbringer abgeschrieben waren, stiegen die Erwartungen und Schätzungen der Analysten, und der Aktienkurs konnte sich erholen.

Immer dann, wenn mehr Leute ihre Erwartungen höher ansetzen, wird ein Aktienkurs oder ein gesamter Markt steigen, während immer dann, wenn mehr Leute ihre Erwartungen herabsetzen, der Aktienkurs oder der gesamte Markt sinken wird. Die entscheidende Variable ist nicht der Unternehmensbericht oder eine gute oder schlechte Nachricht, sondern die Erwartungen der Mehrheit der Börsenteilnehmer. Der Trick an der Sache ist es, daß Investoren herausfinden müssen, ob neue Informationen die Erwartungen optimistisch oder pessimistisch stimmen.

Als Gruppe liegen die Experten immer falsch!

Weil Erwartungshaltungen den Markt beherrschen, geschieht etwas Seltsames, wenn es über eine Bekanntmachung relativen Konsens gibt. Alle Experten liegen falsch. Wenn alle Experten erwarten, daß der Markt ansteigt, wird er fallen. Wenn alle Experten erwarten, daß der Markt fällt, dann wird er steigen. Es gibt nicht viel, was im Leben ganz sicher ist, aber dies schon.

Wenn alle Experten überzeugt sind, daß der Aktienmarkt nur nach oben gehen kann, dann werden alle voll einsteigen. Und wenn alle Experten ihre Barreserven investiert haben, dann gibt es kein Geld mehr, um weitere Aktien zu kaufen. Ohne Käufe kann die Börse aber nicht weiter steigen. Außerdem können Erwartungen, wenn jeder ohnehin auf einen Bullenmarkt eingestellt ist, sich nicht weiter positiv entwickeln. Viele Investoren könnten weiterhin auf den Bullenmarkt setzen, aber wenn nur einige wenige die Aussichten schlechter einschätzen, dann werden sich die Erwartungen zum Negativen hin verändern. Eine negative Veränderung wird Verkäufe bewirken, die wiederum die Aktienkurse drücken. Deshalb wird der Aktienmarkt fallen, auch wenn die meisten Investoren immer noch auf einen Bullenmarkt setzen – weil sich letztendlich die Erwartungen zum Negativen entwickeln.

Dies gilt auch dann, wenn alle Experten auf einen Bärenmarkt setzen. In solch einer Situation haben sie viel Bares auf ihren Konten und erwarten das Schlimmste. Wenn die Neuigkeiten nicht ganz so schlecht sind, wie einige erwartet hatten, dann werden sich die Erwartungen geringfügig zum Positiven wenden. Da viel Bargeld zur Verfügung steht und es nur wenige gibt, die weiterhin verkaufen wollen, werden die Aktienkurse wieder steigen.

Was für die Börse als Ganzes gilt, das gilt auch für einzelne Aktien. Man könnte annehmen, daß eine Aktie, die von allen Analysten geliebt wird, sich wesentlich besser entwickelt als der Markt, während die Aktie, die von allen abgelehnt wird, deutlich hinter der Marktentwicklung zurückbleibt. Falsch. Wenn eine Aktie von jedem geliebt wird, dann wird der Wert und werden auch die Erwartungen sehr hoch sein. Schon eine kleine Enttäuschung kann sie zum Absturz bringen. Bei einer ungeliebten Aktie, bei der die Wertschätzung und die Erwartungen normalerweise sehr niedrig liegen, können sogar neutrale Neuigkeiten den Kurs der Aktie nach oben drücken. Ein Konsens kommt nur sehr selten vor, aber wenn es der Fall ist, dann werden die Experten fast immer falsch liegen und der Einzelinvestor wird gewinnen, wenn er gegen die Experten setzt. Im Guerilla Investing ist eine der besten Techniken, gegen den Konsens der Profis zu setzen. Warten Sie, bis der Konsens festliegt, und traden Sie dann dagegen. Jeder Investor, der diese Regel versteht, hat eine außergewöhnlich gute Chance, besser zu sein als der Markt. In Kapitel 5 werden wir Ihnen zeigen, wie man gewinnt, indem man gegen die Profis setzt.

Information ist die Währung der Wall Street

Wenn Veränderungen in den Erwartungen die Kursschwankungen verursachen, dann ist es am einfachsten, den Feind zu besiegen, indem man sich lückenlose Informationen beschafft und auf dieser Basis schneller agiert als der Feind.

- Wenn Sie wüßten, daß die Federal Drug Administration (FDA) eine neue Wundermedizin zulassen wird, dann würden Sie die Aktien des Herstellers kaufen.
- Wenn Sie wüßten, daß bald eine Unternehmensübernahme angekündigt wird, dann würden Sie die Aktien des Unternehmens kaufen, das übernommen werden soll.
- Wenn Sie wüßten, welche Aktien in der Samstagausgabe von *Barron´s* vorgestellt werden, dann würden Sie diese schon am Freitag kaufen.
- Wenn Sie wüßten, daß ein Unternehmen äußerst enttäuschende Ergebnisse ankündigen wird, dann würden Sie die Aktien verkaufen.

Hätten Sie lückenlose Informationen über künftige Ereignisse, dann wären Sie gegenüber Ihren Feinden in einer beherrschenden Position. Weil Sie wüßten, was passieren wird, könnten Sie die Auswirkungen der Informationen auf die Erwartungshaltung des Marktes analysieren und handeln, bevor Ihre Feinde wüßten, was überhaupt geschieht.

Der Schlüssel, um an der Wall Street erfolgreich zu investieren, ist, so viel Insider-Informationen wie möglich zu erlangen. Wenn Sie wüßten, daß ein Unternehmen insgeheim plant, einem anderen ein freundliches Übernahmeangebot zu machen, dann hätten Sie gegenüber Ihren Feinden einen großen Vorteil. Sicheres Wissen über Ereignisse in der Zukunft ist immer eine Garantie für Gewinne. Es gibt allerdings ein Problem: Es ist illegal, aufgrund von Insider-Informationen zu traden.

Es gibt allerdings nur eine ganz dünne Linie zwischen dem, was illegal und dem, was legal ist. Sicherheit macht den Unterschied aus. Wenn Sie mit Sicherheit wissen, daß ein künftiges Ereignis eintreten wird, dann haben Sie Insider-Informationen. Wenn Sie aber nur vermuten, daß dieses Ereignis höchstwahrscheinlich eintreten wird, dann verfügen Sie nicht über Insider-Informationen.

Analysten stellen sich gut mit den Entscheidungsträgern von Unternehmen; so erhalten sie beispielsweise Hinweise auf den Gewinn je Aktie. »Ich weiß, daß ich Sie nicht fragen darf, wieviel Sie verdienen werden«, sagt der Analyst, »aber ich wollte nur mal nachfragen, ob meine Schätzung von 0,26 $ einigermaßen richtig ist.« Unternehmen dürfen den Analysten nicht verraten, was sie ankündigen werden, die meisten aber werden irgendwelche Hinweise geben.

»Sie werden nicht enttäuscht sein«, könnte der Finanzvorstand antworten. Wenn der Analyst dem Finanzvorstand vertraut, dann wird er nun annehmen, daß die Gewinne gut sein werden, und eine Kaufempfehlung für diese Aktie abgeben. Oft rufen die Analysten andere Entscheidungsträger im Unternehmen an, um die Hinweise des Finanzvorstands zu überprüfen. Sie vergleichen Informationen verschiedener Entscheidungsträger und suchen nach einer Öffnung, die ihnen einen Vorteil verschafft. Sie könnten auch mit Kunden und Konkurrenten sprechen. Wenn Analysten plaudern und Informationen austauschen, dann haben sie nur ein Ziel im Sinn – Hinweise auf die Gewinnsituation zu erlangen, die es ihnen ermöglichen, anderen Investoren das Wasser abzugraben.

So ziemlich jeder an der Wall Street verbringt einen großen Teil seines Lebens damit, so viele legale Insider-Informationen zu erlangen wie nur möglich. Weil enorme Geldmengen auf dem Spiel stehen, kann ein noch so geringfügiger Informationsvorsprung zu deutlichen Gewinnen führen. So wie Armeen Spione und Satelliten einsetzen, um ihren Feinden gegenüber einen Vorteil zu erlangen, so werden Investoren jeden Versuch unternehmen, jegliches Wissen zu erlangen und damit einen Vorteil gegenüber der Konkurrenz zu bekommen. **Information ist die Währung der Wall Street. Die Leute mit den besten Informationen gewinnen normalerweise, während diejenigen, die schlecht informiert sind, im allgemeinen verlieren.**

Die Vorteile der Profis

Vorteil 1: Zeit. Wenn Information die Währung der Wall Street ist, dann hatten Profis schon immer einen enormen Vorteil gegenüber Amateuren. Der Profi widmet seine ganze Zeit der Kapitalanlage. Während der Amateur noch seinem Beruf nachgeht, sich um seine Patienten kümmert oder mit Klienten spricht, beobachtet der Profi seinen Computerbildschirm, wenn es neue Nachrichten gibt, und ist in der Lage zu agieren, bevor der Amateur überhaupt weiß, daß irgend etwas geschehen ist.

Informationen haben oft nur eine sehr begrenzte Lebensdauer. Der Investor muß eine Information erlangen und innerhalb sehr kurzer Zeit darauf reagieren. Ein Unternehmen gibt bekannt, daß es eine Neustrukturierung plant, und veranstaltet eine Analysten-Konferenz. Profis, die die Zeit haben, die Nachricht zu sehen oder an der Konferenz teilzunehmen, haben einen offensichtlichen Vorteil. Außerdem rufen sie in der Zeit zwischen der Ankündigung und der Konferenz das Unternehmen an und hoffen, ein paar Insider-Hinweise zu bekommen. Die Unternehmen beantworten Anrufe in einer speziellen Reihenfolge und bevorzugen zunächst ihre Freunde. Wenn es zwei Anrufe gibt, einen von Fidelity und einen von Lieschen Müller, was glauben Sie, wen man zuerst zurückruft? Wenn jemand eine Exklusivinformation erlangen kann und handelt, bevor der Rest der Welt weiß, was vorgeht, dann wird diese Person fast immer gewinnen.

Vorteil 2: Geldquellen. Der Profi hat Geldquellen zur Verfügung, mit denen der Einzelinvestor nicht mithalten kann. Dem Profi stehen viele Dollars zur Verfügung, die er dafür ausgibt, sich mit dem Management und mit Analysten zu treffen, Trading-Systeme zu erwerben und eigene Computerprogramme entwickeln zu lassen.

Vorteil 3: Informationsfluß. Durch den ständigen Fluß von Informationen, die einfach nur so durchsickern, haben die Profis gegenüber Einzelinvestoren schon beim Start die Nase vorn. Typischerweise fließen Finanzinformationen aus den Unternehmen über die Profis zu den Einzelinvestoren in einer Art und Weise, die mit einem umgedrehten Trichter zu vergleichen sind. Wenn ein Unternehmen seine Gewinne bekanntgibt, wird zunächst oft nur eine knappe Pressemitteilung herausgegeben, und dann werden die Einzelheiten einer kleinen Zahl von Analysten und Portfolio-Managern mitgeteilt. Die Analysten informieren ihre institutionellen Anleger und ihre besten Klienten. Die institutionellen Anleger rufen dann andere Kunden an. Die Analysten schreiben Eilmitteilungen, die unter weiteren institutionellen Anlegern verteilt werden und an die Broker. Wenn die Broker die Notizen erhalten, dann werden manche von ihnen Kunden anrufen, die meisten aber haben zuviel zu tun. Nachdem die Anrufe und die Notizen die Runde gemacht haben, schreiben die Analysten einen Bericht, der an weitere Kunden geschickt wird. Wenn die einzelnen Kunden Glück haben, dann werden sie ein monatliches Update ihrer Brokerfirma erhalten mit einer Liste von Berichten, die von jedem Analysten verfaßt wurden. Wenn die Einzelinvestoren einen Bericht finden, der sie interessiert, dann können sie ihren Broker anrufen und ihn bitten, daß er ihnen den Bericht zuschickt. Wenn sie den Bericht erhalten, dann kann die Information schon zwei Monate alt sein. An der Börse ist das eine Ewigkeit.

Vorteil 4: Neue Technologien. Im letzten Jahrzehnt wurden neue Technologien entwickelt, um die Geschwindigkeit, mit der Informationen an Profis weitergegeben werden, zu erhöhen. Über den Infobroker First Call erhält der Profi sofort Gewinnschätzungen, Kommentare und Veränderungen im Rating der Analysten. In Analysten-Konferenzen können die Profis direkt mit den Unternehmen sprechen. Bloomberg, Bridge und andere Systeme versorgen die Profis mit ausgeklügelten Systemen technischer Werkzeuge. Andere Systeme sind in der Lage, Lücken in den Markteinschätzungen zu erkennen und computergestützte Trading-Programme zu erstellen.

Durch den besseren Zugang der Profis zu brandheißen Informationen hat sich die Geschwindigkeit des Trading verändert. Der Umsatz an Nachrichten hat zugenommen. Die Profis können sofort reagieren, wenn sie eine Chance erkennen. Für viele gibt es das Wort »langfristig« nicht mehr. Es gilt, die Gegner zu schlagen, indem man zuerst agiert. Aber Einzelinvestoren hatten bisher kaum Zugang zu diesen Hilfsmitteln. Sie waren auf das Telefon und die Zeitung angewiesen, und der Abstand zwischen Einzelinvestoren und Profis wurde immer größer.

Ein neues Schlachtfeld

Nun aber arbeiten die technologischen Veränderungen, die dem Profi einen großen Vorteil einbrachten, zugunsten der Einzelinvestoren. Neue Nachrichtensysteme werden geschaffen, die in kürzester Zeit das Spielfeld einebnen. Über das Internet und Fernsehsender, die ständig Finanzinformationen verbreiten, haben sie Zugang zu Informationen, die sie zwar nicht mit den Profis gleichstellen, aber ihnen nahekommen. Auch das Verfahren, wie kommuniziert wird, hat sich geändert. Die Informationen sickern nicht mehr über lange Zeit hin von oben nach unten durch, sondern stehen allen fast zeitgleich zur Verfügung.

Sogar die Profis sehen fern

Die erste große Veränderung kam mit der Einrichtung des Finanzfernsehens, beispielsweise mit CNBC, CNNFN und Bloomberg. Diese Sender geben dem Einzelinvestor Zugang zu einem Ticker, zu Marktanalysen und Aktienanalysen, zu Kommentaren von Top-Analysten und Portfolio-Managern, zu Interviews mit Entscheidungsträgern von Unternehmen und der vollen Berichterstattung über bedeutende Ereignisse. Wichtige Ereignisse wie beispielsweise Regierungsverlautbarungen, Entscheidungen der Notenbank, Fusionen und Unternehmenskäufe, überraschende Gewinnankündigungen oder größere Kursveränderungen bei Aktien werden von diesen Sendern verbreitet. Reporter und Branchenexperten stehen zur Verfügung, um die Auswirkungen dieser Ereignisse sofort zu diskutieren. Im Ergebnis können diese Sender die Informationen an alle Investoren schneller und effektiver kommunizieren als die meisten Brokerhäuser. Und tatsächlich erhalten Trader und Verkäufer in den meisten Brokerhäusern die Eilnachrichten eher aus dem Fernsehen, als von ihren eigenen Analysten. Wenn man um 8.30 Uhr in die Börsensäle der Wall Street geht, zu der Zeit, wenn viele Statistiken der Regierung veröffentlicht werden, dann sieht man, daß Trader und Verkäufer sehr aufmerksam CNBC verfolgen.

Als diese Nachrichtendienste aufkamen, wurden sie für die Unternehmen zum Medium der Wahl, um ihre Nachrichten zu verbreiten. Weil die Unternehmen auf diesem Weg eine sehr große Öffentlichkeit erreichen können und das Fernsehen die rechtlichen Risiken selektiver Informationsverbreitung ausschließt, wählen Entscheidungsträger immer öfter das Fernsehen, um Wichtiges zu veröffentlichen. Wenn beispielsweise zwei Unternehmen eine Fusion bekanntgeben, dann erscheinen gewöhnlich beide Vorstandsvorsitzenden im Fernsehen. Man kann den Managern in die Augen sehen, beobachten, wie sie miteinander auskommen und wie sie Fragen beantworten. Das ist wesentlich besser, als nur eine Auswahl von Eilmitteilungen zu lesen. Und deshalb sitzen die Profis, wenn größere Ereignisse anstehen, vor ihren Fernsehern und haben die Finanzsender eingeschaltet.

Aber wenn Profis vor dem Fernseher sitzen, dann haben sie gegenüber Amateuren keine speziellen Vorteile mehr. Sie verfügen nicht mehr über ihr eigenes Informationssystem. Die Informationen kommen nicht mehr durch einen sehr engen Kommunikationskanal wie bei einer Analysten-Konferenz, an der nur eine begrenzte Anzahl von Leuten teilnehmen kann. Statt dessen werden die Informationen allgemein verteilt und der Profi erhält sie nicht schneller als der Amateur.

Darüber hinaus können die Einzelinvestoren tatsächlich einen Vorteil bezüglich des Timings haben, da die Profis mit viel größeren Geldbeträgen umgehen müssen und sich deshalb erst mit Investmentkommitees innerhalb des eigenen Unternehmens auseinandersetzen müssen. Wenn Einzelinvestoren ein Interview mit einem Manager sehen, der ihnen glaubwürdig erscheint, dann können sie ebenso schnell oder sogar noch schneller als die Profis agieren.

Zwar hat die Entwicklung der Fernsehstationen, die sich auf Wirtschaftsnachrichten konzentrieren, das Spielfeld teilweise eingeebnet, jedoch können die Fernsehstationen immer nur ihren Teil beitragen. Die Finanzsender können wichtige Ereignisse diskutieren, aber sie können sich nicht auf alle Ereignisse konzentrieren. Sie können die Kurse der umsatzstärksten Aktien anzeigen, aber sie können nicht die Kurse aller Aktien anzeigen, außer man kann den ganzen Tag über den Ticker beobachten. Sie können Interviews mit Managements anbieten, aber sie können nicht mit allen Unternehmen Interviews führen, die man gerne sehen würde. Sie können die Ansichten von Analysten und Portfolio-Managern präsentieren, aber der einzelne kann sich nicht aussuchen, welchen Analysten und welchen Portfolio-Manager er hören möchte.

Die Informationsrevolution: Das Internet

Die wirkliche Herausforderung für die privaten Informations-Netzwerke der Profis ist das Internet. Über das Internet hat der Einzelinvestor jetzt Zugang zu Dienstleistungen, die bisher nur Profis zur Verfügung standen. Dieser Wechsel im Informationsfluß ist eine Revolution. Das alte Modell, Informationen an Insider und Profis weiterzugeben und dann langsam weiter durchsickern zu lassen, ist ein Auslaufmodell. Es wird durch sofortige allgemeine Informationsverbreitung ersetzt. Im politischen Sinn ist dies ein Wechsel von einer Oligarchie zur Demokratie. Allerdings muß der Einzelne immer noch lernen, was er mit der Information anfangen kann, und sich immer noch mit der Erfahrung der Profis auseinandersetzen. Aber der Prozeß der Informationssammlung und das Gleichgewicht der Kräfte bringt dem einzelnen schnell Vorteile.

Über das Internet können Einzelinvestoren

- … Echtzeitkurse zur gleichen Zeit und in gleichem Umfang wie Profis erhalten.

- … ausgewählte Portfolio-Management-Software nutzen, die es ihnen erlaubt, Aktien zu verfolgen, ihre Performance zu sehen und mit neuesten Nachrichten in Verbindung zu bringen.
- … die gleichen neuesten Nachrichten erhalten wie die Profis.
- … gleichzeitig mit den Profis von Analysten-Konferenzen erfahren und daran teilnehmen.
- … alle SEC-Einträge (Security and Exchange Commission, US-Börsenaufsichtsbehörde, A. d. Ü.), wie beispielsweise 10-Q-Einträge (Quartalsberichte) zu erhalten, und das zur gleichen Zeit wie die Profis.
- … auf den Websites der Unternehmen Informationen sammeln.
- … Online-Charts erhalten und andere technische Hilfsmittel nutzen, die mit denen der Profis durchaus vergleichbar sind.
- … Gewinnschätzungen und Veränderungen im Rating der größeren Brokerhäuser schon in relativ kurzer Zeit erhalten.
- … Finanzanalysen und Kommentare aus verschiedenen Quellen in Echtzeit empfangen.
- … die Aktionen der Profis über die Websites der Investmentfonds verfolgen.
- … ihre eigenen Trades kontrollieren und oft schnellere Ausführung der Orders erzielen, als es den Profis möglich ist.
- … mit geringeren Tradingkosten auskommen als die Profis (Profis bezahlen durchschnittlich 0,05 $ je Aktie, während die Einzelinvestoren unter Umständen weniger als 0,01 $ je Aktie bezahlen müssen).

Einige Informationen jedoch erhalten Profis immer noch schneller als Einzelinvestoren. Veränderungen in den Einschätzungen der Analysten oder Veränderungen in Ratings erreichen die Profis ein oder zwei Stunden bevor sie ins Internet gestellt werden. Dies gibt dem Profi einen entscheidenden Vorsprung, aber ein oder zwei Stunden sind ein sehr viel engeres Fenster, als es die Profis bisher zur Verfügung hatten. Profis haben Standleitungen, die sehr effektiv arbeiten, aber mit schnelleren Modems und neuen Telefonanschlüssen wird der Unterschied immer weniger signifikant. Das bedeutet nicht, daß die Vorteile der Profis beseitigt wurden. Die Profis verfügen immer noch über Erfahrung und Wissen. Sie haben die Zeit, den Markt zu studieren, und direkten Zugang zu den Entscheidungsträgern in den Unternehmen, zu Analysten, Technikern, Strategen und Analysten-Konferenzen. Aber einige Vorteile in der Informationsbeschaffung beginnen sich zu verflüchtigen, und technologische Veränderungen bringen dem Einzelinvestor viele Vorteile.

Ein Tag im Internet

Als Analyst hatte ich immer ein Büro, bei dem Büroausstattung und Dienstleistungen immer auf dem allerneusten Stand waren. Insbesondere war ich Abonnent bei First Call und Bloomberg. Diese und andere Dienstleister kosten jeden Monat Tausende von Dollars. Als ich anfing, dieses Buch zu schreiben, und viel reiste, um Unternehmen zu besuchen, konnte ich oft nicht ins Büro gehen und das professionelle Equipment benutzen. Statt dessen war ich gezwungen, mich auf das Internet zu verlassen. Zunächst machte ich mir große Sorgen, daß ich wichtige Schlüsselinformationen verpassen würde, aber zu meiner großen Überraschung war das Internet besser, als ich zunächst vermutet hatte. Die meisten Informationen im Internet waren ebenso gut und ebenso einfach zu erlangen wie mit meiner Profiausrüstung, und die Kosten dafür waren außerordentlich bescheiden: nur ungefähr 25 $ pro Monat; hinzu kommen die Gebühren des Providers.

Ich schätze das Internet besonders, wenn ich auf Reisen bin. Ich schließe meinen Computer ans Telefonnetz an, klicke auf die örtliche Nummer für Netcom, meinen Internet-Service-Provider, und habe alle Informationen zur Verfügung, die ich benötige. Nur sehr selten muß ich im Büro anrufen, um nachzufragen, was los ist. Ich kann alle Informationen online erhalten.

Wenn ich meine Investments betreue, dann logge ich mich ins Internet ein und überprüfe die Liste der Aktien, die ich beobachte. Ich habe meine Liste auf My Yahoo!, aber viele andere Sites stellen ähnliche Informationen und Dienstleistungen zur Verfügung. Es gibt Sites auf den Suchmaschinen, beispielsweise Lycos und Excite. Auch bei den größeren Service-Providern wie beispielsweise AOL und Microsoft Network, auf den Sites spezieller Finanzdienstleister und bei den Online-Brokern wie beispielsweise E*Trade, Datek, Schwab, DLJ Direct und anderen ist dies möglich. Der Service dieser Sites ist kostenfrei.

Auf meiner Beobachtungsliste stehen alle Aktien, die ich besitze, und jene, für die ich mich interessiere. Es ist die gleiche Liste wie die auf den professionellen Maschinen in meinem Büro. (Wie man eine Beobachtungsliste zusammenstellt, besprechen wir in Kapitel 11.) Wenn ich auf My Yahoo! klicke, dann sehe ich sofort die Kurse aller Aktien, die auf meiner Liste stehen auf der linken Seite des Bildschirms und die neuesten Nachrichten über diese Aktien auf der rechten Seite. Noch bevor die Börse eröffnet, lese ich die News über meine Aktien. Dies kostet mich nur ein paar Minuten. Alle Aktien, über die es Neuigkeiten gibt, sind mit einem

Sternchen gekennzeichnet. Ich blättere die Liste durch und schaue auf die Überschriften. Wenn ich eine Story finde, die mich interessiert, dann klicke ich sie an. Im nächsten Augenblick habe ich die Nachricht.

Dann blättere ich die linke Seite meines Bildschirms durch und sehe die Überraschungen bei den Gewinnen und die Auf- und Abwertungen der Analysten. Dann kontrolliere ich, ob irgendwelche anderen Aktien, an denen ich interessiert bin, die ich aber nicht auf meiner Liste habe, besondere Gewinne oder neue Ratings zu verzeichnen haben.

Danach öffne ich meine Internet-Mailbox. Jeden Morgen erhalte ich eine E-Mail von Zacks.com, die mir die Veränderungen in den Gewinnschätzungen der Analysten anzeigt sowohl für die Aktien, die sich in meinem Portfolio befinden, als auch der Unternehmen, die ihre Gewinne bekanntgeben. Dann vergleiche ich die tatsächlichen Zahlen mit den Schätzungen. Dieser Service kostet mich 12,50 $ im Monat. Das ist nicht so vollständig und aktuell wie der Service von First Call, den die Profis zur Verfügung haben. Aber für jemanden wie mich, der sich für die fundamentalen Daten von Unternehmen interessiert, ist dies ein hervorragender Service. Weil Zacks.com Ihnen nur Informationen über Ihre Aktien schickt, ist es sehr benutzerfreundlich.

Wenn für eine meiner Aktien Gewinnzahlen bekanntgegeben werden sollen, dann klicke ich die Seite von Motley Fool an, einem kostenfreien Service, um zu sehen ob es hier einen Eintrag für eine Analysten-Konferenz gibt. Wenn Motley Fool keine Konferenz gelistet hat, dann könnte ich das Unternehmen anrufen und nach der Nummer des Büros für Aktionärs-Service fragen.

Jeden Tag suche ich mir einige Aktien auf meiner Beobachtungsliste aus und rufe ihre Charts auf. Im allgemeinen mache ich dies auf My Yahoo!, weil die Charts so einfach zu nutzen sind. Ich klicke das Tickersymbol an und dann Charts. Wenn die großen Charts auf dem Bildschirm erscheinen, dann beginne ich mit einem Zwei-Jahres-Zeitfenster und verkleinere dann den Zeitrahmen. Wenn ich größere oder bessere Charts benötige, dann kann ich immer noch auf eine Website, die sich auf Charts spezialisiert hat, umsteigen, so zum Beispiel auf BigCharts, einen weiteren kostenfreien Service. (Wie man Charts benutzt, besprechen wir in Kapitel 7.)

Bevor die Börse eröffnet, sehe ich mir normalerweise die Schlagzeilen bei Briefing.com an. Briefing.com ist ein Service, der monatlich 6,95 $ kostet. Er bietet hervorragende Zusammenfassungen von allem, was an den Börsen passiert und was bei aktiven Aktien im besonderen geschieht. Briefing.com gibt mir einen guten Überblick über die großen, den Markt beeinflussenden Aktien, von denen viele nicht auf meiner Beobachtungsliste stehen. Alle paar Tage sehe ich auf der Website von Financial Centers nach, um zu sehen, was die Insider verkaufen und kaufen. (Es kann sehr wichtig sein, wenn man weiß, was die Insider tun. Hierzu weiteres in Kapitel 10.) Dieser ganze Ablauf dauert von dem Zeitpunkt, an dem ich mich bei My Yahoo! einlogge, bis zu dem Zeitpunkt, an dem ich mich wieder auslogge, im allgemeinen nicht mehr als zehn Minuten.

Als nächstes sehe ich die Morgenzeitungen durch. Ich lese das *Wall Street Journal, Investors Business Daily* und die *New York Times*. Weil ich die Kurse schon online kontrolliert habe, vergeude ich keine Zeit damit, mich durch die Kurstabellen zu wühlen. Statt dessen konzentriere ich mich auf die Nachrichten. Wenn ich eine Zeitung aus irgendeinem Grund nicht bekommen kann, dann gehe ich auf die Websites dieser Periodika. (Der *Wall Street Journal*-Service kostet im Jahr 20 $, wenn man die Zeitung abonniert hat.) Ich kann auch bei den Online-Brokern vorbeisehen, bei denen ich ein Konto habe, um zu kontrollieren, ob es über eine meiner Aktien besondere Nachrichten gibt. Einige Internet-Broker haben hervorragende Nachrichtenabteilungen, während andere keine Nachrichten anbieten. Aber im Internet ist so viel Information verfügbar, daß dieses Kriterium für mich nicht ausschlaggebend ist. Wenn ich bei den Nachrichten in der Zeitung irgend etwas sehe, das sofortiges Handeln erfordert, dann gehe ich der Sache sofort nach. Wenn ich etwas finde, das eher langfristige Auswirkungen hat, dann schneide ich diesen Artikel aus, scanne ihn auf meinen Computer und hebe ihn auf, damit ich ihn am Abend noch einmal lesen kann. Während eines normalen Tages, wenn ich nur den Markt beobachte, klicke ich alle paar Stunden auf My Yahoo!, um zu sehen, was es Neues gibt. Finde ich Nachrichten, die mich interessieren, dann gehe ich der Sache immer nach. Wenn eine Aktie deutlich steigt oder fällt, dann klicke ich einen der Online-Broker an, um den Echtzeitkurs zu erfahren. (My Yahoo! gibt die Kurse mit einer Verzögerung von 20 Minuten bekannt.) Wenn ich auf der Site eines Brokers bin, dann kontrolliere ich auch den Chart dieser Aktie. Ich könnte auch regelmäßig Briefing.com nach Schlagzeilen und Bigcharts nach Aktien, bei denen es größere Veränderungen im Kurs oder Umsatz gegeben hat, untersuchen. Normalerweise dauern diese Beobachtungen nur ein paar Minuten je Sitzung.

Sehe ich eine Aktie, die ich kaufen oder verkaufen will, dann gehe ich zurück zu meinem Online-Broker. Dort kontrolliere ich die Kurse, tippe das Aktiensymbol, die Menge und die Art des Trades ein, und dann klicke ich nochmal, um den Trade abzuschließen. Innerhalb von wenigen Sekunden ist der Trade über die Bühne. Mit den neuen Systemen für kleine Aufträge, sowohl bei den registrierten Börsen als auch beim NASDAQ, werden meine Aufträge online ebenso gut oder besser ausgeführt als vom professionellen Broker. Die Kosten liegen unter 10 $ je Trade. Online zu traden, ist schneller und einfacher, als den Broker anzurufen, weil ich hier die aktuellen Kurse sehen kann; ich weiß genau was ich bezahlen muß. (Nur wenn ich einen sehr großen oder komplexen Trade vorhabe, dann rufe ich meinen Broker an.) Während ich mit meinem Online-Broker verbunden bin, kontrolliere ich oft den Wert meines Portfolios, der immer mit den aktuellen Kursen angegeben ist.

Am Abend lasse ich mir normalerweise noch ein wenig Zeit für gründliche Nachforschungen. Ich kontrolliere die Tagesschlußkurse und die Umsätze der Aktien, aber auch die Neuigkeiten, die es zu den einzelnen Titeln gibt. Ich lese Artikel in den Zeitungen und Wirtschaftsmagazinen wie beispielsweise *Barron´s*, *Forbes*, *Fortune* und *Business Week*. Wenn ich über eine Aktie, die mich interessiert, Neuigkeiten finde, dann logge ich mich bei Success.com ein und schaue unter »The Whole Enchilada« nach; dort finde ich einen ausgezeichneten Überblick über die fundamentalen Daten des Unternehmens, ebenso die Einschätzungen der Analysten. (In Kapitel 6 werde ich die fundamentalen Unternehmensdaten ausführlich behandeln, und Kapitel 9 enthält eine Diskussion darüber, wie man die Ratings der Analysten sinnvoll einsetzt.)

Wenn ich genauere Informationen benötige, dann kann ich auf die Website von Edgar gehen und die letzten SEC-Einträge des Unternehmens durchsehen. Die meisten Unternehmen legen ihre Finanzdokumente online ab. Edgar hat sowohl eine kostenfreie Site als auch eine, die gebührenpflichtig ist. Den meisten Investoren wird die kostenfreie Site ausreichen. Manchmal klicke ich auch die Website des Unternehmens an und lese über die neuesten Entwicklungen nach.

Zwischendurch sehe ich nach den technischen Analysen der Unternehmen und gehe deshalb zu BigCharts, wo ich eine Anzahl verschiedener technischer Indikatoren finde. Weil sich die Aktien einer Branche im allgemeinen ähnlich verhalten, kann ich mit den Informationen aus BigCharts eine Grafik erstellen, die ich dann mit denen wichtiger Konkurrenten vergleiche. Ich kann aber auch bei Morningstar.net, einem kostenfreien Service, Informationen über einzelne Aktien nachlesen. (Die Beziehungen zwischen Unternehmen in ein und derselben Branche werden in Kapitel 8 behandelt.) Wenn mich eine neue Aktie interessiert, dann gehe ich zurück zu My Yahoo! und Zacks.com und füge diese Aktie in meine Beobachtungsliste oder Portfolioliste ein.

Wenn es eine bestimmte Frage gibt, die mich besonders interessiert, oder wenn es bei einer Aktie in der letzten Zeit besonders starke Kursschwankungen gegeben hat, dann kann ich Messageboards aufsuchen, um nachzusehen, was die Leute davon halten. (Über Messageboards und Chatrooms sprechen wir in Kapitel 4.)

Das sind die Internet-Dienstleister, die ich heute in Anspruch nehme. Es sind die, die meinem Investmentstil entsprechen und mit denen ich am besten zurechtkomme. Das soll nicht heißen, daß sie auch die richtigen für Sie sind. Weil ich nur ziemlich wenige High-Tech-Aktien besitze, benutze ich nicht viele der hervorragenden Websites, die sich auf den High-Tech-Sektor konzentrieren, beispielsweise Siliconinvestor. Weil ich viele Freunde habe, die auch professionelle Anleger sind, verbringe ich relativ wenig Zeit in Chatrooms und benutze auch nicht Street.com, der ebenfalls einen hervorragenden Service bietet. Weil ich eher langfristig investiere, bin ich weniger an den Websites interessiert, die sich mit aktivem Trading beschäftigen. Weil es aber zur Zeit im Internet dramatisch schnelle Veränderungen gibt, bin ich ganz sicher, daß ich einige neue Websites benutzen werde, noch bevor dieses Buch gedruckt ist.

Wenn Sie das Internet erforschen wollen, dann müssen Sie die Websites finden, die Ihnen persönlich den meisten Nutzen bringen. Es gibt einige riesige Anzahl hervorragender Sites, und jeden Tag kommen neue hinzu. Sie können einen ganzen Tag damit verbringen, im Internet nach Informationen zu suchen, genauso wie Sie den Tag damit verbringen können, Berichte von Brokern zu lesen. Aber das ist zuviel. Die entscheidende Aufgabe für jeden Investor ist, die Websites herauszufinden, mit denen er am einfachsten arbeiten kann, die zu seinem Anlagestil und der verfügbaren Zeit passen. Suchen Sie sich ein oder zwei heraus, mit denen Sie anfangen. Jede Woche sollten Sie eine neue Website ausprobieren. Wenn Sie eine finden, die Ihnen zusagt, dann setzen Sie ein Bookmark und entfernen eines von einer Website, die Ihnen nicht mehr so sehr behagt. Der Trick an der Sache ist, daß Sie möglichst effizient an die Informationen kommen, die Sie benötigen. Wenn Sie einmal herausgefunden haben, wie Sie mit dem Internet am bequemsten arbeiten, dann sollte es nicht viel Zeit in Anspruch nehmen, Ihre Kapitalanlagen ständig unter Kontrolle zu halten.

Diese Aufgaben im Internet zu bewältigen, ist auch nicht schwieriger, als sie mit den Systemen zu erfüllen, die Profis benutzen. Deshalb muß der Einzelinvestor herausfinden, wie er die verbleibenden Vorteile der Profis möglichst mindern kann. Um zu gewinnen, müssen Investoren wie Guerillas denken, Bereiche finden, in denen sie besondere Erfahrungen haben und Kontakte, die sie gegen einen stärkeren Feind nutzen können. Sie müssen die Schwächen ihrer schwerbewaffneten Gegner herausfinden. Die Chancen stehen nicht gut für den Einzelinvestor, aber es ist möglich, daß er gewinnt. Die Einzelinvestoren, die ihren eigenen Stärken und Schwächen und auch die Stärken und Schwächen ihrer Feinde nicht kennen, haben gar keine Chance, das Spiel zu gewinnen. **Mit den Worten von Sun Tzu heißt das: »Kenne dich selbst, kenne deinen Feind. Dann wird es in hundert Schlachten hundert Siege geben.«**

KAPITEL 2

Kenne deinen Feind, kenne dich selbst

Wenn Sie eine Aktie kaufen, dann muß ein anderer verkaufen. Andernfalls könnte nie ein Handel zustande kommen. Während Sie darauf setzen, daß ein Aktienkauf das Beste ist, was Sie mit Ihrem Geld machen können, setzt ein anderer darauf, daß es am besten ist, die Aktie zu verkaufen. Die Person auf der anderen Seite dieser Transaktion ist Ihr Feind. Ihr Feind setzt darauf, daß Sie falsch liegen. Dabei spielt es überhaupt keine Rolle, ob diese Person Ihr Nachbar, ein Fondsmanager oder der Sultan von Brunei ist. Wenn Sie diese Person nicht besiegen können, dann werden Sie verlieren.

Um zu gewinnen, müssen Sie wissen, wer Ihr Feind ist und was er weiß, das Sie nicht wissen. Befänden Sie sich in einem Krieg, dann würden Sie gern die Stärke und die Taktik Ihres Feindes kennen. Das gilt auch für die Kapitalanlage in Aktien. Bevor Sie einen Trade eingehen, sollten Ihre ersten Fragen sein: »Wer ist mein Feind?« und: »Was weiß mein Feind, das ich nicht weiß?« Ist Ihr Feind ein Profi oder ein Amateur? Hat Ihr Feind bessere Informationen als Sie? Hat Ihr Feind die gleichen Informationen, setzt aber darauf, daß die Geschichte anders ausgeht, als Sie es erwarten? Wenn Sie nicht herausfinden können, welche Vorteile Sie gegen Ihren Feind in der Hand haben, ist die Wahrscheinlichkeit groß, daß Ihr Feind gewinnt. Allerdings gibt es ein Problem: Beim Traden ist es oft sehr schwierig herauszufinden, wer genau Ihr Gegner ist.

Im Lauf der Zeit haben sich die Feinde verändert, da die Profis inzwischen viel mächtiger wurden. Vor 40 Jahren trösteten sich die Investoren damit, daß sie glaubten, sie stünden gegen Witwen und Waisen im Wettbewerb. Man glaubte, daß man eine Aktie kaufte, die von Tante Hetti verkauft wurde, die sie 40 Jahre lang in ihrem Portfolio gehalten hatte und überhaupt nicht wußte, was das Unternehmen macht, oder daß sie aus dem Besitz von Opa Jones stammt, und von seinen Enkeln zu Geld gemacht wird. Es war einfach, sich vorzustellen, daß man Tante Hetti oder das Vermögen von Opa Jones besiegen könnte. Immerhin hatte man ja einen Tip von einem Freund erhalten, und der hatte einen Freund, der Broker ist.

Ich bin nicht sicher, ob die Investoren vor 40 Jahren wirklich gegen Tante Hetti oder Opa Jones kämpften. Aber ich bin sicher, daß die Konkurrenz vor 40 Jahren weit weniger stark war, als sie es heute ist. Der Informationsfluß war wesentlich langsamer und weitaus begrenzter. Es gab nur selten Analysten-Konferenzen und nur wenige Analysten. Optionen und Derivate gab es fast nicht. Der Umsatz war weitaus niedriger. Die Investmentfonds waren kleiner, sowohl in ihrer absoluten als auch in ihrer relativen Größe. Die Profis waren nicht so wichtig, und viele Anleger hatten den Kapitalerhalt und nicht den Kapitalgewinn zum Ziel. Es ist vielleicht nicht fair, die Konkurrenz als Tante Hetti und Opa Jones zu bezeichnen, aber es ist eine Tatsache, daß das Spiel früher wesentlich einfacher war als heute. Aber die Zeiten, in denen man gegen Witwen und Waisen investiert, sind längst vorbei.

Den Feind kennen

Die Kapitalanlage ist eines der wenigen Spiele, bei dem Amateure direkt gegen Profis antreten. Im Sport sind Amateure und Profis jeweils unter sich. Im Baseball gibt es die Major League und die Minor League und dann noch die Betriebssportgemeinschaft, in der Sie spielen. In der Baseball-Liga der Rechtsanwälte können Sie punkten und annehmen, daß Sie ein Star seien. Nach dem Spiel gehen Sie aus, trinken ein Bier und plaudern mit Ihren Freunden darüber, wie gut Sie gespielt haben. Wie aber würden Sie aussehen, wenn Sie gegen Randy Johnson spielten? Höchstwahrscheinlich wären Sie ganz schnell draußen, wenn sein Ball mit einer Geschwindigkeit von 140 Stundenkilometern um Ihren Kopf herumzischt.

Im Tennis könnten Sie vielleicht sogar die Clubmeisterschaften gewinnen. Aber wie würden Sie gegen Pete Sampras aussehen? Mit viel Glück würden Sie einen einzigen Punkt machen. Sie können einwenden, daß dies kein fairer Vergleich ist. Sie sollten nicht danach beurteilt werden, wie Sie gegen Pete Sampras aussehen. Sie sind über 40 Jahre alt und Herzchirurg. Sie verbringen Ihren Tag damit, daß Sie Bypässe legen, während er den ganzen Tag Tennis spielt. Es wäre lächerlich, wenn Sie mit ihm auf dem Tennisplatz in Konkurrenz träten und er sich mit Ihnen im Operationssaal mäße.

Zurück zur Kapitalanlage. Stellen Sie die gleichen Fragen, wenn Sie es darauf anlegen, mit den Top-Profis im Aktienmarkt zu konkurrieren? Die Portfolio-Manager bei Fidelity sind Profis und auf ihrem Gebiet ebenso gut wie Sampras beim Tennis oder Sie auf medizinischem Gebiet. Sie sind die besten in Ihrer Sportart, und wie große Athleten werden sie mit Millionen von Dollars im Jahr bezahlt, weil sie ständig Höchstleistungen erbringen.

Allerdings gibt einen großen Unterschied. Im Sport spielen Profis gegen Profis und Amateure spielen gegen Amateure. Bei der Kapitalanlage jedoch gibt es nur eine einzige Liga und die ist für jeden offen. Es gibt keine Liga für Ärzte, keine Liga für Rechtsanwälte und es gibt auch keine Nachwuchsliga. Es gibt nur eine Börse, und an dieser Börse wird das Handeln von Profis dominiert. Wenn Sie mitspielen wollen, müssen Sie gegen die größten Investoren der Welt antreten.

Würden Sie Ihre Rente in einem Tennismatch gegen Pete Sampras setzten oder beim Golf gegen Tiger Woods? Keinesfalls! Aber bei der Kapitalanlage hält Sie nichts davon ab, sich mit Bob Stansky, Will Danoff oder Beth Terrana von Fidelity zu messen. Sie denken nicht darüber nach, weil es nichts anderes gibt und Sie nicht genau wissen, wer auf der anderen Seite einer Transaktion steht. Wenn Sie Aktien kaufen, dann sagt Ihnen Ihr Broker nicht: »Beth Terrana von Fidelity verkauft die Aktien, die Sie gerade kaufen.«

Die einzige Gelegenheit, bei der Sie genau wissen, wer der Verkäufer ist, ist eine Emission. Dann ist Ihr Feind das Unternehmen selbst oder, schlimmer noch, die leitenden Angestellten des Unternehmens, die ihre Holdings diversifizieren, ein neues Gebäude errichten oder eine Stiftung einrichten wollen. Bevor Sie sich auf solch ein Angebot einlassen, ist es sehr nützlich, sich daran zu erinnern, daß der Verkäufer wesentlich mehr über das Geschäft weiß als Sie.

In den meisten anderen Fällen ist es fast unmöglich zu erfahren, wer genau die Person auf der anderen Seite ist. Aber das bedeutet nicht, daß Sie nicht die Fragen stellen können, die Ihnen helfen, die Identität Ihres Feindes herauszufinden. Ihr Broker ruft Sie mit einem heißen Tip über die Gewinne eines größeren Unternehmens an. Die Geschichte hört sich gut an, aber bevor Sie kaufen, sollten Sie daran denken, daß die meisten großen Unternehmen von Dutzenden von Analysten beobachtet werden und sehr, sehr selten ein einziger Analyst besondere Informationen erhält.

Aber auch bei den sehr seltenen Gelegenheiten, wo Ihr Broker über besondere Informationen verfügt, sollten Sie sich fragen, wem der Broker schon vor Ihnen davon erzählt hat. Wenn Ihr Broker irgendeinen heißen Tip erhalten hat, dann ist es sehr wahrscheinlich, daß er zunächst einmal selber Aktien gekauft hat. Damit verdient er sehr viel mehr als mit Ihrer kleinen Provision. Danach wird er seine besten Kunden anrufen. Wenn

Sie nicht ganz oben auf seiner Liste stehen, stehen die Chancen schlecht für Sie. Die Frage, die sich jeder Investor stellen sollte, ist: »Wie viele Leute haben diese Information vor mir erhalten?« Und dann: »Was machen sie damit?«

Wenn wir einmal davon ausgehen, daß ein heißer Tip es Ihnen ermöglicht, Geld zu verdienen, dann ist es entscheidend festzustellen, an welcher Stelle im Informationsfluß Sie stehen. Gehen wir einmal davon aus, daß ein Pharma-Unternehmen ein neues Medikament entwickelt, mit dem Krebs bekämpft werden kann. Die ersten, die von diesem Medikament erfahren, sind die leitenden Angestellten innerhalb des Unternehmens, die natürlich dessen Aktien kaufen werden. Danach werden auch die Abteilungsleiter und ein paar der größten Aktionäre die Aktien kaufen. Die Aktie steigt in ihrem Wert. Einige Analysten erkennen die Gelegenheit und veröffentlichen Berichte. Broker werden diese Berichte lesen und ihre besten Kunden anrufen. Schließlich, nachdem die Aktie innerhalb von drei Wochen um 15 $ gestiegen ist, ruft Ihr Broker Sie an. »Dieses Medikament kann den Krebs heilen«, sagt er. Das kann gut sein. Wenn das Medikament wirklich wirkt, könnte die Aktie auf 100 $ steigen. Alles deutet darauf hin, daß Sie kaufen sollten. Bevor Sie dies aber tun, sollten Sie sich fragen: »Wer sind die Verkäufer?«

Es gibt keine Möglichkeit, diese Frage wirklich ganz korrekt zu beantworten. Es ist unmöglich, jemanden auf dem Börsenparkett anzurufen und zu sagen: »Ich kaufe diese Aktie, aber nur wenn der Verkäufer eine Witwe oder eine Waise ist!« Aber es ist sinnvoll, einen Augenblick innezuhalten und darüber nachzudenken, wer auf der anderen Seite der Transaktion stehen könnte.

Stellen Sie sich vor, daß Ihr Feind der Portfolio-Manager bei Fidelity ist. Der Portfolio-Manager hat direkten Zugang zum Unternehmen, ihm steht eine Armee von Analysten zur Verfügung, die die Daten zerlegen, dazu eine Armee von Tradern, die sich mit dem Kaufen und Verkaufen bestens auskennen, und außerdem verfügt Fidelity über fast unbegrenzte Geldmittel.

Und welche Vorteile stehen auf Ihrer Seite?

Es sieht so aus, als hätte der Profi dem Einzelinvestor gegenüber entscheidende Vorteile. Dennoch werden Sie feststellen, daß es für den Einzelinvestor viele Möglichkeiten gibt, den Profi zu besiegen, genauso wie ein Guerilla Möglichkeiten hat, eine moderne Armee zu besiegen. Sie werden aber niemals in der Lage sein, einen erfolgreichen Schlachtplan zu entwerfen, wenn Sie nicht zuerst die Identität Ihres Feindes kennen.

Kennen Sie sich selbst, den Guerilla

In der Philosophie von Sun Tzu ist es ebenso wichtig, sich selbst wie auch den Feind zu kennen. Wenn sich der Anführer eines Guerillatrupps in einem Krieg mit einem wesentlich stärkeren Feind befindet, dann sieht er sich großen Schwierigkeiten gegenüber. Das bedeutet nicht, daß der Anführer keine erfolgreiche Strategie entwickeln kann, aber er muß, damit ihm dies gelingt, die Stärken und Schwächen seiner eigenen Truppen kennen. Wenn er bemerkt, daß der Feind über größere Kräfte verfügt, die eigenen Truppen jedoch wesentlich schneller sind, dann kann er einen auf Schnelligkeit basierenden Schlachtplan austüfteln. Wenn der Feind mit besseren Waffen ausgerüstet ist, seine eigenen Truppen jedoch das Terrain besser kennen, dann sollte er versuchen, den Feind in den Dschungel zu locken, wo diese Überlegenheit neutralisiert werden kann und die besseren Geländekenntnisse des Guerillas der Schlüssel zum Sieg sind. Wenn ein General die Stärken und Schwächen seiner Armee nicht kennt, dann wird er nie einen erfolgreichen Schlachtplan erstellen können.

Das gilt auch für das Schlachtfeld Börse. Um gegen professionelle Investoren bestehen zu können, müssen die Einzelinvestoren ihre eigenen Fertigkeiten kennen und einen Plan entwerfen, der ihre Stärken maximiert und ihre Schwächen minimiert. Einzelinvestoren haben ihre ganz eigenen und einmaligen Stärken und Schwächen. Manche können sehr schnelle Entscheidungen treffen. Andere überlegen lieber. Manchen macht es Spaß, Risiken einzugehen. Andere ziehen eine defensive Haltung vor. Manche haben außerordentlich viel Zeit und auch sehr viele finanzielle Mittel zur Verfügung, andere nicht. Es wird immer Zeiten geben, zu denen der Markt einige dieser Qualitäten zu Lasten anderer favorisiert. Ganz gleich, welche besonderen Qualitäten der Markt zu einem bestimmten Zeitpunkt begünstigt, Einzelinvestoren werden nie gewinnen, wenn sie sich nicht an ihre Stärken halten und ihre Schwächen meiden. Ein einzelner, der sich normalerweise in einer Verteidigungsposition wohlfühlt, kann nicht plötzlich zu einem Risiko-Investor werden, wenn die Märkte sich überhitzen. Ein Investor, der von Technologie nichts versteht, kann nicht plötzlich auf Technologie-Aktien springen, nur weil die gerade heiß sind. Um nicht in den Gezeitenströmungen des Marktes unterzugehen, ist es wesentlich, daß Sie sich selbst kennen, was bedeutet, daß Sie wissen, welche Fertigkeiten Sie haben und wie Sie mit anderen konkurrieren.

Es ist sehr wichtig zu verstehen, wie Sie mit anderen konkurrieren können. Wenn ich auf den Tennisplatz gehe, würde ich gern wie Pete Sampras spielen, kann es aber nicht. Ich bin 53 Jahre alt, habe Artrose im Knie und deshalb muß ich ein Tennisspiel finden, dem ich gewachsen bin und das ich mit meinen Möglichkeiten spielen kann. Wenn ich versuche, wie Peter Siris zu spielen, dann kann ich manchmal gewinnen. Wenn ich versuche, wie Pete Sampras zu spielen, habe ich keine Chance.

Das gleiche gilt auch für andere Sportarten. Wie oft haben Sie einem Profigolfer zugesehen, wie er mit einem Schlag über 250 Meter über einen kleinen See hinweg ein postkartengroß erscheinendes Grün getroffen hat? Der Ball landet auf dem Grün und bleibt sofort liegen. Und dann gehen Sie auf den Golfkurs, 250 Meter von Grün entfernt. Sie erinnern sich an den Schlag des Profis und denken, das könnten Sie auch. Vielleicht können Sie es tatsächlich – ich kann es nicht. Ich kann keinen Schlag über 250 Meter hinweg ausführen. Ich kann einen Teich auf dem Golfkurs nicht ignorieren, und mir gelingt es nicht, mit einem Holz so zu schlagen, daß der Ball auf dem Grün sofort liegenbleibt – außer in meinen Träumen. Was aber nicht heißt, daß ich nicht Golf spielen kann. Es bedeutet nur, daß ich nicht wie ein Profi spielen kann.

Genauso ist es bei der Kapitalanlage. Um an der Börse Gewinne zu erzielen, müssen Sie wissen, wer Sie sind und wie Sie im Wettkampf bestehen wollen. Sie müssen vier Schlüsselfragen beantworten können:

- Wie viel Geld können Sie investieren?
- Wie viel Zeit können Sie investieren?
- Wie hoch ist Ihre Risikobereitschaft?
- Welche Waffen stehen Ihnen bei der Kapitalanlage zur Verfügung?

1. Wieviel Geld können Sie investieren?

Wenn ein General eine Schlacht plant, muß er wissen, welche Reservetruppen er zur Verfügung hat. Bei der Kapitalanlage können Sie Ihr Vermögen mit einer Armee vergleichen. Der Geldbetrag, den Sie für Investitionen zur Verfügung haben, ist aus zwei Gründen wichtig: wegen der Gewinne und wegen des Risikos. Wenn Sie nur über wenig Geld verfügen, dann werden Ihre Gewinne sehr begrenzt sein, auch wenn Sie erfolgreich sind. Der Lohn für die Zeit, die Sie einbringen, könnte zu gering ausfallen. Dann wäre es unter Umständen besser, Sie kauften Investmentfonds. Wenn Sie aber anfangen wollen, mit Aktien zu spekulieren, sollte Sie ein nur geringer Geldbetrag nicht stören. Jeder muß irgendwann anfangen.

Das Risiko ist bedeutsamer. Wenn Sie nur einen kleinen Geldbetrag zur

Verfügung haben, dann ist es schwieriger, zu differenzieren. Je konzentrierter Ihr Portfolio, um so höher ist auch Ihr Risiko. Und je höher Ihr Risiko ist, um so eher werden Sie in Panik geraten, wenn eine Aktie, die einen größeren Anteil Ihres Portfolios ausmacht, in die Knie geht. Und wenn Sie einmal in Panik geraten, ist das Spiel zu Ende. Wenn Sie viele Aktien besitzen, dann wird die enttäuschende Performance einer Aktie eine wesentlich geringere Wirkung auf Ihr Portfolio haben und Sie wahrscheinlich nicht besonders aufregen.

Bei geringerem Kapitaleinsatz haben Sie zwei Alternativen. Sie können den größten Teil Ihres Geldes in Investmentfonds stecken (das wird Ihr Risiko gering halten) und den Rest dazu benutzen, mit ein paar Aktien zu spielen. Oder Sie können mehrere Aktien in kleineren Stückzahlen kaufen. Zwar ist es immer etwas einfacher, Aktien in Hunderter-Paketen zu kaufen, doch gibt es keinen Grund, weshalb ein Investor nicht mit kleineren Päckchen anfangen sollte. Wenn Sie ein Aktienportfolio aufbauen wollen, dann sollten Sie mit mindestens 10 Aktien beginnen und sich fest vornehmen, das Portfolio auf 20 Titel auszuweiten, sobald Ihnen mehr Kapital zur Verfügung steht. So wird Ihr Portfolio nicht zu sehr getroffen, wenn eine Ihrer Aktien vernichtend geschlagen wird.

2. Wie viel Zeit haben Sie zur Verfügung?

Ein General muß im Krieg nicht nur wissen, wie viele Soldaten er befehligt, sondern auch die Einsatzbereitschaft der Truppen in der Schlacht kennen. Das gilt auch für die Kapitalanlage. Kapital gewinnbringend anzulegen, ist eine Fertigkeit. Wie bei den meisten Fertigkeiten werden Sie um so besser, je mehr Sie daran arbeiten. Aber die Kapitalanlage ist weitaus komplizierter als die meisten Fertigkeiten, weil Sie nicht nur gegen einen Feind kämpfen, sondern auch in einer Arena, in der sich die Regeln ständig ändern. Positionen, die gestern noch vorteilhaft waren, können heute schon hinfällig sein. Nur die Veränderung bleibt. Unternehmen verändern sich. Ein Marktführer wie Apple kann plötzlich ins Straucheln geraten. Branchen verändern sich. Systeme wie das Internet können ganz plötzlich auftauchen und die Einstellung der Menschen zur Kommunikation verändern. Warenströme schwanken. Wenn im Nahen Osten ein Krieg ausbricht, dann steigen die Ölpreise. Märkte verändern sich. Vor wenigen Jahren lag der Dow Jones unter 4.000, und die meisten Leute setzten auf fallende Kurse. Heute liegt der Dow Jones bei 10.000 und die meisten Leute setzen auf steigende

Kurse. Die Möglichkeiten zu investieren verändern sich. Programm-Trading und Index-Optionen, vor einem Jahrzehnt noch völlig unbekannt, sind heute bedeutende Einflußgrößen in den Märkten. Es ist schwierig, in einer Welt, die sich verändert, auf dem Laufenden zu bleiben. Außer Sie sind bereit, Zeit und Energie aufzuwenden.

Denken Sie darüber nach, wie viel Zeit Sie investieren können. Nehmen wir einmal an, Sie wären Arzt. Sie verbringen den ganzen Tag im Sprechzimmer. Sie operieren. Sie lesen Fachzeitschriften. Habe Sie noch die Zeit, die Berichte von Brokern zu lesen und Finanzberichte durchzusehen? Wahrscheinlich nicht. Haben Sie Zeit, den Ticker im Fernsehen zu beobachten? Wahrscheinlich nicht. Haben Sie die Zeit, jeden Anruf Ihres Brokers entgegenzunehmen? Wahrscheinlich nicht.

Seine Grenzen von Anfang an zu akzeptieren, ist oft sehr schwierig. Sie könnten ein großartiger Arzt oder ein prominenter Rechtsanwalt sein.

Ein Arzt als Investor

Kürzlich rief mich ein Freund an, ein Arzt. Er war ziemlich aufgeregt. »Dreimal rief mich mein Broker wegen dieser heißen Aktie an«, sagte er, »aber ich operierte gerade. Und als ich ihn später erreichte, war sie schon um drei Punkte gestiegen.«

»Das ist schade,« antwortete ich.

»Die Krankenschwester war Schuld daran,« sagte der Chirurg. »Ich hatte ihr gesagt, sie solle mich unterbrechen, wenn der Broker eine wirklich tolle Idee hat. Schließlich operiere ich ja nur am Knie. Es ist ja nicht so, als ob ich Herztransplantationen oder so etwas vornehmen würde.«

Ich war nicht sicher, ob der Chirurg zu scherzen beliebte, aber ich glaube, da war etwas Ernsthaftes daran. Bis vor einem Jahr hätte ich mir nie vorstellen können, daß sich ein Arzt während einer Operation von einem Broker unterbrechen ließe, aber wir haben heute einen Bullenmarkt, und auch die Kosten im Medizinbereich steigen. Wie dem auch sei: Auch wenn der Arzt bei seiner Operation unterbrochen worden wäre, hätte er immer noch nicht so schnell handeln können wie die Profis. Das bedeutet nicht, daß einzelne nicht konkurrieren können, sondern daß sie den Profis gegenüber im Nachteil sind, weil diese nichts anderes tun, als auf dem neuesten Stand zu bleiben. Es ist wichtig, seine Grenzen zu erkennen, bevor man sich auf eine Sache einläßt.

Dann werden Sie vielleicht annehmen, daß Sie Ihre besonderen Fähigkeiten auch auf die Kapitalanlage übertragen könnten. Aber die Tatsache, daß Sie in Ihrer Laufbahn sehr erfolgreich sind, bedeutet nicht gleichzeitig, daß Sie auf einem anderen Spielfeld mit den besten Profis konkurrieren können. Bevor Sie diesen Gedanken aufgeben, sollten Sie einmal überlegen, wie Sie sich fühlten, wären die Positionen vertauscht. Wie wäre es, wenn Ihr Vermögensverwalter jeden Tag ein paar Minuten operieren würde? Ganz offensichtlich würde es in einem Desaster enden.

Schätzen Sie ganz realistisch ein, wie viel Zeit Sie für die Marktbeobachtung aufwenden können. Und dann entscheiden Sie, was Sie in dieser Zeit erfahren können. **Wenn Sie nur begrenzte Zeit zur Verfügung haben, dann sollten Sie einige Gebiete aussuchen, auf denen Sie konkurrieren können, und den Rest einfach ignorieren.** Stellen Sie sicher, daß Ihre Anlagestrategie zu Ihrer verfügbaren Zeit paßt. Wenn Sie nur wenig Zeit aufwenden können, dann würde eine Kaufen-und-halten-Strategie gut zu Ihnen passen. Wollen Sie mehr Zeit aufbringen, dann können Sie aktiver traden und mehr von den Strategien nutzen, die in *Guerilla Investing* empfohlen werden. Ganz gleich, wie viel Zeit Ihnen zur Verfügung steht: Sie sollten sich immer auf die Schlachten konzentrieren, die Sie auch gewinnen können. Vermeiden Sie solche, die Sie verlieren müssen.

3. Wie hoch ist Ihre Risikobereitschaft?

Wenn Generäle einen Schlachtplan entwerfen, dann berücksichtigen sie ihre Risikobereitschaft. Das trifft auch für den Aktienmarkt zu. Das Risiko bei der Kapitalanlage gleicht dem Risiko in einem Krieg. Manche Investoren sind waghalsig. Sie agieren schnell und wagen hohe Einsätze. Andere haben Angst davor, Geld zu verlieren, und so investieren sie äußerst konservativ.

Das Risiko, das Einzelinvestoren einzugehen bereit sind, sollte von ihrer psychologischen und finanziellen Situation bestimmt werden. Niemals sollte man ein Risiko eingehen, das der finanziellen Ausgangssituation nicht entspricht. Niemals sollten Sie geliehenes Geld einsetzen und auch nicht die Rücklagen für die Ausbildung der Kinder oder die finanzielle Sicherung Ihres Ruhestands. Wenn Sie nicht sicher sind, ob Sie Ihren Job behalten, wenn Sie hohe Hypotheken zu bezahlen haben oder hohe Schulden tilgen müssen, dann sollten Sie dies bei Ihren Anlageentscheidungen berücksichtigen.

Das Wettspiel

Spielen Sie das folgende Übungsspiel, um Ihre Risikobereitschaft zu überprüfen, und denken Sie sorgfältig über Ihre Antworten nach. Nehmen Sie an, daß die Wetten wirklich echt sind. Gehen Sie davon aus, daß Sie 25 % Ihres liquiden Nettovermögens aufs Spiel setzen. Sie haben 400.000 $ an der Börse und riskieren 100.000 $.

Irgend jemand bietet Ihnen an, eine Münze zu werfen. Bei »Kopf« bekommen Sie 200.000 $. Bei »Zahl« bekommen Sie 0 $. Die Chancen stehen 50 : 50. Sie haben die gleiche Chance, 100.000 $ zu gewinnen oder 100.000 $ zu verlieren. Gehen Sie auf diese Wette ein? Die meisten Menschen würden das nicht tun, weil sie in der Regel risikoscheu sind. Wenn Sie diese Wette annähmen, dann sind Sie eher ein risikofreudiger Trader.

Gehen Sie nun davon aus, daß man Ihnen 150.000 $ anbietet, wenn die Münze Kopf zeigt, und 0 $, wenn sie Zahl zeigt. In diesem Fall können Sie lediglich 50.000 $ gewinnen, aber 100.0 00 $ verlieren. Dies ist eine sehr schlechte Wette, die nur wenige eingehen würden. Aber Sie wären überrascht zu erfahren, wie viele Menschen diese Wette an der Börse eingehen, weil sie nicht bemerken, daß die Chancen gegen sie stehen. Wenn Amateure Optionen kaufen, dann sind dies die wirklichen Risiken, mit denen sie es zu tun haben.

Verändern wir nun die Wette zu Ihren Gunsten. Gehen Sie davon aus Sie haben eine 50 : 50 Chance 150.000 $ zu gewinnen oder 100.000 $ zu verlieren. Das Risiko/Chancen-Verhältnis steht zu Ihren Gunsten. Gehen Sie auf diese Wette ein?

Und was ist, wenn wir das Spiel dahingehend verändern, daß Sie eine 50 : 50-Chance haben, 200.000 $ zu gewinnen oder 100.000 $ zu verlieren?

GEWINNE DER 100.000 $-WETTE

Wetteinsatz	Gewinn	Verlust	Nach Gewinn	Nach Verlust	Risikoprofil
100.000 $	100.000 $	–100.000 $	500.000 $	300.000 $	Münzwurf
100.000 $	50.000 $	–100.000 $	450.000 $	300.000 $	Lotterielos
100.000 $	150.000 $	–100.000 $	550.000 $	300.000 $	gute Investment-Chance
100.000 $	200.000 $	–100.000 $	600.000 $	300.000 $	konservatives Investment
100.000 $	300.000 $	–100.000 $	700.000 $	300.000 $	Spielen Sie nicht!

Nehmen Sie die Wette dann an? Und was würden Sie tun, wenn Sie eine 50 : 50-Chance hätten 300.000 $ zu gewinnen oder 100.000 $ zu verlieren?

Die Ebene, auf der Sie die Wette annehmen, kennzeichnet Ihre persönliche Risikoscheu. Wenn Sie eine Wette akzeptieren, bei der Sie 150.000 $ gewinnen können, dann sind Sie nur wenig risikoscheu. Das ist wahrscheinlich eine gute Position, wenn Sie Ihr Geld in Aktien anlegen wollen. Wenn Sie einen möglichen Gewinn von 200.000 $ verlangen, dann sind Sie schon ein wenig risikoscheu. Hier sollten Sie diversifizieren und konservativ investieren. Wenn Sie nur dann die Wette annehmen, wenn Sie 300.000 $ gewinnen können, dann sind Sie im hohen Maße risikoscheu. Wenn Sie für den Einsatz von 1 $ einen Gewinn von 3 $ fordern, dann sollten Sie jemand anderem die Vermögensverwaltung übertragen.

Vielleicht halten Sie dieses Spiel für töricht. Sie nehmen vielleicht an, daß die Kapitalanlage ein Win-Win-Spiel sei oder besser gesagt: ein Spiel, bei dem jeder gewinnt. Wenn alle Aktienkurse steigen, verdient jeder Geld. Wie dieses Buch jedoch schon betont hat, gibt es ein Problem: Dieses Argument stimmt nur in einem Bullenmarkt. Wenn aber der Bullenmarkt stehenbleibt, dann kann das, was wie eine Win-Win-Situation aussieht, zu einer Lose-Lose-Situation werden. Bevor Sie nun entscheiden, welchen Grad an Risiko Sie einzugehen bereit sind, sollten Sie sich daran erinnern, daß der Markt fallen und Ihre finanzielle Sicherheit in Gefahr geraten kann.

4. Welche Waffen haben Sie?

In einem Krieg hat eine schwerbewaffnete Armee einen entscheidenden Vorteil gegenüber einer Guerilla-Truppe. Die Armee hat Raketen. Die Guerillas haben selbstgebastelte Bomben. Die Armee hat Panzer. Die Guerillas haben Gewehre. Die Armee verfügt über Bataillone. Die Guerillas haben nur ein kleines Aufgebot. Der Armee stehen Aufklärungssatelliten zur Verfügung. Die Guerillas hingegen haben nur Spähtrupps.

Die Guerillas haben nur einen wirklichen Vorteil. Weil sie im Kriegsgebiet aufwuchsen, kennen sie das Terrain besser als der Feind. Guerillas können ihre Ortskenntnis benutzen, um ihrem Feind auszuweichen, indem sie durch den Dschungel oder über Bergpfade gehen, ohne überhaupt bemerkt zu werden. Sie können ihr Wissen um die klimatischen Bedingungen benutzen, um ihre Vorstöße und Rückzüge zeitlich zu planen. Sie können aus einem Versteck heraus angreifen. Während die Guerillas weitaus weniger Reserven haben als die angreifende Armee, können sie oft Schlachten gewinnen, indem sie ihr überlegenes Wissen um die regionalen Gegebenheiten einsetzen.

Das gleiche gilt für die Kapitalanlage. Während der Profi Geld, Zeit, Ausbildung und hervorragende Informationsquellen zur Verfügung hat, hat der Einzelinvestor den Vorteil, daß er sein Terrain kennt. Man muß nun präzisieren, was genau mit »Heimvorteil« gemeint ist. Manche Leute kommen beruflich mit Aktiengesellschaften in Berührung. Sie beobachten Branchentrends, haben mit Lieferanten und Kunden zu tun und analysieren Wettbewerber. Auch als Konsumenten haben sie Kontakt mit Aktiengesellschaften. Sie kaufen in Geschäften, essen in Restaurants, sie fliegen mit Airlines, sie übernachten in Hotels, sie wählen Transportunternehmen aus und sie surfen im Internet. Schließlich kommen sie auch an ihren Wohnorten oder durch Freunde mit Aktiengesellschaften in Berührung. Dank besonderer Informationen und der Kenntnis des heimatlichen Geländes können Einzelinvestoren oft Einsichten gewinnen, die die Wall Street nicht hat. Diese Kenntnis über das eigene, vertraute Umfeld gibt dem Guerilla-Investor einen Vorteil, wenn er gegen eine besser ausgebildete und erfahrenere Armee antritt.

Einzelanleger erhalten andere Arten von Informationen, als sie Profis zur Verfügung stehen. Profis erhalten harte, strukturierte und quantitative Informationen. Sie lesen Berichte, sie studieren Gewinnmodelle, besuchen Analysten-Konferenzen, sie sprechen mit dem Management, sehen auf Charts nach und analysieren die Trading-Muster. Auch Einzelanleger erhalten diese Informationen, insbesondere über das Internet, aber sie erhalten auch weiche, unstrukturierte, qualitative Informationen, die aus ihrer direkten Umgebung stammen. Diese Informationen sind vielleicht nicht so schick verpackt wie im Bericht eines Analysten, aber deshalb sind sie nicht weniger wertvoll.

Informationen bewegen den Aktienmarkt und die Profis haben den Vorteil, daß sie diese leichter erlangen können. Deshalb ist es für den Einzelinvestor von so entscheidender Bedeutung, daß er genau definiert, was er weiß. Die Aufgabe ist einfach. Der Einzelinvestor muß sich selbst kennen. Er muß herausfinden, was er von seiner »Heimaterde« weiß, das die Profis nicht wissen, und diese Information muß er nutzen, um die Profis zu besiegen.

KAPITEL 3

Vermeiden Sie die Stärken des Feindes

Wenn dem Feind eine Armee von 100.000 Mann zur Verfügung steht und die Guerillas nur über 1.000 Kämpfer verfügen, dann wären die Guerillas dumm, wenn sie zu einem Frontalangriff übergingen. Wenn der Feind 200 Flugzeuge hat und die Guerilla lediglich zwei, dann wäre es idiotisch einen Luftkrieg anzuzetteln. Kein Guerilla würde angreifen, ohne zuerst die Stärke der gegnerischen Armee zu analysieren.

Aber ironischerweise verhalten sich Einzelinvestoren genau so. Der größte Fehler der Einzelinvestoren ist, die Stärke des Feindes zu ignorieren. Es gibt zwar Ausnahmen, doch gibt es Bereiche, in denen die Chancen des Einzelinvestors so gering sind, daß es äußerst dumm wäre, die Profis hier herauszufordern. Zu diesen Bereichen zählen:

- das Timing der Märkte
- aggressives Trading
- Trading auf der Grundlage von Gewinnschätzungen
- aktives Trading mit hoch kapitalisierten Aktien
- der Versuch, mit Optionen einen Home Run zu erzielen
- Fusionen und Übernahmen
- Neuemissionen, insbesondere wenn die Erlöse an Insider gehen
- Branchen, von denen man wenig versteht
- neue Märkte
- alles was zu schön scheint, um war zu sein

Bevor ein Einzelkämpfer investiert, sollte er diese Bereiche genau beobachten und, wann immer möglich, umgehen.

1. Vermeiden Sie es, den Rhythmus des Marktes mithalten zu wollen

Kein kluger Guerillaführer würde versuchen, an allen Fronten zugleich zu kämpfen. Er könnte Chancen haben eine Schlacht zu gewinnen, wenn er die Schwächen einer wesentlich größeren Armee herausfindet und diese auf begrenztem Terrain ausnutzt, aber er wird nie gewinnen, wenn er an allen Fronten gleichzeitig kämpft.

Investoren bilden sich gern eine Meinung darüber, in welche Richtung sich der Aktienmarkt bewegen wird. Sie könnten einen Techniker sagen hören: »Meine Charts sagen, daß der Markt um 1.000 Punkte ansteigen wird.« Sie könnten auch den Bericht eines Portfolio-Managers lesen, der schreibt: »Der Markt ist weit überreizt und wird um 1.000 Punkte fallen.« Vorhersagen über den Markt können außerordentlich verführerisch sein. Die Menschen lieben einfache Antworten. Jahresberichte zu lesen, Kursnotierungen zu studieren und Nachforschungen zu betreiben, ist harte Arbeit. In einen sicheren Markt zu investieren, ist einfach und macht auch sehr viel mehr Spaß.

Das Problem ist nur, daß niemand weiß, wie der Markt sich bewegen wird. Experten führen ihre Analysen durch und treffen Vorhersagen. Manche sind besser als andere. Aber die meisten Vorhersagen sind so sicher wie die, ob es ein heißer Sommer oder ein schneereicher Winter wird. Der einzige Unterschied ist, daß die meisten Leute ihre Ersparnisse nicht auf Wettervorhersagen setzen.

Von Zeit zu Zeit hört man von Experten, die angeblich Marktbewegungen vorhersagen können. Joseph Granville wurde einst als »echter« Guru angesehen, als er einen Crash zutreffend vorhersagte. Aber als der Markt wieder auf einen historischen Höchststand kletterte, sagte Granville immer noch einen Crash voraus.

Robert Prechter wurde durch seine »Elliot-Wave-Theorie« bekannt. In den 80er Jahren konnte Prechter die Märkte bewegen. Wenn er sagte, der Markt würde ansteigen, dann stieg er auch an. Aber Prechter und seine »Elliot-Wave-Theorie« hatten keinen Bestand. Wenige Bewegungen vollzogen sich so, wie Prechter es vorhergesagt hatte. Viele gingen in eine andere Richtung. Mit der Zeit stellte sich die »Elliot-Wave-Theorie« als das heraus, was sie wirklich war, eine Theorie.

Elaine Garzarelli benutzte technische Indikatoren, als sie den Crash von 1987 vorhersagte. Sie hatte recht, und nur wenige andere hatten den Mut, diese Prognose zu machen. Garzarelli ist eine gute Analystin, aber sie ist keine Hellseherin. 1996 benutzte sie die gleichen Quellen, die 1987 so hervorragend funktionierten, der Markt gehorchte aber nicht.

Niemand kann den Aktienmarkt vorhersagen, weil er außerordentlich komplex ist und sich immer ändert. Myriaden von Faktoren bewegen den Markt. Dazu gehören Zinssätze, das Haushaltsdefizit der Regierung, Unternehmensgewinne, weltweite wirtschaftliche Bedingungen und das Vertrauen in die Politik. Sogar für die geübtesten Profis ist es ein sehr komplexes Unterfangen, wenn sie verstehen wollen, wie diese Faktoren ineinander greifen. Für den Einzelinvestor ist dies nahezu unmöglich.

Wenn Sie es gerade herausgefunden haben ...

Das Problem ist sehr vielfältig, weil der Markt nie beständig ist. Immer andere Faktoren scheinen die Aktienkurse zu bewegen. In den 80er Jahren waren die Investoren auf die Geldumlaufmenge gespannt. Wenn diese Zahlen stärker anstiegen als erwartet, dann ging der Markt nach unten. Stiegen sie weniger stark an, dann stieg auch der Markt an. Heute spricht niemand mehr über Geldmengenwachstum. Eine Zeitlang bewegten die Ölpreise die Märkte. Investoren beobachteten die OPEC-Minister und suchten nach Hinweisen auf deren Vorhaben. Heute sieht es so aus, als kümmere sich niemand darum, was die OPEC macht.

Haushaltsdefizite von Regierungen haben Märkte bewegt, weil Investoren sich Sorgen darüber machten, was sie für ihre Schulden bezahlen müßten. Das Handelsdefizit und der Dollarkurs haben Märkte bewegt, als das Geld in die Vereinigten Staaten hineinfloß und wieder hinaus. Unternehmensgewinne haben die Märkte bewegt, als Investoren sich auf die Gewinne konzentrierten. Fusionen, Übernahmen und der Rückkauf eigener Aktien von Unternehmen haben Märkte bewegt, als Investoren sich auf den intrinsischen Wert von Unternehmen konzentrierten. Wirtschaftsberichte, das Vertrauen der Konsumenten in die Wirtschaft eingeschlossen, die Bautätigkeit, die Verbraucherpreise, die Herstellerpreise und die Arbeitslosenzahlen haben Märkte bewegt, wenn Investoren sich über das wirtschaftliche Wachstum Sorgen machten. Politische Einflüsse wie beispielsweise der Krieg im Nahen Osten und das Ende des Kalten Krieges haben Märkte bewegt, als sich Investoren Sorgen über internationale Probleme machten. In letzter Zeit haben die Aktionen der amerikanischen Notenbank die Märkte bewegt. Immer wenn sich der Zentralbankrat trifft oder Alan Greenspan eine Rede hält, hält der Markt den Atem an und späht nach Hinweisen auf die künftige Entwicklung der Zinsen.

Kleine und subtile Veränderungen können den Markt erschüttern

Auch anscheinend unbedeutende Ereignisse reichen oft aus, Märkte zu bewegen. Zum Beispiel:

- Ein Bericht der amerikanischen Regierung, daß mit 250.000 Arbeitslosen zu rechnen sei. Der Markt hatte 200.000 Arbeitslose erwartet. 50.000 Arbeitslose mehr machen in einem Land mit 250 Millionen Einwohnern nicht viel aus, aber die Zahl, die höher ausfiel als erwartet, könnte viele folgern lassen, daß mit einem wirtschaftlichen Niedergang zu rechnen sei.
- Der Preis der Lebenshaltung steigt um 0,5 % und nicht wie erwartet um 0,2 %. Der Unterschied kann das Ergebnis höherer Getreide- oder Rindfleischpreise sein, die durch Hochwasser im Mittelwesten verursacht wurden. Ein Zuwachs, der 0,3 Prozentpunkte höher ist als erwartet, bedeutet nicht, daß wir auf zweistellige Inflationsraten zusteuern, aber diese Differenz kann ausreichen, die Aktienkurse zu verderben.
- Alan Greenspan sagt etwas über »irrationale Überschwenglichkeit«, und der Markt fällt um 250 Punkte.

Für die meisten Einzelinvestoren sieht die Welt genauso aus wie am Abend zuvor. Aber für die Profis können diese Nachrichten Signale für eine künftige Entwicklung sein. Wenn diese Zahlen veröffentlicht werden, werden Strategen und Ökonomen aktiv und modifizieren ihre Erwartungen.

Auch wenn einzelne die Bedeutung dieser Geschehnisse verstehen, brauchen sie oft mehr Zeit, um zu agieren, und das bewirkt, daß sie das Zeitfenster für eine günstige Möglichkeit verpassen. In der Woche nach den Wahlen von 1996 begann der Markt eine Riesenrallye, weil die Wähler einen demokratischen Präsidenten und einen republikanischen Kongreß gewählt hatten. Die Profis hatten sich Sorgen gemacht, daß die Inflation zunehmen würde, wenn nur eine Partei die Kontrolle hätte. Sie waren besorgt darüber, daß die Demokraten die Ausgaben für soziale Programme ausweiten würden, während die Republikaner die Steuern senken und damit das Haushaltsdefizit vergrößern würden. Sie bedachten die politische Trennung zwischen dem Weißen Haus und dem Kongreß mit Beifall, weil sie das als große Hoffnung auf geringere Ausgaben und geringere Defizite ansahen. Als die Profis die Wahlergebnisse sahen, stürzten sie sich in die Märkte. Auch Einzelinvestoren sahen die gleichen Wahlergebnisse, aber sie verstanden die Auswirkungen auf die Märkte nicht sofort und bewegten sich langsamer. Wenn Einzelinvestoren sich nicht so schnell bewegen wie die Profis, welche Chance haben sie dann, wenn sie sich einem weitaus komplexeren oder geographisch entfernteren Problem gegenüber sehen?

Profis verstehen die Faktoren, die einen Markt möglicherweise bewegen, besser und können Korrekturen einfacher durchführen. Ganz gleich, was der Einzelinvestor unternimmt, er wird es höchstwahrscheinlich in zu geringem Maß und zu spät tun. **Den richtigen Zeitpunkt abzuwarten, scheint ganz einfach zu sein, aber die Profis haben bessere Chancen, und über einen längeren Zeitraum hinweg wird der Einzelinvestor verlieren.**

Den richtigen Zeitpunkt abzuwarten, ist normalerweise ein sehr riskanter Vorschlag für den Einzelinvestor. Doch es gibt eine wichtige Ausnahme von dieser Regel. Dieser Fall tritt dann ein, wenn sich die Experten darüber einig sind, in welche Richtung sich der Markt bewegen wird. Wenn dies der Fall ist, dann sollten Sie dagegen setzen. Die Neigung der Experten, Fehler zu machen, wird die Risiken des Einzelinvestors aufwiegen, wenn er versucht, den richtigen Zeitpunkt abzuwarten. In Kapitel 5 werden wir darüber nachdenken, wie man investieren sollte, wenn sich alle Experten einig sind.

2. Vermeiden Sie aggressives Trading

Aggressiv zu traden, macht Spaß. Schnelle Entscheidungen zu treffen, schnell in Aktien ein- und wieder auszusteigen und hohe Einsätze auf kurzfristige Bewegungen zu setzen, gibt den Menschen das Gefühl, als stünden sie im Mittelpunkt. Man beobachtet die Kursbewegungen der Aktien, erfährt wichtige Neuigkeiten und tätigt seinen Einsatz. Innerhalb kürzester Zeit hat man entweder gewonnen oder verloren. Es gibt allerdings ein Problem. Aggressives Trading ist das Spiel der Profis, bei dem die Stärken der Profis besonders wirksam werden. Damit meine ich nicht, daß Einzelinvestoren einmal kaufen und die Aktie dann für immer halten sollten. Aber die meisten sollten sich nicht dazu verführen lassen, bei diesen aggressiven Trading-Spielchen mitzuspielen. Der Schlüssel zum aggressiven Trading ist, daß man in der Lage ist, sofort zu reagieren, wenn eine wichtige Nachricht über den Ticker läuft. Um auf solche Informationen zu reagieren, haben Profis gegenüber dem Einzelinvestor große Vorteile:

- Profis investieren den ganzen Tag und sehen die Informationen viel früher. In der Welt des aktiven Trading bedeutet viel früher eine Ewigkeit.

- Profis werden mit Informationen von Analysten, Tradern, Geschäftsleuten und Technikern geradezu überhäuft.
- Profis erhalten oft Informationen, die nicht jeder erhält. Am 19. Juni 1996 teilte die Bank of New York 92 Analysten und institutionellen Anlegern in einer Telefon-Konferenzschaltung mit, daß sie 350 Millionen $ zurückstellen würde, um erwartete Verluste aus überzogenen Kreditkarten ausgleichen zu können. Die Konferenz fand um 14.00 Uhr statt, aber erst um 16.09 Uhr wurde die Nachricht öffentlich verbreitet. Zwei Stunden lang wußten 92 Profis etwas, das der Rest der Welt nicht wußte. Als diese Information überall bekannt war, war der Kurs der Aktie bereits um 1,375 $ gefallen. Zwar sind 3 % noch nicht das Ende der Welt, wenn man aber aktiv tradet, dann machen 3 % schon etwas aus.
- Profis sprechen miteinander und wissen oft, was ihr Gegenüber plant. Wenn ein kleiner Portfolio-Manager bei Fidelity weiß, daß der Magellan Fund plant, alle Autowerte zu verkaufen, dann wird dieser Portfolio-Manager keinesfalls Ford-Aktien kaufen.
- Die institutionellen Anleger können auch dann noch kaufen und verkaufen, wenn der kleine Investor annimmt, daß die Börse schon geschlossen ist. Institutionelle Anleger handeln an ausländischen Börsen, an denen viele amerikanische Aktien notiert sind. Die Londoner Börse beispielsweise eröffnet fünf oder sechs Stunden vor der New Yorker Börse. Institutionelle Anleger können also auch nachbörslich noch Geschäfte abschließen. In diesem Markt werden Trades über elektronische Systeme abgewickelt, die ausschließlich Brokern und institutionellen Anlegern zugänglich sind. Nachbörsliche Kursbewegungen können oft dramatisch werden, wenn es noch wichtige Spätnachrichten gibt.

  Am 16. Juli 1996 schloß Intel mit 70 $ je Aktie. Kurz danach berichtete Intel, daß die Gewinne besser als erwartet ausfallen würden. Nachbörslich wurde die Aktie höher gehandelt. Am nächsten Morgen eröffnete sie bei 74 $. Während die institutionellen Anleger die Möglichkeit hatten, zwischen 70 $ und 74 $ zu kaufen und zu verkaufen, hatte der kleine Investor diese Möglichkeit nicht.

  Genau das Gegenteil passierte mit Motorola am 9. Juli. Motorola wartete bis 17.30 Uhr, um bekanntzugeben, daß die Gewinnsituation enttäuschend war. Nachbörslich wurde sehr aktiv gehandelt. Am nächsten Morgen eröffnete die Aktie bei 57,625 $, das waren fast 9 $ weniger als der Schlußkurs des Vortags. Und wieder blieben die Einzelinvestoren außen vor.

  Damit will ich nicht sagen, daß alle institutionellen Anleger nachbörslich die richtigen Trades mit Intel und Motorola gemacht haben. Wie

bei allen Trades waren nur 50 % auf der richtigen Seite, und 50 % lagen falsch. Aber zumindest hatten sie die Möglichkeit, zu spielen.
- Profis können wesentlich leichter komplizierte Techniken verwenden, beispielsweise mit Optionen handeln, um bei kurzfristigen Chancen Gewinne mitzunehmen. Wenn beispielsweise Intel schlechte Nachrichten verbreitet, dann könnten die Profis zum Schluß kommen, daß der gesamte Technologiesektor unter Druck geraten werde und Puts auf einen Index kaufen. Mit Hilfe des Computer-Tradings können größere institutionelle Anleger Spielchen spielen, die weit über die Möglichkeiten des Einzelinvestors hinausgehen.

Day-Trader: Profis in Aktion

Ein wunderbares Beispiel für aggressives Trading bieten die Day-Trader. Diese Einzelinvestoren sind die absoluten Guerillas, aber sie sind auch Profis. Während der gesamten Börsenzeit tun sie nichts anderes als traden. Sie sind keine Ärzte oder Rechtsanwälte, die während einer Pause zwischen Operationen oder Verhandlungen traden. Sie arbeiten fulltime, indem sie mit Aktien handeln. Sie in Aktion zu beobachten, ist eine faszinierende Erfahrung.

Auf dem Börsenparkett summt es vor Aktivität. Die Broker rufen einander Orders zu, sprechen am Telefon mit Kunden und geben Informationen weiter. Analysten kommen mit ständigen Updates über den Lautsprecher. Witze und Anekdoten machen ihren Weg rund um die Tradingtheke, und es gibt ein hohes Maß an Kameraderie unter den Tradern.

Auf dem Parkett der Day-Trader herrscht fast absolute Ruhe. Hunderte von jungen Tradern, die meisten noch keine 30 Jahre alt, sitzen in engen Reihen und starren auf die Bildschirme, nehmen die Trader auf der anderen Seite überhaupt nicht war. Hier gibt es keine Anekdoten und keine Witze. Während der Börsenzeit telefonieren sie nicht, sie lesen keine Zeitungen, studieren keine Finanzberichte und nehmen auch nicht an Telefonkonferenzen teil. Statt dessen beobachten sie die Signale ihrer komplizierten Software und halten nach Trading-Möglichkeiten Ausschau. Es sieht aus wie ein Raum voller Kinder, die Videospiele spielen. Sie kümmern sich nicht um fundamentale Informationen oder Gewinnschätzungen. Möglicherweise kennen sie noch nicht einmal die Branche der Aktien, die sie besitzen. Sie sind nur darauf aus, kurzfristig Lücken im Markt zu finden, die ihnen eine Chance bieten.

Wenn ein Kauf- oder Verkaufssignal angezeigt wird, dann klickt der Trader, der diese Gelegenheit erkennt und schnell genug ist, einen Trade an.

Innerhalb kürzester Zeit hat der Trader 1.000 Aktien gekauft. Market Maker verändern ihre Kurse. Ein weiteres Signal kommt auf den Bildschirm. Der Trader klickt wieder und verkauft die Aktie mit einem Gewinn von 0,25 $ je Aktie. In weniger als einer Minute hat der Trader zwei Transaktionen durchgeführt. Andere Day-Trader können diesen Trade auch gemacht haben oder auch nicht. Wie bei einem Videospiel werden Geschicklichkeit und Urteilsvermögen verlangt. Zwischen den besten und den schlechtesten Day-Tradern besteht eine Riesenunterschied.

Die Day-Trader sind wirklich die ultimativen Guerillas. Ihre Strategie läuft darauf hinaus, die Schwächen in den Linien der Profis zu treffen und sich dann sofort wieder zurückzuziehen. Wie ein Guerilla, der eine Blitzattacke ausführt und dann im Dschungel verschwindet, ist ein guter Trader innerhalb von weniger als einer Minute in einer Aktie und wieder draußen. An einem Tag kann er durchschnittlich 75 Trades ausführen. Tatsächlich werden viele der Day-Trader SOES-Bandits genannt. SOES (Small Order Execution System) ist ein Trading-System, das am NASDAQ für kleine Orders implantiert wurde. Diese Trader werden Banditen genannt, weil sie sich wie Guerillas verhalten und den Profis die Profite stehlen. Die Day-Trader sind jedoch nicht die Ausnahme von der Regel des aggressiven Tradens gegen die Profis. Die Day-Trader sind Profis. Jeder, der den ganzen Tag mit Aktien handelt, ist per Definition ein Profi.

3. Traden Sie nicht auf der Grundlage von Gewinnvorhersagen

Wenn Profis im Aktienhandel einen großen Vorteil haben, dann kann der Vorteil nirgendwo größer sein als in dem Bereich, in dem sie auf der Grundlage von Gewinnvorhersagen Geschäfte abschließen. Für Investoren ist es sehr verführerisch, auf der Basis von erwarteten oder tatsächlich berichteten Gewinnen zu handeln. Der Aktienbroker ruft Sie an und sagt Ihnen, daß XYZ-Systems noch vor der Börseneröffnung Zahlen veröffentlichen wird. Er erwartet gute Gewinne. Sie steigen darauf ein und kaufen einige Aktien. Dabei ignorieren Sie die wesentliche Frage, ob Ihr Broker überhaupt weiß, worüber er spricht. Sie sollten die folgenden Fragen stellen: »Kann ich die Gewinne richtig einschätzen wenn sie veröffentlicht werden? Werde ich auf der Analysten-Konferenz sein ? Wird mein Broker dort sein? Werde ich ein Fax mit allen Daten erhalten? Falls ja, weiß ich dann, worauf ich achten muß?« Wenn Sie sorgfältig über die Folge der Ereignisse nachdenken, dann werden Sie feststellen, daß Sie den Profis gegenüber einen entscheidenden Nachteil bei der Erlangung und Analyse von Informationen haben.

Ihr Broker ruft Sie am nächsten Morgen an. XYZ-Systems hat gerade bessere Gewinne als erwartet verkündet. Er gibt Ihnen den Rat, mehr Aktien zu kaufen. »Wie steht die Aktie?« fragen Sie.

»Sie ist um 1 $ gefallen« antwortet der Broker.

»Was ist los?« fragen Sie ungläubig.

»Mehr Verkäufer als Käufer«, murmelt der Broker, während er auf seinen Monitor schaut, um nachzusehen, was sein Analyst über die Gewinne geschrieben hat. »Ich erwarte eine Notiz von meinem Analysten, aber sie ist noch nicht auf dem System.« Die Aktie ist bei kräftigem Umsatz um 2 $ gefallen. »Ich werde noch einmal bei dem Analysten nachhören und rufe Sie zurück.«

Der Broker ruft den Analysten an. »Ich muß unbedingt mit ihm sprechen«, sagt der Broker zu seiner Sekretärin.

»Er ist gerade bei einer Analysten-Konferenz mit Intel«, erwidert die Sekretärin, »und ich kann ihn nicht stören.«

»Sagte er irgend etwas über XYZ-Systems?« fragt Ihr Broker.

»Er war bei der Konferenz«, entgegnet die Sekretärin. »Er arbeitet an einer Notiz.«

»Und was wird da drin stehen?« fragt der Broker.

»Wir rufen Sie sobald wie möglich zurück«, antwortet die Sekretärin sehr höflich.

Der Broker ruft Sie zurück und wiederholt seine Unterredung mit dem Analysten. »Und wie steht die Aktie jetzt?« fragen Sie.

»Sie ist jetzt um 4 $ gefallen. Sie war schon um 6 $ gefallen, aber jetzt geht es besser«, erklärt Ihr Broker und ist sicher, daß Sie sich mit dieser Auskunft behaglicher fühlen werden.

»Ich habe den Verdacht, daß irgend jemandem diese Gewinne nicht gefielen«, murmeln Sie einsam vor sich hin.

»Die Gewinne waren gut«, erwidert der Broker. »Sie übertreffen unsere Schätzungen.«

»Irgend etwas läuft falsch«, sagen Sie, und das ist offensichtlich.

»Also, ich rufe Sie wieder an, wenn ich etwas Genaueres weiß«, antwortet der Broker und legt auf.

Um 16.10 Uhr ruft der Broker Sie zurück. Die Aktie hat mit einem Verlust von 7 $ geschlossen. »Ich sprach mit dem Analysten«, sagt er (obwohl er wahrscheinlich nur die Notiz gelesen hat, die auf seinen Bildschirm kam). »Er sagt, das Quartal war sensationell gut, die Auftragssituation ist ein bißchen schwach und die Gewinne des nächsten Jahres könnten eher bescheiden ausfallen. Er hat die Aktie auch von Kaufen auf Halten zurückgestuft.«

»Und was bedeutet das?« fragen Sie.

»Sie sollten die Aktie verkaufen«, antwortet der Broker. Sie fluchen und legen den Hörer auf.

Denken wir einen Augenblick über die Geschehnisse nach. Als das Unternehmen die Gewinne verkündete, rief Ihr Broker Sie sofort an, was wahrscheinlich mehr ist, als die meisten Broker tun würden. Aber er kannte nur die Gewinne je Aktie und war nicht an der Analysten-Telefonkonferenz beteiligt. Er wußte also nichts von der Schwäche der künftigen Auftragslage. Er wußte nicht, daß sein Analyst die Bewertung reduzieren würde, und ahnte nicht, daß die Zahlen, die er eigentlich für gut hielt, ein Desaster darstellten. Weiterhin hatte er keine Erklärung, bis die Aktie um 7 $ gefallen war und die Börse geschlossen hatte.

Während Ihr Broker im dunkeln gelassen wurde, wußten andere offensichtlich schon Bescheid. Schon vor der Ankündigung hatten sie die voraussichtlichen Gewinne, Umsätze, Gewinnspannen, Kosten, den Lagerbestand und die noch nicht ausgeführten Aufträge mit dem Unternehmen oder mit einem Analysten besprochen.

Es kann aber auch sein, daß sie die Informationen schneller erhielten. Die Unternehmen schicken den Kabelanbietern Pressenotizen und senden ihren Schlüsselinvestoren und Analysten Telefaxe. Obwohl Agenturen die Informationen sofort nach Erhalt verbreiten sollten, geschieht das nicht immer. Manchmal haben die Agenturen einen Überhang an Informationen und manchmal werden Faxe auch zu früh an die Profis geschickt. Einmal erhielt der Manager eines Hedge-Fonds, den ich gut kenne, ein Fax von der PR-Firma eines Kaufhauses, in dem angekündigt wurde, daß die vergleichbaren Umsätze um 35 % angestiegen waren und die Gewinne weit über den Erwartungen liegen würden. Er sah auf seinem Monitor nach. Die Agentur hatte die Nachricht noch nicht auf dem Ticker. Er kaufte die Aktie für 9,50 $. 20 Minuten später kam die Nachricht über den Ticker. Eine Stunde später wurde die Aktie mit 11,25 $ gehandelt. Weil er das Fax erhalten hatte, bevor die Neuigkeit veröffentlicht wurde, konnte er innerhalb von einer Stunde 1,75 $ je Aktie verdienen.

Die Profis waren bei der Analysten-Konferenz und sprachen direkt mit der Unternehmensleitung. Wahrscheinlich hatten sie auch Kontakt zu ihren Analysten. Die Sekretärin, die Ihren Broker abwimmelte, wäre mit einem Portfolio-Manager von Putnam nicht so umgegangen. Und so hatten Ihre Feinde, während der Aktienkurs fiel, alle Informationen, die sie brauchten. Und Sie befanden sich im Blindflug.

Analysten werden oft mit Informationen überschwemmt, weil die Unternehmen einer Branche die Gewinnberichte im allgemeinen am selben Tag veröffentlichen. Im Handel beispielsweise geben fünf Unternehmen am selben Vormittag stundenlange Analysten-Konferenzen. Die Analysten haben kaum Zeit, von einer zur anderen zu springen. Die Analysten würden gern eine Notiz über das erste Unternehmen schreiben, können sich aber nicht erlauben, die nächste Konferenz zu versäumen. (Ich habe oft überlegt, ob die Unternehmen die Konferenzen nicht deshalb zu gleichen Zeit planen, damit die Analysten weniger Zeit für Nachfragen haben.) Wenn fünf Unternehmen an einem Vormittag ihre Berichte abgeben, dann kann ein ganzer Tag vergehen, bevor die Analysten eine Notiz verfassen und verbreiten können. Dies tut den Profis nicht weh, die selbst an den Konferenzen teilnehmen, aber es schadet den Einzelinvestoren, die sich bei den Details auf die Analysten verlassen müssen.

Gewinnberichte im Internet

Das Internet eliminiert einige Vorteile der Profis durch die Versorgung der Einzelinvestoren mit detaillierten Informationen. Internet-Suchmaschinen, Online-Brokerfirmen und spezielle Online-Services wie beispielsweise Zacks.com, Briefing.com und Motley Fool listen die Daten auf, an denen die Unternehmen voraussichtlich ihre Gewinne veröffentlichen, und das zusammen mit den Gewinnschätzungen der Analysten. Auch wenn Sie ein langfristig orientierter Investor sind, sollten Sie diese Listen jede Woche nach den Unternehmen durchsuchen, an denen Sie interessiert sind. Und das geht so:

Schritt 1: Untersuchen Sie die Gewinnschätzungen auf Seiten wie beispielsweise Zacks.com. Achten Sie insbesondere auf Veränderungen, die kurz vor der geplanten Veröffentlichung der Daten vorgenommen wurden.

Schritt 2: Klicken Sie nun das Unternehmen selbst an, und gehen Sie zurück zu den zuletzt veröffentlichen Gewinnen. Prüfen Sie, wie viele Details Sie online erfahren können. Wenn alle Gewinne und eine Bilanz dargestellt werden, dann haben Sie die gleichen Informationen wie die Profis. Wenn es nur die Umsätze und Gewinne je Aktie sind, dann sollten Sie das Unternehmen anrufen und darum bitten, auf eine Faxliste gesetzt zu werden. Wenn Sie an diesem Unternehmen ganz besonders interessiert sind, dann sollten Sie darum ersuchen, in den Verteiler für die Analysten-Konferenz aufgenommen zu werden. Motley Fool und andere

Seiten geben die Zeit und die Telefonnummern für einige dieser Konferenzen an.

Schritt 3: Gehen Sie an dem Tag, an dem das Unternehmen voraussichtlich seine Gewinne veröffentlicht, sehr früh ins Internet. Die meisten Unternehmen geben ihre Zahlen bekannt, bevor die Börse eröffnet. Vergleichen Sie die Zahlen mit den Schätzungen. Sehen Sie nach, ob es positive oder negative Überraschungen gibt. Lesen Sie die Pressemitteilungen des Unternehmens. Lesen Sie die Bilanz und den Geschäftsbericht, ob es da nicht einige Probleme gibt. Halten Sie nach Kommentaren auf Websites Ausschau, so beispielsweise bei Motley Fool oder Briefing.com. Viele Websites fassen Analysten-Konferenzen zusammen.

Schritt 4: Suchen Sie im Internet nach »Analyst upgrades and downgrades«. Analysten ändern oft ihre Ratings, wenn Unternehmen ihre Berichte vorlegen, und die Änderungen der Ratings werden während des Tages im Internet auf den neuesten Stand gebracht. Achten Sie insbesondere auf Abwertungen von Aktien, die gut gelaufen sind, oder auf Aufwertungen von Aktien, die eine starke Basis aufgebaut haben. Notieren Sie Aktien, bei denen die Analysten optimistisch oder pessimistisch sind, denn diese Aktien können große Sprünge machen, wenn die Empfehlungen verändert werden.

Schritt 5: Benutzen Sie das Internet, um die anfänglichen Trading-Muster zu beobachten, kurz nachdem die Gewinnzahlen veröffentlicht wurden. Dies ist für eine Aktie oft eine ganz entscheidende Phase. Wenn ein Unternehmen bessere Gewinne als erwartet veröffentlicht und die Aktie in ihrem Kurs nachgibt, dann kann es sein, daß die Gewinne nicht so gut waren, wie man insgeheim vermutete oder daß die Aktie an Schwung verloren hat. Was auch immer der Grund ist, wahrscheinlich wird der Aktienkurs weiter fallen. Wenn das Unternehmen schlechtere Gewinne als erwartet veröffentlichte und die Aktie hinzugewinnt, dann kann es sein, daß die Gewinne tatsächlich besser waren, als man insgeheim annahm oder daß die Aktie an einem Tiefpunkt angekommen ist. Unabhängig vom Grund des Kursanstiegs wird die Aktie wahrscheinlich weiter zulegen. Dies sind oft gute Gelegenheiten, um eine Position neu zu bestimmen.

Schritt 6: Beobachten Sie die technischen Muster der Aktie auf den Internet-Charts. Wenn Sie nicht wissen, wie das geht, dann sollten Sie weiterlesen. Darüber werden wir später noch sprechen. Die Gewinnzahlen können mächtige Katalysatoren sein, wenn es um die künftige Richtung eines Aktienkurses geht. Weil die nächsten Zahlen erst in drei Monaten veröffentlicht werden, müssen Sie sofort reagieren, wenn in den technischen

Mustern signifikante Veränderungen auftauchen. Sie können oft langfristige Auswirkungen haben.

Ganz gleich, wie sehr Sie an einer Aktie hängen, ist es sehr nützlich, die Gewinnprognosen zu verfolgen und an Analysten-Konferenzen teilzunehmen. Aber auch mit zusätzlichen Informationen aus dem Internet haben Sie den Informationslevel der Profis noch lange nicht erreicht. Die Profis haben immer noch enorme Vorteile. Zwar ebnet das Internet das Spielfeld ein wenig ein, Sie sollten aber trotzdem sehr vorsichtig sein, wenn Sie versuchen, auf der Basis von Gewinnankündigungen gegen Profis anzutreten.

4. Vermeiden Sie, hoch kapitalisierte Aktien aktiv zu traden

Versuchen Sie keinesfalls, Aktien mit hoher Kapitalisierung aggressiv zu traden. Dies sind Aktien, mit denen die Profis ihren Lebensunterhalt verdienen. Sie haben Hunderte von Millionen Dollars, wenn nicht gar Milliarden Dollars zur Verfügung, die sie genauso wie ihren guten Ruf und ihre Karriere in diese Aktien investiert haben, und sie werden alles tun, um damit zu gewinnen. Sie werden jede Einzelheit dieser Unternehmen so genau wie möglich verfolgen. Wenn es bei diesen Aktien eine schnelle kurzfristige Chance gibt, dann werden sie die nicht verpassen.

Angenommen, Ihr Broker teilt Ihnen mit, daß Intel einen revolutionären neuen Chip auf den Markt bringen will und die Aktie einen Sprung nach vorn machen werde. Das hört sich gut an. Aber bevor Sie die Aktie wegen dieses kurzfristigen Aufschwungs kaufen, sollten Sie sich fragen, was Ihr Broker weiß – verglichen mit dem Wissen anderer Profis. Intel wird von mehr als 30 wichtigen Analysten verfolgt, die auf der Seite der Verkäufer stehen. Aber Intel wird auch von Hunderten Analysten und Portfolio-Managern verfolgt, die eher zum Kauf raten. Diesen Leuten stehen Milliarden von Dollars zur Verfügung, die sie in Intel investieren können. Sie sprechen mit dem Unternehmen, mit seinen Lieferanten, Kunden und Konkurrenten. Sie lesen jede Zeile, die über Halbleiter gedruckt wird. Sie engagieren Experten, die die Entwicklung der Technologie verfolgen. Wenn Intel bekanntgibt, daß ein revolutionär neuer Chip entwickelt wird, dann wissen die Profis wahrscheinlich darüber Bescheid und haben ihren Einsatz schon getätigt. Es ist eher unwahrscheinlich, daß Ihr Broker Spione innerhalb von Intel hat, außer wenn vielleicht sein Bruder zufällig diesen Chip für Intel entwickelt.

Analysten-Konferenzen

Analysten-Konferenzen können ein sehr nützliches Werkzeug sein. Hören Sie auf den Ton des Managements. Man kann oft merken, ob ein Management sehr zufrieden ist oder ob es versucht, irgend etwas zu verbergen. Die Fragestunde ist oft ein guter Indikator dafür, wie es wirklich um die Geschäfte steht. Wenn jeder Analyst zu einem großartigen Quartal gratuliert, bevor er eine Frage stellt, dann können Sie davon ausgehen, daß das Quartal wirklich gut war. (Wahrscheinlich klopfen die Analysten sich selbst auf die Schulter, weil sie diese Aktie zum Kauf empfohlen haben.) Wenn Sie allerdings das Gefühl haben, daß die Analysten kritisch eingestellt sind und das Unternehmen ständig über die Lagerbestände oder verborgene Lasten befragen, dann können Sie ziemlich sicher sein, daß sie nicht zufrieden sind. Besonders besorgt sollten Sie dann sein, wenn ein Analyst, der diese Aktie zum Kauf empfohlen hat, anfängt, bohrende Fragen zu stellen. Weil Analysten, die eine Aktie zum Kauf empfehlen, das Unternehmen so gut wie möglich aussehen lassen wollen, stellen sie sehr oft weiche Fragen, beispielsweise: »Wie gelingt es Ihnen ständig, solch großartige Ergebnisse zu erzielen?« Wenn diese Analysten harte Fragen stellen, dann kann das der Vorbote für die Veränderung der Einstufung der Aktie sein, und dann sollten Sie sich einige Gedanken machen. Wenn andererseits pessimistische Analysten plötzlich den Eindruck machen, als würden sie optimistisch, und damit anfangen, nach positiven Überraschungen bei den Gewinnen zu fragen, dann sollten Sie sich überlegen zu kaufen, weil es ziemlich sicher ist, daß einige die Aktie besser bewerten werden. **Wenn das Verhalten der Analysten anders ausfällt, als Sie erwartet haben, dann sollten Sie sofort handeln.** Die meisten Unternehmen spielen die Aufzeichnungen ihrer Analysten-Treffen später noch einmal ab, und zwar für diejenigen, die bei dem Treffen nicht dabei sein konnten. Dieses Playback wird Ihnen beim kurzfristigen Traden nicht besonders helfen, aber Sie können den Ausführungen des Managements entspannt folgen.

Am nächsten Morgen ruft Ihr Broker Sie an und empfiehlt Ihnen, Philip Morris zu kaufen. Es soll eine Entscheidung über einen Rechtsstreit gefällt werden, und der Broker nimmt an, daß die Tabakunternehmen gewinnen werden. Wiederum hört sich die Geschichte gut an und Sie sind versucht,

Philip Morris kurzfristig in Ihr Portfolio aufzunehmen. Und wiederum sollten Sie dieser Versuchung widerstehen. Auch Philip Morris wird von 15 Analysten beobachtet, die auf der Verkäuferseite stehen, und Hunderten auf der Käuferseite, die Milliarden von Dollars in das Unternehmen investiert haben. Es könnte sein, daß sie Rechtsanwälte engagiert haben, die die Verhandlung verfolgen. Diese Rechtsanwälte haben die Argumente verfolgt, die Gesetzeslage recherchiert und auch die Körpersprache des Richters und Jury beobachtet. Zwar kann niemand das Verhalten einer Jury vorhersagen, dennoch sind sie in einer wesentlich besseren Situation, eine Entscheidung zu treffen, als Sie. Philip Morris kann langfristig ein sehr gutes Investment sein, aber kurzfristig werden Sie keinen Vorteil erzielen.

Am 1. Dezember 1997 veröffentlichte First Call eine Liste mit Analysten die für Brokerfirmen arbeiteten und ihre Gewinnschätzungen für die folgenden Aktien abgaben:

Intel	**31**	**Microsoft**	**27**	**Wal-Mart**	**29**
Limited	**27**	**Sears**	**23**	**Coca-Cola**	**17**
Bristol-Myers Squibb	**24**	**General Electric**	**35**	**Merck**	**29**

Diese Liste enthält lediglich die Analysten, deren Firmen First Call abonniert haben. Die Gesamtzahl der Analysten, die auf der Verkäuferseite stehen und diese Unternehmen verfolgen, ist deshalb wesentlich größer. Außerdem werden diese Unternehmen von Analysten und Portfolio-Managern genau verfolgt, die hier auf der Käuferseite stehen.

Große institutionelle Anleger haben riesige Mengen von Geld in diese Aktien investiert. Um die Größe dieser Investments zu demonstrieren, überprüfte ich die Eintragungen der Anleger bei der SEC und benutzte die Schlußkurse der Aktien am 15. Dezember 1997. Zu diesem Zeitpunkt

- **besaßen 52 Unternehmen jeweils mehr als 300 Millionen $ in Intel-Aktien.** Zwölf von diesen besaßen mehr als 1 Milliarde $ in Intel-Aktien.
- **47 Unternehmen besaßen jeweils mehr als 300 Millionen $ in General-Electric-Aktien.** 25 von diesen besaßen mehr als 1 Milliarde $ in General-Electric-Aktien. Die 20 größten Aktionäre bei General Electric werden in der folgenden Tabelle aufgeführt.
- **38 Unternehmen besaßen jeweils mehr als 300 Millionen $ an Aktien von Coca-Cola.** 14 von diesen besaßen mehr als 1 Milliarde $ in Coke-Aktien. Die Investition von Berkshire Hathaway, dem von Warren Buffett geführten Unternehmen, war allein über 13 Milliarden $ schwer.

Halten Sie einen Augenblick inne, und denken Sie über die Größe dieser Engagements nach. Wenn ein institutioneller Anleger mehr als 1 Milliarde $ in eine Aktie investiert, würde er dann nicht an der Spitze derer sein, die die Aktivitäten des Unternehmen genau kennen? Zumindest wenn dieses Unternehmen auch Ihr Geld verwaltet, dann sollten Sie hoffen, daß Sie mit an der Spitze der Informationspyramide sind. Nur wenige größere institutionelle Anleger können es sich erlauben, Unternehmen wie General Electric, Intel, Coca-Cola, IBM und Merck zu vernachlässigen. Wenn deshalb eines dieser großen Unternehmen seine Gewinne veröffentlicht, dann nehmen oft mehr als **500 institutionelle Anleger und Analysten an einer Analysten-Konferenz teil.** Für Sie als Einzelinvestor bleibt auf diesem Schlachtfeld keine Chance, Ihrem Gegner, den Profis, einen Vorteil abringen zu können.

Diese Regeln gelten aber nicht, wenn Sie langfristig investieren. Dann sind nämlich die kurzfristigen Bewegungen einer Aktie weitaus weniger bedeutsam, und die Vorteile der Profis werden minimiert. Es kann sein, daß Sie nicht wissen, wie der Markt innerhalb der nächsten Wochen auf Intels Produktankündigung reagieren wird, aber langfristig sind Sie der Überzeugung, daß Intel besser sein wird als der Gesamtmarkt. Wenn Sie glauben, daß Intel ein gutes Unternehmen ist, dann sollten Sie kaufen und das Papier langfristig halten. Aber es wäre töricht, die Profis bei einem kurzfristigen Trade austricksen zu wollen. Das wäre so, als ob man eine Gruppe von Guerillas direkt in die verschanzten Stellungen seiner

BETEILIGUNGEN AN GENERAL ELECTRIC

Institution	Zahl der Aktien	Wert in $	Institution	Zahl der Aktien	Wert in $
1. Fidelity	116.000	8.352.000	11. Putnam	24.660	1.775.520
2. BZW Barclays	91.888	6.615.936	12. Northern Trust	24.554	1.767.888
3. Bankers Trust	54.781	3.944.232	13. Nationsbank	24.450	1.760.400
4. State Street	44.380	3.195.360	14. Alliance	20.854	1.501.488
5. TIAA CREF	37.987	2.735.064	15. Smith Barney	20.450	1.472.400
6. Vanguard	33.143	2.386.296	16. PNC	19.917	1.434.024
7. Mellon	32.606	2.347.632	17. University of Cal.	19.419	1.398.168
8. Fayez Sarofim	31.927	2.298.744	18. Wellington	18.704	1.346.688
9. G. E.	31.430	2.262.960	19. First Security	18.034	1.298.448
10. Wells Fargo	26.667	1.920.024	20. Chase	17.715	1.275.480

Feinde schickte. Das Gewinnen bei der Kapitalanlage ist schwierig genug, ohne daß man die Stärken seiner Gegner wirksam werden läßt.

5. Benutzen Sie Optionen zur Absicherung – nicht, um Home Runs zu erzielen

Optionen machen Spaß! Hier können Sie mit minimalem Risiko hohe Gewinne erzielen. Jeder träumt von einem Riesencoup mit Optionen, und in einem Bullenmarkt kommt oft einer vor.

Ich saß neben einem institutionellen Anleger. Er hatte sich mit Optionen von Macy eingedeckt, weil er davon ausging, daß die Aktie unterbewertet sei. Eines Morgens wurde der Handel mit Macy ausgesetzt. Nachrichten kamen auf den Ticker, daß es zu einem Buyout kommen würde. Die Optionen gingen um 18 $ je Aktie in die Höhe. In diesem einzigen Augenblick machte der Trader einen Profit von 2 Millionen $, wobei er lediglich 100.000 $ eingesetzt hatte. Nachdem der Schock überstanden war, drehte er sich zu mir und schüttelte mir die Hand. »Auf Wiedersehen«, sagte er. »Ich nehme mein Geld und mache, daß ich davonkomme. Ich ziehe nach Florida und spiele Golf.« Ich dachte, er scherzte. Er war ja erst 46 Jahre alt. Aber heute ist er immer noch in Florida, spielt Golf und hat ein Handicap von zwei.

Wie Optionen funktionieren

Eine Option ist ein Kontrakt, der dem Eigentümer das Recht gibt, Aktienanteile zu kaufen (Call) oder zu verkaufen (Put). Die wesentlichen Elemente eines Optionsvertrags sind der Einlösungskurs, die Prämie und das Erfüllungsdatum. Der **Einlösungskurs** ist der Kurs, zu dem das Wertpapier gekauft oder verkauft werden kann. Das **Einlösungsdatum** ist das Datum, an dem die Option ausläuft, und die **Prämie** ist der Preis, den man bezahlt, um die Option ausüben zu dürfen.

So hat beispielsweise Intel, die derzeit für 93 $ je Aktie gehandelt wird, eine Oktober-Call-Option über 100 $, die für 4 $ gehandelt wird. Dies bedeutet, daß der Käufer 4 $ für das Recht bezahlt, bis zum Einlösungsdatum im Oktober jederzeit Intel zu 100 $ je Aktie kaufen zu können. Optionsverträge umfassen immer 100 Aktien. Die Preise werden auf der Basis einer Aktie festgesetzt. Wenn die Prämie 4 $ beträgt, dann kostet eine Option 400 $. (4 $ je Aktie für 100 Aktien.)

Bei einer Call-Option setzt der Investor darauf, daß der Aktienkurs steigen wird. Wenn man einen Call kauft, dann setzt der Investor lediglich einen relativ geringen Geldbetrag ein, um das Recht zu erhalten, die Aktie zu einem bestimmten Preis bis zu einem bestimmten Punkt in der Zukunft zu kaufen. Der Kurs der Prämie variiert abhängig vom Einlösungskurs und vom Einlösungsdatum. Die folgende Tabelle zeigt verschiedene Call-Optionen für Intel. Bei einer Call-Option gilt, daß die Prämie um so höher ist, je geringer der Einlösungskurs ist und auch je länger die Zeit bis zum Einlösungsdatum ist. Weil mehr Zeit zur Verfügung steht, hat eine Aktie ein größeres Potential, sich in ihrem Kurs zu bewegen.

INTEL-CALL-OPTIONEN

Option	Prämie	Option	Prämie	Option	Prämie	Option	Prämie
Okt. 80 $	16 $	Okt. 90 $	8,625 $	Okt. 100 $	4 $	Okt. 105 $	2,625 $
Jan. 80 $	19 $	Jan. 90 $	13 $	Jan. 100 $	7,875 $	Jan. 105 $	6,25 $
–	–	April 90 $	15,25 $	April 100 $	10,5 $	April 105 $	8,875 $

Der Schlüssel für Optionen ist der Hebel. Wenn die Aktie nicht den Einlösungskurs erreicht, dann ist Ihre Option wertlos. Wenn die Aktie den Einlösungskurs um weniger als die Prämie übersteigt, dann verlieren Sie Geld. Wenn die Aktie jedoch während der Optionszeit stark ansteigt, dann kann der Hebel von größter Bedeutung sein. Um 1.000 Aktien von Intel zu kaufen, benötigen Sie 93.000 $. Sie könnten diese 93.000 $ aber auch in Oktober-Optionen zu 100 $ für eine Prämie von 4 $ investieren. Dann hätten Sie eine Option auf 23.250 Aktien. Wenn Intel in dieser Zeit bis auf 110 $ steigt, würden Sie mit den Optionen 139.500 $ Gewinn machen, mit den Aktien selbst jedoch nur 17.000 $. Allerdings muß ich zugeben, daß die Chancen, daß Intel innerhalb von zwei Monaten von 93 auf 110 $ ansteigt, außerordentlich gering sind.

Wenn Sie eine Put-Option kaufen, dann ist dies das genaue Gegenteil vom Kauf eines Calls. Mit dem Kauf eines Puts erhalten Sie das Recht, ein bestimmtes Wertpapier zu einem bestimmten Kurs zu verkaufen. Wenn Sie beispielsweise eine Intel-Oktober-90-$-Put-Option erwerben, dann haben Sie das Recht, Intel zu 90 $ zu verkaufen, bevor die Option ausläuft. Wenn der Kurs unter dem Einlösungskurs von 90 $ liegt, können Sie die Aktien zum Marktkurs kaufen, zum Einlösungskurs verkaufen und die Differenz in die Tasche stecken. Natürlich müssen Sie die Kosten der Option davon abziehen.

Optionen sind weitaus komplizierter, als die meisten Investoren annehmen. Bei jedem Wertpapier gibt es eine große Zahl von Optionen. Intel hat augenblicklich über 220 verschiedene Call- und Put-Optionen (einschließlich der LEAPS-Zwei-Jahres-Optionen). Jede dieser 220 Optionen wird unabhängig gehandelt, obwohl sie alle vom Kurs der zugrundeliegenden Aktie abhängen. Den besten Einlösungskurs und das beste Einlösungsdatum herauszufinden, kann eine beängstigende Aufgabe sein. Die Profis haben Computerprogramme zur Verfügung, die die Volatilität der Aktie verfolgen, die Dividende, die Zinsen und andere Faktoren, die ihnen ermöglichen, die beste Option herauszufinden. Da es eine so große Auswahl gibt, können die Computerprogramme oft Marktschwächen entdecken, die es den Profis ermöglichen, einen Satz von Optionen gegen einen anderen auszuspielen, ohne dabei das geringste Risiko einzugehen.

Einige Vorteile der Profis können dadurch ausgeglichen werden, daß Sie Options-Kalkulationsprogramme benutzen, die Sie über das Internet beziehen können. Eines der besten ist auf der Website des Chicago Board Options Exchange (CBOE). Damit kann der Einzelinvestor die besten Möglichkeiten aller Optionen berechnen und diese mit den Märkten vergleichen.

Um dies jedoch effektiv zu erledigen, muß der Einzelinvestor die Volatilität der Aktie kennen. Manche Aktien sind einigermaßen stabil, während andere eine hohe Volatilität aufweisen. Je höher die Volatilität, um so größer ist die Wahrscheinlichkeit, daß sich der Kurs entscheidend verändern wird, und um so teurer wird auch die Option sein. Die Volatilität einer Aktie zu bestimmen, kann eine sehr komplexe Aufgabe sein. Wenn Sie den falschen Level auswählen, werden auch Ihre Kursstrategien falsch sein.

Wie man Calls oder Puts auf Indizes kauft

Wenn die Chancen für den Einzelinvestor beim Kauf von Optionen auf Aktien schlecht sind, dann sind sie für den Einzelinvestor miserabel, wenn er sich entschließt, Optionen auf Indizes zu kaufen.

Die meisten großen Indizes wie beispielsweise der S&P 100 und der S&P 500, der Dow Jones Industrial, der NASDAQ 100 und der Russell 2000 enthalten Optionen. Es gibt aber eine Vielfalt von Branchen und internationalen Indizes. Mit Index-Optionen kann man gegen oder für einen Markt setzen. Wenn Sie beispielsweise annehmen, daß der ganze Aktienmarkt nach oben gehen wird, dann können Sie einen Call für einen großen Index wie beispielsweise den S & P 100 kaufen. Wenn Sie aber annehmen, daß der Aktienmarkt fallen wird, dann können Sie für die gleichen Indizes auch Puts kaufen. Wenn Sie der Auffassung sind, daß Technologie-Aktien außergewöhnlich gut laufen werden, dann können Sie Call-Optionen auf den Goldman-Sachs-Technologie-Index kaufen. Wenn Sie allerdings der Auffassung sind, daß kleine Aktien nicht so gut laufen werden, dann können Sie Put-Optionen auf den Russell 2000 kaufen.

In den letzten Jahren war es die beste Investmentstrategie, wenn man Call-Optionen kaufte. Weil die Gewinne bei den Index-Call-Optionen so großartig waren, glauben viele Investoren, daß diese ein sicherer Weg zu sofortigem Reichtum seien.

Es gibt allerdings das Problem, daß diese Strategie nur in einem Bullenmarkt von Erfolg gekrönt ist. In einem normalen Markt arbeiten Index-Optionen gegen die meisten Einzelanleger. Optionen fordern vom Investor nicht nur, den richtigen Zeitpunkt zu erwischen, sie verlangen auch den richtigen Zeitpunkt mit dem richtigem Hebel. Bei der Wahl des richtigen Zeitpunkts haben die meisten Einzelanleger schlechte Karten, und wenn man dann noch die Hebelwirkung der Optionen hinzufügt, dann werden die Chancen noch schlechter. Wenn Sie kein besonderes Talent haben, den Markt richtig einzuschätzen, dann ist die Jagd nach dem richtigen Zeitpunkt mit einer Hebelwirkung der beste Weg, schnell Geld zu verlieren.

Optionen sind das Spiel der Profis. Optionen kommen den Stärken der Profis entgegen – Timing, Insider-Informationen und bessere Systeme – und sind empfindlich gegen die größte Schwäche der Einzelanleger, nämlich die Gier.

Optionen wurden zum Herzstück der Strategien von Vermögensverwaltern. Profis benutzen Optionen, um ihre Trades zu erleichtern, um Gewinne aus Ungleichheiten im Markt zu ziehen, um ihre Gewinne zu sichern und ein Portfolio gegen katastrophale Verluste zu schützen. Während Einzelinvestoren Optionen wie eine Wette behandeln, benutzen die Profis Optionen, um die Regeln des Spieles zu verändern.

Wenn Kleininvestoren versuchen, mit Optionen zu spielen, dann betreten sie eine Welt mit eigenen Gesetzen und einer Trading-Geschwindigkeit, die so hoch ist, daß nur die Besten damit Schritt halten können. Es wäre so, als würde man an den 500 Meilen von Indianapolis mit einem Fahrrad teilnehmen. Und wenn Sie dort entlangradeln, dann können Sie getötet werden, wenn Autos mit 250 Meilen pro Stunde vorbeirasen.

Die Ausnahme

Natürlich gibt es auch einige Gelegenheiten, zu denen ein Einzelinvestor sich überlegen sollte, Optionen zu kaufen. Wenn Sie sich wirklich auf heimischen Boden bewegen, daraus einen Vorteil ziehen können und außerdem über eine Information verfügen, die einen Aktienkurs in Bewegung versetzen kann, dann lohnt es sich, über Optionen nachzudenken. Wenn Sie beispielsweise wissen, daß ein Unternehmen in Ihrer Branche einen großen Auftrag erhalten wird, dann sollten Sie Calls kaufen. Bevor Sie jedoch kaufen, sollten Sie sicherstellen, daß Sie Ihre Information zur richtigen Zeit einsetzen. Wenn sich der Auftrag nur um einige Wochen verzögert, dann könnten Sie Ihr Geld verlieren.

Puts könnten wesentlich nützlicher sein als Calls, weil sie auch eine Hilfe sind, wenn man Aktien leer verkauft. Es ist wesentlich leichter, eine Aktie zu kaufen, von der man annimmt, daß ihr Kurs steigen wird, als eine Aktie leer zu verkaufen, von der man annimmt, daß ihr Kurs nachgeben wird. Oft können verschiedene Restriktionen einen Leerverkauf schwierig gestalten. In diesen Fällen ist es leichter, gegen ein Unternehmen zu setzen, wenn man einen Put kauft. Ganz gleich aber, ob Sie einen Call oder einen Put kaufen: Denken Sie immer daran, daß die Profis wesentliche Vorteile haben und Sie nur mit Optionen spielen sollten, wenn Sie einen wirklichen »Heimvorteil« haben, wenn es um »bekanntes Gelände« und den richtigen Zeitpunkt geht.

Komplexe Options-Strategien

Der Kauf von einfachen Calls und Puts ist nicht die beste Möglichkeit für den Guerilla-Investor. Ironischerweise können einige der komplexeren Optionen jedoch Sinn machen, weil sie den Einzelinvestor in die Lage versetzen, etwas Seelenfrieden zu erlangen. Investoren können eine komplexe Options-Strategie benutzen, um ihr Risiko bei Aktien zu begrenzen, die sie schon besitzen. Beispielsweise können Investoren gegen eine bestehende Position einen Call verkaufen oder einen Put kaufen. Auf diese Weise können Sie mit derselben Aktie long und short gehen. Ihre Position ist geschützt. Wenn Sie einen »schützenden Put« kaufen, dann müssen Sie etwas mehr Geld bezahlen, aber Sie haben auch das Recht, die Aktie zu einem ganz bestimmten Preis wieder zu verkaufen. Dies ist in Wirklichkeit eine Versicherung dagegen, daß eine Aktie jäh abstürzt. Wenn Investoren einen »Covered Call« verkaufen, dann erhalten sie vom Käufer eine Prämie. Wenn der Aktienkurs unterhalb des Einlösungskurses bleibt, dann ist die Prämie als Windfall-Profit zu betrachten. Wenn der Kurs über den Einlösungskurs ansteigt, dann müssen Sie verkaufen, aber die Prämie stellt einen zusätzlichen Gewinn dar. Um genauere Informationen über diese komplexen Optionsstrategien zu erhalten, sollten Sie die Website von CBOE anklicken.

Investoren, die viele Aktien einer Branche besitzen und vermuten, daß der Markt nachgeben wird, können ihre Positionen schützen, indem sie eine Put-Option auf einen Index kaufen. Wenn Sie beispielsweise viele Technologie-Aktien besitzen, dann können Sie eine Put-Option auf einen Technologie-Index kaufen. Wenn Ihre Technologie-Aktien nachgeben, dann wird ein Teil oder der gesamte Absturz durch die Option aufgefangen. Wenn allerdings die Aktien in ihrem Kurs steigen, dann wird auch der Gewinn gemindert. Sie können aber Ihre Einsätze schützen, ohne daß Sie Ihre Aktien verkaufen und Kapitalertragsteuern bezahlen müssen. Auf alle Fälle sollten Sie, bevor Sie für eine Branche einen Put kaufen, sichergehen, daß Ihr Portfolio diesen Sektor tatsächlich repräsentiert. Wenn Ihre Aktiensammlung nicht repräsentativ ist, könnte der Index steigen, während Ihre Aktienkurse fallen, und Sie würden auf beiden Seiten Verluste einstecken. Wenn Sie Put-Optionen für einen Sektor kaufen, dann sollten Sie sehr vorsichtig sein. Betrachten Sie dies nur dann als eine Strategie, wenn Sie viele große Unternehmen in einem Index besitzen, große noch nicht realisierte Gewinne haben und wenn Sie Seelenfrieden suchen.

Das Traden mit Optionen ist ein komplexes Unterfangen, das die Stärken der Profis bevorzugt und die Schwächen des Einzelinvestors bestraft. Deshalb sollten Sie keine Call- und Put-Optionen auf einzelne Aktien kaufen, wenn Sie nicht den Vorteil des »Heimspiels« haben. Allerdings können komplexe Options-Strategien von Vorteil sein, weil sie Sie in die Lage versetzen, das Risiko eines Kursrutsches zu begrenzen, Gewinne zu sichern und etwas Seelenfrieden zu erhalten. Wenn Optionen Ihnen dabei helfen, das Geschehen an der Börse zu beobachten, ohne Tabletten gegen Magengeschwüre zu schlucken, dann sollten Sie darüber nachdenken. Die Grundregel für Optionen ist: Vermeiden Sie es, auf reine Call-Optionen für Aktien oder Indizes zu setzen, sondern suchen Sie nach Strategien, mit denen Sie Ihre Profite sichern und Ihr Risiko minimieren.

6. Meiden Sie Fusionen und Übernahmen

Mit Fusionen und Übernahmen zu spielen, scheint einfach zu sein: Das übernehmende Unternehmen bietet dem Opfer an, zu 30 $ je Aktie zu kaufen, und die Aktie des Opfers wird noch zu 22 $ gehandelt. Der Deal soll innerhalb einiger Monate über die Bühne gehen. Sie glauben natürlich, dies sei eine einfache Möglichkeit, schnell einmal 8 $ je Aktie zu verdienen. Sie liegen falsch. Wenn in einer relativ kurzen Zeit ein so großer Gewinn zu machen ist und der Deal schon bekannt ist, dann ist damit irgend etwas faul.

In einem zweiten Deal springt die Aktie schnell auf 32 $, obwohl das Angebot bei 30 $ liegt. Sie entschließen sich, die Aktie des Opfers zu verkaufen. Immerhin bekommen sie 2 $ mehr, als die Aktie wirklich wert ist. Und wieder liegen Sie wahrscheinlich falsch.

Kein Bereich der Wall Street wird von den Profis mehr dominiert als der Bereich der Risikoarbitrage. Wenn ein Deal angekündigt wird, dann werden Arbitrageure sofort aktiv. Sie sprechen mit dem Unternehmen, seinen Konkurrenten und Lieferanten und auch mit Analysten, Rechtsanwälten und sogar Regierungsbeamten. Sie recherchieren diese Deals so intensiv, daß sogar die meisten Profis nicht mit ihnen Schritt halten können. Dies ist ganz sicher kein Spiel für Einzelinvestoren.

Um einen Deal richtig bewerten zu können, müssen die Arbitrageure die Wahrscheinlichkeit einschätzen können, daß das Geschäft wirklich über die Bühne geht, und auch das Risiko für das Zielunternehmen, wenn der Deal nicht zustande kommt. Dies kann wesentlich komplizierter sein, als es zunächst aussieht. In manchen Fällen kann das Zielunternehmen durch eine mißglückte Fusion tödlich verwundet werden. Es teilt seine Geheimnisse nun mit einem Mitbewerber, viele Manager verlassen das Unternehmen und das Unternehmen verliert an Schwung.

Ich lernte diese Lektion, als ein Unternehmen mit dem Namen Businessland ein Übernahmeangebot für MBI Business Systems abgab. Auf der Basis des Angebots hätte MBI zu 18 $ gehandelt werden sollen, aber es blieb bei 12 $ stehen. Ich kaufte MBI in der Erwartung, daß die Fusion auch über die Bühne gehen würde. Leider fand Businessland bei einer Überprüfung heraus, daß bei MBI ein großer Teil der Lagerbestände fehlte. (Es scheint, daß die Angestellten einige Computer kanibalisiert hatten.) Das Unterfangen wurde abgeblasen, MBI sank auf 2 $ und erholte sich nie. Diese Lektion werde ich nie vergessen.

Arbitrageure müssen nicht nur auf dieses Risiko achten, sondern auch die Möglichkeit in Erwägung ziehen, daß ein anderer in die »Versteigerung« eintritt. Wenn plötzlich ein zweiter oder dritter Käufer auftaucht, dann kann ein Versteigerungskrieg den Kurs der Aktie weit über das ursprüngliche Angebot hinaustreiben. Viacom versuchte vor etlichen Jahren, Paramount auf freundliche Weise zu übernehmen. Dann trat QVC auf den Plan und bot mit. Als das Spiel zuende war, war das Angebot für Paramount vielfach angehoben worden. Jeder, der schon beim ersten Mal, als Paramount eine Prämie auf den Angebotskurs erhielt, verkaufte, verpaßte den größten Teil der Bewegung. Wenn die Aktie mit einem Aufschlag auf das ursprüngliche Angebot gehandelt wird, ist dies ein Zeichen dafür, daß die Arbitrageure ein weiteres höheres Angebot erwarten.

Wenn eine Übernahme jedoch nicht freundlich ist, dann wird das Spiel weitaus komplexer. Die Arbitrageure müssen herausfinden, welches Management seine Unabhängigkeit schützen kann. Managements haben schon ihre wichtigsten Vermögenswerte verkauft, sich selbst teure »goldene Regenschirme« geschaffen, Selbstübernahmen getätigt oder sich sogar gegen Angreifer gewandt und versucht, das übernehmende Unternehmen zu kaufen (Pac-Man-Verteidigung). Manchmal drücken solche Aktionen den Kurs der Aktie nach oben. Es kann aber auch vorkommen, daß sie einen Kurssturz verursachen.

Wenn es bei diesem Deal um Aktien geht, dann wird das Spiel noch wesentlich komplexer, weil die Arbitrageure die beiden Aktien gegeneinander traden. Sie kaufen eine Aktie und verkaufen die andere leer. Oft nutzen sie Optionen. Diese Spiele sind so kompliziert und werden mit einer solchen Geschwindigkeit durchgeführt, daß es für den Einzelinvestor fast unmöglich ist, damit Schritt zu halten.

Dennoch können sich auch die besten Arbitrageure irren. 1997 beispielsweise sagte British Telecom zu, MCI zu übernehmen. Die meisten Arbitrageure glaubten, daß dieser Deal reibungslos über die Bühne gehen würde, weil British Telecom 20 % von MCI besaß und die Regierung einverstanden war. Aber dann gab MCI enttäuschende Gewinne bekannt, und die Vertragsbedingungen wurden verändert. MCI, das einen Monat zuvor noch mit 42 $ notiert wurde, fiel auf 28 $. Die meisten Arbitrageure waren mit MCI long gegangen und hatten British Telecom leer verkauft. Was eigentlich wie ein risikoloses Investment aussah, wurde nun zu einem Alptraum, in dem die besten Investoren der Welt Milliarden von Dollars verloren. Ein paar Wochen später machten sowohl Worldcom als auch GTE Übernahmeangebote an MCI, aber zu diesem Zeitpunkt hatten die meisten Arbitrageure bereits verloren.

Die Botschaft ist ganz einfach: Wenn die Arbitrageure, die jeden Aspekt eines Deals studiert haben, Milliarden von Dollars verlieren – welche

Chance hat dann der Einzelinvestor? Die Antwort ist: keine. Der beste Rat für einen Investor: Lassen Sie die Finger davon. Wenn Sie zufällig eine Aktie besitzen, die Gegenstand einer Übernahme ist, sollten Sie erkennen, daß Sie dann, wenn das Übernahme-Spiel anfängt, einen entscheidenden Nachteil haben. Je länger und komplexer eine Übernahmeschlacht ist, um so schwächer wird Ihre relative Position.

Vermeiden Sie unter allen Umständen, klüger sein zu wollen als die Arbitrageure. Sie werden manchmal falsch liegen, so wie es bei MCI/British Telecom der Fall war. Dennoch: Wenn Sie die Aktie des Übernahmekandidaten mit einem großen Abschlag zum Übernahmekurs halten, dann bedeutet dies, daß der Deal zweifelhaft ist. Sie könnten überlegen, zu verkaufen, auch wenn das bedeutet, daß Sie möglicherweise auf einen sicheren Gewinn verzichten. Wenn die Arbitrageure die Aktie mit einem Aufschlag annehmen, dann könnten Sie eine Zeitlang dabeibleiben und warten, ob noch ein anderes Gebot auftaucht. Aber bleiben Sie nicht zu lange, denn dies ist ein Spiel, das nur sehr schwer zu gewinnen ist.

7. Meiden Sie Erstemissionen, insbesondere, wenn die Erlöse an Insider gehen

Wenn jemand fragt, wie man am einfachsten Geld verdienen kann, dann wird man unweigerlich über Initial Public Offerings (IPOs, Erstemissionen) sprechen. IPOs geben Investoren die Chance, bei der nächsten sensationellen Wachstumsaktie ganz unten einzusteigen. Die Performance der IPOs war außerordentlich gut. Viele eröffneten mit dem doppelten Angebotskurs und schufen damit sofortige Gewinne. Doch die Performance von IPOs ist oft irreführend. Charts, die die Performance von IPOs verfolgen, stehen Einzelinvestoren wahrscheinlich nicht zur Verfügung.

Viele Gewinne mit IPOs resultieren aus heißen Geschäften, die den Kurs in der Eröffnungsphase verdoppeln oder verdreifachen. Diese Profite mögen äußerst verführerisch sein, aber Sie werden sie nicht sehen. Es ist wie bei einer Verabredung mit einem Filmstar: Sie können davon träumen soviel Sie wollen, aber Sie werden nie eine Verabredung haben.

Ob eine Erstemission kalt oder heiß ist, können Sie ganz einfach erkennen: Sie ist dann kalt, wenn Ihr Broker Ihnen sagt, daß dies eine heiße Kiste sei, es aber noch Aktien gebe. Eine Erstemission ist heiß, wenn Ihr Broker lacht, wenn Sie Ihn nach dieser Aktie fragen. Wenn es wirklich eine heiße Geschichte ist, dann wird es für Sie nämlich keine Aktien mehr geben.

Es gibt nur zwei Ausnahmen von dieser Regel. Ausnahme 1: Sie haben besondere Beziehungen zu dem Unternehmen, das an die Börse geht. Dann können Sie den Vorstandsvorsitzenden anrufen und darum bitten, in diesen Deal eingeschlossen zu werden. Ausnahme 2: Ihre Brokerfirma übernimmt die Führung des Deals (der Name ganz links auf dem Prospekt), und wenn Ihr Broker besonders gute Beziehungen hat, dann können Sie auf eine kleine Zuweisung hoffen. Bevor Sie aber kaufen, fragen Sie Ihren Broker, weshalb Sie die Aktie überhaupt bekommen können. Plazieren Sie keine Order, wenn Sie keine gute Order bekommen.

Bei Angeboten von drittklassigen Brokerfirmen sollten Sie besonders aufmerksam sein. Wenn Unternehmen an die Börse gehen, dann suchen Sie einen Investment-Banker. Im allgemeinen beginnen die Unternehmen mit den besten Emittären in ihrer Branche und arbeiten dann die Liste nach unten ab. Die meisten Unternehmen bevorzugen die großen internationalen Investmenthäuser oder nationale Brokerfirmen, die auf ihrem Gebiet als Spezialisten gelten. Einige kleinere Unternehmen wenden sich auch an regionale Brokerfirmen, die ihre speziellen Märkte sehr gut kennen. Aber wenn ein Unternehmen keinen großen nationalen und nicht einmal eine regionale Brokerfirma finden kann, die den Börsengang managt, dann ist es sehr wahrscheinlich, daß irgend etwas nicht stimmt. Meiden Sie jedes Angebot, in dem Ihnen eine drittklassige Brokerfirma große Gewinne verspricht. Wenn jemand Gewinne verspricht, dann könnte es sein, daß der Markt manipuliert ist, und Sie könnten dabei »getötet« werden.

Seien Sie auch vorsichtig bei Angeboten, bei denen alle Erlöse an die verkaufenden Aktionäre gehen (beispielsweise an das Management des Unternehmens) und nicht an das Unternehmen selbst. Wenn die Erlöse an das Unternehmen selbst gehen, dann kann es Wachstum finanzieren. Dies ist immer eine gute Kapitalverwendung. Vorstandsmitglieder verkaufen Aktien, weil sie aussteigen wollen. Sie wissen, wann ihr Geschäft den Zenit überschritten hat, und verkaufen nur sehr selten, wenn sie annehmen, die Aktie könnte plötzlich nach oben schießen oder das Unternehmen plötzlich übernommen werden. Wenn Sie bemerken, daß Vorstände alle oder den größten Teil der Aktien verkaufen, sollten Sie dieses »Geschäft« auf alle Fälle meiden.

8. Meiden Sie Aktien, die Sie nicht verstehen

Wenn es richtig ist, daß Informationen den Aktienmarkt bewegen und die Leute mit den besten Informationen gewinnen, dann ist es selbstverständlich, daß Einzelinvestoren solche Aktien meiden, die zu komplex sind, als daß sie sie verstehen. Dies scheint selbstverständlich zu sein, aber Sie wären überrascht, wenn Sie wüßten, wie viele Leute Aktien von Unternehmen kaufen, deren Geschäfte ihnen ein Rätsel sind.

Investoren spielen gern mit Technologie-Aktien, denn sie bieten die größten Wachstumschancen. Aber Einzelinvestoren haben das Problem, daß dies die Bereiche sind, die am schwierigsten zu verstehen sind und bei denen man den Profis gegenüber die größten Nachteile hat. Profis spezialisieren gern in engen Bereichen. In großen Brokerhäusern verfolgt ein Analyst beispielsweise ausschließlich Internet-Software-Unternehmen und ein zweiter Internet-Service-Provider mit Suchmaschinen, während ein dritter die Internet-Handelsunternehmen verfolgt. Weiterhin kommen viele dieser Analysten direkt aus der Branche. Es gibt eine Reihe von wichtigen Analysten, die, bevor sie an die Wall Street gingen, Vorstandsmitglieder oder Finanzdirektoren von High-Tech-Unternehmen waren. Deshalb konkurrieren Einzelinvestoren, wenn sie in diesen Bereichen investieren, nicht nur mit Profis, sondern stehen im Wettbewerb mit Profis, die ihr Wissen spezialisiert haben.

Eigentlich ist es ganz einfach: Wenn Sie nicht verstehen können, was ein Unternehmen macht, wie können Sie dann seine Prospekte beurteilen? Und wenn Sie nicht die entscheidenden Wege in seiner Entwicklung verstehen können, wie können Sie beurteilen, ob der gegenwärtige Weg richtig oder falsch ist?

Und wie können Sie entscheiden, ob ein Unternehmen zu komplex ist, als daß Sie es verstehen können? Der erste und einfachste Weg ist, das Mission Statement des Unternehmens oder die Beschreibung im Bericht eines Analysten zu lesen. Folgend lesen Sie Mission Statements von drei High-Tech-Unternehmen.

> **LARSCOM**
> Larscom entwickelt, produziert und vertreibt ein breites Angebot globaler Internetlösungen für Network-Service-Providers (»NSPs«) und Anwender im Unternehmensbereich. Larscoms Produkte gewähren Zugang zu Teilen von T1, E1, T1/E1, Rahmenrelays, Bereichen von T3/E3, T3-Diensten und Clear Channel ATM (»CCA«) – inverser – Mehrfachschaltungen mit offenem Kanal T3, ISDN, IMA und ATM, das entwickelt wird …

SUGEN INC.

Sugen ... ist ein biopharmazeutisches Unternehmen, das sich auf die Erfindung und Entwicklung kleinmolekularer Medikamente konzentriert, die spezifische Signalübermittlungswege beeinflussen. Signalübermittlung ist der Prozeß, durch den Nachrichten von der Zelloberfläche zum Zellkern entweder Gene aktivieren oder diese unterdrücken ... Sugens besondere Expertise gilt den Signalwegen, die durch die Rezeptoren der Familien Tyrosin-Kinase (TK), Tyrosin-Phophatase (TP) und Serin-Threonin-Kinase (STK) reguliert werden.

LANDEC CORP.

Landec entwickelt und produziert temperaturaktivierte Polymerprodukte und benutzt eine gesetzlich geschützte Seitenkette kristallisierbarer polymerer Technologie. Das Interlimer®-Material des Unternehmens stellt ein neuartiges Medium mit einem großen Bereich kommerzieller Nutzung dar. Anders als andere Polymere kann das Interlimer®-Polymer so ausgerichtet werden, daß es seine physikalischen Charakteristika entscheidend verändert, wenn es über eine regelbare Temperaturweiche erwärmt oder gekühlt wird.

Alles klar? Wenn Sie die Mission eines Unternehmens nicht verstehen, dann werden Sie nie in der Lage sein, seine Fortschritte zu verfolgen oder seine Investmentchancen zu analysieren. Wenn McDonald´s einen neuen Burger einführt, dann können Sie entscheiden, ob er schmeckt oder nicht, und das können Sie ebensogut wie ein Profi. Wenn aber ein Biotechnologie-Unternehmen bekanntgibt, daß es auf der ersten Stufe klinischer Versuche für ein neues rekombinantes Hämoglobin ist, dann kann es sein, daß Sie nicht wissen was rekombinantes Hämoglobin bedeutet, wie es kommerziell genutzt wird, oder daß Sie den Ablauf der klinischen Versuche nicht verstehen.

Wir leben in einer Welt schneller technologischer Veränderungen. Während Unternehmen wie beispielsweise Coca-Cola und Budweiser Jahr für Jahr dasselbe Produkt verkaufen, kommen Technologieunternehmen ständig mit völlig neuen Produkten auf den Markt. Ein Einzelinvestor muß sich keine Sorgen machen, daß jemand ein Produkt erfinden wird, das Budweiser Bier überflüssig macht, aber das gilt nicht für ein Unternehmen im Bereich der Hochtechnologie. Erinnern Sie sich noch an Visicalc, das Unternehmen, das das Spread Sheet erfand, oder an Wang, das Unternehmen, das den ersten kommerziellen PC baute?

Damit will ich nicht sagen, daß Einzelinvestoren nie in Hochtechnologie-Aktien investieren sollten. Einige haben durch ihren Beruf oder durch ihren Alltag Spezialkenntnisse. Computerprofis kennen sich möglicherweise bei Software- oder Netzwerk-Unternehmen sehr gut aus. Ärzte kennen sich bei medizinischen Serviceunternehmen aus. Viele Investoren, die mit Internet-Aktien viel Geld verdient haben, waren schon früh Teilnehmer am Web. Viele erfolgreiche Investoren in biotechnischen Aktien waren mit den Produkten durch Krankheit von jemandem, den sie kannten, in Berührung gekommen. Wenn jemand einen Freund oder Verwandten hat, der nach der Einnahme eines biotechnischen Produktes gesund wurde, dann war er oft schlau genug und kaufte die Aktien der Unternehmen, die diese Produkte herstellten.

Wenn Sie in Hochtechnologie-Aktien investieren wollen, dann haben Sie drei gute Alternativen. Sie können einen spezialisierten Investmentfonds kaufen und lassen einen anderen die Aktien aussuchen. Sie können auch einen Technologiebereich finden, in dem Sie ein Heimspiel haben (besonderes Wissen aus direkter Erfahrung), und konzentrieren sich auf das, was Sie bereits wissen. Sie können sich auch in einen bestimmten Technologiebereich einarbeiten und in Aktien dieser Nische investieren. Wenn Sie aber die Branche, in der diese Unternehmen arbeiten, und die Faktoren, die den Weg bewegen, nicht kennen, dann sollten Sie solche Aktien meiden.

9. Meiden Sie Emerging Markets

Für viele Einzelinvestoren sind ausländische Aktien sehr verführerisch, weil sie starkes Wachstum und eine Diversifikation vom US-Markt bieten. Auf der ganzen Welt entstehen neue Wirtschaftsräume. Ältere Wirtschaftsräume werden restrukturiert. Frühere kommunistische Staaten wenden sich dem Kapitalismus zu, und andere Länder privatisieren ehemalige Staatsunternehmen. Investmentchancen waren noch nie so zahlreich und noch nie so spannend.

Trotz der großen Chancen ist man im Nachteil, wenn man ausländische Aktien kauft, denn nur selten hat man dabei einen »Heimvorteil«. Es könnte sein, daß ein Broker Sie anruft und Ihnen eine aufregende Geschichte über einen Handelskonzern in China oder Chile erzählt. Sie sind versucht, zu kaufen. Aber halt! Würden Sie Aktien einer heimischen Handelskette kaufen, ohne daß Sie sich einmal die Läden angesehen haben?

Die gleichen Regeln sollten für Handelsunternehmen in China oder in Chile gelten. Sie können davon ausgehen, daß die Einheimischen, die diese Aktien kaufen oder verkaufen, die Geschäfte besuchen.

»Geländekenntnis« ist in ausländischen Märkten ein wichtigerer Vorteil als in den heimischen Märkten. In den USA kann man relativ einfach solide Informationen erlangen. Amerikanische Unternehmen berichten jedes Quartal und decken ihre Karten weitestgehend auf. Die meisten Aktiengesellschaften nehmen an öffentlichen Foren teil und kommunizieren mit Investoren. Das Traden ist auch allen Investoren möglich. Auf vielen ausländischen Märkten, besonders auf denen, die sich gerade entwickeln, gelten diese Regeln nicht. Die Unternehmen berichten weitaus seltener und weitaus weniger ausführlich und sie berichten im allgemeinen in ihrer Sprache. Die meisten Unternehmen kommunizieren auch nicht aktiv mit den Investoren, veranstalten keine Analysten-Konferenzen und veröffentlichen auch keine Nachrichten im Web. In einer solchen Situation müssen sich die Investoren weitaus mehr auf Gerüchte und Beziehungen verlassen, die ihnen Einsichten in die Operationen der Unternehmen geben. In solchen Märkten haben Einzelinvestoren mit Beziehungen zu diesen Unternehmen einen enormen Vorteil.

Auf ausländischen Märkten zu investieren, ist wesentlich komplizierter, weil die Unternehmen entsprechend den dort gültigen Gesetzen operieren. Wenn alle das gleiche Bilanzierungssystem benutzten, könnte man leicht vergleichen. Es gibt aber sehr viele Unterschiede, die zu signifikanten Verzerrungen führen können. Europäische Pharma-Unternehmen scheinen mit geringeren Gewinnspannen zu verkaufen als ihre amerikanischen Konkurrenten. Aber wenn ihre Gewinnrechnungen so abgeändert werden, daß sie den amerikanischen Praktiken entsprechen, dann wird deutlich, daß ihre Gewinnspannen weitaus höher sind.

Bei japanischen Banken mag es aussehen, als hätten sie weitaus attraktivere Kurs/Buchwert-Verhältnisse. Aber diese Banken schreiben nur selten faule Kredite ab und sie bilanzieren Investments in andere Aktien zu den Kursen, zu denen sie gekauft wurden. Weil viele japanische Unternehmen ihre Schulden nicht zurückzahlen und der japanische Markt heute zur Hälfte seines früheren Werts gehandelt wird, sind die Buchwerte dieser Banken weit übertrieben.

Unternehmen in Entwicklungsländern sehen oft aus, als hätten sie schlechte Kurs/Buchwert-Verhältnisse, weil sie eine »inflationäre Buchführung« praktizieren. Hierbei bilanzieren die Unternehmen ihre Vermögenswerte zu gegenwärtigen Marktwerten, um dem Einfluß der Inflation entgegenzuwirken. Dies mag für den dortigen Markt sehr passend sein, aber es verfälscht die Vergleiche zu amerikanischen Unternehmen außerordentlich.

Auch der Handel mit Aktien kann sehr unterschiedlich sein. In den Vereinigten Staaten werden Abschlüsse automatisch registriert, in anderen Ländern ist dies nicht der Fall. Unternehmen dort registrieren ihre Aktien nur gelegentlich. Wenn ein solches Unternehmen Sie nicht als Aktionär haben möchte, dann kann es sein, daß man sich weigert, Ihre Aktien zu registrieren. Viele Trades werden rückgängig gemacht, weil Unternehmen die Käufer nicht mögen. Auch Steuergesetze können komplizierte Probleme aufwerfen.

Emerging Markets neigen sehr zu Volatilität. Im letzten Jahr stieg der Markt in Portugal um 51 % an, während der Markt in Thailand um 77 % fiel. Wenn Sie die hohe Arbeitslosigkeit in Europa betrachten und sehen, daß Thailand sich zu einer starken Macht entwickelt, hätten Sie auf Portugal als Sieger und Thailand als Verlierer getippt?

Die Volatilität wird von einem extrem hohen Aktienumschlag begleitet. Viele Märkte haben einen Umschlag der vier- bis fünfmal so hoch ist wie der in den Vereinigten Staaten. In der Türkei werden beispielsweise 70 bis 80 % der Aktien nur einen Tag lang oder noch kürzer gehalten. Das nennt man aktives Trading! Überlegen Sie einmal, was es bedeutet, in einem Markt mitzuspielen, in dem die meisten Investoren ihre Portfolios ständig umschlagen. Glauben Sie, daß Sie die Türken bei diesem Spiel schlagen könnten?

Internationale wirtschaftliche Faktoren können ausländische Aktien schnell vernichten. Wenn es in der ausländischen Währung im Verhältnis zum Dollar signifikante Veränderungen gibt, dann können sich der Wert des Investments und der Zustand der Wirtschaft über Nacht verändern. Die Abwertung des mexikanischen Peso im Jahr 1994 fegte fünf Jahre von Gewinnen im mexikanischen Markt vom Tisch.

1997 reihten sich Märkte, die die meisten Einzelinvestoren als vielversprechend einschätzten, in die Reihe der Desaster ein. In den zwölf Monaten bis zum 14. Dezember 1997 verbesserten sich die Märkte der Welt, in US-Dollar gerechnet, um 18,5 %, aber viele asiatische Nationen wurden geradezu zerbombt. Der Markt in Thailand verschlechterte sich um schockierende 77 %. 1.000 $, am 1. Januar in Thailand investiert, waren im Dezember weniger als 235 $ wert. Aber Thailand stand damit nicht allein. Die Börse auf den Philippinen fiel um 57 %. Der malaiische Markt fiel um 70 %. Der indonesische Markt fiel um 73 % und der Markt in Südkorea um 72 %. Diese Märkte, die über ein Jahrzehnt hinweg als die stärksten der Welt galten, verloren mehr als zwei Drittel ihres Werts (in US-Dollar), und das in weniger als einem Jahr. Auch andere asiatische Märkte wurden dezimiert. Der Markt in Singapur fiel um 36 %, in Hongkong um 22 %, und das einstmals so mächtige Japan verlor 28 %. Wären Sie ausreichend informiert gewesen, um Thailand und andere Märkte zu verlassen, bevor ihnen der Boden entzogen wurde?

Auch solche Nebensächlichkeiten wie die Öffnungszeiten der Börsen können Profis besondere Vorteile bieten. Die europäischen Börsen öffnen sechs Stunden vor der Börse in New York, während die asiatischen Börsen im Tiefschlaf liegen. Waren Sie wach und sahen um 2 Uhr nachts zu, als die Börse in Hongkong zusammenbrach?

Auch politische Instabilität kann ausländische Börsen verwüsten. Als Boris Jelzin eine Herzattacke hatte, fiel der russische Aktienmarkt um 25 %. Als er wiedergewählt wurde, verdoppelte sich sein Wert.

Politische Einflußfaktoren können verstärkt werden, weil viele Politiker ihre Hände direkt im Geschäft haben. Ausländische Regierungsbeamte oder ihre Familien besitzen oft große Anteile in bedeutenden Branchen. Wenn man in diesen Branchen investiert, ist es entscheidend zu wissen, ob sie politisch korrekt ausgerichtet sind und ob die Regierung stabil ist. Wenn Sie Aktien eines Unternehmens besitzen, das vom Sohn eines Diktators kontrolliert wird, dann kann es diesem Unternehmen so lange gut gehen, wie der Sohn gute Beziehungen zu seinem Vater hat und sein Vater an der Macht bleibt. Wenn es aber einen Umsturz gibt, dann ist das Unternehmen in großen Nöten. (Viel von dem augenblicklichen Wirrwarr in Indonesien wurde durch die Tatsache verursacht, daß Präsident Suhartos Familie größere Anteile an vielen der größten Branchen der Landes besitzt. Lesen Sie dazu weiter hinten die Geschichte über Bre-X.

Entscheidend ist, daß man nie weiß, wann sich ein Desaster ereignen wird. 1990 saß ich im Büro eines Freundes in einer Schweizer Bank. »Irgend etwas ist sehr eigenartig«, sagte er zu mir. »Milliarden von Dollars fließen vom Golf in die Schweiz. Ich weiß nicht, was da los ist, aber viele Menschen haben es eilig, ihr Geld aus dem Mittleren Osten wegzuschaffen.« Zwei Wochen später marschierte Sadam Hussein in Kuwait ein. Die amerikanische Regierung war geschockt. Unsere Freunde waren geschockt. Tatsächlich war jeder geschockt – außer den Leuten, die schon zuvor Milliarden von Dollars in die Schweiz transferiert hatten. Die Leute am Golf wußten, daß ein Krieg ausbrechen würde, auch wenn es sonst niemand wußte. Wenn Ihr Gegner weiß, daß ein Krieg ausbrechen wird, und Sie nicht, dann sind Sie ernsthaft im Nachteil. Das Problem ist, daß in Emerging Markets Kriege, Umstürze und andere Umbrüche an der Tagesordnung sind. Deshalb sollte ein Einzelinvestor nie den Wert von guten Direktinformationen aus dem Ausland unterschätzen!

Wie man erfolgreich international investiert

Auch wenn die Chancen für den Einzelinvestor sehr schlecht sind, bedeutet das nicht, daß Sie alle internationalen Märkte meiden sollten. Internationale Märkte bieten gute Gelegenheiten für Wachstum und hervorragende Diversifikation. Die Herausforderung für den Einzelinvestor ist es, die Vorteile der Profis und der einheimischen Trader zu minimieren. Dafür gibt es eine Reihe von Möglichkeiten.

Einzelinvestoren können diversifizierte internationale Investmentfonds erwerben. Diese Fonds werden von Profis gemanagt, die die jeweiligen Märkte gut kennen. Ihr Portfolio sollte einige dieser Fonds beinhalten. Als Einzelinvestor sollten Sie auf alle Fälle der Versuchung widerstehen, kurzfristig auf spezielle Länderfonds zu setzen, wenn Sie nicht wirklich besondere Kenntnisse oder andere Vorteile haben. Wenn Sie 1998 nicht auf Taiwan und gegen Thailand gesetzt haben, dann sollten Sie die Finger von kurzfristigen Wetten auf spezielle Länder lassen.

Es kann aber durchaus sein, daß Einzelinvestoren tatsächlich »Heimvorteile« im Ausland genießen. Wenn dies der Fall ist, dann sollten Sie sie nutzen. Vielleicht sind Sie in einem internationalen Unternehmen beschäftigt und reisen häufig in andere Länder. Beruflich haben Sie es vielleicht mit einem Unternehmen zu tun, das in den Vereinigten Staaten Zweigstellen eingerichtet hat, oder Sie kaufen Produkte, die von ausländischen Unternehmen hergestellt wurden. Viele Amerikaner erwarben Aktien von Nokia und Ericsson, nachdem sie Handys dieser Unternehmen gekauft hatten.

Das Internet bietet hervorragende Recherchen über Unternehmen, die ADRs (American Depository Receipts) haben. ADRs minimieren einige Probleme, die man mit ausländischen Aktien hat. Es handelt sich zwar um Aktien ausländischer Unternehmen, aber sie werden in Wirklichkeit in den Vereinigten Staaten gehandelt. Ebenso wie für amerikanische Unternehmen können Sie im Internet Gewinnschätzungen, Höherstufungen und Abstufungen und Berichte von Analysten abrufen. Sie können auch die Websites der ausländischen Unternehmen aufsuchen. All dies ist ein enormes Plus, da andere Länder weitaus weniger rigorose Auflagen haben, die es schwierig machen, an echte Informationen zu kommen. Wenn Sie diese Investments langfristig betrachten, dann wird der Kauf einer Gruppe von ADRs Ihr Portfolio wahrscheinlich gut in Form halten.

Keinesfalls sollten Sie auf ausländischen Märkten aggressiv traden, wenn Sie sich dort nicht hervorragend auskennen. Weil ausländische Märkte wesentlich volatiler sind, unterschiedlichen Wirtschaftssystemen unterliegen und weit weniger Information zu Verfügung steht, stehen die Chancen für den amerikanischen Einzelinvestor schlecht.

10. Meiden Sie »Superaktien«

Für Einzelinvestoren ist es immer verführerisch, nach Goldminen zu jagen, gleich ob es reale oder imaginäre Goldminen sind, die Menschen glauben, daß es einen einfachen Weg gibt, reich zu werden. Die schlimmsten Intrigen sind meist auch die exotischsten. Der Grund dafür ist einfach. Je weiter sich Investoren von ihrem »Heimatboden« entfernen, um so weniger wissen sie und um so einfacher ist es, ihnen das Fell über die Ohren zu ziehen. Es ist sehr schwierig, Leute zu überzeugen, daß ein Bier mit Fruchtgeschmack Budweiser aus dem Geschäft werfen würde, weil sie das Bier kosten können. Allerdings ist es nicht schwierig Leute zu überzeugen, daß ein biotechnisches Unternehmen ein neues Gen entdeckt hat, das den Alterungsprozeß anhalten kann, weil die meisten Menschen nur wenig über Genetik wissen. Je weiter eine Geschichte vom Erfahrungsbereich eines Investors entfernt ist, um so schwieriger ist es, Mythos von Realität zu trennen. Diese Sensationsgeschichten erzählen von brandneuen Technologien, von Projekten in Emerging Markets oder von beidem. Menschen spielen Lotto, weil sie träumen, sie könnten den Hauptgewinn erzielen, auch wenn sie genau wissen, daß die Chancen minimal sind.

Bei der Kapitalanlage ist es das gleiche. Das Problem dabei ist, daß diese übertriebenen Geschichten sich in den allermeisten Fällen wirklich als bloße Übertreibungen herausstellen und die Investoren ihr ganzes Kapital verlieren. Wenn eine Geschichte zu schön ist, um wahr zu sein, und wenn sie zu weit von Ihrem »heimatlichen Spielfeld« entfernt ist, so daß Sie nicht verstehen können was vor sich geht, dann sollten Sie die Finger davon lassen, ganz gleich wie verführerisch ein Angebot aussieht.

Nicht jede Aktie ist eine Goldgrube – auch wenn es sich um eine Goldmine handelt

Kein Unternehmen, hat in der letzten Zeit mehr Geschichten geliefert, die den Einzelinvestor zur Vorsicht ermahnen, als Bre-X, ein kanadisches Goldminen-Unternehmen. Bre-X wurde 1988 von David Walsh, einem Sohn und Enkel kanadischer Aktienbroker, gegründet. Walsh versuchte den größten Teil seiner Karriere vergeblich, Öl- und Mineninvestments zu verkaufen. Jahrelang stolperte Bre-X so vor sich hin. Im Jahresbericht 1991 schrieb Walsh sogar: »Ja, wir sind immer noch im Geschäft.« Nicht gerade eine begeisternde Aussage.

1993 beschäftigte Bre-X 5 Angestellte. Walsh wurde wegen betrügerischer Aktientransaktionen verurteilt und er und seine Frau mußten einen Offenbarungseid leisten, weil sie auf ihren Kreditkarten Schulden von insgesamt 59.500 $ angehäuft hatten. Doch drei Jahre später kontrollierte dieser Mann, der Pleite ging, weil er seine Kreditkartenschulden nicht begleichen konnte, ein Unternehmen mit einer Marktkapitalisierung von 6 Milliarden $! Wie konnte es dazu kommen, daß ein Penny Stock in Calgary zu einem der wertvollsten Minenunternehmen der Welt wurde, und das in so kurzer Zeit? Die Antwort enthüllt eine Menge über die Gier und den Wunsch der Menschen, es einmal richtig zu machen. Die Geschichte beginnt mit John Felderhof, einem Geologen, der vor 29 Jahren dabei war, als eines der größten Gold- und Kupferlager der Welt in Ok Tedi in den entlegenen Hochländern von Papua Neuguinea gefunden wurde. Felderhof glaubte, daß im benachbarten Indonesien am Busang Creek gehaltvolle Mineralienlager gefunden werden könnten. Obwohl das australische Unternehmen, das ihn unterstützt hatte, sich gegen die Ausbeutung und Entwicklung des Claims entschieden hatte, blieb Felderhof unbeirrt. Er überzeugte David Walsh, ihn zu unterstützen. Obwohl Walsh kürzlich erst Pleite gegangen war, verkaufte er Optionen auf Bre-X, kaufte 90 % des Busang-Claims für 180.000 $ und verpflichtete mit Michael de Guzmann einen weiteren Geologen.

Walsh und die beiden Geologen begannen, diese wahrhaft wunderbare Chance zu promoten. Obgleich keine Exploration des Claims erfolgt war, schoß der Kurs der Bre-X-Aktie um das Zehnfache nach oben. Offensichtlich gab es Menschen, die glaubten, Busang würde ein weiteres Ok Tedi werden.

Anfang 1994 fand Guzmann in der Nähe des Busang Creek Gold. Der Aktienkurs stieg um mehr als das 40fache. Nach weiteren Tests wurden die Schätzungen über den Fund noch einmal erhöht – bis auf 30 Millionen Unzen. Der Aktienkurs verdreifachte sich noch einmal. Innerhalb von drei Jahren war er um 150.000 % gestiegen. Hätte man 1993 1.000 $ investiert, dann wären das nun 1,5 Millionen $ gewesen. Immer noch hatte kein neutraler Beobachter den Claim wirklich untersucht. Aber das schien niemanden zu kümmern. Die Investoren waren vom Gold infiziert. Im April 1996 ging Bre-X an den respektablen Toronto Stock Exchange. Im Mai erreichte der Aktienkurs einen Höchststand von 25 $. Im Juli wurde J. P. Morgan, ein renommiertes Haus, als Investment-Banker engagiert und Bre-X erhöhte seine Schätzungen für den Fund auf mehr als 50 Millionen Unzen. Dies machte aus Busang die vielleicht größte Goldmine der Welt.

Die Indonesier begannen nun ihr eigenes Spiel. Bre-X war einverstanden, Präsident Suhartos Sohn 40 Millionen $ zu zahlen, um die Erlaubnis zur Ausbeutung der Mine zu bekommen. Ein konkurrierendes Unternehmen, Barrick Gold, machte ein Angebot, Bre-X für 5 Milliarden $ zu kaufen, und versprach, Suhartos Tochter 10 % abzugeben, wenn sie Bre-X zum Verkauf überreden könnte. Ein anderes Unternehmen erhöhte das Angebot auf 5,5 Milliarden $. Aber Bre-X schnitt sich einen eigenen Teil aus dem Kuchen. Um Kapital zu bekommen, verkaufte es 15 % der Aktien an Freeport McMoRan. Um die Unterstützung der indonesischen Regierung zu erlangen, gab es der Regierung einen 10-%-Anteil und verkaufte 30 % an ein Unternehmen, das von Präsident Suharto und dessen ältestem Sohn, seinem engsten Berater, kontrolliert wurde. Mit diesem Kapital und der Regierung als Partner sah es aus, als ob Bre-X nicht mehr verlieren könnte. Die Schätzungen des Goldfunds wurden weiter auf 200 Millionen Unzen erhöht, und das machte Busang zur größten jemals gefundenen Mine.

Dennoch gab es eine Reihe besorgniserregender Signale, die jeder Investor bemerkt haben müßte. Im Verlauf des Jahres 1996 gab es bei Bre-X sehr viele Insider-Verkäufe. Walsh, seine Frau, Felderhof, der Finanzvorstand, zwei weitere leitende Angestellte und ein Direktor verkauften Aktien im Wert von mindestens 50,5 Millionen $. Wenn der Fund so wertvoll war, weshalb verkauften die leitenden Angestellten?

Im Januar 1997 zerstörte ein Feuer sämtliche Testergebnisse der Bre-X-Goldlager. Es gab keine Kopien. Man sollte annehmen, Investoren wären besorgt, wenn alle Aufzeichnungen eines Unternehmens verschwinden, aber nur wenige nahmen davon überhaupt Notiz. Immerhin besaß Bre-X die größte Goldmine der Weltgeschichte.

Im März sprang Michael de Guzmann, der Geologe, der für die Testergebnisse verantwortlich war, aus einem Hubschrauber und verübte Selbstmord. Er hinterließ eine Notiz, in der er vorgab, er habe Malaria und Hepatitis gehabt. De Guzmann war sehr reich geworden. Er hatte vier Frauen, die ihn zweifelsfrei liebten, und wurde als der Mann gefeiert, der die größte Goldmine der Geschichte gefunden hatte. Dennoch machten sich nur wenige Investoren Sorgen, als er in den Tod gesprungen war. Gier und Unwissenheit können eine mächtige Kombination darstellen.

Am 26. März gab Freeport eine Erklärung heraus, daß unabhängige Tests enthüllt hätten, es gebe nur einen sehr begrenzten Goldvorrat in Busang und es erscheine nicht profitabel, diesen auszubeuten. Am 27. März fiel der Kurs von Bre-X um 83 %. Der Handel wurde drei Tage lang ausgesetzt. Als der Handel am 1. April wieder aufgenommen wurde, war der Umsatz so groß, daß er die Computer des Toronto Stock Exchange zum Absturz brachte. Ein Minenservice wurde engagiert, um eine neutrale Analyse zu erstellen. Drei Wochen später kam das Ergebnis: In Busang gibt es nur sehr wenig Gold, und es rentiert sich nicht, es zu fördern. Am 3. Mai meldete Bre-X Konkurs an. Innerhalb von vier Monaten löste sich ein Marktwert von 6 Milliarden $ in Luft auf.

Bre-X betrog nicht nur Einzelinvestoren. Einige Top-Analysten hatten die Aktie gestützt und einige der angesehensten Anlageberater besaßen große Anteile. Doch sehr viele Einzelinvestoren fielen auf Bre-X herein. Sie *wollten* glauben, daß die größte Goldmine der Welt im Dschungel von Indonesien lag. Sie ließen sich von all dem Trubel, der die Aktie umgab, überzeugen und fragten nie, weshalb nicht irgend jemand den Fund bestätigte, weshalb es keine Aufzeichnungen gab, weshalb Insider ihre Aktien verkauften und weshalb der Chefgeologe Selbstmord verübt hatte. Nur wenige hatten von Indonesien oder Goldminen auch nur die geringste Ahnung. Sie wollten nur glauben, daß es einen Topf (oder in diesem Fall eine Mine) voll Gold am Ende des Regenbogens gab. Sie mußten entdecken, daß Geld nicht so leicht zu verdienen ist, wie es manchmal scheint. Als diese Einzelinvestoren bei Bre-X anlegten, waren sie so weit wie nur irgend möglich von dem Gebiet entfernt, auf dem sie sich auskannten.

* * * * *

Ein Einzelinvestor, der sich wie ein Guerilla einer schwerbewaffneten modernen Armee nähert, sollte die Stärke des Feindes respektieren und einen Frontalangriff in Gebieten, in denen der Feind sehr gut abgesichert ist, vermeiden. Das bedeutet: Der Einzelinvestor sollte vermeiden, die Marktentwicklung vorherzusagen, aggressiv zu traden, auf der Basis von Ankündigungen zu traden, er sollte nicht mit hoch kapitalisierten Aktien handeln, er sollte nicht versuchen, mit Optionen Home Runs zu erzielen, er sollte nicht mit Fusionen und Übernahmen spielen, er sollte keine Erstemmissionen kaufen, er sollte nicht in Geschäfte investieren, die zu komplex sind, als daß er sie verstehen könnte, er sollte nicht in Emerging Markets investieren und er sollte nicht Geschichten hinterherjagen, die zu gut sind, als daß sie wahr sein könnten. Es gibt immer Ausnahmen, aber im Großen und Ganzen sind die meisten Investoren besser beraten, wenn sie vorsichtig bleiben.

Offensichtlich hat der Profi dem Einzelinvestor gegenüber riesige Vorteile, so wie eine moderne Armee den Guerillas gegenüber große Vorteile hat. Aber dennoch kann der Einzelinvestor Profis besiegen, so wie eine Gruppe von Guerilleros eine moderne Armee besiegen kann. Um das zu erreichen, müssen Einzelinvestoren ihre Stärken und die Schwächen der Profis entdecken und nach Möglichkeiten suchen, das Schlachtfeld zu ihren Gunsten zu verändern. Wenn Einzelinvestoren Chancen ergreifen, die der Markt bietet, ohne zu versuchen, den weitaus besser trainierten Gegner zu überwältigen, dann ist ein Sieg nicht nur möglich, sondern sogar wahrscheinlich. Der Schlüssel zum Erfolg für Einzelinvestoren ist es, Bereiche herauszufinden, in denen gegenüber den erfahreneren Feinden ein Vorteil genutzt werden kann.

Kapitel 4

Kämpfen Sie auf Heimatboden

Guerillakrieger kämpfen gegen stärkere Feinde. Deshalb ist es entscheidend, daß sie Zeitpunkt und Ort jeder Schlacht bestimmen, und zwar in einer Weise, die ihnen ein Maximum an Vorteilen bringt. Weil die Armee mehr Flugzeuge und Panzer hat, sollte die Schlacht nicht auf offenem Feld ausgetragen werden. Statt dessen sollte die Guerilla versuchen, den Feind an Bergpässen oder im Dschungel in Kämpfe zu verwickeln, wo die Armee ihre modernen Waffen nicht einsetzen kann. Guerilleros sollten den Häuserkampf in Städten suchen, wo sie in der Bevölkerung nicht auffallen und wo die Gassen für die Bewaffnung der Armee zu eng sind. Guerilleros sollten im Schutz der Dunkelheit kämpfen, wenn sie die Armee sehen können, diese aber nichts sehen kann. Sie sollten während des Monsuns kämpfen, wenn die Luftunterstützung der Armee am Boden bleiben muß und die Panzer im Schlamm steckenbleiben. Die Guerilla sollte ihre Ortskunde nutzen, um Überraschungsangriffe zu inszenieren und sofort wieder verschwinden. Kurz, die Guerilla sollte den Feind dort in einen Kampf verwickeln, wo sie sich am besten fühlen und wo sie ihre Stärken am besten nutzen und zu ihrem größten Vorteil anwenden können. Wir nennen dieses Terrain »Heimatboden«.

Das Prinzip, auf seinem Heimatboden zu kämpfen, gilt auch für die Kapitalanlage. Professionelle Investoren haben mehr Wissen, mehr Kapital und mehr Zeit als Amateure. In der direkten, offenen Schlacht werden sie gewinnen. Um diese Vorteile auszugleichen, muß der Guerilla-Investor die Bedingungen der Schlacht festlegen, um die Vorteile seines Heimatbodens zu maximieren. Das bedeutet, daß man in Unternehmen investiert, mit denen man Erfahrungen aus erster Hand hat. Wie die Ortskenntnis für den Guerillakämpfer, kann diese Erfahrung aus erster Hand dem Guerilla-Investor einen entscheidenden Vorteil gegenüber dem Profi einbringen.

Jeder Investor hat einen Heimatboden. Die Leute kommen beruflich mit Aktiengesellschaften in Kontakt. Sie beobachten Branchentrends, sie verhandeln mit Lieferanten und Kunden und analysieren Wettbewerber.

Auch als Konsumenten kommen sie mit Aktiengesellschaften in Berührung. Sie kaufen in Kaufhäusern ein, essen in Restaurants, fliegen mit Fluglinien, suchen Transportunternehmen aus und surfen im Internet. Schließlich kommen sie in ihren Heimatstädten oder durch Freunde mit Aktiengesellschaften in Kontakt. Weil sie ihre Heimatregion genau kennen, gewinnen Einzelinvestoren oft Einsichten, die der Wall Street entgehen. Diese Information über die heimatliche Umgebung gibt es nicht so schön verpackt wie im Bericht eines Analysten. Aber das macht sie nicht weniger wertvoll. Einzelinvestoren müssen herausfinden, wie man das nutzt, was man um sich herum beobachten kann. Der größte Vorteil, den der Einzelinvestor hat, sind die Informationen aus seiner Region, die dem Profi fehlen.

Heimatboden in Ihrem Beruf

Der offensichtlichste Heimvorteil eines Investors ist sein Beruf. Der Einzelinvestor kennt seine Branche so gut, wie sie die Analysten an der Wall Street nicht kennen.

Nutzen Sie Ihr Spezialwissen in der Technologie.

Sie sind Arzt. Sie lesen in Ihrer medizinischen Fachzeitschrift über eine neue Behandlungsmethode und besuchen ein Seminar über Biotechnologie, Sie behandeln Patienten und sprechen mit anderen Ärzten über den Erfolg verschiedener Heilmethoden. Sie wissen zwar nicht viel über spezielle Aktien, doch Ihr medizinisches Wissen ist dem der meisten Analysten überlegen. Es ist für Sie wahrscheinlich einfacher, einen Bericht über diese Aktien zu bekommen, als es für die Analysten ist, Ihr Wissen über Medizin zu erlangen. Wenn Sie Ihr berufliches Wissen nutzen, dann kann es sein, daß Sie besser sind als die Wall Street.

Ein Unternehmen namens Somatagen war ein Senkrechtstarter in der Biotechnologie. Die meisten Analysten liebten diese Aktie, weil das Unternehmen eine neue Möglichkeit gefunden hatte, rekombinantes Hämoglobin herzustellen, von dem es behauptete, es könne Leben retten. Aber eine Reihe von Ärzten war damit nicht einverstanden. Sie glaubten, daß das Produkt von Somatagen angesichts des Nutzens, den es lieferte, viel zu teuer war und daß die Krankenkassen für diese Behandlung nicht bezahlen würden. Einige Ärzte sprachen mit Paul Kelly, einem jungen Analysten bei UBS Securities. Nachdem er mit den Ärzten gesprochen hatte, gab Kelly für Somatagen eine Verkaufsempfehlung. Die Empfehlung war sehr mutig, weil Kelly neu in diesem Geschäft war. Aber Kelly verstand, daß die Ärzte etwas wußten, das die anderen Investoren nicht wußten. Somatagen fiel von 19 auf 5 $.

Sie arbeiten im Kundendienst eines Herstellers von Personal Computern. Ein Softwareunternehmen hat ein brandneues Produkt vorgestellt. In der ersten Woche nach der Auslieferung werden Sie mit Anrufen von zornigen Kunden überschüttet, die schreien, daß die Software auf ihren Computern nicht läuft. Sie rufen einen Mitbewerber an. Deren Computer haben das gleiche Problem. Offensichtlich hat die Software einen größeren Fehler, und niemand auf der Wall Street hat diese Information bisher aufgegriffen. Wenn die Software ein wichtiges Produkt ist, dann ist es wahrscheinlich, daß die Herstellerfirma Probleme bekommen wird. Wenn die Analysten herausfinden, daß es ein Problem gibt, wird der Wert der Aktien deutlich sinken.

Profitieren Sie vom Umbau Ihrer Branche

Sie sind Banker. Sie finden heraus, daß mittelgroße Banken in Ihrem Markt von großen, überregionalen Banken aufgekauft werden. Eine gigantische Konsolidierung wird vorgenommen. Sie haben glauben zu wissen, welche Banken, einschließlich Ihrer eigenen, attraktive Übernahmeziele sein könnten. Auch wenn die Wall Street potentielle Fusionen in ihre Überlegungen einbezieht, können Sie besser investieren, weil Sie Insider sind und die Mitspieler kennen.

Sie sind selbständiger Apotheker. Sie bemerken, daß Handelsketten, die unabhängige Apotheken aufkaufen, miteinander fusionieren und dann Deals aushandeln, um bei Verschreibungen große Unternehmen zu bevorzugen. Sie werden immer stärker, während Ihre Gewinne dahinschmelzen. Es ist nicht leicht, von jemandem Aktien zu kaufen, der gerade versucht, Sie aus dem Geschäft zu drängen, aber niemand versteht das Geschäft besser als Sie.

Sie arbeiten für eine Telefongesellschaft. Jahrelang haben Sie beobachtet, daß im Zuge der Deregulierung neue Unternehmen auf den Markt der Ferngespräche, der Mobiltelefone und der Ortsnetze gekommen sind. Oft haben Sie sich gesagt, daß Sie reich sein könnten, hätten Sie sich selbst um eine Lizenz für ein Mobilnetz beworben. Wenn Sie aber strategisch denken, dann können Sie immer noch Wege finden, wie Sie von der Deregulierung Ihrer Branche profitieren können.

Machen Sie Ihr Wissen um Branchentrends zu Geld

Ihre ganz alltäglichen Erfahrungen sollten es Ihnen ermöglichen, Investmentchancen zu finden, wenn Sie die Auswirkungen dieser Beobachtungen betrachten.

Sie sind im Ölgeschäft. Sie erhalten einen Anruf eines Gesellschafters, der Ihnen ein Gerücht erzählt. Jemand hat in der Nordsee ein Ölfeld entdeckt, das mit denen im Mittleren Osten Schritt halten kann. Wenn er recht hat, dann werden die Unternehmen, die an den Bohrungen in der Nordsee beteiligt sind, die großen Gewinner sein, während die Ölpreise insgesamt fallen werden.

Sie sind im Management einer Krankenkasse. Die Regierung diskutiert ein neues Gesetz, das zur weiteren Kosteneindämmung beitragen soll. In den letzten Monaten haben Sie an drei Seminaren über dieses Gesetz teilgenommen. Sie wissen weit mehr über die möglichen Auswirkungen als die meisten Analysten an der Wall Street. Es ist zwar deren Beruf, aber es ist Ihr Leben. Auch wenn Sie sich in erster Linie Gedanken über Ihr Unternehmen machen, werden Sie eine Reihe von Investmentmöglichkeiten finden, wenn Sie einen Augenblick innehalten und das große Bild betrachten.

Sie importieren Produkte aus Asien. Der Verfall der asiatischen Währungen hat es Ihnen ermöglicht, große Gewinne zu erzielen. Sie konnten Ihre Preise um 20 % senken, während Ihre Konkurrenten, die Produkte in den Vereinigten Staaten, Europa oder Lateinamerika kaufen, ihre Preise nicht senken können. Ihre Handelsspannen weiten sich aus und Sie gewinnen einen größeren Marktanteil. Sie wissen, daß andere Importeure in der gleichen Situation sind. Werfen Sie einen Blick auf die Produkte, die aus Asien kommen. Machen Sie die Unternehmen aus, die vom Kursverfall profitieren, und jene heimischen Hersteller, die davon getroffen werden. Das müssen nicht Ihre direkten Konkurrenten sein. Es reicht, wenn sie die gleichen Auswirkungen verspüren wie Ihre Branche. Wenn Sie Ihre Erfahrung nutzen, dann können Sie handeln, bevor es die meisten Investoren tun.

Sie sind Banker. Sie stellen fest, daß Betrügereien mit Kreditkarten rapide zunehmen. Wenn Ihr regionales Umfeld in dieser Hinsicht keine Sonderstellung einnimmt, dann ist es wahrscheinlich, daß auch andere Banken mit diesem Problem zu tun haben. Sie wissen genau, welche Banken durch Kreditkartenbetrug am härtesten getroffen werden können. Es kann sein, daß Sie nicht sehr viel von der Börse verstehen, aber Sie kennen das Kreditkartenrisiko genau und wissen, daß diese Aktien sich nicht gut entwickeln werden, wenn immer mehr Kredite faul werden. Auch die Aktien großer Handelsunternehmen werden sich kaum vorteilhaft entwickeln, wenn ein Großteil ihrer Gewinne aus dem Kreditkartengeschäft resultiert. Hersteller und Händler von langlebigen Gütern – beispielsweise Autos oder Möbeln – und Unternehmen der Schlüsselbranchen – beispielsweise Stahl –, die die Hersteller beliefern, könnten auch getroffen werden.

Erkennen Sie Investmentchancen bei Konkurrenten

Sie kennen Ihre Konkurrenten besser als die Profis an der Wall Street. Sie sitzen mit deren Vorständen in Konferenzen und haben mit den gleichen Kunden, Lieferanten und Gewerkschaften zu tun. Sie haben Freunde, die in den anderen Unternehmen beschäftigt sind. Wenn Sie sich auf das konzentrieren, was Sie wissen, dann werden Sie wichtige Investmentchancen bei den Konkurrenten in Ihrer Branche finden.

Sie sind in der Bekleidungsindustrie. Wenn Sie durch Kaufhäuser gehen, dann sehen Sie eine neue Marke (nicht die, die Sie verkaufen), die in den Regalen immer mehr Platz einnimmt. Sie sprechen mit den Verkäufern. Und die erzählen Ihnen, diese Marke sei die heißeste Produktlinie im ganzen Land. Sie sehen sich die Ware an und wissen genau, daß sie gut ist. Die Analysten müssen warten, bis das Unternehmen ihnen die aktuellen Absätze mitteilt, aber Sie können jetzt schon handeln, weil Sie wissen, daß die Ware sich gut verkauft.

Sie besitzen ein Restaurant. Ein beliebtes Themenrestaurant, vergleichbar mit »Planet Hollywood«, hat in Ihrer Straße eröffnet. Sie sehen, wie die Menschenmassen nur so hereinströmen. Sie gehen auch hin, um zu sehen, was die Aufregung zu bedeuten hat. Während Sie die Gäste beobachten, fragen Sie sich, ob diese neuen Themenrestaurants ein Zukunftstrend sind oder nur eine kurzfristige Angelegenheit. Sie stellen diese Fragen nicht, weil Sie Investor sind, sondern weil Sie Ihr Lebenswerk bedroht sehen und eine konkurrenzfähige Antwort finden müssen. Aber die Fragen, die Sie stellen, sind die gleichen, die Investoren stellen müssen. Nur ist Ihre Perspektive mit großer Wahrscheinlichkeit wesentlich besser. Wenn Sie Ihre Augen nutzen und mit den Leuten sprechen, die in diesen Themenrestaurants arbeiten oder essen, dann können Sie instinktiv handeln.

Sie arbeiten in einem Unternehmen der Forstwirtschaft. Ihr Unternehmen hat gerade ein kleines Stück Land in Kalifornien an eine Bauentwicklungsgesellschaft mit großem Gewinn verkauft. Sie wissen, daß zwei Konkurrenten in der Nachbarschaft weitaus größere Parzellen besitzen. Sie wissen zwar nicht, ob diese Unternehmen das Land verkaufen werden, aber wenn der

Preis gut genug ist, werden sie vielleicht nicht widerstehen können. Wenn Sie deren Aktien jetzt kaufen, dann sind Sie den meisten anderen Investoren weit voraus.

Setzen Sie auf die Menschen, die Sie kennen

Die meisten Berufstätigen in einer Branche haben ein besseres Gefühl für die Stärken und Schwächen von Managern als die Wall Street. Sie sehen die Manager in der realen Welt und nicht nur dann, wenn sie auf dem Prüfstand sind. Sie erkennen auch schneller die Veränderungen, die ein Management implementiert, als es Investoren können. Wenn Sie auf jemanden setzen, den Sie kennen und der in einer Branche arbeitet, die Sie verstehen, dann sollten Sie Ihr Kapital in dieser Branche anlegen.

Sie sind Systemingenieur. Ihr Vorgesetzter wurde von einem anderen Unternehmen abgeworben und ist jetzt Vorsitzender eines Softwareunternehmens, das Applikationen für elektronische Lagerverwaltung herstellt. Er möchte Sie engagieren. »Das ist die beste Chance Ihres Lebens«, sagt Ihnen Ihr ehemaliger Vorgesetzter. »Dieses Unternehmen verfügt über eine unglaubliche Technologie.« Sie kennen seine Erfolge und sehen auch Ihre Chance, aber Sie können nicht umziehen. Das sollte Sie aber nicht daran hindern, Aktien dieses Unternehmens zu kaufen. Niemand kennt Ihren ehemaligen Vorgesetzten besser als Sie. Nur weil Sie nicht umziehen können, heißt das noch lange nicht, daß Sie nicht auf ihn setzen sollten.

Sie lesen regelmäßig Ihre Fachzeitschriften. Sie finden heraus, daß ein wichtiger Vorstand einen Ihrer Wettbewerber verlassen hat. Sie rufen Ihren Aktienbroker an und fragen nach, wie die Aktie reagiert hat. Der Broker sagt Ihnen, daß das Ausscheiden nicht bekanntgegeben wurde. Weil Unternehmen unangenehme Nachrichten oft erst verspätet veröffentlichen, haben Sie jetzt der Wall Street gegenüber einen Vorteil. Das ist Ihr Äquivalent zu Insider-Informationen. Die Leute in der Branche wissen um das Ausscheiden, aber die Profis an der Wall Street nicht.

Vertrauen Sie Ihren Instinkten, wenn es um leitende Angestellte geht, die Sie kennen. Unternehmen werden von Menschen geleitet, und gute Leute leiten Unternehmen besser als mittelmäßige. Wenn Spitzenmanager ein Unternehmen verlassen und sich einem anderen Unternehmen anschließen, dann stellt dies oft eine gute Investmentchance dar.

Schlagen Sie die Wall Street mit Ihren Kenntnissen über Ihre Lieferanten

Sie arbeiten für einen Automobilhersteller. Das Unternehmen hat sich entschieden, zur Kosteneinsparung das Outsourcing zu verstärken. Für Sie sollte es relativ einfach sein, die Produkte herauszufinden, die nun außerhalb des Hauses hergestellt werden, und welche Unternehmen die Aufträge bekommen haben.

Sie sind Rechtsanwalt in einer kleinen Kanzlei. Erinnern Sie sich noch daran, als Ihre Sekretärin Ihnen zum ersten Mal vorschlug, ein Konto bei einem der großen Büromärkte, beispielsweise Staples, zu eröffnen? Sie erzählte Ihnen, daß die Preise und das Sortiment weitaus besser seien als bei dem Händler, bei dem Sie bis dahin eingekauft haben. Sie kaufen im Büromarkt. Der bisherige Händler rief Sie an und beschwerte sich. Sie gehen davon aus, daß Sie nicht der einzige Kunde sind, den er verloren hatte. Sie sprechen mit anderen Anwälten. Deren Sekretärinnen kaufen auch im Büromarkt. In dem Augenblick, als Sie aufhörten, Schecks an den Schreibwarenhändler auszustellen und sie nunmehr auf Staples ausstellten, sollten Sie spätestens bemerkt haben, daß diese Supermärkte eine gute Investmentchance darstellen.

Sie sind Informatiker und in Ihrem Unternehmen dafür verantwortlich, die Umstellungen auf das Jahr 2000 zu bewerkstelligen. Sie haben mit 20 Unternehmen gesprochen, aber nur drei gefunden, die scheinbar eine Lösung für das Problem haben. Sie erkennen die Bedeutung des Jahres 2000 für die Computerwelt und die Chancen für die wenigen Unternehmen, die in der Lage sind, dieses Problem zu lösen. Wenn Sie Aktien dieser Unternehmen kaufen, dann wird Ihr Portfolio voraussichtlich gut in Form bleiben.

Holen Sie sich gute Investmentideen von Ihren Kunden

Sie stellen Batterien her. Einer Ihrer größten Kunden beginnt, seine Bestellungen hinauszuzögern. Sie besuchen die Geschäfte. Die Regale sind halb leer. Es sind keine AA- und keine D-Batterien auf Lager. Sie erhalten einen Anruf aus der Debitorenbuchhaltung und erfahren, daß der Händler mit seinen Zahlungen schon 90 Tage im Rückstand ist. Sie haben ein nagendes Gefühl in Ihrem Magen. Das kommt Ihnen bekannt vor. Sie vermuten sehr stark, daß dieser Händler in Konkurs gehen wird. Analysten und Investoren haben noch nicht das gleiche Beißen in ihrem Magen.

Sie verkaufen Immobilien. Ein aggressiver Immobilien-Investment-Trust hat angefangen, eine Reihe mittelgroßer Immobilienunternehmen in Ihrem Markt zu hervorragenden Preisen aufzukaufen, und stockt seine Vermögensbestände schnell auf. Sie haben zwei Grundstücke an den Vorstandsvorsitzenden des Immobilienfonds verkauft. Er ist der härteste Verhandlungspartner, mit dem Sie es je zu tun hatten, und obwohl die Verhandlungen mit ihm nicht gerade ein Frühstück waren, ist es sicherlich ein kluger Schachzug, seine Aktien zu kaufen.

Sie arbeiten für ein Reisebüro. Die neuen Casinos in Las Vegas bieten plötzlich unglaubliche Sonderangebote an. Zimmer, die bisher 200 $ gekostet hatten, können Sie nun für 29,95 $ buchen. Wenn dies ein kurzfristiger Preiskrieg ist, dann könnten die Aktien der Casinounternehmen weiterhin ansteigen. Wenn Las Vegas aber über zuviel Bettenkapazität verfügt, dann werden sie sinken. Andererseits bieten die Airlines keine Rabatte an. Die Preise sind himmelhoch. Hohe Flugpreise können den Gewinnen der Fluggesellschaften zuträglich sein.

Vertrauen Sie Ihren Instinkten

Ein Freund rief mich kürzlich an und beklagte sich über eine Aktie, die er gekauft hatte: Mossimo. Mein Freund arbeitete in der Bekleidungsbranche. »Warum hast du die Aktie gekauft?« fragte ich. »Der Broker sagte, daß der Analyst einen sehr guten Ruf hat und die Aktie wahrscheinlich im Wert gewinnen würde«, antwortete mein Freund. »Aber als ich genauer hinsah, bemerkte ich, daß die Läden voll waren mit Ware und daß alles abgepreist war. Ich hätte mich selbst treten können. Ich wußte, daß die Ware sich nicht gut verkaufte, aber ich habe die Aktie dennoch gekauft.« Mein Freund hätte sich viel Geld sparen können, wenn er seinen Instinkten vertraut hätte. Er kannte das Geschäft und hatte auch die Ware überprüft. Das haben die Analysten möglicherweise nicht getan. Menschen, die in einer bestimmten Branche arbeiten, haben oft hervorragende Kenntnisse und sollten nicht zögern, diese Kenntnisse bei ihren Investmententscheidungen zu nutzen.

Ihr Heimatboden als Konsument

Menschen kaufen in Kaufhäusern ein, übernachten in Hotels, fliegen in Flugzeugen, kaufen Autos und suchen Telefongesellschaften für ihre Ferngespräche aus. Sie sehen mit ihren Kindern Fernsehen und kaufen im Einkaufszentrum ein. Veränderungen die in der Einkaufsstraße zuerst zu beobachten sind, brauchen oft recht lange, bis sie an der Wall Street erkannt werden. Wenn Sie herausfinden, was Sie als Konsument wissen und die Profis an der Wall Street nicht, dann haben Sie gegenüber dem professionellen Investor einen Vorteil.

Die Profis kaufen nicht bei Wal-Mart ein

Nur zur Erinnerung: Viele professionelle Investoren leben in New York. Sie gehen nicht bei Wal-Mart einkaufen. In New York City gibt es keinen Wal-Mart. Und außerdem: Selbst wenn es einen gäbe, würden die Profis hier die Bekleidung für ihre Kinder kaufen? **Die Profis der Wall Street sehen nicht, was in den Vereinigten Staaten vor sich geht.** Sie verbringen ihren Urlaub in Südfrankreich oder in Vail, aber nicht an der Küste von Florida oder in den Ozarks (Feriengebiet am Ozark-Stausee, der vor 65 Jahren nach Errichtung des Bagnell-Staudamms zwischen St. Louis und Kansas City entstand, A. d. Ü.). Vielleicht wissen sie nicht einmal, wo die Ozarks liegen. Was glauben Sie, wie viele jemals in Branson, Missouri, oder Pigeon Forge, Tennessee, waren, den beliebtesten Touristenzielen der Vereinigten Staaten?

Die Profis der Wall Street mögen vielleicht in Unternehmen investieren, die Wohnmobile herstellen, aber reisen würden sie nie damit. Sie übernachten bei ihren Geschäftsreisen nicht im Motel 6 und kaufen auch keine Ferienwohnungen im Time-sharing-System. Sie speisen im Lutece und im Four Seasons, nicht aber bei Denny´s oder Pizza Hut. Sie gehen ins Theater und nicht ins Kino. Möglicherweise haben sie noch nie ein amerikanisches Auto gefahren, außer vielleicht Geländewagen mit Allradantrieb. Sie kaufen in Boutiquen und nicht bei Sears oder JC Penney. Sie kaufen ihre Lebensmittel im Delikatessenladen und nicht bei Safeway. Zwar wissen die Profis ziemlich viel über die Unternehmen, mit deren Aktien sie handeln, aber über das Leben, das der Durchschnittsamerikaner führt, wissen sie weniger als die meisten anderen.

Weil Einzelinvestoren im allgemeinen gut informiert sind, was in den Vereinigten Staaten geschieht, haben sie einen Vorteil, wenn sie in Bereichen investieren, mit denen sie regelmäßig zu tun haben. So wie Guerillas schon kleinste Veränderungen in einer vertrauten Umgebung wahrnehmen, die einer großen Armee überhaupt nicht auffallen, so können Einzelinvestoren schon beim Einkaufen Veränderungen bemerken, beim Essen in Restaurants und auch bei den Dienstleistungen, die sie in Anspruch nehmen. Diese kleinen Veränderungen sind entscheidend, weil sie oft zu den Veränderungen bei den Umsätzen und Gewinnen führen, auf die sich die Wall Street verläßt.

Sie sind Hausfrau und haben drei Kinder. Sie kaufen Ihre Bekleidung bei T. J. Maxx ein. Sie sind überrascht, daß Sie wesentlich bessere Schnäppchen machen können als noch im Vorjahr. Und deshalb konnten Sie bei T. J. Maxx doppelt so viele Waren einkaufen. Ihre Freunde taten das auch. Als Kundin können Sie feststellen, daß T. J. Maxx vermutlich günstiger einkaufen kann. Für T. J. Maxx ist das gut, allerdings ist es schlecht für die Unternehmen, die die Waren hergestellt haben. Es wird Wochen dauern, bis TJX, das Mutterunternehmen von T. J. Maxx, und die Bekleidungshersteller ihre Umsätze und Gewinne bekanntgeben, aber Sie können selbst sehen, wann ein Geschäft gute Waren führt und wann nicht. Sie können sehen, welche Bekleidungshersteller die größten Preisnachlässe geben. (Wenn Bekleidungshersteller große Mengen mit großen Preisnachlässen verkaufen, dann sind sie in Schwierigkeiten.) Weil Sie oft bei T. J. Maxx einkaufen, haben Sie eine gute Chance, einen Trend zuerst zu erkennen. Wie Sie sich erinnern werden: Die meisten Investoren und Analysten kaufen nicht bei T. J. Maxx.

Der »Kim-Indikator«

Ein sehr kluger Portfolio-Manager erzählte mir einmal, er habe eine fast unfehlbare Methode, wenn er mit Aktien von TJX handle. Er nannte sie den »Kim-Indikator«. Von einem solchen Indikator hatte ich zuvor noch nie gehört, und so fragte ich ihn, wie er funktioniere. Er drückte den Knopf an seiner Wechselsprechanlage und rief: »Kim!« Eine junge Frau von etwa 23 Jahren kam in sein Büro. Sie hatte hellblond gefärbte Haare und war sehr stark geschminkt. »Waren Sie letztes Wochenende bei T. J. Maxx?« fragte der Portfolio-Manager.

»Aber sicher«, antwortete Kim mit einem satten New-Jersey-Akzent. »Sie hatten tolle Klamotten in den neuen Regalen. Ich kaufte ein Kleid von Jones und eine Kombination von Liz Claiborne. Jetzt habe ich schon drei Wochen hintereinander tolle Sachen gefunden.«

Der Portfolio-Manager nahm den Telefonhörer auf und sagte: »Kaufen Sie 25.000 Aktien von TJX. Dann wandte er sich wieder zu mir: »Es ist für mich recht einfach, in diese Gesellschaft zu investieren. Kim ist dort Kundin. Sie kauft dort jede Woche ein. Wenn sie drei Wochen hintereinander etwas kauft, dann weiß ich, daß die Ware aktuell ist und die Umsätze gut sein werden. Und dann kaufe ich die Aktien. Wenn sie allerdings drei Wochen nacheinander nichts kauft, dann weiß ich, daß der aktuelle Warenbestand von den Kunden nicht gut angenommen wird und die Umsätze schwach sein werden. Und dann verkaufe ich die Aktien. Kim ist ein unfehlbarer Indikator. Er stimmt immer.«

So seltsam diese Geschichte erscheinen mag, damit hatte der Portfolio-Manager eine perfekte Entscheidungshilfe, wenn es darum ging, TJX-Aktien zu kaufen oder zu verkaufen. Er wußte genau, daß ein Handelsunternehmen nur so gut sein kann wie seine Ware. Er selbst wohnte in einem Penthouse an der Fifth Avenue und wußte deshalb nicht, was bei T. J. Maxx verkauft wurde. Er wußte aber, daß Kim die typische Kundin war. Innerhalb von sechs Jahren war der »Kim-Indikator« weit überwiegend zutreffend, und er hatte eine wesentlich bessere Trefferquote als die hochbezahlten Analysten der Wall Street. Jeder, der regelmäßig in einem bestimmten Geschäft einkauft, kann die Ware ebenso einfach beurteilen wie der Portfolio-Manager mit der Hilfe von Kim. Diese Sache ist nicht kompliziert. Wenn Sie mehr kaufen als noch vor einem Jahr, dann läuft das Geschäft wahrscheinlich gut, und dann sollten die Gewinne auch gut sein. Wenn Sie wesentlich weniger kaufen, dann laufen die Geschäfte eher schwach, und die Gewinne werden wahrscheinlich enttäuschend sein.

Jedes Einzelhandelsgeschäft hat Indikatoren wie Kim. Sie stellen die Zielgruppe dar und sind für den größten Teil des Umsatzes verantwortlich. Vor zwei Jahren entschloß man sich bei Ann Taylor zu einigen Veränderungen. Man verbreiterte die Produktlinie und vernachlässigte die konventionell geschneiderte Bekleidung. Die Stammkunden bemerkten die Veränderungen zuerst, und nur wenigen gefiel die neue Richtung. Wenn ein Handelsunternehmen seine Schwerpunkte neu setzen möchte, dann werden zunächst die Stammkunden verschreckt, bis eine neue Stammkundschaft heranwächst. Kurzfristig heißt das, daß der Umsatz und die Gewinne rückläufig sein werden. Wenn Sie irgendwo Stammkunde sind und in dem Geschäft nicht mehr das finden, was Ihnen gefällt, dann sollten Sie als Investor nicht so lange warten, bis auch die Analysten herausfinden, daß diese Handelskette Probleme hat. Die Aktie von Ann Taylor fiel von 40 auf unter 10 $.

Auch wenn Sie nicht zur Kernzielgruppe eines Geschäfts zählen, können Sie Ihren eigenen Kim-Indikator finden. Bei Chancellor Capital Management lernte ich Marion Schultheis, eine Portfolio-Managerin, kennen. Marion war zuvor Chefanalystin für den Einzelhandel bei American Express. Wenn ich mit ihr über bestimmte Modeaktien sprechen wollte, dann sagte Marion: »Ich muß noch einmal mit Lisa sprechen.« Lisa war keine Analystin. Lisa war Marions Tochter. Marion verließ sich nicht auf Lisa, wenn es darum ging, Aktien auszusuchen, aber sie verließ sich auf Lisas Meinung als Kundin. Eines Tages erzählte sie mir, daß Lisa und ihre Freundinnen nicht mehr in einer bestimmten Bekleidungskette kauften, weil die Ware aus der Mode gekommen sei. Marion überzeugte American Express, die Aktien dieser Bekleidungskette zu verkaufen. Innerhalb von sechs Monaten war der Kurs um 50 % gefallen. Marion erhielt Informationen von allen Analysten der Wall Street, aber sie hat begriffen, daß es weitaus wichtiger ist, die Meinung eines Kunden zu hören.

Studieren Sie Anzeigen und Ausverkaufspreise

Im Handel geht es um mehr als nur die Ware. Beobachten Sie die Preisentwicklung. Wenn es den Anschein hat, daß Geschäfte seltener einen Ausverkauf durchführen, dann sind die Aussichten gut, daß die Gewinnspannen und Gewinne in diesem Jahr höher sein werden, als im letzten Jahr. Kunden wissen immer, wie gut ein Geschäft geführt wird. Achten Sie auf die Beilagen in den Zeitungen. Wenn zwei Wettbewerber dasselbe Produkt bewerben und einer einen niedrigeren Preis angibt, dann ist dies das Unternehmen, das besser geführt wird. Es ist nicht deshalb besser, weil es einen günstigeren Preis anbietet, sondern das andere Unternehmen ist dumm genug, einen Artikel zu bewerben, dessen Preis nicht konkurrenzfähig ist.

Ein guter Service ist gutes Investment: Das Beispiel Home Depot

Vor vielen Jahren ging ich in Arizona in eine Filiale der Baumarkt-Kette Home Depot. Ein Mitarbeiter kam sofort zu mir und fragte mich, ob ich Hilfe benötigte. Ich antwortete, ich wollte mich nach Außenbeleuchtungen umsehen. Er empfahl mir, was ich kaufen sollte, und erklärte mir, wie die Beleuchtung zu installieren sei. Home Depot führte gerade eine Anzeigenkampagne durch unter dem Motto: »Freundschaft statt Mitgliedschaft«, weil sein Konkurrent, der Home Club auf der Basis von Mitgliedschaften arbeitete. Dann ging ich zum Home Club. Es dauerte ungefähr zehn Minuten, bis ich jemanden fand, der mir helfen konnte. Der Verkäufer sagte mir, daß ich zuerst Mitglied werden müsse, bevor ich irgend etwas kaufen könne. Ich erwähnte die Anzeige von Home Depot und fragte was Home Club anzubieten habe. »Wir bieten Mitgliedschaft, nicht Freundschaft!« antwortete der Verkäufer herablassend. Raten Sie mal, wo ich gekauft habe? In diesem Fall brauchte man keinen professionellen Analysten, um festzustellen, welches dieser beiden Unternehmen besser abschneiden würde.

Mein Freund Howard Perksy ist Vorstand einer sehr erfolgreichen EDV-Beratung. Howard ist ein großer Heimwerker. An Samstagen kann er Stunden bei Home Depot verbringen und mit anderen Heimwerkern über Verschönerungen im Haus diskutieren. Seine Frau Wilma schimpfte immer über die Zeit, die er damit verbrachte, während sie draußen auf ihn wartete. Aber dann hörte sie plötzlich auf, sich zu beschweren, und war immer ganz glücklich, wenn sie auf ihn wartete. Eines Tages fragte ich sie nach ihrem Sinneswandel. »Ich kaufte ein Paket Aktien von Home Depot«, antwortete Wilma. »Ich überlegte: Wenn Home Depot imstande war, Howard einen ganzen Tag lang zu beschäftigen, dann müsse dies doch ein phantastischer Laden sein. Nun ist die Aktie zehnmal soviel wert, wie ich dafür bezahlte, und so bezahlt Home Depot meine neue Küche, mein Badezimmer und den Swimmingpool.« Jeder, der wie Howard und seine Frau den ganzen Tag in diesem Laden herumspazierte und die Aktie schon bei der Emission kaufte, könnte heute reich sein. Für einen Kunden, der wirklich Hilfe sucht, ist es wesentlich leichter, den Wert eines guten Kundendienstes einzuschätzen, als es bei einem Analysten der Fall ist, der nur Finanzberichte liest.

Achten Sie auf Markennamen, wenn Sie Investmentideen suchen

Einzelinvestoren können gute Investmentideen haben, wenn sie auf die Produkte achten, die sie selbst kaufen. Angenommen, Sie sind eine Baby-Boomerin. Als Sie vor 20 Jahren zu arbeiten anfingen, waren all Ihre Kleider von Liz Claiborne. Immer, wenn Sie die Kleider kauften oder Geschichten über den großen Erfolg des Unternehmens lasen, könnten Sie sich gedacht haben: »Ich hätte Aktien von Liz Claiborne kaufen sollen.« Wenn Sie das getan hätten, dann hätten Sie mit den Gewinnen all Ihre Kleider bezahlen können.

Das kann auch auf die Dinge zutreffen, die Sie heute für sich selbst oder für Ihre Kinder kaufen. Ihre Söhne wollen nur noch Tommy Hilfiger und Nautica tragen. Sie bringen sie zur Schule und sehen, daß jeder Tommy und Nautica trägt. Ist das nur eine Laune, oder ist es ein Trend? Wenn es eine Laune ist, dann werden Sie erfahren, wann damit Schluß ist, denn Ihre Jungs wollen bald etwas anderes anziehen. Wenn es ein Trend ist, dann werden die Umsätze und Gewinne dieser beiden Unternehmen weiterhin steigen. Wenn Sie für eine spezielle Marke viel Geld ausgeben, dann sollten Sie auch darüber nachdenken, diese Aktie zu kaufen. Ihre Einschätzung wird wahrscheinlich richtig sein.

Ich erinnere mich noch daran, als Snapple auf dem Markt eingeführt wurde. Die Leute tranken weniger Soda und Kaffee und tranken nur noch Snapple. Hätte ich mein Geld dort hingelegt, wo auch mein Mund war, hätte ich viel Geld verdienen können, als Snapple von Quaker Oats übernommen wurde. Dann kamen die Nachahmer auf den Markt. Während die Finanzanalysten immer noch die Gewinnerwartungen höherschraubten, konnte jeder, der in der Warteschlange vor der Kasse stand, sehen, daß die Leute weniger Snapple kauften. Snapple wuchs sich zu einem schwarzen Loch aus. Quaker Oats verlor Hunderte von Millionen Dollar, und der Kurs der Aktie fiel stark. Die meisten Konsumenten brauchten keine Ausbildung zum Analysten, um festzustellen, was geschah. Sie brauchten nur in ihre eigenen Einkaufswagen zu sehen.

Zwar ißt jeder, aber der Supermarkt bietet weniger gute Chancen, als man eigentlich annehmen möchte. Weil die meisten Konsumgüterproduzenten multinational agieren, ist es oft sehr schwierig, die Dinge, die man im Supermarkt sieht, mit den Veränderungen bei Gewinnen oder Aktienkursen in Korrelation zu bringen. Bei Coca-Cola und Pepsi sind heute Peking, Bombay und Buenos Aires die entscheidenden Schlachtfelder, nicht aber Boston, Buffalo und Baltimore. Trotzdem können Sie im Supermarkt immer noch deutliche Hinweise auf gute Anlagemöglichkeiten finden. 1995 brach unter den Herstellern von Cerealien ein Preiskrieg aus. Die Gewinne und die Aktienkurse sanken. 1997 war der Preiskrieg beendet und die Gewinne und die Aktienkurse erholten sich. Jeder, der Corn Flakes kaufte, wußte was geschah.

Wenn Sie auswärts essen, stossen Sie auf Anlagemöglichkeiten

Eine Restaurantkette ist nicht besser oder schlechter als die Qualität der Lebensmittel und der Bedienung in jeder seiner Filialen. Restaurantketten sind für Analysten oft sehr schwierig einzuschätzen, weil sich die Qualität schnell ändern kann und weil es, wegen der niedrigen Einstiegsschwellen, sehr viele Aktiengesellschaften unter ihnen gibt. Bloomberg führt über 110 Aktiengesellschaften auf, die ganz oder überwiegend dem Gaststättengewerbe zuzuordnen sind. (In dieser Liste sind die Restaurantketten nicht aufgeführt, deren Aktien zu 3 $ und weniger gehandelt werden.)

Darunter sind:

APPLE SOUTH
APPLEBEE´S INTERNATIONAL
ARK RESTAURANTS
ARTHUR TREACHER´S
AU BON PAIN
BACK PAY
BENIHANA
BERTUCCI´S
BIG BUCK BREWERY
BLIMPIE INTERNATIONAL
BOB EVANS FARMS
BOSTON CHICKEN
BRINKER INTERNATIONAL
BUFFETS
CASA OLE
CHART HOUSE
CHEESECAKE FACTORY
CKE (Carl´s Jr.)
CONSOLIDATED PRODUCTS (Steak & Shake)
COOKER RESTAURANTS
CRACKER BARREL
DARDEN (Red Lobster, Olive Garden, Bahama Breeze)
DAVCO
DAVE & BUSTER´S EATERIES
EINSTEIN/NOAH BAGEL
ELEPHANT & CASTLE
ELMER´S RESTAURANT
ELXSI
FAMOUS DAVE´S
FOODMAKER (Jack in the Box)
FRIENDLY ICE CREAM
FRISCH´S
GARDEN FRESH
GARDENBURGER
GB FOODS (Green Burrito)
HOST MARRIOT
IHOP
IL FORNAIO
J. ALEXANDER
LANDRY´S SEAFOOD
LOGAN´S ROADHOUSE
LONE STAR STEAKHOUSE
LUBY´S CAFETERIAS
MAX & ERMA´S
MCDONALD´S
MORRISON
MORTON´S
NATHAN´S FAMOUS
NPC INTERNATIONAL
OUTBACK STEAKHOUSE
PAPA JOHN´S
PICADILLY CAFETERIAS
PIZZA INN
PJ AMERICA
PLANET HOLLYWOOD
QUALITY DINING
QUIZNO´S
RAINFOREST CAFE
RALLY´S HAMBURGERS
RARE HOSPITALITY
ROADHOUSE GRILL
ROCK BUTTOM REST
RUBY TUESDAY
RYAN´S FAMILY STEAK
SBARRO
SCHLOTZSKY´S
SHELLS SEAFOOD
SHONEY´S
SHOWBIZ PIZZA TIME (Chuck E. Cheese)
SIZZLER INTERNATIONAL
SKYLINE CHILI
SONIC CORP.
SPAGHETTI WAREHOUSE
STAR BUFFET
STARBUCKS
TACO CABANA
TCBY
TIMBER LODGE
TOTAL ENTERTAINMENT
TRICON GLOBAL (Pizza Hut, Taco Bell, KFC)
UNIQUE CASUAL RESTAURANTS
WALL STREET DELI
WENDY´S INTERNETIONAL
WSMP

Möglicherweise essen Sie in einem dieser Restaurants. Wenn Sie eines von ihnen sehr mögen, dann bitten Sie den Restaurantmanager, daß Ihnen das Unternehmen einen Finanzbericht übersendet. Die letzten beiden Male, als ich einen Restaurantmanager um einen Finanzbericht bat, schickten sie nicht nur den, sondern auch einige Coupons für ein kostenloses Abendessen. Wenn Ihnen der Finanzbericht gefällt, dann sollten Sie in anderen Filialen dieser Restaurantkette essen. Sie wollen schließlich sichergehen, daß das Restaurant, in dem Sie regelmäßig essen, die Regel und nicht die Ausnahme ist. Weil Sie in diesen Restaurants essen, werden Sie in der Lage sein zu beurteilen, ob der Service stets korrekt ist oder nachläßt, und das gibt Ihnen einen großen Vorteil gegenüber den meisten Analysten.

Investieren Sie in die Dienstleister, die Sie in Anspruch nehmen

Als die Mobiltelefone Anfang der 80er Jahre aufkamen, kauften viele meiner Freunde diese Geräte. Ein Freund, ein Arzt, war der Meinung, daß das Handy die größte Erfindung aller Zeiten sei, weil er Golf spielen und dennoch mit seinen Patienten in Kontakt bleiben konnte. Er war von dem Mobiltelefon so begeistert, daß er von jedem größeren Unternehmen dieser Branche Aktien kaufte. Mit dem Erfolg der Mobiltelefone wurden viele Unternehmen dieser Branche aufgekauft, und mein Freund machte riesige Gewinne.

Sehen Sie sich zu Hause um. Wie viele Telefongesellschaften benutzen Sie heute? Wie viele benutzten Sie vor drei Jahren? Haben Sie Ihr Handy und den Piepser mitgezählt? Vergessen Sie nicht die Unternehmen, die die Geräte produzieren und den Service bereitstellen. Ihre Namen finden Sie auf den Produkten oder auf den Rechnungen. Die Gebühren wurden zwar in der Zwischenzeit gesenkt, aber wahrscheinlich geben Sie für Telefongespräche trotzdem mehr aus, als zuvor.

Denken Sie an das Geschäft mit den Ferngesprächen. Wie viele Anrufe haben Sie in den letzten drei Jahren erhalten, in denen man Sie fragte, ob Sie für Ferngespräche nicht die Telefongesellschaft wechseln wollen? Hat Ihnen nicht jeder Verkäufer einen höheren Rabatt eingeräumt? Haben Sie sich nicht darüber gewundert, wie diese Unternehmen ihre Gewinne verbessern konnten, obwohl sie sich in einem Preiskrieg befanden? Ihre Erfahrung als Konsument hätte Ihnen sehr geholfen, wenn Sie sich von AT&T ferngehalten hätten. Trotz eines intensiven Bullenmarktes schwächte sich der Kurs der AT&T-Aktien von Mitte 1993 bis Mitte 1997 um ein Drittel ab. Man benötigt kein Computerprogramm, um zu verstehen, daß es während eines Preiskriegs äußerst schwierig ist, die Gewinne zu verbessern.

Wenn Ihre Kinder es mögen, dann sollten Sie es auch mögen

Ihre Kinder können eine hervorragende Quelle für Anlage-Ideen sein. Wenn Sie darauf achten, was in den Augen Ihrer Kinder gerade »in« ist, dann sollten Sie gutes Geld verdienen können. Ich kenne viele Eltern, die vor zehn Jahren Disney-Aktien kauften, weil ihre Wohnungen voll waren von Disney-Filmen und Disney-Spielzeugen und ihre Kinder Disney World und Disneyland liebten. Diese Eltern kannten wahrscheinlich Disneys Kurs/Gewinnverhältnis nicht, aber sie wußten, daß ihre Kinder die Disney-Figuren liebten. Seither haben sich wenige Investments so gut ausgezahlt.

Als mein Sohn drei Jahre alt war, waren er und seine Freunde geradezu süchtig nach den Ninja Turtles. Alle Eltern wußten, daß die Ninja Turtles eine heiße Geschichte waren und daß jedes Unternehmen, das Ninja-Produkte herstellte, damit gut fahren würde. Während sich die Wall Street noch auf die Ninja Turtles konzentrierte, wechselten mein Sohn und seine Freunde plötzlich zu den Power Rangers und stellten die Turtles in den Schrank. Sie waren den Investoren und den Analysten der Wall Street um sechs Monate voraus. So schnell ein Analyst auch auf eine neue Mode anspringen mag, niemals wird er so schnell sein wie ein Vierjähriger.

Eltern können gegen die Wall-Street-Profis gewinnen, wenn es um den Aufstieg aber auch um den Abstieg von Unternehmen geht, wenn sie auf ihre Kinder hören. Als Discovery Zone Spielzentren eröffnete, mußte jedes Kind seine Geburtstagsparty dort haben, und die Aktie von Discovery Zone raste nach oben. Eltern hatten einen großen Vorteil gegenüber den Profis an der Wall Street, denn anfangs gab es an der Wall Street keine Discovery Zones. Ein Jahr später schwand die Begeisterung. Alle Eltern, die mit ihren Kindern dort hingingen, stellten fest, daß viele Spielcenter sehr schlecht geführt wurden. Außerdem öffneten die ersten konkurrierenden Fun-Center ihre Pforten und Restaurants wie beispielsweise McDonald´s eröffneten Spielzonen. Schließlich meldete Discovery Zone Konkurs an. Eltern hätten dies schon frühzeitig erkennen können. Viele professionelle Investoren erkannten es nicht.

Auch wenn Ihre Kinder älter werden, können die Dinge, die sie kaufen und benutzen, oft zu ausgezeichneten Anlage-Ideen führen, insbesondere dann, wenn Ihre Kinder sich gut mit Technik auskennen und Sie nicht. Vor zehn Jahren konnte es sein, daß Ihre Kinder Sie überzeugt hatten, einen Apple-Computer zu kaufen (und auch Apple-Aktien). Vor vier Jahren wechselten sie zu Windows. (Natürlich verkauften Sie Ihre Apple-Aktien und kauften Microsoft und Intel.) Ihre Kinder überzeugten Sie auch, einen Computer von Dell zu bestellen. Das hätten Sie selbst niemals getan. (Natürlich kauften Sie auch gleich Dell-Aktien.) Es waren Ihre Kinder, die Lernsoftware ins Haus brachten und Ihnen vom Internet erzählten. Es waren Ihre Kinder, die Sie dazu brachten mit AOL einen Vertrag abzuschließen, und natürlich deren Aktien zu kaufen und nicht die von Prodigy. Und es waren Ihre Kinder, die Ihre Festplatte vollstopften, so daß Sie Ihren Computer aufrüsten mußten oder einen Zip-Drive von Iomega kauften.

Hören Sie, was Ihre Kinder über Technologie zu sagen haben, und überlegen Sie, ob es hier Kapitalanlagemöglichkeiten gibt. Als sie über Suchmaschinen sprachen, hörten Sie genau zu und sahen Sie sich die neue Technologie an? Als Ihre Kinder Ihnen sagten, sie benötigten ein neues Hochgeschwindigkeitsmodem, um auf die heißen Websites zu kommen, haben Sie es dann gekauft? Wahrscheinlich ja. Aber fragten Sie den Verkäufer des Modems, ob der Hersteller eine Aktiengesellschaft sei und haben Sie sich gefragt, wie Sie vom Aufrüsten der vielen Computer profitieren könnten? Wahrscheinlich nicht. Ihre Kinder können oft Ihre Technologie-Analysten sein.

Kinder liegen an der Spitze der meisten Trends. Denken Sie nur an den Sport. Sie laufen Ski, Ihre Kinder aber snowboarden.

Sie joggen, aber die Kinder laufen auf Inline-Skates. Die Kinder wollen ein Mountain-Bike mit dicken Reifen, so daß sie offroad fahren können. Wann immer ein neuer Trend aufkommt, dann gibt es auch ein Unternehmen, das davon profitiert. Achten Sie darauf, wofür Ihre Kinder Geld ausgeben, und achten Sie auf Möglichkeiten, Kapital anzulegen. Ihre Kinder können Ihnen ermöglichen, weit vor den meisten professionellen Investoren zu sein.

Wenn Sie es brauchen, dann hat es auch in Ihrem Portfolio Platz

Einzelinvestoren können gute Investmentgelegenheiten finden, wenn sie die mittleren Jahre erreichen, und ihren Ruhestand planen. Sie sind 50 Jahre alt. Ihre Kinder besuchen die Universität. Ihre Hauptsorge ist nun, Vermögen für Ihren Ruhestand aufzubauen und sich mit ausreichend Versicherungen zu schützen, so daß Sie sich wegen katastrophenartiger Probleme keine Sorgen zu machen brauchen. Jeder Baby Boomer, den Sie kennen, ist in der gleichen Situation. Wenn Sie der Meinung sind, daß alle Baby Boomer ihre Ersparnisse für den Ruhestand anlegen, dann sollten Sie Aktien von Investmentgesellschaften kaufen, die auch Ihr Geld verwalten, und von Brokerfirmen, die Ihr Portfolio verwalten. Wenn Sie der Ansicht sind, daß Baby Boomer weiterhin Versicherungen abschließen werden, dann sollten Sie Aktien der Versicherungen kaufen, bei denen Sie auch versichert sind. Weil Sie älter sind, betrachten Sie das Leben anders als ein junger Analyst. Aber weil viele Leute älter werden, kann es durchaus sein, daß die Chancen, die Sie als »heiß« betrachten, gewinnbringend sein könnten.

Wenn Rentner es brauchen, dann sollten Sie investieren

In vielerlei Hinsicht sind Rentner wesentlich näher an künftigen Trends als jüngere Leute. Die Bevölkerung wird älter. Kein Bevölkerungssegment wächst so schnell wie das der Rentner. Der Trend wird sich noch beschleunigen. Innerhalb der nächsten 15 Jahre werden viele Baby Boomer in den Ruhestand gehen. Sie können die Erfahrungen von Leuten nutzen, die derzeit in den Ruhestand gehen, um einige der besten Investment-Chancen der nächsten Jahrzehnte zu entdecken.

Ihre Eltern haben sich gerade zur Ruhe gesetzt. Sie kaufen keine Arbeitskleidung mehr und ziehen nicht jeden Tag etwas anderes an. Sie haben mehr Zeit zur Muße. Ihr Vater beginnt, Golf zu spielen. Er kauft Big-Bertha-Holzschläger, spezielle Eisen und neue Golfkleidung. Ihre Mutter pflegt den Garten, sie bastelt und liest. Unternehmen stellen die entsprechenden Produkte her und verkaufen sie auch. Ihre Eltern verbringen den Winter in Florida oder in Arizona. Sie überlegen sich, wie diese Märkte aussehen werden, wenn zig Millionen von Baby Boomern in den Ruhestand gehen. Bauunternehmen, Landerschließungsunternehmen, Immobilienfonds, Banken, Krankenhäuser, Dienstleister und andere Unternehmen in diesen Märkten werden vom Zustrom der Rentner profitieren.

Sie sehen, daß es für Ihre Eltern und deren Freunde immer mehr Güter im Gesundheitsbereich gibt. Sie nehmen mehr Medikamente ein, vielleicht auch einige der neuen biotechnischen Arzneimittel. Während Analysten viel über ein Unternehmen wissen, dürfte niemand mehr über ein neues Medikament wissen als die Patienten oder die unmittelbaren Familienangehörigen. Für Analysten stellt das den Lebensunterhalt dar, aber für die Familie kann es eine Frage von Leben und Tod sein. Wenn ein neues Medikament wirkt, dann sollten Sie auch die Aktien des Unternehmens, das dieses Medikament herstellt, im Blick behalten. Sie können den Erfolg des Produkts direkt beobachten.

Ältere Menschen gehen auch öfter ins Krankenhaus und zum Arzt. Es kann sein, daß Sie von dem Krankenhaus, der Krankenkasse oder dem Pflegeheim, in dem sie untergebracht sind, sehr beeindruckt sind. Es könnte sein, daß Sie eines finden, das eine einmalige Strategie verfolgt. Außerdem haben Sie, wenn Sie täglich mit einem solchen Haus zu tun haben, eine sehr gute Möglichkeit, die Qualität des Managements einzuschätzen. Viele Unternehmen dieser Branche sind Aktiengesellschaften, und viele wachsen sehr schnell. Einige Krankenkassen haben aber Probleme, die Ärzte zu bezahlen oder die Auslagen der Patienten zu erstatten.

Wenn Ihre Krankenkasse nicht rechtzeitig zahlt, dann ist sie in Schwierigkeiten.

Krankheit kann auch andere Investment-Gelegenheiten aufzeigen. Als mein Vater erkrankte, brauchte er einen Rollstuhl. Ich recherchierte den Markt und fand ein Unternehmen, Invacare, das die besten Produkte herstellte. Ich erinnerte mich an Rollstühle als alte klapprige Dinger, aber neue Materialien nach dem neuesten Stand der Technik machten sie weitaus leichter und wesentlich beweglicher. Als ich feststellte, daß Invacare den Markt dominierte, entschied ich mich, diese Aktie zu kaufen. Ich war sicher, daß Rollstühle eine Wachstumsbranche für eine älter werdende Bevölkerung seien.

Einzelinvestoren sollten ihre Erfahrung als Konsumenten nutzen, um Anlagemöglichkeiten zu entdecken. Aber Sie sollten auch sicherstellen, daß die Informationen von Bedeutung für die Prosperität des Unternehmens sind. Sie sollten nicht gleich die Aktien der Mineralöl AG verkaufen, nur weil der Tankwart an der Tankstelle Ihnen nicht die Scheiben geputzt hat. Sie sollten auch nicht Ihre Aktien von Intel und Microsoft verkaufen, weil Ihr Computer einen Absturz hatte, oder auch nicht die Aktien der Tribune Corporation, nur weil die Chicago Cubs es nicht geschafft haben, in die Playoffs zu kommen (wäre das logisch, dann würde niemand Aktien der Tribune Corporation kaufen). Trotzdem ist diese Art der Information, die der Konsument erhält, wesentlich für das Verständnis der Unternehmensstandards und des Potentials, das in einem Produkt steckt.

Heimvorteil in Ihrer Gemeinde

Kommunen veröffentlichen oft Leckerbissen an Informationen, die Einzelinvestoren einen bedeutenden Vorteil einbringen, wenn sie gegen die Wall Street Profis investieren. Die Gemeinde ist der Ort, in dem jemand lebt, aber es ist auch die Summe der sozialen Gemeinschaften, innerhalb derer sich der einzelne bewegt. Clubs, Kirchen, Vereine, Schulen und Freunde sind Bestandteile einer Gemeinde. Suchen Sie die Menschen, die die Lokalzeitung lesen, die zu einer Party gehen oder mit früheren Schulkameraden plaudern, dann kommen Sie immer mit Informationen über Aktiengesellschaften in Kontakt. Meistens mißachten die Leute diese Informationen, weil sie ihnen wenig Wert zumessen. Das ist ein Fehler.

Die offensichtlichste Informationsquelle in Ihrer Gemeinde könnte eine direkte persönliche Bekanntschaft mit dem leitenden Angestellten einer Aktiengesellschaft sein: Vorstandsvorsitzende, Finanzvorstände und andere gehören Clubs und Organisationen an, treiben Sport, haben Kinder und sind in einer Gemeinde oft sehr präsent. Wenn Sie mit dem leitenden Angestellten eines Unternehmens befreundet sind, dann haben Sie einen Vorteil, für den die meisten Analysten über Leichen gehen würden. Schämen Sie sich nicht, Ihren Vorteil voll auszunutzen. Die Analysten würden ihn nutzen, wenn sie diesen Kontakt hätten.

Sie spielen Bridge mit dem Chef des örtlichen Beerdigungsunternehmens. Zwei Wochen hintereinander kommt er nicht zum Bridgeabend. Sie rufen in seinem Büro an und wollen nachfragen, ob alles in Ordnung ist. Seine Sekretärin erzählt Ihnen, daß er auf Geschäftsreise in einer ganz bestimmten Stadt ist. Sie wissen, daß der größte nationale Bestattungsunternehmer in dieser Stadt sitzt und in letzter Zeit kleinere Bestattungsunternehmen aufgekauft hat. Könnte es sein, daß das Unternehmen Ihres Freundes aufgekauft werden soll? Vielleicht. Wenn er zurückkommt, fragen Sie ihn, aber er sagt, daß er darüber nichts sagen könne. Er ist Ihr Freund. Sie haben mit ihm schon über zehn Jahre lang Bridge gespielt. Wenn nichts los wäre, dann hätte er es Ihnen gesagt. Sie gehen davon aus, daß sein Institut das Ziel einer Übernahme ist. Niemals werden Sie bessere Insider-Informationen bekommen. Das wäre auch illegal. Aber Sie können eine Vermutung wagen. Wenn Ihre Vermutung richtig ist, daß es da eine Übernahme gibt, dann sollten Sie die Chance nutzen und die Aktien des Übernehmers kaufen. Wäre ein Profi der Wall Street in dieser Situation, dann würde er mit Sicherheit kaufen. Der einzige Unterschied ist, daß die meisten Profis nicht mit ihrem Freund Bridge spielen.

Viele Menschen leben in kleinen Städten, wo aber durchaus einige sehr prominente Aktiengesellschaften ihren Sitz haben. Das Gefühl, das einzelne für örtliche Aktiengesellschaften haben, gibt ihnen oft den entscheidenden Vorteil gegenüber den Profis an der Wall Street, insbesondere dann, wenn das Unternehmen in einer kleinen oder mittelgroßen Stadt beheimatet ist, die von den größeren Finanzzentren weit entfernt liegt. Und wirklich, je größer die Entfernung Ihrer Stadt von den großen Finanzzentren ist, um so größer ist die Wahrscheinlichkeit, daß Sie einen Vorteil damit erzielen können, daß Sie gute örtliche Unternehmen aussuchen.

Menschen in diesen Gemeinden bemerken zuerst, daß neue Unternehmen entstehen. Sie kennen oft das Management, entweder direkt oder vom Hörensagen. Sie erfahren über die Strategie des Unternehmens aus den Beiträgen in den örtlichen Medien und hören die Gerüchte über das Unternehmen von Freunden, die dort arbeiten. Die meisten Analysten und Investoren, die keinen direkten Kontakt haben, müssen warten, bis die Zahlen über Umsätze und Gewinne veröffentlicht werden. Leute mit Kenntnissen der Situation können wegen ihres direkten Zugangs zum Unternehmen und seinem Management ihren Einsatz schon wesentlich früher machen.

Arkansas. Die Menschen in Arkansas entdeckten Wal-Mart lange vor den Analysten der Wall Street nicht nur deshalb, weil sie in den Geschäften einkauften, sondern auch, weil sie die Leute kannten, die bei Wal-Mart arbeiteten. Diese Leute wußten, daß Sam Walton ein Genie ist, und das sollte für jeden Investor ausreichen.

Seattle. Die Menschen in Seattle entdeckten Nordstrom, lange bevor andere davon Kenntnis nahmen. Nordstroms Service war legendär. Jeder, der dort einmal eingekauft hatte, wußte etwas über die Qualität des Service zu erzählen. Die Leute in Seattle entdeckten auch Microsoft zuerst. Vor einem Jahrzehnt sprach jeder, den ich kannte, mit Ehrfurcht über Bill Gates und sein Unternehmen. Alle besaßen Microsoft-Aktien.

Omaha. Das kann auch gesagt werden, wenn es um Warren Buffett und die Einwohner von Omaha geht. Bevor Buffett ein internationaler Investment-Guru wurde, war er nur ein örtlich bekannter Geschäftsmann. Aber die Leute in Omaha wußten, daß er etwas Besonderes war, und investierten in Berkshire Hathaway.

Oregon. Der gesamte Staat Oregon ist ein Paradies für Läufer. Vor 15 Jahren sagte mir mein Neffe Sam Helphand, der damals noch ein kleiner Junge war, er wolle Nike-Aktien kaufen. Für mich war Nike nur einer von vielen Turnschuhen, aber für meinen Neffen war Nike fast schon eine Religion. Sam mag zwar nur ein Jugendlicher gewesen sein, aber weil er in Oregon lebte, erkannte er ein großartiges Unternehmen, wenn er eines sah.

Silicon Valley. Ich habe einen guten Freund aus der Bay Area (Gebiet um die Bucht von San Francisco, A. d. Ü.). Er ist Professor für Wirtschaftswissenschaften und einer der Menschen, von denen ich annehme, daß sie am wenigsten von Computern verstehen. Dennoch hat er innerhalb des letzten Jahrzehnts großartigen Erfolg mit Technologie-Aktien gehabt. Seine Philosophie ist einfach. Wenn er Leute aus dem Technologiebereich trifft, dann hört er den Gerüchten, die erzählt werden, genau zu. Wenn jemand über eine Unternehmensgründung spricht, dann fragt er immer: »Wie clever ist das Management?« Und immer, wenn seine Technikerfreunde ihm sagen, daß das Management das beste in dieser speziellen Nische sei, dann kauft er die Aktie. Manchmal ruft er mich an und fragt, wie es dem Unternehmen geht. Ich sehe in meiner Datenbank nach, lese ihm das Mission Statement des Unternehmens vor und ein paar Ausschnitte aus den Berichten der Analysten. Meistens läßt sein Interesse schnell nach. Eigentlich will er nie genau wissen, was das Unternehmen macht und wie hoch die Gewinnschätzungen sind. Er versucht nicht, selbst die Technologie zu analysieren. Statt dessen setzt er auf den Rat seiner Kollegen, die sich mit Technik auskennen.

Dieser Professor hat sehr viel Glück, daß er im Silicon Valley lebt, weil diese Gegend der Ausgangspunkt für die meisten erfolgreichen Technologieunternehmen der Welt war. Aber jede Region des Landes war Ausgangspunkt für irgendeine andere Branche. Es gibt Bereiche mit Technologieunternehmen um Seattle herum, in Salt Lake City, Boston, Austin und das Forschungsdreieck von North Carolina. In Los Angeles gibt es die Unterhaltungsindustrie, Möbelhersteller gibt es in North Carolina, Automobilhersteller in Michigan, Ölgesellschaften in Texas und Oklahoma, landwirtschaftliche Unternehmen im Farmgürtel und Unternehmen, die mit der Regierung zusammenarbeiten, in der Nähe von Washington, DC. Viele Leute, die in diesen Gegenden wohnen, wissen etwas über diese Branchen und die meisten haben Freunde, die mehr über einzelne Unternehmen wissen. Die Leute in diesen Gegenden erfahren über diese Unternehmen weit früher etwas als professionelle Investoren. Der Trick ist, den Wert der Informationen zu erkennen, die Sie aus Ihrem Umfeld bekommen.

Das Internet vervollständigt den Heimvorteil

Viele Einzelinvestoren glauben, daß die Informationen, die sie aus ihrem heimischen Umfeld erhalten, nicht so wertvoll sind wie diejenigen, die professionelle Investoren erhalten. Profis stehen harte Informationen zur Verfügung, beispielsweise Gewinnankündigungen, Jahres- und Quartalsberichte aus den Unternehmen. Sie erhalten Untersuchungsberichte, Gewinnschätzungen und Eilnotizen von Analysten und Charts von Technikern. Der Einzelinvestor erhält weiche Informationen, beispielsweise ein Gerücht über eine Branchenmesse oder die Erfahrung, die man macht, wenn man in einem Restaurant ißt. Es hat den Anschein, daß von diesen beiden die harten Informationen wertvoller und schwieriger zu erhalten seien. Das ist aber nicht der Fall.

Mit dem Aufkommen des Internets, des Börsenfernsehens und anderer Formen der Kommunikation, kann der Einzelinvestor die harten Daten, die den Profis zu Verfügung stehen, in relativ kurzer Zeit ebenfalls erhalten. Andererseits aber können die Profis die Erfahrungen aus erster

Hand, die der Einzelinvestor hat, nicht erhalten. Das Internet kann den Einzelinvestor mit den Gewinnberichten von Wal-Mart versorgen, aber es gibt kein gleichwertiges Instrument, das den Profi mit der Erfahrung versorgen kann, die man gewinnt, wenn man tatsächlich dort einkauft. **Das Internet vermittelt dem Einzelinvestor die harten Daten, auf die sich der Profi verlassen muß, aber es kann dem Profi nicht die weichen Daten vermitteln, die dem Einzelinvestor zur Verfügung stehen.** Die Aufgabe des Einzelinvestors ist es nun, die weichen Informationen aus dem heimischen Umfeld mit den harten Daten, die ihm im Internet zur Verfügung stehen, zu verknüpfen, um ein umfassendes Bild eines Unternehmens zu erhalten.

Chatrooms und Messageboards

Einer der großen Vorteile, die Profis haben, ist der Kontakt zu anderen Investoren. Einen großen Teil des Tages verbringen sie damit, mit anderen Profis ihre Gedanken auszutauschen. Wenn Profis einander sehr gut kennen und den gleichen Anlagestil bevorzugen, geben sie einander oft Ratschläge. Aber in erster Linie benutzen sie die anderen Profis als »Echowand«, um ihre neuen Ideen zu testen. Einige versuchen auch, einen Investor zu finden, der einen anderen Investmentstil bevorzugt und als Advocatus Diaboli fungieren kann. Nur wenige Profis sind sich ihres eigenen Wissens so sicher, daß sie alles allein machen.

Wenn Einzelinvestoren nicht Mitglied eines Investmentclubs sind, haben sie diese Gelegenheiten nicht. Heute aber können sie in Chatrooms und über Messageboards mit anderen Investoren in Kontakt kommen, mit denen sie ihre Ideen austauschen können. Ein Chatroom ist ein virtueller Raum, innerhalb dessen Investoren ihre Gedanken austauschen können. Ein Messageboard ist ein Ort, an dem Investoren Kommentare über bestimmte Aktien veröffentlichen können. Wenn Sie das Internet regelmäßig nutzen, dann haben Sie wahrscheinlich schon Chatrooms und Messageboards angetroffen. Wenn Sie im Online-Investment-Spiel ganz neu sind, dann sollten Sie bei den Messageboards beginnen. Sie sind einfacher zu nutzen, weil sie nach Aktien geordnet sind. Wenn Sie keine besondere Finanz-Website haben, dann sollten Sie mit den Messageboards auf Ihrer Suchmaschine anfangen. Wenn Sie beispielsweise bei Yahoo! einen Aktienkurs anklicken, dann finden Sie eine Liste von Wahlmöglichkeiten, einschließlich Charts, Profilen, Neuigkeiten und Messages. Klicken Sie die Messages an. Das bringt Sie zu einer Liste von Kommentaren, die über eine spezielle Aktie veröffentlicht wurden.

Die Zahl der Nachrichten je Aktie variiert außerordentlich. Die folgende Tabelle zeigt die Anzahl der bei Yahoo! veröffentlichten Messages vom 26. November 1997 bis 15. Januar 1998 für ausgewählte Aktien. Es wird schnell deutlich, daß Leute, die im Internet chatten, gern über schnell wachsende Technologie-Aktien sprechen, beispielsweise über Compaq, Intel und Microsoft, oder über die letzten Desaster, beispielsweise Oxford Health Plans und Rainforest Café, und nicht über eher schwerfällige Aktien. Viele der größten und am aktivsten gehandelten Aktien erhalten nur sehr wenige Postings. Zwar hat eine Seite vielleicht sehr wenige Postings und Informationen, doch Seiten mit zu vielen Postings werden oft mit Schrott zugeschüttet.

MESSAGES BEI YAHOO!

Aktie	Messages	Aktie	Messages	Aktie	Messages
Compaq	4.509	Rainforest Café	541	Mobil Oil	69
Intel	2.890	IBM	237	General Motors	5
Microsoft	1.553	Merck	231	Bristol Myers	53
Iomega	1.440	Coca-Cola	189	Chrysler	45
Dell	962	General Electric	169	J.P. Morgan	22
Netscape	905	Wal-Mart	152	Allstate	16
Yahoo!	835	Pepsico	142	TJX	8
Oxford Health	614	McDonald´s	133	Cigna	4
Micron	572	Hewlett Packard	87	May	3

Sehen Sie sich die Liste an. Lesen Sie die Nachrichten und achten Sie darauf, ob es welche gibt, die für Sie von Interesse sind. Stellen Sie selbst eine Frage. Warten Sie, ob Sie eine hilfreiche Antwort bekommen. Wenn Ihnen die Messageboards interessant erscheinen, dann sollten Sie auch bei anderen Finanzseiten, beispielsweise bei Motley Fool, die Boards durchsehen.

Wenn Sie im Web surfen, dann werden Sie wahrscheinlich irgendwann einmal in einen Chatroom gelangen. Gehen Sie hinein, und verfolgen Sie die Chats. Bei den meisten Seiten können Sie sich eintragen lassen und kostenfrei partizipieren. Messageboards sind am besten geeignet, um Informationen über bestimmte Aktien zu erhalten; Chatrooms sind am besten dafür geeignet, Anlage-Ideen auszutauschen, insbesondere mit Leuten, die einen ähnlichen Anlagestil bevorzugen. Chatrooms verlangen viel Zeit und es kann sein, daß Sie keinen finden, in dem Sie sich wohlfühlen. Das sollte Sie aber nicht stören, wenn es Ihnen nutzt. Chatrooms können Spaß machen, sind aber für den Börsenerfolg nicht unbedingt notwendig.

Anfang Januar 1998 ging ich zu den Messageboards bei Yahoo! und wollte sehen, was die Leute über Rainforest Café zu sagen hatten. Rainforest Café ist ein Themenrestaurant, das schwächere Umsätze und Gewinne berichtete, als man erwartet hatte. Die Aktie, die von 18 auf 38 $ angestiegen war, war daraufhin auf 17 $ zurückgefallen.

Viele Postings über Rainforest behandelten die Entwicklungsmöglichkeiten der Aktie. Kurz bevor die Aktie zurückfiel, vermutete ein Investor, daß Rainforest auf 100 $ ansteigen würde, während ein anderer fast garantierte, daß sie nicht unter 30 $ sinken würde. (Mein Gott, lagen die daneben!) Als die Aktie einbrach, hatte wiederum jeder eine Meinung. Manche glaubten, sie würde bis auf 10 $ fallen. Andere glaubten, sie würde sich schnell wieder erholen. Einige Chatter empfahlen zu kaufen. Andere taten sich mit der Empfehlung hervor, die Aktie leer zu verkaufen.

Es ist gefährlich, in einem Chatroom einen Rat anzunehmen. Man weiß nie, wer der andere ist. (Ich vermute einmal, daß George Soros auf dem Yahoo!-Messageboard nicht der wirkliche George Soros ist.) Man weiß auch nicht, ob die anderen wirklich soviel wissen, wie sie vorgeben. Es könnte ja durchaus sein, daß die Person, die über Rainforest Café schlecht spricht, gerade aus diesem Unternehmen rausgeflogen ist oder für Planet Hollywood arbeitet. Weiterhin kennen Sie nicht ihren Anlagestil. Es ist dumm, jemanden zu fragen, wie sich der Kurs einer Aktie verhalten wird. Wenn Sie es wüßten, dann wären Sie auch nicht in einem Chatroom.

Als die Rainforest-Aktie weiter fiel, wurden die Messages gehässiger. In ungefähr einem Drittel der Nachrichten griffen sich Teilnehmer gegenseitig an, manche benutzten sogar Fäkalausdrücke, als sie ihre Frustrationen über Bullen und Bären entluden. An solchen Diskussionen teilzunehmen oder sie zu lesen, ist reine Zeitverschwendung. Wenn Investoren so verrückt sind, daß sie sich gegenseitig mit Schimpfwörtern belegen, dann ist es unwahrscheinlich, daß sie rational genug sind, um gute Informationen auszutauschen.

Dennoch waren einige Informationen am Messageboard sehr nützlich. Investoren verglichen ihre Erfahrungen, wenn sie in Rainforest-Restaurants gegessen hatten. Sie informierten sich gegenseitig über Zeitungsartikel und Auftritte des Managements bei CNBC. Sie klärten die Konfusion über einen bevorstehenden Aktiensplit und über Angaben, die sich auf Unternehmensgewinne bezogen. Sie diskutierten anhängige Strafverfahren gegen das Unternehmen, und es wurden auch hervorragende Einzelheiten über Insider-Verkäufe und Veränderungen im Management angeboten.

Wenn Sie in einen der vielen Chatrooms oder an ein Messageboard für Investoren gehen, dann sollte es nicht Ihr Ziel sein, irgendeine neue exotische Aktie zu finden, in die Sie investieren könnten. Sie sollten auch nicht von einem anonymen Experten Anlagerat erbitten, selbst wenn er sich George Soros nennt. Statt dessen sollte Ihr Ziel sein, ein Unternehmen, bei dem Sie ohnehin schon einen Heimvorteil haben, noch besser zu verstehen. Wenn Sie an einer Bank interessiert sind, dann sollten Sie fragen, ob irgend jemand weiß, wie Banken andere Banken bei Übernahmen bewerten. Wenn Sie bei einem Thema nicht genau Bescheid wissen, beispielsweise bei einem Aktiensplit, oder wenn Sie den Unterschied zwischen bereinigten und Nettogewinnen nicht kennen, dann sollten Sie fragen.

So kann das Internet viele Lücken schließen, die bei einem Investor mit nicht lückenlosen Kenntnissen seines Heimatbodens bestehen können. Über das Web kann der Einzelinvestor Gewinnschätzungen erhalten, Berichte, Finanzberichte und andere Arten von harten Daten, die auch die Profis nutzen. Über die Chatrooms kann der Einzelinvestor seine Ideen bei anderen Investoren testen, etwa so, wie es auch die Profis tun. Wenn Guerilla-Investoren die harten Daten mit dem Geplauder aus dem Web und den Informationen aus ihrer heimischen Umgebung kombinieren, dann verfügen sie über sehr gute Chancen, die Profis zu besiegen.

KAPITEL 5

Greifen Sie die Schwächen des Feindes an

Jeder Feind, ganz gleich wie stark er ist, hat auch eine Schwäche. Auch seine Größe selbst kann zu einem Nachteil werden. Wie eine moderne Armee können die Profis der Wall Street viele Waffen gegen einen Einzelinvestor einsetzen. Wenn die Kräfte gegeneinander aufgerechnet werden, dann hat der einzelne keine Chance. Aber die schiere Größe der Profis kann zu einem Nachteil werden. Ihre Größe macht es für sie schwieriger, schnell die Richtung zu ändern oder ihre Aktionen zu verheimlichen. So wie der Guerilla seinen Vorteil aus dem Mangel an Mobilität einer mechanisierten Armee ziehen kann, wenn er schnell angreift und sich sofort wieder in den Dschungel zurückzieht, so kann der Guerilla-Investor die fehlende Mobilität der Profis ausnutzen, wenn er die Gebiete herausfindet, auf denen die Größe und Stärke der Profis tatsächlich gegen sie selbst arbeitet. Es gibt fünf Strategien, mit deren Hilfe man aus der Größe des Feindes einen Vorteil ziehen kann und die sich der Einzelinvestor gut überlegen sollte:

- Kaufen Sie preisgünstige Aktien und solche, die wenig beachtet werden.
- Kaufen und halten Sie die Aktien.
- Agieren Sie, bevor die Profis die Richtung ändern können.
- Ziehen Sie Ihren Nutzen daraus, daß die Profis innerhalb kurzer Zeit eine gute Performance brauchen.
- Ermöglichen Sie den Profis, sich zu weit auszubreiten, und starten Sie dann einen Gegenangriff.

Kaufen Sie preisgünstige Aktien und solche, die wenig beachtet werden

Wenn eine Armee auf offenem Feld einen Vorteil hat, dann hat der Guerilla einen Vorteil auf engem Terrain. Das gleiche gilt bei der Kapitalanlage. Wenn institutionelle Anleger einen Vorteil haben, wenn sie große Aktien kaufen und traden, dann sind sie im Nachteil, wenn sie kleinere Aktien kaufen und traden möchten. Dieser Nachteil arbeitet für den Einzelinvestor.

Zu klein für die grossen Jungs

Trotz des exzellenten Potentials vieler kleiner Aktien können sich die meisten institutionellen Anleger nicht mit ihnen abgeben. Ein Vermögensverwalter kann nur 4,9 % der Aktien eines Unternehmens kaufen, dann muß er bei der SEC (Securities and Exchange Commission) Eintragungen vornehmen lassen. Wenn die Holdings über 10 % hinausgehen, dann beschränkt die SEC die Möglichkeit, zu kaufen und zu verkaufen. Und so kaufen die Manager in der Regel sehr selten mehr als 10 % eines Unternehmens. Sehen Sie auf die folgenden Listen der am besten bewerteten Aktien. Eines der Unternehmen, die 1996 mit 1,0 bewertet wurden, war Sirena Apparel, ein Hersteller von Badeanzügen. Sirena wird im Augenblick für 3 $ gehandelt und hat 4,6 Millionen Aktien im Umlauf. Die Marktkapitalisierung beträgt also 13,8 Millionen $. Wenn ein Vermögensverwalter 5 % von Sirena kauft, dann würde das Investment gerade einmal 690.000 $ ausmachen. Für Sie ist das wahrscheinlich viel Geld, für einen Profi fast nichts.

Vermögensverwalter besitzen unterschiedlich viele Aktien, aber ein Profi, der einen Investmentfonds von 5 Milliarden $ managt (das ist weniger als ein Zehntel der Größe von Fidelity Magellan) wird nur sehr selten mehr als 200 verschiedene Aktien in seinem Portfolio halten. Bei 200 Aktien in einem Investmentfonds von 5 Milliarden $ sollte die durchschnittliche Position etwa 25 Millionen $ ausmachen. Wenn dieser Berater 5 % von Sirena kaufen würde, dann würden die 690.000 Dollar gerade einmal ein Hundertstel von 1 % des Portfolios ausmachen. Der Berater müßte 7.246 Aktienpakete dieser Größe verwalten, um auf ein Portfolio von 5 Milliarden $ zu kommen.

Für einen Portfolio-Manager ist es fast unmöglich, all seine Aktien zu verfolgen. Deshalb meiden viele der größeren Fonds kleinere Aktiengesellschaften. Manche haben eine Mindestgröße von 2 Milliarden $ pro Investment, andere ein Minimum von 1 Milliarde $. Bei Unternehmen mit einer Marktkapitalisierung von 200 Millionen $ finden Sie nur selten institutionelle Anleger, die in solch ein Unternehmen investieren können. Bei 200 Millionen $ macht eine 5-%-Position nur 10 Millionen $ aus. Für den Magellan Fonds bedeutet dies nur 1/5.000 des Portfolios. Für jemanden, der 5 Milliarden $ verwaltet, stellt dies nur 1/500 des Portfolios dar.

Wenn eine Aktie mit einer Marktkapitalisierung von 200 Millionen $ für die meisten Geldmanager zu klein ist, was glauben Sie, wie die reagieren werden, wenn ein Analyst wegen einer Aktie mit einer Marktkapitalisierung von 13,8 Millionen $ anruft? Es kann gut sein, daß sie lachen und auflegen oder den Analysten anbrüllen, weil er ihre Zeit mit einer Aktie verschwendet, die viel zu klein ist, um sie ins Portfolio aufzunehmen. Trotz guter Bewertungen können die meisten Manager keine so kleine Aktie kaufen. (Außer es ist wirklich eine hervorragende Sache. Dann könnte es sein, daß sie die Aktie für ihr privates Portfolio anschaffen.)

Auch wenn ein Portfolio-Manager in kleinere Aktien investieren könnte, wäre es außerordentlich schwierig, diese zu traden. So wie sich eine Armee nur schwer in voller Formation durch einen Dschungel bewegen kann, so kann der Profi keinesfalls große Summen in kleinen, liquiden Aktien anlegen. Kleinere Unternehmen werden weniger gut beobachtet, und so verlieren institutionelle Anleger ihre Informationsvorteile. Die Aktien kleinerer Unternehmen sind auch wesentlich schwieriger in den Mengen zu traden, in denen institutionelle Anleger zu traden pflegen. So wird deren Größe zu einem Nachteil. Die beiden letzten Faktoren begünstigen den Einzelinvestor bei Aktien mit geringer Kapitalisierung. Wenn das Unternehmen keine Optionen ausgegeben hat, dann können professionelle Investoren nicht die komplizierten Options-Spielchen nutzen, die ihnen gegenüber Einzelinvestoren einen Vorteil verschaffen. Außerdem können viele Investoren die Aktie nicht kaufen, wenn sie nicht in einem größeren Index geführt wird. Die institutionellen Investoren haben eine Regel, die sie verpflichtet, nur Aktien zu kaufen, die sich in einem bestimmten Index befinden, beispielsweise im Dow Jones oder im S&P 100. Wenn institutionelle Anleger eine Aktie nicht kaufen, weil sie es nicht wollen oder weil sie es entsprechend ihren Regeln nicht können, dann ist die Konkurrenz um diese Aktie weitaus geringer – und die Chancen für den Einzelinvestor sind wesentlich größer.

Hier ist Geduld gefragt

Obwohl Einzelinvestoren Aktien mit geringerer Kapitalisierung traden sollten, gibt es bei diesen Aktien ein signifikantes Problem. Weil sie klein sind, bewegen sie sich nicht so schnell, wie viele Investoren es gern hätten. Wenn der Markt durch größere institutionelle Anleger bewegt wird, weil sie Aktien mit hoher Kapitalisierung kaufen, bleiben diese kleinen Aktien oft im Nebel zurück. Aber Trends im Markt halten nicht für immer an. Wenn Umsätze und Gewinne gut sind, dann kann es gut sein, daß sich Investoren kleineren Aktien zuwenden, die nach oben mehr Spielraum haben als nach unten. Alles, was ein Investor benötigt, ist ein wenig Geduld.

Es mag sein, daß Investoren nicht gern geduldig sind, aber das ist nur ein kleiner Preis, den man dafür bezahlt, um den Profis gegenüber einen Vorteil zu erlangen. Bei vielen dieser kleinen Unternehmen kann der Einzelinvestor einen Heimvorteil nutzen, wenn er mit dem Unternehmen direkte Erfahrungen gesammelt hat. Die üblichen Vorteile der Profis hingegen sind in diesem Fall gleich null. Bei kleinen Aktien verlagert sich das Gleichgewicht der Kräfte von den Profis zu den Einzelanlegern. In Anbetracht der Nachteile, denen sich der Einzelanleger gegenübersieht, wenn er größere Aktien kauft, bieten ihm die kleineren Aktien enorme Möglichkeiten, um bei Unternehmen mit geringer Marktkapitalisierung Gewinne mitzunehmen, und besser zu sein als der Markt.

Weshalb die Profis Burlington Coat ignorieren

Burlington Coat Factory (BCF) ist ein Betreiber von Discountgeschäften und nicht unbedingt ein kleines Unternehmen. Im Geschäftsjahr 1996 hatte BCF Umsätze von mehr als 1,6 Milliarden $ und ein Vermögen von 413 Millionen $. Burlington hat 50 Millionen Aktien im Umlauf. Aber am Ende des Jahres 1996 berichteten keine wichtigen Analysten über Burlington. Wenn es keine Analysten gibt, die ein Unternehmen verfolgen, dann gibt es auch keine Gewinnschätzungen oder Bewertungen, die ein Investor nutzen könnte, um zu beurteilen, ob ein Unternehmen besser oder schlechter abschneidet als erwartet. Es gibt auch niemanden, der die Aktie promotet. Institutionelle Anleger tun alles, um sich über die Aktien, die sie besitzen, auf dem laufenden zu halten. Sie hören auf Analysten und Makler. Wenn niemand Eilnotizen über ein Unternehmen verbreitet, dann vergessen viele institutionelle Anleger, daß es überhaupt existiert. Als Burlington im letzten Quartal 1996 außerordentlich gute Umsätze meldete, bewegte sich die Aktie kaum, weil sich niemand darum kümmerte. In den nächsten sechs Monaten verdoppelten sich die Umsätze, und noch immer kümmerte sich niemand um diese Aktie.

Weshalb wird ein Unternehmen wie Burlington Coat Factory von Analysten nicht beobachtet? Hier sind vier Gründe:

- Burlington betreibt kein Investment-Banking. Das Unternehmen hat einen hervorragenden Cash-flow, und so braucht es keine Aktien auszugeben, um neue Barmittel zu erhalten. Und so braucht es auch keine Investment-Banker für Akquisitionen. Ohne die Möglichkeit, aus dem Investment-Banking Gewinne zu ziehen, haben die Brokerfirmen auch kein größeres Interesse, solche Unternehmen zu beobachten.
- Burlington hat einen geringen Tradingumsatz. 56 % der Aktien werden von Direktoren und Angestellten gehalten. Deshalb wird diese Aktie nicht besonders häufig gehandelt. Im gesamten Jahr 1995 wurden 23,4 Millionen Burlington-Coat-Aktien zu einem Gesamtpreis von 192 Millionen $ gehandelt. Burlington Coat wies also in einem Jahr einen Tradingumsatz auf, der dem von General Electric an einem durchschnittlichen Tag entspricht. Auf dieser Ebene erbringen die Provisionen nicht genügend Gewinne, um die Kosten für einen Analysten zu decken.
- Burlington hatte die Investoren in den vergangenen zwei Jahren enttäuscht. Analysten hassen es, Unternehmen zu beobachten, die sie einmal enttäuscht haben, und deshalb beobachteten sie diese Aktie nicht mehr.
- Burlington hat sich niemals dadurch ausgezeichnet, daß man mit Investoren und Analysten gut kommunizierte. Burlington berief nur selten Analysten-Konferenzen ein, meldete keine monatlichen Umsätze und versorgte die Analysten nicht mit Unmengen von Daten. Analysten wollen gefüttert werden und lieben keine Unternehmen, denen man die Informationen aus der Nase ziehen muß.

Schwache Tradingumsätze entmutigen nicht nur Analysten, ein Unternehmen zu beobachten, sie machen es für die institutionellen Anleger auch sehr schwierig, die Aktie zu handeln. Wegen Burlingtons geringer Umsätze könnte es Monate dauern, bis ein institutioneller Anleger eine Position von 2 Millionen Aktien aufbaute, und wenn diese Position schließlich erworben wurde, würde sie lediglich 18 Millionen $ ausmachen (auf der Basis des Kurses von Ende 1996). Viele institutionelle Anleger geben für jede Aktie, die sie kaufen, das Fünf- bis Zehnfache aus.

So schwierig es sein mag, einen solche Position aufzubauen, wesentlich schwieriger ist es, diese Position wieder aufzulösen. Nehmen Sie einmal an, Sie besäßen 2 Millionen Aktien von Burlington Coat und entschieden sich, zu verkaufen. Wenn die Aktie nur mit 95.000 Anteilen an einem Tag gehandelt wird, dann müßte man einen Monat lang handeln, um die Position aufzulösen, und während dieses Monats würde der ständige Verkauf wahrscheinlich auch den Kurs drücken. In einer solchen Situation ist es für einen Manager am besten, wenn er einen anderen institutionellen Anleger findet, der bei Burlington Coat einsteigen möchte. Aber ohne das Sponsoring durch einen Analysten ist es schwierig, einen anderen Großanleger zu einem Kauf zu bewegen. Wenn das Unternehmen unerwartet schlechte Zahlen veröffentlicht, dann hätten Sie nur noch die Möglichkeit, die Aktien zu einem extrem niedrigen Kurs zu verkaufen, und könnten Gott danken, wenn Sie nur wenige unverkäufliche Aktien besitzen, oder Sie könnten stillhalten und hoffen, daß sich die Geschäfte möglicherweise verbessern. Wegen seiner Größe ist der institutionelle Investor oft unbeweglich, während der Einzelinvestor in seiner Bewegungsfreiheit nicht eingeschränkt ist. Ein einzelner kann fast immer jemanden finden, der 1.000 Aktien kaufen möchte. Institutionelle Anleger hingegen müssen unter Umständen Monate warten, bis ein anderer institutioneller Anleger auftritt, der bereit ist, zu kaufen. Bei einer Aktie mit geringen Umsätzen wird der kleine Investor fast immer begünstigt.

Der geringe Umsatz und die Tatsache, daß Burlington Coat von Analysten nicht beobachtet wird, stellt das Unternehmen außerhalb die Radarschirme der institutionellen Anleger. Doch das muß für den Einzelinvestor nicht von Nachteil sein.

Hier eine Zusammenfassung der Charakteristika von Unternehmen, die sich für den Einzelinvestor günstig auswirken:

- Während Brokerfirmen Unternehmen lieben, die Geld aufnehmen wollen, sollten sich Einzelinvestoren an Unternehmen mit wenig Schulden und einem hohen frei verfügbaren Cash-flow halten.
- Wenn Insider große Anteile an ihren Unternehmen besitzen, dann ist das für Einzelinvestoren ein sehr gutes Zeichen. Wenn Insider 56 % der Aktien besitzen, dann können Sie sicher sein, daß sie äußerst interessiert sind, den Shareholder Value hoch zu halten. Die Eigentümer sind eher an langfristigen Zielen interessiert als die meisten Profis, aber für den Einzelinvestor ist dies positiv und nicht negativ zu sehen.
- Der geringe Umsatz, der institutionelle Anleger abschreckt, schafft für Einzelinvestoren Vorteile beim Traden.
- Wenn Analysten eine Aktie unbeachtet lassen, dann sind Einzelinvestoren begünstigt, weil sie diese Unternehmen studieren können, ohne

daß sie befürchten müssen, daß irgendwelche Analysten plötzlich ihre Bewertungen verändern.

- Wenn ein Unternehmen wenig Öffentlichkeitsarbeit betreibt, dann ist dies zum Nachteil der Profis und nicht zum Nachteil der Einzelinvestoren. Einzelinvestoren interessieren sich in der Regel nicht für Monatsumsätze und nehmen auch nicht ständig an Analysten-Konferenzen teil. Einzelinvestoren erhalten Informationen aus der vertrauten Umgebung, während institutionelle Anleger von diesen ausgeschlossen sind. **Verwechseln Sie nie die Frustrationen der Analysten, die keine Informationen erhalten, mit Aussagen über die Gesundheit eines Unternehmens, insbesondere dann nicht, wenn das Management selbst weiterhin die Aktien kauft.**

Weitere Aktien, die Profis nicht beachten

Sie sollten nie gleich bei einer Aktie einsteigen, nur weil sie von keinem Analysten beachtet wird. Wie Einzelinvestoren einen deutlichen Vorteil bei kleineren Aktien haben, so besitzen sie auch einen Vorteil bei größeren Unternehmen, die vernachlässigt werden, wie wir es bei Burlington Coat erlebt haben. Je weniger Analysten ein Unternehmen beobachten, um so geringer ist der Informationsfluß an die institutionellen Anleger. Manche Unternehmen werden allerdings nur deshalb nicht beobachtet, weil sie nicht in ein Branchenschema passen.

Die meisten Analysten beobachten spezielle Branchen. Handelsanalysten beobachten Handelsunternehmen. Ölanalysten beobachten Ölgesellschaften. Die Analysten einer Branche werden untereinander in eine Rangordnung eingeordnet. Viel Geld ist zu verdienen, wenn man ins Spitzenteam aufrückt. Deshalb konzentrieren die Analysten ihre ganze Energie auf ein enges Segment. Wenige vergeuden ihre Zeit damit, ein Unternehmen zu beobachten, das außerhalb ihrer Branche liegt. Wenn sie das täten, dann würden sie Einkommen verlieren. Deshalb werden die meisten Unternehmen, die einer Branche angehören, die gut beobachtet wird, auch bei den Analysten viel Beachtung finden. (Burlington Coat Factory ist aus den oben angeführten Gründen eine Ausnahme.) Aber viele Unternehmen, die nicht in dieses Schema passen, fallen durch das Sieb.

Harman International ist Hersteller von Lautsprechern und Soundsystemen der Weltklasse (JBL, Infinity und Harman Kardon). Weil es in den Vereinigten Staaten keinen anderen großen Hersteller von elektronischen Konsumprodukten gibt, der als Aktiengesellschaft geführt wird, wurde über Harman jahrelang nicht berichtet. Das gilt auch für Oneida, die größte Aktiengesellschaft, die Silberwaren herstellt. Größere Unternehmen erfahren geringere Beachtung, wenn sie zwischen zwei Branchen agieren. Das macht es den Analysten schwierig, sie zu beobachten. HSN, Inc. (früher Home Shopping Network) ist ein Milliarden-Dollar-Unternehmen, wurde aber nur von sehr wenigen Analysten beobachtet. Das Problem ist, daß dieses Unternehmen teilweise Wiederverkäufer und teilweise Radiosender ist. Handelsanalysten wollen HSN nicht verfolgen, weil es zu den Radiostationen zählt und die Medienanalysten wollen es nicht verfolgen, weil HSN auch zu den Handelsunternehmen zählt. Valmont Industries ist einer der beiden Weltmarktführer bei der Wasserversorgung und einer der führenden Hersteller von Straßenlampen und Sendemasten für drahtlose Kommunikation. Sowohl die Wasserversorgung als auch die drahtlose Kommunikation werden in der Zukunft großartige Geschäftsfelder sein, und Valmont hat bisher Außerordentliches geleistet. Dennoch wird Valmont kaum von Analysten beobachtet. 1997 gab es während eines halben Jahres keine einzige Eilnotiz über Valmont.

Ähnlich sieht es bei Konglomeraten aus. Als Sears Allstate, Dean Witter, Discover Card, Prodigy und Homart besaß, wurde es sehr wenig beachtet, obwohl die Aktie zum Dow Jones gehört. Wenn ein Analyst sie beobachten wollte, dann mußte er etwas von Handel, Versicherungen, Aktienhandel, dem Kreditkartengeschäft, Immobilien und Online-Geschäften verstehen. Da nunmehr diese Geschäftsbereiche verkauft oder abgewickelt wurden, wird sie heute weitaus besser verfolgt, und ebenso geht es Allstate und Dean Witter (heute Morgan Stanley Dean Witter). Ganz gleich, aus welchem Grund bestimmte Unternehmen von Analysten nicht beachtet werden, bietet diese Tatsache dem Einzelinvestor oft sehr gute Gelegenheiten. Wenn Berichte von Analysten fehlen, dann hat der Profi keine Informationsvorteile mehr, und manchmal läßt er auch die Finger von solchen Aktien. Wenn Profis bei solchen Aktien nicht mit Einzelinvestoren konkurrieren, dann haben diese gute Chancen.

Es gibt viele Wege herauszufinden, wie viele Analysten über ein Unternehmen berichten. Die meisten Finanzseiten im Web bieten eine Liste der Analysten, die eine bestimmte Aktie beobachten und auch die aktuellen Einstufungen dieser Analysten. Zacks.com bietet beispielsweise die Möglichkeit, nach verschiedenen Kategorien von Aktien zu suchen: nach Aktien, die von vielen Analysten beobachtet werden, und nach Aktien, die von Analysten kaum beachtet werden. Sie sollten sich aber keinesfalls auf eine Schatzsuche nach den verstecktesten Unternehmen der Welt begeben. Statt dessen sollten Sie sich auf Unternehmen konzentrieren, die Sie in Ihrem Umfeld finden. Wenn eines dieser Unternehmen von Analysten wenig beachtet wird, dann wird dies ein Vorteil für Sie sein.

Kaufen und halten Sie die Aktien

Wenn eine gut gerüstete Armee einen Vorteil hat, wenn sie sich auf einem Schlachtfeld bewegt, dann kann es sein, daß der Guerilla einen Vorteil darin sieht, daß er sich Zeit läßt und dem Feind Gelegenheiten gibt, einen Fehler zu machen. Die gleiche Situation gibt es auch bei der Kapitalanlage. **Wenn die Profis dem Einzelinvestor gegenüber im aktiven Trading einen Vorteil haben, kann es durchaus sein, daß der Einzelinvestor dem Profi gegenüber einen Vorteil hat, wenn er nicht tradet.** Das bedeutet nicht, daß alle Einzelinvestoren ihre Aktien für immer halten sollen, aber es bedeutet, daß Einzelinvestoren der Versuchung widerstehen sollten, zu häufig zu traden.

Der Zwang, zu traden

Profis stehen unter enormem Druck, mit Aktien zu handeln. Verkäufer und Analysten werden dafür bezahlt, daß sie Geschäfte abschließen, und nicht dafür, daß sie Däumchen drehen. Sie verdienen nicht mehr, wenn die Aktienkurse steigen und nicht weniger, wenn sie fallen. Ihr einziges Interesse besteht darin, Kunden dazu zu bringen, irgend etwas zu tun. Hat ein Broker Sie schon einmal angerufen und gesagt: »Ihr Portfolio gefällt mir. Tun Sie nichts!«

Institutionelle Anleger werden mit Anrufen von Analysten und Verkäufern bombardiert. Die Verkäufer können andere Leute sehr gut überzeugen. Deshalb sind sie auch Verkäufer. Unternehmen bieten oft sehr eindrucksvolle Präsentationen. Es ist sehr schwierig, mit dem Vorstandsvorsitzenden einer Multi-Milliarden-Dollar-Aktiengesellschaft zu Mittag zu essen und nicht in Versuchung zu geraten, deren Aktien auch zu kaufen. Den Einzelinvestor berührt das nicht. Es kann sein, daß sein Broker Trades durchdrücken will, aber wenn der Investor nicht darauf eingeht, dann wird der Broker aufhören anzurufen. Und Online-Broker rufen nicht an. Da der Einzelinvestor bei aktivem Trading keine großen Vorteile hat, könnte dies eigentlich ein versteckter Nutzen sein. Zwar macht aktives Trading wesentlich mehr Spaß, als sich passiv zu verhalten, aber Passivität kann weitaus profitabler sein.

Aktives Trading kann der Performance schaden

Der Zwang aktiv zu traden, verbessert nicht unbedingt die Performance. Denken Sie einmal kurz über den Prozeß des Trading nach. Jedesmal, wenn eine Aktie den Besitzer wechselt, dann gibt es einen Käufer und einen Verkäufer. Einer wird recht haben. An den meisten Abschlüssen sind institutionelle Investoren beteiligt. Wenn ein Hunderttausender-Aktienpaket über den Ticker läuft, dann sind wahrscheinlich sowohl der Käufer als auch der Verkäufer Großanleger. Beide werden von hochbezahlten und angesehenen Profis vertreten, aber einer von beiden wird einen Fehler machen. Dennoch: Wenn man die Abwicklungskosten eines Geschäfts betrachtet, dann werden beide Institutionen unter dem Strich einen Verlust einstecken müssen. Es ist sehr schwierig, einem Portfolio-Manager, der hart kämpft, um einen Wettbewerber zu überholen, zu verdeutlichen, daß aktives Traden seinen Gewinn verringert.

Manchmal kaufen und verkaufen institutionelle Anleger ihre Aktien, weil sich ihre Ansicht über den Markt verändert hat. Ein Investmentfonds kauft Technologie-Aktien und verkauft Pharmazie-Aktien, während ein anderer Investmentfonds Pharmazie-Aktien kauft und Technologie-Aktien verkauft. (Wenn man die derzeitige Performance der Technologie-Aktien in Betracht zieht, dann sollte der Portfolio-Manager, der Technologie-Aktien gekauft hat, auch Pharmazie-Aktien kaufen – beispielsweise solche Firmen, bei denen Tranquillizer hergestellt werden.) Manchmal kaufen und verkaufen die Profis Aktien, weil sie glauben, daß eine ihnen mehr Gewinne einbringen wird als die andere. Einer kauft General Motors und verkauft Ford, während ein anderer Ford kauft und General Motors verkauft. (Obwohl beide wahrscheinlich einen Mercedes fahren.) Einer wird recht haben, und der andere wird falsch liegen. Aber der Markt als Ganzes wird sich nicht ändern.

Wenn sich beide Aktienkurse um den gleichen Betrag verändern, dann liegen beide Manager falsch. Als einziger hat die Brokerfirma profitiert, die den Trade abgewickelt hat. Jedes Geschäft verursacht Kosten. Für den Großanleger mag das nicht besonders bedeutend sein. Institutionelle Anleger zahlen nur ungefähr 0,5 $ je Aktie an Provision. Wenn sie zehn Jahre lang Ford und General Motors gekauft und verkauft haben, dann würden sich die Kosten für beide Aktien auf 1 $ pro Stück belaufen. Bei einem durchschnittlichen Aktienkurs von 40 $ macht dies gerade einmal 2,5 % aus. Das hält einen Portfolio-Manager nicht von einem Trade ab, aber es könnte ausreichen, um zu entscheiden, ob man besser oder schlechter als der Gesamtmarkt ist.

Für den Einzelinvestor können die wirtschaftlichen Folgen von Kaufen und Halten wesentlich verlockender sein. Wenn der Einzelinvestor im Internet tradet, dann liegen die Kosten in der gleichen Höhe wie die der Profis oder sogar noch darunter. Bei den gegenwärtigen Provisionen, die von einigen Internet-Brokern angeboten werden, können Einzelinvestoren tatsächlich weniger als 0,01 $ je Aktie bezahlen. Wenn der Einzelinvestor über ein traditionelles Brokerhaus tradet, wie die meisten es derzeit tun, dann liegen die Provisionen weitaus höher. Bei 0,25 $ je Aktie machen die Kosten, wenn man Ford und General Motors tradet, jedes Jahr ungefähr 12,5 % des Aktienkurses aus. Außerdem müssen Einzelinvestoren Einkommensteuer bezahlen, wenn sie einen Gewinn verzeichnen. Würden sie nicht traden, dann sparten sie Transaktionskosten und Steuern und alle, außer der Regierung, hätten gewonnen.

Wie sieht Ihre Trading-Bilanz aus?

Erstellen Sie eine Liste der letzten 30 Trades, die Sie abgeschlossen haben. In einem Bullenmarkt sind die meisten Aktien, die Sie kauften, wahrscheinlich im Wert gestiegen. Aber was war mit den Aktien, die Sie verkauften? Vergleichen Sie die Gewinne der Aktien, die Sie gekauft haben, mit denen, die Sie verkauft haben. Waren die Aktien, die Sie gekauft hatten, besser? In vielen Fällen ist die Antwort – gleich ob Einzelinvestor oder Profi – nein.

Gehen wir einmal davon aus, daß Sie überhaupt nicht getradet hätten und deshalb auch keine Steuern bezahlt hätten. Ist Ihre gegenwärtige Anlageposition dann immer noch besser? Seien Sie nicht enttäuscht, wenn die Antwort wiederum nein ist. **Wenn man Steuern und Transaktionskosten berücksichtigt, dann wäre die Hälfte aller Investoren besser dran, wenn sie nichts getan hätten.** Damit will ich nicht sagen, daß Sie Aktien kaufen und für immer halten sollen. Aber ich bin überzeugt, daß die meisten Investoren sich selbst schaden, wenn sie zuviel traden. Wenn auch Sie besser abgeschnitten hätten, wenn Sie nicht getradet hätten, dann sollten Sie gründlich nachdenken, bevor Sie in Zukunft eine Aktie gegen eine andere tauschen.

So kann der einzelne auf einem ebenen Spielfeld gegen den Profi konkurrieren, wenn er gute Unternehmen zu attraktiven Preisen kauft und sie hält. Es ist zwar schwierig, dazusitzen und zu sehen, wie der Wert der Aktien steigt oder fällt, ohne irgend etwas zu tun, doch sollten Sie nie vergessen, daß dann, wenn Aktien gehandelt werden, die Hälfte der Profis immer falsch liegt. Weil Sie nicht dem gleichen kurzfristigen Erfolgszwang ausgesetzt sind wie die Profis, ist die Strategie, Aktien zu kaufen und zu halten, erfolgversprechend.

Agieren Sie, bevor die Profis die Richtung ändern können

Oft benötigt ein Guerilla viel Geduld, um einen wesentlich stärkeren Feind auszusitzen. Doch muß er sehr schnell handeln, wenn der Feind seine Richtung ändert. Eine große, mit Fahrzeugen ausgerüstete Armee kann ihre Richtung nicht schnell ändern. Wegen ihrer Größe gibt es unmißverständliche Anzeichen, wenn sie sich bewegt. Wenn der Guerilla diese Anzeichen beobachtet, dann kann er seine geringere Größe nutzen, bevor die Armee sich bewegt hat.

Professionelle Investoren geben die gleichen Signale, wenn sie ihre Richtung ändern wollen. Auch wenn der Einzelinvestor eigentlich eher kaufen und halten sollte, muß er bereit sein zu agieren, wenn Profis größere Richtungsänderungen signalisieren. Dies hört sich zwar wie ein Widerspruch an, ist es aber nicht. In den meisten Fällen sind Einzelinvestoren besser beraten, eine Aktie zu kaufen und sie zu halten. Aber wenn sie die Aktionen der Profis beobachten, dann können sie oft größere Bewegungen erkennen, bevor sie tatsächlich stattfinden, und haben damit bessere Möglichkeiten, zu kaufen oder zu verkaufen.

Wenn sich eine Aktie bei starken Umsätzen nach oben bewegt hat, dann wird sie wahrscheinlich ihren Weg aufwärts fortsetzen. Die Nachfrage kann schwächer oder auch stärker werden, aber die Richtung wird sich nicht grundsätzlich ändern. Großanleger werden nicht plötzlich von aggressiven Käufern zu aggressiven Verkäufern, wenn es nicht ein Ereignis gibt, das alle betrifft. Wenn aber der Richtungswechsel einer Aktie bevorsteht, dann gibt es dafür oft deutliche Hinweise. Diese Anzeichen gibt es, weil große institutionelle Anleger ihre Richtung nicht so schnell ändern können.

Viele Leute glauben, daß Aktienkurse ihre Richtung ändern, wenn größere Ereignisse verkündet werden. Aber die meisten großen Veränderungen werfen ihre Schatten voraus. Betrachten wir doch einmal Aktien, die an einem bestimmten Tag sehr stark mitgenommen wurden. Die meisten waren ohnehin schon auf dem absteigenden Ast. In den drei Monaten, bevor sie ihr Desaster bekanntgaben, waren Oxford Health Plans schon von 89 auf 68,75 $ gesunken. In den Wochen vor dem Absturz war

Rainforest Café von 38 auf 29 $ gefallen. In beiden Fällen hatte der Markt schon darauf hingewiesen, daß etwas geschehen würde. Betrachten wir auch Aktien, die plötzlich nach oben springen. Die meisten hatten zuvor schon neue Höchststände erreicht. Wiederum hatte der Markt diese Bewegung angekündigt. Der Grund, daß der Markt die künftige Richtung einzelner Aktien signalisiert ist, daß die Größe der Profis es schwierig macht, die Richtung schnell zu ändern. Weil sich die Profis sehr vorsichtig bewegen müssen, sind die Spitzen und die Tiefpunkte des Marktes und der Aktien im allgemeinen genau vorherzusehen.

Institutionelle Anleger müssen vorsichtig sein, wenn sie in eine Aktie einsteigen oder wieder aussteigen. Denken Sie einmal an die Portfolio-Manager, die mehr als 10 Millionen Aktien von General Electric in ihrem Portfolio haben. Auch wenn General Electric große Liquidität besitzt, ist es schwierig, ein so großes Paket zu veräußern, ohne den Markt zu irritieren. Der Portfolio-Manager hat zwei Möglichkeiten: Er kann die Aktien mit einem Abschlag oder päckchenweise verkaufen, um den Markt nicht zu irritieren. Die meisten Portfolio-Manager wählen die zweite Alternative, damit sie keine großen Verluste einstecken müssen.

Wenn ein Portfolio-Manager beginnt, ein größeres Aktienpaket abzustoßen, das an Wert gewinnt, dann können die meisten Investoren diese Trades leicht erkennen. Der Umsatz nimmt zu, wenn die Aktie ihren Höhepunkt erreicht, und beginnt dann zu fallen. Wenn ein Großanleger mehr als 5 % der Aktien eines Unternehmens besitzt, dann muß er die Verkäufe bei der SEC eintragen lassen. Diese Eintragungen können weitere Verkäufe auslösen, da die meisten Investoren annehmen werden, daß der Großanleger seine Beteiligungen weiterhin reduzieren wird. Der Großanleger muß jedoch sehr vorsichtig verkaufen, wenn er keine Panik auslösen will. Er hofft, daß er, wenn er die Aktien in kleinen Päckchen verkauft, den Markt in Ordnung halten kann. Wenn Einzelinvestoren bemerken, daß sich der Verkaufsdruck vergrößert, dann können sie sich schneller bewegen als Institutionen und ihre Aktien verkaufen.

Wenn Buffett sich bewegt...

Das Problem für den Profi – und gleichzeitig die Chance für den Einzelinvestor – wächst, wenn ein institutioneller Anleger ein sehr großes Paket besitzt und außerdem sehr bekannt ist. Warren Buffett besaß zum Zeitpunkt, als er zuletzt bei der SEC eine Eintragung vornahm, über 200 Millionen Aktien von Coca-Cola. Als die Investoren sahen, daß Buffett eine Position aufbaute, boten sie mit und trieben den Kurs der Coke-Aktie nach oben, weil sie annahmen, daß Buffett in der Regel richtig liegt. Aber wenn Buffetts Käufe den Kurs von Coke nach oben brachten, dann würden Verkäufe dazu führen, daß der Kurs der Aktie sinkt. Man kann nicht 200 Millionen Aktien bewegen, ohne daß man Aufmerksamkeit auf sich zieht.

Genau dies geschah am 21. August 1997 mit einer anderen von Buffetts Beteiligungen, Wells Fargo. An diesem Tag schloß der Kurs der Bank um 7,50 $ niedriger, weil man befürchtete, daß Buffett seine Anteile reduziert habe. Tatsächlich aber hatte Buffett seine Holdings nicht reduziert. Er hatte die Genehmigung zur »teilweisen Vertraulichkeit« erhalten. Das bedeutet, daß er einige Beteiligungen bis zu fünfzehn Monate vor der Öffentlichkeit geheimhalten konnte. Als die Investoren seine Eintragungen untersuchten und Wells Fargo nicht erwähnt wurde, gerieten sie in Panik und innerhalb von einer Stunde verlor Wells Fargo 1,3 Milliarden $ an Wert. Es war ein Milliarden-Dollar-Mißverständnis. Stellen Sie sich vor, wie der Markt reagiert hätte, wenn Buffett tatsächlich seinen Anteil verkauft hätte.

Analysten kündigen ihre Aktionen an

Ebenso wie Portfolio-Manager müssen sich auch Analysten sehr vorsichtig bewegen. Auch wenn Analysten neue Informationen entdecken, die ihre Sichtweise eines Unternehmens vollkommen verändern, können sie aus einer Kaufempfehlung nicht über Nacht eine Verkaufsempfehlung machen. In erster Linie deshalb, weil sie die Reaktionen ihrer Kunden in Betracht ziehen müssen. Wie sollte sich ein Geldmanager fühlen, wenn er am Montag 1 Million Anteile einer Aktie zu 31 $ gekauft hätte, weil der Analyst eine Kaufempfehlung abgegeben hatte, und dann am Dienstag vom selben Analysten einen Anruf erhält, in dem man ihm mitteilt, die Geschäfte liefen schlechter als erwartet und er solle die Aktien zu 28 $ verkaufen? Der Geldmanager würde voraussichtlich den Hörer auf die Gabel knallen, fluchen und vielleicht auch seine Trading-Abteilung anweisen, mit diesem Analysten keine Geschäfte mehr zu machen. Weil Analysten größere Kunden nicht gern verlieren, signalisieren sie ihre Aktionen in der Regel sehr sorgfältig, so daß ihre Klienten nicht überrascht werden. Beispielsweise können sie ihren Klienten die Nachricht schonend beibringen, indem sie ihre Kaufempfehlung aufrechterhalten, aber die Gewinnschätzungen etwas herabsetzen. Wenn dies der Fall ist, kann der kleine Investor, der auf der Hut ist, seinen Schnelligkeitsvorteil ausspielen.

Die Aktionen der institutionellen Anleger, wenn sie Positionen auf- oder abbauen, werden in den Aktien-Charts deutlich. Wenn Investoren Charts benutzen, dann können sie erkennen, wann größere institutionelle Anleger die Richtung ändern wollen. In Kapitel 7 werden wir genauer behandeln, wie man Aktiencharts aus dem Internet benutzt, um die Aktionen der Profis vorwegzunehmen.

Der Einzelinvestor kann also die Größe der Profis dadurch wettmachen, daß er seinen Vorteil daraus zieht, daß Institutionen ihre Richtung nie schnell ändern können. Beobachten Sie die Charts nach deutlichen Anzeichen eines Tiefpunktes, bevor Sie kaufen. Der Profi muß sich schon sehr früh bewegen, um eine große Position aufzubauen, der Einzelinvestor hingegen kann warten, bis die Aktie einen Tiefpunkt erreicht hat (bis die Abwärtsbewegung gestoppt wurde und sich eine solide Basis gebildet hat). Achten Sie auch auf deutliche Anzeichen eines Höchststands. In den meisten Fällen fallen Aktien, die über einen längere Zeitraum hinweg angestiegen sind, nicht plötzlich wieder ab. Sie nähern sich langsam ihrem Höchststand (der Anstieg wird gebremst, und die Aktie versucht, den Kurs bei höherem Umsatzvolumen zu halten). Wenn Sie eine Spitze erkennen, sollten Sie verkaufen. Der Profi kann sich einer großen Position nicht auf einmal entledigen, aber wenn Profis Teile eines großen Pakets abstoßen, dann ist der Anstieg des Umsatzvolumens unmißverständlich in den Internet-Charts zu erkennen. Weil der Einzelinvestor weitaus weniger Kapital zu bewegen hat, ist es sehr einfach, diese Veränderungen zu erkennen und entsprechend zu handeln.

Profis brauchen kurzfristige Performance-Erfolge – nutzen Sie das aus!

Immer wenn in ihrem Heimatland Wahlen sind, müssen die Generäle einer Invasionsarmee Erfolge vorweisen, damit die politischen Führer verkünden können, daß »der Sieg bevorsteht«. So wie die Generäle unter großem Druck die Schlachten vor den Wahlen gewinnen müssen, so empfinden auch die Anlageberater vor dem Ende eines Quartals großen Druck, eine gute Performance vorzuweisen, wenn die Ratings aufgerechnet werden. Der Unterschied zwischen 15 und 17 % mag Ihnen nicht besonders groß erscheinen. Auf der Basis von 10.000 $, macht das nur 200 $ aus. Aber für einen Portfolio-Manager, dessen direkte Wettbewerber bei 16 % liegen, ist das der Unterschied zwischen Sieg und Niederlage.

Beim Geldmanagement genügt es nicht, eine positive Performance vorweisen zu können. So wie im Profisport können diejenigen, die zuerst am

Ziel ankommen, Millionen Dollars verdienen, während andere, die in der Mitte des Feldes ins Ziel kommen, oft aus dem Team ausgeschlossen werden. Denken Sie über die Publicity nach, die Sie beobachten konnten. Wie oft sehen Sie ein Unternehmen, das seinen Werbeetat dafür ausgibt, zu verkünden: »Der sechstbeste Wachstumsfonds«? Wie oft haben Sie Lou Rukheyser beobachtet, wie er einen Gast bei *Wall Street Week* vorstellte und sagte: »Der Fonds unseres Gastes liegt im Mittelfeld«? Und wie oft haben Sie gesehen, daß *Barron´s* ein Interview mit einem Geldmanager geführt hat und es einleitete: »Joe hatte ein paar schlechte Quartale, aber wir vertrauen ihm immer noch«? Die Wall Street hat mit schlechten Ergebnissen nur wenig Geduld. Im großen Geldmanagement, so wie im Sport, erhält kein Durchschnittsspieler Applaus.

Der Zwang, ein Superstar sein zu müssen, beeinflußt die Trading-Entscheidungen der meisten Portfolio-Manager. Wenn der Manager an zweiter oder dritter Stelle in die Zielnähe kommt, nur 1 Prozentpunkt hinter dem führenden Konkurrenten, ist es sehr schwierig, ruhig zu bleiben und zuversichtlich zu sein, daß eine bestimmte Aktie plötzlich in eine Aufwärtsbewegung gerät und die Führungsposition einbringt. Ebenso schwierig ist es, sich zurückzulehnen und sich zu entspannen, wenn der Portfolio-Manager an erster Stelle liegt, weil anders als im Sport im Aktienmarkt der Siegerpokal nicht vor dem Ende des Geschäftsjahres überreicht wird.

Für einen Geldmanager gibt es nichts Erschreckenderes, als das Quartalsende deutlich hinter dem Markt oder hinter anderen Geldmanagern zu erreichen. Wenn die Situation aussichtslos wird, dann geraten Geldmanager oft in Panik. Ich habe Anrufe von aufgeregten Geldmanagern erhalten: »Finden Sie für mich eine großartige Aktie. Ich muß dieses Quartal gewinnen.« Ein Geldmanager, der damit rechnen muß gefeuert zu werden, kann sich nicht ruhig hinsetzen und hoffen, daß sich das Portfolio plötzlich verbessert. Statt dessen wird ein Geldmanager wie wild traden, um seine Karriere zu retten.

Stellen Sie sich vor, Sie wären der Manager eines großen Investmentfonds. Sie hatten eine großartige Karriere, aber viele jüngere Manager kommen schnell nach. Am Jahresende liegen Sie 3 Prozentpunkte hinter Ihren großen Vorbildern und 2 Prozentpunkte hinter den anderen Managern in Ihrer Firma. Wenn Sie Ihre Performance über die Ihrer Vorgesetzten anheben können, werden Sie einen großen Bonus erhalten, und Ihr Fonds wird bei der Promotion bevorzugt. Wenn Sie das nicht schaffen, werden Sie lediglich ein Mitläufer sein, weil andere Fondsmanager Sie in den Schatten stellen. Was würden Sie in dieser Situation tun?

Aktienkurse hochtreiben

Am Quartals-Ultimo ziehen die Fondsmanager eine Reihe von Tricks aus dem Ärmel, um ihre Performance zu verbessern. Ich will diese Trading-Spielchen zum Ende eines Quartals kurz erklären und dann kurz darauf eingehen, wie der Einzelinvestor daraus seinen Nutzen ziehen kann. Der bei weitem verbreitetste Trick ist, eine volatile Aktie, die der Fonds ohnehin schon hält, nach oben zu treiben. Sagen wir, Ihr Fonds besitzt 1 Million Anteile an Marshad Technologies, einer Internet-Handelsgesellschaft. Marshad, das nur sehr dünn mit Kapital ausgestattet und höchst volatil ist, wird derzeit mit 30 $ gehandelt. Sie entscheiden sich, weitere 100.000 Aktien zu kaufen. Wenn ein Investmentfonds Aktien kauft, versucht er normalerweise, so wenig wie nur möglich dafür zu zahlen. Wenn die Aktie volatil ist, dann gibt der Investmentfonds einem Broker die Order mit einem Limit und dem Auftrag, so sorgfältig zu arbeiten, so daß der Markt nicht irritiert wird.

Aber am Quartals-Ultimo ändern sich die Regeln. Um eine bessere Performance vorweisen zu können, will man den Kurs der Aktie nach oben drücken. Wenn Sie Marshad Technologies um 6 $ anheben können, dann bringt das für die Performance Ihres Fonds mindestens 6 Millionen $. Wenn in diesem Fonds Werte von 600 Millionen $ sind, bedeutet dies eine Verbesserung um 1 %. Mit drei solcher Aktionen können Sie mit Ihren Vorgesetzten innerhalb eines Tages gleichziehen. Und wie bringt man den Kurs einer Aktie von 30 auf 36 $? Man schafft das, wenn man die normalen Anlageregeln durchbricht. Anstatt den Kaufauftrag an ein Brokerhaus zu geben, splitten Sie den Auftrag auf vier Broker, und erwecken so den Eindruck, als ob es für diese Aktie mehrere Käufer gebe. Und anstatt den Auftrag an qualifizierte Broker zu geben, die sehr sorgfältig arbeiten, um den Markt nicht durcheinanderzubringen, erteilen Sie den Auftrag aggressiven Brokern, die den Markt aufrühren. Und statt ein Kurslimit anzugeben, sagen Sie den Brokern, sie sollen zu jedem Kurs kaufen.

Wenn andere Investoren bemerken, daß vier aggressive Firmen Marshad Technologies kaufen wollen, werden sie ihre Verkaufsorder zurückhalten. Die Aktion erweckt den Anschein, als sei mit dem Unternehmen etwas Bedeutendes passiert. Zudem hat es die bisherige Widerstandslinie durchbrochen – es scheint, als würde sie geradewegs nach oben rennen. Am 31. Dezember macht die Aktie einen Sprung um 6 $. Für die letzten 100.000 Aktien bezahlten Sie durchschnittlich 33 $. Wahrscheinlich hätten Sie die gleichen 100.000 Anteile in den nächsten Tagen für 31 $ kaufen können. Weil Sie die Aktie nach oben getrieben haben, haben Sie wahrscheinlich zuviel bezahlt, und zwei Tage später wird sich die Aktie auf den Rückzug begeben. Aber zur Zeit des letzten Trades, am letzten Tag im Jahr, an dem Tag, an dem Ihre Performance gemessen wird, schließt die Aktie bei 36 $ und Ihre Performance hat sich um 6,3 Millionen $ verbessert.

War es richtig, den Kurs von Marshad Technologies nach oben zu treiben? Nicht, wenn Sie ein Langfristinvestor sind. War diese Aktion im Interesse der Aktionäre? Wahrscheinlich nicht. War es kluges Investment? Ganz sicher nicht. Wenn Sie der Fondsmanager wären und Ihr Job davon abhinge, würden Sie es tun? Vielleicht, vielleicht auch nicht. Nicht alle Fondsmanager spielen diese Spielchen. Viele lehnen sie ab, weil sie gegen die Interessen der Aktionäre laufen. Viele sind nicht bereit, eine langfristige Performance für einen kurzfristigen Gewinn zu opfern. Viele managen auch Fonds, die zu groß sind oder in denen Aktien liegen, die nicht ausreichend volatil sind. Aber auch wenn es viele Manager gibt, die solche Spielchen ablehnen, gibt es immer noch genügend, die sie treiben.

Schlechte Aktien abstossen

Ein anderes beliebtes Spielchen von Fondsmanagern läuft nicht darauf hinaus ihre Performance, sondern ihr Image zu verbessern. Vor dem Quartalsende verkaufen sie Aktien, die eine schlechte Performance aufweisen oder mit Skandalen befleckt sind, zu Billigstpreisen. Sie tun dies, weil die Investmentgesellschaft keinen Prospekt veröffentlichen möchte, in dem diese »schmutzigen« Aktien aufgeführt werden, und der Fondsmanager möchte in Interviews nicht gefragt werden, weshalb er »den Flop des Jahres« in seinem Portfolio führt. Auch dann, wenn die Performance kein Thema ist, reagieren Investoren oft sehr negativ, wenn sie im Portfolio eines Investmentfonds eine Aktie finden, die ein Flop war. Ihr erster Gedanke ist oft: »Dieser Manager muß ein Idiot sein, weil er sich auf diese Aktie eingelassen hat.« Sie wären überrascht, wie oft potentielle Investoren eher von einem speziellen Investment, als von der Performance des gesamten Portfolios abgeschreckt werden. Um diese Reaktionen zu vermeiden, stoßen Geldmanager ihre Verlierer regelmäßig am Ende eines Quartals ab, so daß sie im Verzeichnis des Fonds nicht mehr auftauchen.

Einzelinvestoren können ihren Nutzen aus diesen Quartalschluß-Spielchen ziehen, wenn Sie den Zwang der Profis zu einer guten Performance gegen diese wenden: Man sollte die Aktien kaufen, die sie verkaufen, und die Aktien verkaufen, die sie kaufen. Wenn die Profis den Kurs einer Aktie nach oben treiben (so wie bei Marshad Technologies) um ihre Performance zu verbessern, haben die Einzelinvestoren die Möglichkeit, zu verkaufen, und erhalten oft wesentlich höhere Kurse, als sie je vermutet hätten. Die beste Zeit für solche Trades ist kurz vor dem Quartalsende. Die volatilsten Aktien sind hierfür die besten Kandidaten. Solche Situationen mögen zwar selten vorkommen, aber sie bieten dem Einzelinvestor gute Gelegenheiten.

Der Einzelinvestor kann auch solche Aktien kaufen, die andere verschleudert haben. Dies soll keine Ermutigung sein, Schrott zu kaufen, aber es ist eine Tatsache, daß gegen Quartalsende Unternehmen, die einen Investor enttäuscht haben, aus dem Portfolio entfernt werden, weil die Manager keine Lust haben, unablässig Fragen beantworten zu müssen. Das müssen nicht immer großartige Unternehmen sein, aber die Kurse, zu denen sie verschleudert werden, reflektieren bei weitem nicht die fundamentalen Daten. Dies gilt besonders am Ende eines Kalenderjahres, wenn steuermindernde Verkäufe getätigt werden. In vielen Fällen sind die Verlierer des Dezembers im Januar die Gewinner. Wenn Einzelinvestoren nach Aktien Ausschau halten, die von großen Anlegern aus dem Portfolio geworfen werden, können sie oft attraktive Einstiegspunkte finden.

Am Quartalsende traden die Profis und behalten mit einem Auge ihre Tagesperformance und mit dem anderen Auge ihr langfristiges Image im Blick. Ihr Trading kann sich gegen ihre langfristigen Interessen richten, aber der kurzfristige Druck, gut abzuschneiden, ist sehr stark.

Ermöglichen Sie den Profis, sich zu weit auszubreiten, und starten Sie dann einen Gegenangriff

Professionelle Investoren neigen, ähnlich wie Berufsarmeen dazu, sich weit auszubreiten. Der Einzelinvestor kann oft gewinnen, wenn er einen Gegenangriff startet. Es ist eine Binsenweisheit, daß die Profis als Gruppe bei der Kapitalanlage immer falsch liegen. Wenn jeder annimmt, daß der Aktienmarkt nur noch steigen kann, dann muß er sinken. Wenn jeder der Auffassung ist, daß der Aktienmarkt nur noch fallen kann, dann muß er steigen. Immer dann, wenn die Mehrheit der Profis in irgendeiner Angelegenheit übereinstimmt, dann wird sie falsch liegen. Dies scheint zunächst eine höchst widersprüchliche Theorie zu sein. Aber sie ist fast unfehlbar. Wenn der Amateur das versteht und entsprechend handelt, dann bietet diese Regel außerordentliche Gelegenheiten, Profis zu besiegen.

Sagen wir, Ihr Broker ruft Sie an und erzählt Ihnen, seine Firma glaube, daß der Markt in den nächsten sechs Monaten um 1.000 Punkte ansteigen werde. Dann lesen Sie in der *Wall Street Week* nach und bemerken, daß alle Broker einen Anstieg um 1.000 Punkte erwarten. Schließlich lesen Sie *Forbes, Fortune* und *Business Week.* Und wieder gibt es eine einhellige Meinung: Jeder »Hellseher« sagt, der Markt werde in den nächsten sechs Monaten um 1.000 Punkte zulegen. Sie beeilen sich, um schnell noch eine Order zu plazieren. Doch warten Sie! Haben Sie schon bemerkt, daß Sie diese Anrufe, die Sie zu Käufen bewegen sollen, immer dann erhalten, wenn der Markt einen Höchststand erreicht hat und, wenn Sie die Vergangenheit betrachten, kurz vor einem Abschwung? Es ist kein Zufall, daß sich der Markt genau entgegengesetzt zu dem verhält, was die Experten sagen. Erinnern Sie sich, was die Profis 1994 sagten, kurz bevor der Bullenmarkt in historische Bereiche vordrang? Die meisten waren außerordentlich vorsichtig. Viele hatten große Bestände, und die meisten sprachen über eine größere Korrektur. Sie erhielten wahrscheinlich kaum Anrufe von Brokern, die Ihnen Kaufangebote machten. Die meisten Anrufe gingen wohl dahin, daß man Sie zu Verkäufen bewegen wollte. Und dann machte der Markt natürlich genau das Gegenteil von dem, was die meisten Leute angenommen haben. Er startete eine der größten Rallyes der Geschichte. Das ist kein Zufall.

Es ist eine Tatsache, daß niemand wirklich weiß, wie der Aktienmarkt sich bewegen wird. Die Marktstrategen, Portfolio-Manager und Broker der verschiedenen Investmentfirmen haben ihre Vorstellungen, aber niemand weiß es wirklich. Wenn sie es nämlich wüßten, dann würden sie ihre Zeit nicht damit vergeuden, Newsletter zu verfassen oder Sie anzurufen, um Ihnen ihre Meinung mitzuteilen. Sie würden mit Optionen handeln und auf ihrer Jacht im Südpazifik leben. Ihr Broker kann ein ganz netter Kerl sein, aber hätte er konkretes Wissen, würde er wahrscheinlich sofort Ihre Telefonnummer vergessen. Dennoch: In solchen Augenblicken, in denen sich die Profis über die Richtung des Marktes einig sind, werden sie unweigerlich falsch liegen.

Und weshalb bewegt sich der Markt immer genau in die entgegengesetzte Richtung zu der, die die Experten vermuten? Der Grund ist einfach, logisch und bezieht sich auf die Veränderung in der Erwartungshaltung. Wenn jeder glaubte, daß der Markt innerhalb der nächsten sechs Monate um 1.000 Punkte zulegen wird, dann wäre jeder schon sehr bullisch. Und wenn jeder bullisch wäre, dann gäbe es niemanden, den man noch auf diese Richtung einstimmen könnte. Diejenigen, die schon bullisch waren, könnten bullisch bleiben. Aber das wird den Markt nicht nach oben bringen. Um den Markt nach oben zu bringen, müssen sich die Erwartungen in eine positive Richtung wenden. Wenn aber schon alle bullisch sind, dann können die Erwartungen nicht wesentlich positiver werden. Wenn nicht plötzlich eine neue Investorengruppe, beispielsweise neureiche Lateinamerikaner, in den Markt eintritt, dann gibt es niemanden, der die Aktie noch ein wenig höher drücken könnte. Andererseits gibt es trotz sehr optimistischer Grundstimmung viele Leute, die sich eher den Bären zuwenden könnten. Wenn die Leute sich auf die Seite der Bären schlagen, ohne daß sich andere den Bullen zuwenden, dann wird es mit dem Markt abwärts gehen. Und deshalb geht der Markt dann nach unten, wenn alle darin übereinstimmen, er werde nach oben gehen.

Genau das gleiche Muster gibt es auf der anderen Seite des Spektrums. Immer wenn eine große Zahl von Investoren und Strategen über einen Crash sprechen, dann ist der Markt wahrscheinlich seinem Tief näher als seinem Hoch. Wenn die meisten Investmentberater oder Anlageberater pessimistisch sind, dann haben sie bereits ihre Aktien verkauft und sitzen mit viel Barem in den Startlöchern. Für Profis kann dies schwierig werden, denn wenn sie auf Bargeld sitzen, dann investieren sie nicht. Außerdem haben viele Fondsmanager hinsichtlich des Barbestands Grenzen, die sie einhalten müssen. (Viele glaube, daß Jeff Vinik Fidelity verließ, weil er höhere Barbestände im Magellan-Portfolio halten wollte.) Wenn Profis viel Bargeld zur Verfügung haben, dann können sie nicht verkaufen. Auch wenn das Geschäft schlechter wird, werden Fondsmanager nicht verkaufen, weil ihre Barbestände bereits sehr umfangreich sind. Wenn die Geschäfte aber besser laufen, werden sie ihre Erwartungen höher ansetzen und kaufen. Und so läuft die ganze Geschichte:

1. Wenn alle Experten annehmen, daß der Aktienmarkt nur noch steigen kann, dann wird jeder voll einsteigen.
2. Wenn jeder Experte voll eingestiegen ist, dann gibt es keine weiteren Barmittel, um Aktien zu kaufen.
3. Der Markt kann nicht weiter steigen, wenn es keine Nachfrage gibt.
4. Wenn alle bullisch sind, dann können die Erwartungen nur noch bärisch werden, auch wenn einige Investoren die Seiten wechseln.
5. Eine negative Richtungsänderung führt dazu, daß Verkäufe überhand nehmen.
6. Weil es aber kein Geld gibt, um weiter zu kaufen, werden die Verkäufe die Kurse drücken.
7. Deshalb wird der Markt nachgeben, weil sich die Richtung der Erwartungen zum Negativen hin verändert, auch wenn die meisten Experten immer noch bullisch sind.

Es ist offensichtlich, daß es nie eine vollkommene Übereinstimmung geben wird. Man kann niemals Tausende von Experten dazu bekommen, sich einer in Sache einig zu sein. Es bedarf aber nicht unbedingt der absoluten Übereinstimmung der Experten, damit dieses System funktioniert. Die Übereinstimmung einer großen Mehrheit der Profis reicht dafür aus.

Der Stimmungsindikator

Die kumulative Meinung aller professionellen Investoren nennen wir den Stimmungsindikator. Dieser Indikator, der als »Sentiment Indicator« jeden Tag in *Investors Business Daily* aufgeführt wird, ist eines der am meisten beachteten Signale an der Wall Street. Der Indikator funktioniert nach dem Prinzip der Gegensätze, das ich eben beschrieben habe. Nach *Investors Business Daily* liegt ein bärisches oder negatives Signal dann vor, wenn mehr als 55 % der Anlageberater bullisch sind oder weniger als 20 % bärisch. Ein bullisches oder positives Signal liegt dann vor, wenn weniger als 35 % der Experten bullisch, oder mehr als 50 % bärisch sind.

Am 11. Juli 1994, der Dow Jones stand bei 3.700 Punkten, erreichte die bullische Stimmung einen Tiefstand von 23,3 %. Weil es keine Zunahme an negativer Stimmung in gleichem Maß gab, blieb der Dow innerhalb eines sehr engen Bereiches. Dennoch stieg am 12. Dezember 1994 das Niveau der negativen Erwartungen auf 59,1 %. An diesem Tag lag der Dow Jones bei 3.682 Punkten. Da nur wenige Leute positiv gestimmt waren, die meisten waren auf der Seite der Bären – waren die Barbestände sehr hoch, die Erwartungen pessimistisch –, und offensichtlich sollte der Dow deutlich wachsen. Über die nächsten sieben Monate hinweg stieg der Dow Jones auf 4.752 Punkte, was einer Zunahme von 29 % entspricht. In den 30 Monaten nach dem 12. Dezember 1994, stieg der Dow Jones Industrial Average um erstaunliche 122 %.

Andererseits gab es während der vergangenen fünf Jahre nur eine einzige Gelegenheit, bei der gleichzeitig ein so hohes Maß an Optimismus wie ein so niedriges Maß an Pessimismus zu beobachten war. Dieses Signal wurde am 21. Januar 1992 erkannt. In den zwölf Monaten zuvor war der Dow Jones um mehr als 25 % gestiegen. Aber von der Zeit an, als dieses bärische Signal zu beobachten war, stockte der Anstieg. In den folgenden sieben Monaten fiel der Dow Jones.

Über eine längere Zeit hinweg ist der Stimmungsindikator relativ sicher. Institutionelle Investoren gehen fast immer bis an die Extreme einer Hausse und einer Baisse. An diesen Extrempunkten hat der Einzelinvestor eine große Chance, wenn er gegen die allgemeine Übereinstimmung agiert. Bevor Sie Kapital anlegen, sollten Sie beobachten, was die Profis tun. Wenn es einen hohen Grad der Übereinstimmung gibt, dann werden Sie selten verlieren, wenn Sie gegen die Profis setzen.

Allerdings gibt es für diesen Indikator auch eine Einschränkung. Der Markt wird seine Richtung beibehalten, bis entweder das Maß der Begeisterung oder der Depression aus dem Ruder läuft. Wenn der Markt nach oben geht und auch die Begeisterung zunimmt, dann wird der Markt wahrscheinlich weiter steigen, bis er 55 % an Zustimmung erfährt, und dort für einige Wochen bleiben. Ähnlich ist es, wenn der Level der negativen Erwartungen abnimmt – dann wird der Markt wahrscheinlich weiter steigen, bis der Grad der Zustimmung unter 20 % fällt. Im Verlauf der gegenwärtigen Aufwärtsphase gab es Wochen bescheidener Begeisterung und begrenzter negativer Stimmung, aber die Prozentzahlen haben nie das Maß erreicht, das für eine Wende notwendig gewesen wäre. Es ist zwar immer gut, gegen die Experten zu setzen, aber es ist schlecht, die Richtung der Gefühle vorherzusagen. Warten Sie deshalb, bis der Stimmungsindikator eine Richtungsänderung aufweist, und handeln Sie dann.

Das Schicksal einer allgemein geliebten (oder gehassten) Aktie

Ein sehr ähnlicher Rat gilt für spezielle Branchen und Aktien. Wenn ein Analyst eine Kaufempfehlung abgibt, dann rufen die Verkäufer ihre Kunden an und promoten die Story. Wenn die Story gut ist, dann werden Käufer gefunden, und der Aktienkurs wird steigen. Er wird weiter steigen, wenn ein zweiter, dritter oder vierter Analyst eine Kaufempfehlung abgibt. Aber was geschieht, wenn 20 Analysten die Aktie beobachten und alle eine heiße Kaufempfehlung geben? Man sollte annehmen, daß eine Aktie, die von allen Analysten bevorzugt wird, besser abschneidet als der Markt, und jeden Tag neue Höchststände erreicht. Damit würde man aber falsch liegen. Wenn viele Analysten eine Aktie zum Kauf empfehlen, dann haben ihre Verkäufer bereits ihre Anrufe erledigt. Jeder Portfolio-Manager, jeder Broker und jeder Investor hat von der Geschichte gehört. Und jeder, dem diese Geschichte gefiel, hat die Aktie schon gekauft. Weiter ist zu beachten, daß dann, wenn jeder Analyst die Aktie als heiße Kaufempfehlung eingestuft hat, es keine weiteren Analysten mehr gäbe, die die Ratings weiterhin anheben könnten. Dann kann ein Analyst sein Rating nur noch herabsetzen. Wenn ein Analyst die Bewertung einer Aktie, die zuvor nur dringende Kaufempfehlungen hatte, abwertet, dann verursacht diese Rückstufung sehr oft Verkäufe. Natürlich könnte ein Unternehmen immer noch eine Überraschung bieten, indem es bessere als die erwarteten Gewinne verkündet. Aber wenn Analysten eine Aktie als Kaufempfehlung einschätzen, dann haben sie auch sehr aggressive Gewinnschätzungen, und so ist es für ein Unternehmen, das schon sehr positiv eingeschätzt wird, sehr schwierig, die Wall Street noch positiv zu überraschen. Das bedeutet nicht, daß man starke Branchen oder beliebte Aktien meiden sollte. Ich will damit nur sagen, daß dann, wenn jeder davon überzeugt ist, daß der Markt oder eine spezielle Aktie nur noch steigen kann, diese mit an Sicherheit grenzender Wahrscheinlichkeit in ihrem Wert fallen wird. **Ebenso wie für den Gesamtmarkt, kann zuviel Begeisterung für eine einzelne Aktie schlecht sein.**

Um diese Theorie zu überprüfen, wählte ich zufällig einige Aktien aus, die bei First Call von den Analysten Anfang 1996 mit 1,0 oder 1,1 bewertet wurden. Ein 1,0 ist eine perfekte Einstufung. Es bedeutet, daß nahezu jeder Analyst, der die Aktie beobachtet, ihr die bestmögliche Einstufung verliehen hat. Eine 1,1 ist ein fast perfektes Rating. Es bedeutet, daß zumindest sieben Analysten die Aktie beobachten, sechs von diesen ihr die höchste Einstufung gegeben haben und lediglich einer sie an die zweite Stelle gesetzt hat. Die Analysten betrachten die mit 1,0 und 1,1 bewerteten Aktien als die Crème de la Crème. Von den Tausenden von Aktien, die von Analysten beobachtet werden, gibt es nur ungefähr 20, die mit 1,0 oder 1,1 bewertet werden.

Und wie verhielten sich die Aktien in meinem Musterdepot? (Um Abweichungen zu eliminieren, die durch Investment-Banking verursacht werden, und nach einem Upgrade einen ausreichenden Zeitrahmen zu gewähren, schloß ich aus meinem Beispieldepot Unternehmen aus, die nach dem 22. Juni aufgewertet wurden, und Unternehmen, die zum ersten Mal öffentlich gehandelt wurden.) Von der Zeit der Höherstufung bis zum 20. August 1996 stiegen die Aktien, die mit 1,0 bewertet wurden, im Durchschnitt nur um 9,2 %, also schwächer als der Durchschnitt des Gesamtmarktes. Weiter ist anzumerken, daß mehr als die Hälfte dieser Aktien innerhalb der nächsten 17 Monate unter den Kurs fielen, den sie zur Zeit der Höherstufung aufwiesen. Während der Gesamtmarkt um mehr als 30 % stieg, wies mehr als die Hälfte der am höchsten bewerteten Aktien Abschwünge auf.

Es ist keine Überraschung, daß diese Aktien im Jahr zuvor einen erstaunlichen Kursanstieg von 59 % zu verzeichnen hatten. Aber während dieses Jahres hatten die meisten dieser Aktien noch nicht die höchsten Einstufungen der Analysten erreicht. Ihr höchstes Rating erhielten sie erst, nachdem sie ihre beste Performance gezeigt hatten. Also erhalten die

Aktien den allgemeinen Beifall der Analysten erst, nachdem sie eine spektakuläre Performance gezeigt haben. Wenn sie das höchste Rating erreicht hatten, wiesen die meisten (es gibt einige Ausnahmen) eine schlechtere Performance als der Gesamtmarkt auf.

Die Performance der Aktien, die mit 1,1 beurteilt wurden, sollte ebenfalls herausragend sein, war aber schrecklich. Während eines der stärksten Bullenmärkte der Geschichte verloren die mit 1,1 bewerteten Aktien durchschnittlich 14,6 % an Wert. Von 15 Aktien wiesen nur fünf einen Aufschwung nach, und nur eine übertraf den Gesamtmarkt um einen nennenswerten Betrag. Wesentlich signifikanter waren die Desaster. Daka International und Intervoice verloren innerhalb von fünf Monaten mehr als die Hälfte ihres Werts. Quicksilver wurde innerhalb von vier Monaten hal-

AKTIEN, DIE MIT 1,0 BEWERTET WURDEN

Name	Datum des Upgrade	Kurs am 20.8.96 in $	Kurs zum Zeitpunkt des Upgrade	Kurs 1 Jahr vor dem Upgrade in $	Veränderung seit dem Upgrade in %	Veränderung im Vergleich zum Vorjahr in %
Pediatric Service	22.2.96	21,000	23,000	16,500	–8,7	39,4
National Health	7.3.96	33,125	33,000	25,000	0,4	32,0
Performance Food	20.6.95	15,375	13,625	14,200	12,8	4,0
Consolidated Pro	24.1.96	15,250	15,000	9,500	1,7	57,9
Micro Warehouse	12.2.96	25,375	42,375	31,000	–40,1	-36,7
Sirena Apparel	13.3.96	2,625	6,000	6,875	–56,3	-12,7
Rational Software	20.1.96	52,750	22,000	9,375	139,8	134,7
Atmel	19.1.96	26,125	26,875	16,875	–2,8	59,3
GT Interactive	20.2.96	21,750	14,250	N/A	52,6	N/A
Papa John´s	5.1.96	40,500	27,000	18,375	50,0	46,9
Dave & Buster´s	6.7.95	21,500	18,125	N/A	18,6	N/A
Natural Micro	17.4.96	38,125	32,125	14,500	18,7	121,6
Tommy Hilfiger	20.3.96	51,875	45,750	21,250	13,4	115,3
Allied Group	22.6.96	37,125	38,000	N/A	–2,3	N/A
SmartFlex	1.9.95	10,875	18,375	N/A	-40,8	N/A
J.P. Foodservice	21.2.96	22,500	21,000	12,375	7,1	69,7
Intern. Rectifier	12.4.96	19,375	21,375	12,500	–7,6	71,0
Durchschnitt					9,2	59,0

biert. U.S. Robotics verlor innerhalb von vier Monaten ein Drittel seines Werts. EIS International verlor innerhalb von zwei Monaten mehr als ein Viertel seines Werts. Inphynet Medical verlor in weniger als fünf Monaten ein Viertel seines Werts, während American Oncology in etwas mehr als zwei Monaten 60 % seines Werts verlor. Während der nächsten 17 Monate wiesen die meisten dieser Aktien eine schlechtere Performance auf als der Gesamtmarkt.

Und so verloren die am höchsten bewerteten Aktien – die mit 1,0 und 1,1 – in der Zeit, in der sie diese hervorragende Bewertung hatten. Trotz der Tatsache, daß der Aktienmarkt ständig neue Höchststände erreichte, waren diese Aktien als Gruppe nicht nur schlechter als der Durchschnitt; hier verloren die Investoren echtes Geld. Einige Aktien stürzten regelrecht ab. Die Erklärung ist einfach: Zu der Zeit, als die Aktien ihre hervorragenden Ratings erwarben, trugen sie enorme Erwartungen in sich. Jeder Analyst war optimistisch. Alle Portfolio-Manager hatten die optimistische Story schon vielfach gehört. Die gute Nachricht war der Kurs der Aktien.

AKTIEN, DIE MIT 1,1 BEWERTET WURDEN

Name	**Datum des Upgrade**	**Kurs am 20.8.96 in $**	**Kurs beim Upgrade in $**	**Veränderung seit dem Upgrade in %**
O´Charley´s	6.3.96	11,250	14,000	−19,6
Daka International	3.4.96	12,500	24,500	−49,0
Healthsouth	1.4.96	34,125	36,625	−6,8
Swift Energy	11.3.96	22,000	12,000	83,3
Sanmina Corp.	14.11.95	31,375	27,750	13,1
Hummingbird Comm.	18.1.96	27,750	33,500	−17,2
Intervoice	25.3.96	12,625	26,500	−52,4
Bay Apartment	14.3.96	27,250	24,125	13,0
Quicksilver	29.4.96	19,375	37,000	−47,6
U.S. Robotics	28.4.96	46,875	76,000	−38,3
Inphynet Medical	4.4.96	13,375	18,500	−27,7
Newpark Resources	25.4.96	34,000	30,500	11,5
SGS/Thompson	9.4.96	38,000	36,250	4,8
EIS International	17.5.96	19,375	26,000	−25,5
American Oncology	4.6.96	9,125	23,000	−60,3
Durchschnitt				**−14,6**

Als dann die Normalität wiederkehrte, blieben viele der Aktien hinter dem Durchschnitt zurück und andere fielen außerordentlich in ihrem Wert.

Damit will ich nicht sagen, daß Investoren jede Aktie, die bei den Analysten einen Stein im Brett hat, leer verkaufen sollten. Aber wenn eine Aktie ausschließlich dringende Kaufempfehlungen hat, dann sollte der Einzelinvestor darauf achten, ob die Aktie auf den Charts nicht eine Spitze gezeichnet hat. Wenn Aktien, die von allen geliebt werden, eine Spitze gezeichnet haben, dann ist die nächste Bewegung oft ein steiler Abfall. **Unterschätzen Sie nie die Möglichkeit, daß der Konsens der Analysten auch falsch sein kann.**

Das gleiche gilt für Aktien, die auf der Talfahrt sind. Wenn Aktien Analysten täuschen oder Profis dumm aussehen lassen, dann lassen diese die Aktien im Stich und murmeln: »Es ist mir ganz egal, wie billig die Aktie ist, ich hasse dieses Unternehmen.« Analysten werden für bestimmte Bereiche eher blind als Einzelinvestoren. Das heißt nicht, daß Einzelinvestoren die Aktien schlechter Unternehmen kaufen sollten. Sie sollten auch nicht sofort einsteigen, nachdem ein Unternehmen die Investoren enttäuscht hat. Investoren haben ein gutes Gedächtnis, und die Aktien erholen sich im allgemeinen nicht sehr schnell. Aber viele ordentliche Unternehmen, die von den Profis wegen vorangegangener Enttäuschungen geächtet werden, bieten dem Einzelinvestor oft hervorragende Gelegenheiten. Wenn Sie bemerken, daß ungeliebte Aktien eine Basis bilden und langsam wieder zulegen, dann stellt dies in der Regel eine gute Kaufgelegenheit dar.

Ratings von Analysten werden auf vielen Sites im Internet veröffentlicht. Zacks.com hat eine eigene Website mit Ratings. Briefing.com bietet ein ständiges Update der Ratings, und die meisten Internetdienste, die Kurse anbieten, haben Links zu einer oder mehreren Seiten mit den Ratings der Analysten. Investoren sollten die Ratings der Aktien, die sie besitzen oder an denen sie Interesse haben, verfolgen. Halten Sie insbesondere Ausschau nach extremem Optimismus oder Pessimismus, und sehen Sie danach in den online verfügbaren Charts nach. Spitzen und Täler sind normalerweise sehr leicht auszumachen, und die meisten Investoren sind gut beraten, wenn sie dann, wenn sie solche Formationen erkennen, zur Tat schreiten. Achten Sie insbesondere auf extrem optimistische Ratings bei eher weichen Charts. Dies könnte auf ein Desaster hinweisen. Extrem pessimistische Ratings bei starken Charts deuten auf hervorragende Kaufgelegenheiten hin. Gegen einen einzelnen Profi zu setzen, kann für den Einzelinvestor sehr riskant sein. Setzt er allerdings gegen einen starken Konsens der Profis, so garantiert dies im allgemeinen einen Sieg.

Wenn der Einzelinvestor daran denkt, daß der Konsens fast immer falsch ist, und wenn er die Kraft hat, dagegenzusetzen, dann hat er eine hervorragende Chance, den Sieg davonzutragen.

Denken Sie an Sun Tzu

Der Schlüssel zur erfolgreichen Kapitalanlage ist einfach. Einzelinvestoren kämpfen gegen viel besser ausgebildete und besser ausgerüstete Profis, die große Vorteile haben. Einzelinvestoren müssen unbedingt vermeiden, die Stärken der Profis anzugreifen. Statt dessen müssen sie die Stärken der Profis gegen diese selbst richten. Wie eine gut trainierte Guerillatruppe gegen eine gut gerüstete Armee, kann auch der Einzelinvestor den Profi besiegen, solange er den folgenden Grundsatz nicht vergißt: »Kenne dich selbst. Kenne deinen Feind. Dann wird es in hundert Schlachten hundert Siege geben.«

TEIL 2

Die Waffen der Kriegsführung

KAPITEL 6

Fundamentale Waffen

Auch wenn Guerillakrieger die Stärken der Feinde meiden, deren Schwächen aufdecken und ihre Vorteile auf Heimatboden finden können, brauchen sie trotzdem Waffen, um gegen ihre Feinde zu kämpfen. Die Feinde könnten Flugzeuge, Unterseeboote und Raketen haben, aber das sind nicht die geeigneten Waffen für Guerillas. Die Waffen der Guerillas müssen einfach und dem Terrain, auf dem der Krieg geführt wird, angepaßt sein. Vergleichbare Bedingungen finden wir an der Wall Street vor. Die Profis haben ein riesiges Waffensystem. Ihnen stehen unbegrenzte Recherchemöglichkeiten zur Verfügung, direkte Nachrichten aus Unternehmen und ausgeklügelte Trading-Systeme. Der Einzelinvestor hat nicht die den gleichen Apparat wie der Profi zur Verfügung. Aber Einzelinvestoren können dennoch ihre eigenen Waffensysteme finden. An der Börse gibt es zwei grundsätzliche Arten von Waffen: fundamentale Informationen und technische Analyse. Fundamentale Informationen betreffen die Geschäfte eines Unternehmens – die Umsätze und Gewinne, die Qualität des Managements, die neuen Produkte, die Konkurrenz usw. Stehen dem Investor ausführliche fundamentale Informationen zur Verfügung, kann er die Komponenten eines Unternehmens analysieren und sich ein Urteil über das gegenwärtige und zukünftige Gewinnpotential erlauben. Die technische Analyse befaßt sich mit den Trading-Mustern von Aktien. Mit diesen Mustern können Investoren die Bewegungen an der Börse überwachen; ihnen steht damit ein Frühwarnsystem zur Verfügung, um zu erkennen, wann die Profis ihre Richtung ändern. Um ständig zu gewinnen, muß der Investor beide Werkzeuge benutzen. Dieses und das folgende Kapitel sollen erklären, wie diese beiden wichtigen Waffen funktionieren.

Überlassen Sie den Analysten die Arbeit

Die Fundamentalanalyse ist für das Verständnis eines Unternehmens entscheidend. Um zu gewinnen, müssen Einzelinvestoren das Geschäft der Unternehmen und dessen Gewinnpotential verstehen und erkennen können, wo die Profis möglicherweise falsch liegen und wo sie einen Vorteil haben. Die Analyse eines Unternehmens ist ein komplexes Unterfangen. Analysten sind in Finanzanalyse und Rechnungslegung geschult und studieren die Unternehmen jahrelang. Sie treffen sich mit dem Management, studieren Geschäftsberichte, bauen Gewinnmodelle auf und stellen Gewinnschätzungen an. Für Einzelinvestoren ist es sehr schwierig, diese Arbeit zu leisten.

Analysten haben einen zusätzlichen Vorteil, weil sich die meisten auf eine Branche spezialisieren. Analysten verbringen ein ganzes Arbeitsleben damit, ausschließlich nicht mehr als 20 Unternehmen zu beobachten. Sie kennen diese Unternehmen sehr genau. Sie sprechen jede Woche mit ihnen und auch mit Konkurrenten, Kunden und Lieferanten. Sie lesen die Fachzeitschriften, besuchen Konferenzen, studieren die branchenspezifischen Finanzsysteme und die Terminologie, die jeder Branche eigen ist. Ölanalysten studieren die Faktoren, die weltweit die Ölpreise beeinflussen. Biotechnologie-Analysten studieren medizinische Fachzeitschriften und verfolgen die Versuche mit neuen Medikamenten. Immobilienanalysten studieren die Bilanzierungsregeln für Immobilien und analysieren den Markt für Miete und Kauf. Halbleiteranalysten studieren die neuen technologischen Entwicklungen und die Faktoren, die die weltweite Nachfrage beeinflussen. Die Unterschiede zwischen den Branchen sind so extrem, daß Analysten nur äußerst selten die Fachgebiete wechseln, die sie beobachten.

Wegen ihrer intensiven Branchenkenntnisse sind die Analysten Experten, wenn es darum geht, ein Unternehmen zu bewerten. Sie wissen genau, wann man die Gewinne pro Aktie und wann den Cash-flow berücksichtigt. Sie wissen genau, welche Aktien Wachstumsaktien und welche langfristig wertvoll sind. Sie wissen, wie man Bilanzen und Geschäftsberichte liest und analysiert. Das bedeutet nicht, daß sie immer recht haben. Sie haben nicht immer recht. Aber sie arbeiten mit einem Wissensstand, den der Einzelinvestor nie erreichen kann.

Wenn Analysten solch enorme Vorteile haben, wie kann dann der Einzelinvestor je mit ihnen Schritt halten? Die Antwort ist einfach. **Einzelinvestoren müssen diese Arbeit nicht erledigen, denn das tun die Analysten für sie.** Analysten arbeiten eng mit Unternehmen zusammen und schreiben

Berichte, die die Storys der Unternehmen genau beschreiben. Diese Berichte dienen als Referenzen, auf denen ein großer Teil des Informationsflusses der Wall Street basiert. Wenn Einzelinvestoren die Arbeit der Analysten als Basis benutzen, dann brauchen sie keine Modelle aufzubauen oder Bewertungstechniken zu entwickeln. Sie müssen nur entscheiden, wann die Analysten zu optimistisch oder zu pessimistisch sind.

Besorgen Sie sich zehn Berichte über ein Unternehmen, das gut beobachtet wird, besonders über ein Unternehmen, das kürzlich Aktien emittiert hat und viele Firmen an der Wall Street bezahlt hat. Sie werden feststellen, daß die meisten Analysten die Story in derselben Art und Weise präsentieren und ähnliche Modelle, Bewertungstechniken und Ratings haben. Einige Berichte werden abweichen, aber das sind die Ausnahmen. Damit ist nicht gesagt, daß die Analysten recht haben. Tatsächlich liegen sie oft falsch und sind meist sehr optimistisch. Der Wert ihrer Arbeit liegt nicht darin, ob sie recht haben oder ob sie falsch liegen, sondern in ihrer Fähigkeit, ein Gesamtbild zu erstellen, das Investoren als Richtlinie nutzen können.

Finden Sie den Konsens heraus

Wenn acht von zehn Analysten behaupten, daß ein Unternehmen um 18 % pro Jahr wachsen wird, dann wird dieser Prozentsatz zu einem Konsens, um den herum die Ergebnisse des Unternehmens beurteilt werden. Wenn acht von zehn Analysten sagen, daß das Unternehmenswachstum aus zwei Bereichen kommen wird, dann werden diese Bereiche das Interesse der Investoren in Anspruch nehmen. Wenn acht von zehn Analysten behaupten, daß pro Aktie ein Gewinn von 2 $ entstehen wird, dann ist das der Gewinn, den der Investor auch erwartet. Wenn das Unternehmen 2,20 $ Gewinn macht, dann stellt dieser verbesserte Gewinn eine erfreuliche Überraschung dar, auch wenn zwei Analysten der Annahme waren, das Unternehmen könne 2,25 $ Gewinn je Aktie machen.

Zwar sind die absoluten Ergebnisse wichtig, aber der Konsens und die Reaktion auf die Gewinne beeinflussen die Aktienkurse am meisten. Wie oft schon haben Sie gesehen, daß eine Aktie bei durchschnittlichen Gewinnen plötzlich im Kurs zugelegt hat, nur weil sie den Konsens übertroffen hat? Und wie oft schon haben Sie eine Aktie gesehen, die abstürzte, obwohl sie großartige Gewinne hatte, nur weil sie den Konsens nicht erreichte? Für ein Unternehmen ist es durchaus in Ordnung, wenn es 1 $

pro Aktie Gewinn macht, verglichen mit 0,5 $ im Vorjahr, aber wenn die Investoren Gewinne von 1,50 $ je Aktie erwartet hatten, dann wird die Aktie mit an Sicherheit grenzender Wahrscheinlichkeit abstürzen. Weil der Konsens so wichtig ist, geben sich die Unternehmen größte Mühe, daß den Analysten die »richtigen« Zahlen zur Verfügung stehen. Manche Unternehmen fühlen sich sehr wohl, wenn Analysten in ihren Schätzungen ein wenig konservativ sind, so daß sie die Wall Street positiv überraschen können.

Hier ist ein Trick, der von einer Firma, die ich kenne, angewendet wurde. Fünf Analysten beobachteten ein Unternehmen. Zwei von ihnen hatten Gewinnschätzungen von 0,20 $, und drei hatten 0,21 $ Gewinn pro Aktie geschätzt. Der Durchschnitt lag bei 0,206 $, aufgerundet 0,21 $. Das Unternehmen wußte, daß es einen Gewinn von 0,20 $ bekanntgeben würde, aber man suchte nach einer Möglichkeit, besser zu sein als der Konsens. Das Management wußte, daß Aktien, die besser sind als der Konsens, in ihrem Wert steigen, während diejenigen, die den Konsens verfehlen, im allgemeinen nachgeben. Der Finanzvorstand fand einen jungen Analysten, der darauf aus war, das Investment-Banking voranzutreiben, und an der Wall Street nur wenige Anhänger hatte. Er überredete den Analysten dazu, das Unternehmen zu beobachten und 0,13 $ als Gewinnschätzung anzugeben. Von dieser Gewinnschätzung nahm niemand Notiz, aber als die 0,13 $ des neuen Analysten zu den anderen Schätzungen hinzugefügt wurden, fiel der Durchschnitt von 0,21 auf 0,19 $. Dadurch wurde aus den 0,20 $ Gewinn je Aktie eine positive Überraschung und keine Enttäuschung. Als das Unternehmen 0,20 $ Gewinn je Aktie bekanntgab, wiesen die Analysten darauf hin, daß die Gewinne besser waren, als die allgemeine Gewinnerwartung, und die Aktie stieg um 2 $.

Trotz solcher Spielchen macht die Existenz eines Konsenses das Leben für den Investor wesentlich leichter. Aktienkurse bewegen sich nur, wenn die Leute ihr Kauf- und Verkaufsverhalten ändern. Wenn alle mit dem Konsens übereinstimmen, dann wird sich die Aktie kaum bewegen. Aber wenn Investoren der Annahme sind, daß der Konsens zu konservativ ausfällt, dann werden sie kaufen und damit den Kurs der Aktie nach oben drücken; und wenn die Investoren das Gefühl haben, der Konsens sei zu aggressiv, dann werden sie verkaufen, und der Kurs der Aktie wird fallen. **Deshalb stellt der Konsens den Maßstab dar, um den herum die Investoren ihre Wetten abschließen.**

Um zu gewinnen, muß der Investor herausfinden, ob der Konsens zu hoch oder zu niedrig angelegt ist, und handeln, bevor es andere tun. Dies hört sich schwierig an, ist es aber nicht. Weil der Konsens die Schlüsselbereiche des Schlachtfelds abgesteckt hat, muß der Investor lediglich seine Heimvorteile ausspielen und einige Unternehmen finden, bei denen der Konsens falsch ist. Der erste Schritt jedoch ist, den Konsens zu verstehen.

Suchen Sie den Namen und die Telefonnummer des Direktors im Unternehmen, dem die Betreuung der Aktionäre obliegt. Wenn Sie den Namen im Jahresbericht nicht finden können, dann sehen Sie im Unternehmensprofil einer Finanz-Website nach. Wenn Sie in der Abteilung für Aktionärsservice anrufen, dann bitten Sie um ein Package für Anleger, in dem ein Jahresbericht, ein Formular 10-K, die letzten Formulare 10-Q liegen (Formular 10-K stellt den Jahresbericht und Formular 10-Q den Quartalsbericht dar, wie er bei der SEC eingereicht werden muß, A. d. Ü.) und einige Berichte von Analysten. (Diese Berichte gibt es im Web bei Edgar.com, aber man sollte durchaus das Unternehmen anrufen). Es könnte sein, daß Sie gefragt werden, ob Sie ein Einzelinvestor oder ein professioneller Geldmanager sind. Ich kenne Investoren, die dann antworten, sie seien »ein kleiner institutioneller Anleger«, und glauben, daß sie dann von den Unternehmen einen besseren Service erhalten. Sie geben einen Namen und eine Adresse an, die den Anschein erweckt, es handle sich um eine Vermögensverwaltung. Sie sagen: »Senden Sie das Material an John Doe bei Doe & Buffett Capital Management in Omaha, Nebraska.« Niemand kennt die Namen jedes kleinen institutionellen Anlegers, und niemand wird fragen, ob Buffett nun Warren oder Jimmy Buffett ist. So wird es vermutlich nicht schaden, wenn Sie sich einen Namen ausdenken.

Manche Aktionärsbetreuer sind Einzelanlegern gegenüber nicht besonders freundlich, statt dessen konzentrieren sie sich auf die größeren Geldmanager, die den größten Teil ihrer Aktien besitzen. Hier können Sie nichts ausrichten. Wenn das Unternehmen Ihre Fragen nicht beantworten will, dann sollten Sie vielleicht ein anderes Unternehmen suchen. Und außerdem – wenn ein Unternehmen Sie nicht haben will, weshalb sollten Sie dann dieses Unternehmen haben wollen?

Manche Unternehmen werden Ihnen die Berichte der Analysten schicken. Sie sind stolz darauf, daß jemand sie lesen will. Andere schicken Ihnen die Berichte der Analysten nur, wenn Sie darum bitten. Und wieder andere werden überhaupt nichts versenden und Sie an die Brokerhäuser verweisen. In den meisten Fällen werden die Unternehmen, wenn Sie höflich darum bitten, Ihnen einige Berichte schicken, insbesondere dann, wenn die Berichte Positives über das Unternehmen aussagen. Sie können nicht davon ausgehen, daß ein Unternehmen Ihnen Berichte schickt, in denen es mit »Verkauf« oder »Halten« eingestuft wurde, außer die Aktie hat sich inzwischen erholt und die Verfasser dieser Berichte sehen heute wie Idioten aus. Wenn man diese Berichte nicht zur Verfügung hat, dann ist das kein so großer Rückschlag, wie es zunächst erscheinen mag. Relativ wenige Berichte haben negative Ratings, und außerdem ist der wichtigste Grund dafür, daß Sie diese Berichte lesen sollten, zu verstehen, wie ein Konsens zustande kommt. In den meisten Fällen werden negative Berichte aus dem Konsens herausfallen.

Finden Sie die Investment-These heraus

Wenn Sie die Berichte erhalten, ist der nächste Schritt, die Investment-These herauszufinden. Die Investment-These ist der Satz am Anfang der meisten Berichte, der Ihnen die Meinung des Analysten vermittelt. Die ist aber nicht entscheidend. Viel wichtiger sind die Fakten, die die Aktien umgeben. Während manche Analysten ihren eigenen Weg gehen, vereinigen sich die meisten um eine spezielle These, die die Basis für die Bewertung der Aktie bildet. Manche dieser Kernsätze sind sehr deutlich und geradeaus und beziehen sich auf das Wachstum der Gewinne. Dies gilt besonders für komplexe Unternehmen, bei denen mehrere Bereiche zu den Gewinnen beitragen. Die folgende These für IBM ist dieser Art zuzurechnen: »Wir glauben, daß IBM seine Gewinne um 16 % pro Jahr verbessern kann. Die Aktie wird derzeit zum 13fachen der geplanten Gewinne gehandelt und ist deshalb im Verhältnis zu ihrem Wachstum unterbewertet.« Eine These wie diese erläutert, daß die Schlüsselpunkte auf die man sich konzentrieren sollte, das Gewinnwachstum (die Rate, in der die Gewinne je Aktie anwachsen werden) und das Kurs/Gewinnverhältnis (Aktienkurs dividiert durch Gewinn je Aktie) sind. In diesem Fall ist das Kurs/Gewinnverhältnis in Relation zur geschätzten Wachstumsrate sehr günstig.

Andere Investment-Thesen sind wesentlich komplexer und erläutern die Besonderheiten der Gewinnvorschau. Ein sehr kluger Analyst schrieb einmal über Tiffany: »Wir gehen von einem 20- bis 25prozentigen Wachstum des Gewinns pro Aktie aus, vorausgesetzt, daß das Unternehmen um 10 bis 12 % wächst. Die Umsätze in den Vereinigten Staaten und Japan sollten um 8 bis 9 % je Filiale ansteigen, und die Gewinnspanne sollte nach einer Verbesserung der operativen Effizienz wachsen. Tiffany wird zum 19,7fachen des zu versteuernden Gewinns pro Aktie von 1998 gehandelt und liegt damit 21 % unter der langfristigen Wachstumsquote.«

Eine These wie diese macht es für einen Investor einfach zu verstehen, wie die Welt ein Unternehmen betrachtet. Wenn das Gewinnwachstum (20 bis 25 %) weiterhin höher bleibt als das Kurs/Gewinnverhältnis (19,7), dann wird die Aktie voraussichtlich in ihrem Wert steigen. Als potentieller Investor sollten Sie sich auf zwei Schlüsselpunkte für das Gewinnwachstum konzentrieren: Kann das Unternehmen für seine neuen Geschäfte gute Lagen finden? Werden die Umsätze in den einzelnen Geschäften sowohl in den Vereinigten Staaten als auch in Japan stabil bleiben? Können Sie sich bei dieser Investment-These vorstellen, wie es der Tiffany-Aktie erging, als im Oktober 1997 der japanische Aktienmarkt zusammenbrach? Wie Sie wahrscheinlich erwartet haben, fiel die Tiffany Aktie um 25 %, da viele Investoren darauf setzten, daß die wirtschaftlichen Probleme in Japan die Verkäufe von Luxusgütern beeinträchtigen würden.

Einige Investment-Thesen sind sehr relativ und betrachten die Bewertung eines speziellen Unternehmens im Vergleich zu anderen Unternehmen. Ein Analyst schrieb über PETCO Animal Supplies: »Unsere einfache Investment-These ist, daß PETCO ungefähr ebenso gut ist wie der größere Konkurrent, PETsMart, aber PETCO wird im Vergleich zu PETsMart wesentlich günstiger gehandelt und in einer Linie mit anderen Handelsunternehmen mit starken Wachstumsaussichten.«

Weil dieser Analyst sich auf relative Werte konzentriert, muß der Investor die fundamentalen Daten sowohl von PETCO als auch von PETsMart betrachten, das Kurs/Gewinnverhältnis beider Aktien und das Kurs/Gewinnverhältnis anderer Handelsgesellschaften mit starkem Wachstum. Während der ersten neun Monate im Jahr 1997 wies PETCO hervorragende Ergebnisse auf. Die prozentualen Gewinne dieses Unternehmens erreichten den 95. Platz aller Aktien, aber die Performance der Aktie selbst war knapp unterdurchschnittlich. Der Grund war einfach. Die Gewinne von PETsMart brachen zusammen, und die Aktie viel von 29 auf 7 $. Weil die These PETCOs Bewertung an die von PETsMart gebunden hatte und PETsMart einbrach, war es schwierig für PETCO, weiter Boden gutzumachen. Jeder Investor, der außer acht ließ, was bei PETsMart los war, der verlor.

Einige Investment-Thesen behandeln nicht die Gewinne, sondern beispielsweise den Übernahmewert: »Cullen Frost hat eine dominante Position bei den Banken in San Antonio und könnte leicht zu einem Übernahmeobjekt werden. Die Aktie wird im Augenblick für 32 $ gehandelt, wir gehen aber davon aus, daß der Übernahmewert bei 55 $ liegt.«

In dieser These geht der Analyst davon aus, daß das Unternehmen mit 55 $ je Aktie übernommen werden wird. Das Gewinnwachstum wird nicht diskutiert. Statt dessen liegt der Wert des Unternehmens in seinem Geschäftsbereich. Wenn die These davon ausgeht, daß eine Übernahme wahrscheinlich ist, dann sollte sich der Investor auf andere Übernahmeaktionen in dieser Branche konzentrieren, insbesondere auf solche im Südwesten.

Eine Investment-These kann richtig oder falsch sein. Nur weil ein Analyst darauf hinweist, daß ein Unternehmen um 22 % wachsen wird, bedeutet das nicht, daß die Ergebnisse dem auch folgen werden. Man kann sogar davon ausgehen, daß sich die Ergebnisse von der Vorhersage unterscheiden werden. Als Rational Software Corp. zu 38 $ gehandelt wurde, schrieb ein Analyst: »Rational ist der Marktführer in einem Branchensegment, dem wir bis zum Jahr 2000 ein Wachstum von 55 % zutrauen. Ganz deutlich sollte Rational diese Vorhersagen verifizieren können. Das Unternehmen bilanziert sehr konservativ und kann seine Gewinne von Quartal zu Quartal verbessern.«

Neun Monate später war der Kurs der Rational-Aktie von 38 auf 10 $ gefallen. Die Erlöse waren deutlich vom Plan abgewichen. Aber das machte die Investment-These nicht wertlos. Tatsächlich ermöglichte sie es den Investoren, sich auf die wirklich wichtigen Fakten zu konzentrieren. Als die Erlösvorhersage nicht realisiert wurde, warfen sie die Aktie in den Müll. (Sie erinnern sich vielleicht an Rational Software. Es war eine der am besten eingestuften Aktien, die in Kapitel 5 aufgeführt wurden.)

Gleichwohl sind die Themen, auf die sich Analysten konzentrieren, normalerweise die Themen, auf die sich auch Investoren konzentrieren. Wenn sich diese Themen anders entwickeln als die veröffentlichte Meinung der Analysten erwartete, dann wird das Unternehmen wahrscheinlich entweder besser oder auch schlechter als erwartet agieren. Über Just for Feet schrieb ein Analyst: »In Anbetracht des einzigartigen Superstore-Konzeptes und einer differenzierten Merchandising-Strategie ist FEET gut positioniert und kann weitere Marktanteile gewinnen.«

Als Just for Feet eine Ladenkette mit kleineren Geschäftsräumen akquirierte, verkauften die Investoren, und die Aktien stürzten innerhalb von neun Monaten von 33 auf 11 $ ab. Der Grund war einfach: Just for Feet hatte kein Kurs/Gewinnverhältnis von 40, weil es gute Gewinne erzielt hatte. Diesen sehr hoch gegriffenen Faktor erzielte Just for Feet, weil die Investoren glaubten, daß die großen Verkaufsräume Just for Feet einmalig machten. Als Just for Feet kleinere Geschäfte kaufte, vermittelte es den Investoren, daß es nicht glaubte, daß die großen Geschäftsräume so besonders einzigartig waren – und die Investoren entschieden deshalb, daß es keinen Grund mehr für ein Kurs/Gewinnverhältnis von 40 gebe.

Die Investment-These gibt Investoren eine Leitlinie, wie sie ein Unternehmen betrachten sollten. Sie führt die Bereiche auf, die die Gewinne beeinflussen und die Werthaltigkeit des Unternehmens ausmachen. Der erste Schritt ist zu entscheiden, ob Sie die These verstehen. Falls Sie sie nicht verstehen, sollten Sie die Aktie nicht anfassen. Es gibt viele andere Unternehmen. Wenn Sie die These verstehen, dann haben Sie vier Wahlmöglichkeiten. Sie können entscheiden, daß die These richtig ist, und mit der Mehrheit gehen. Sie können entscheiden, daß die These zu optimistisch ist, und in diesem Fall sollten Sie verkaufen. Sie können aber auch entscheiden, daß die These zu pessimistisch ist, und in diesem Fall sollten Sie die Aktie kaufen. Sie könnten aber auch zu dem Schluß kommen, daß dies die falsche These ist, und in diesem Fall haben Sie eine hervorragende Gelegenheit, wenn Sie entweder kaufen oder leer verkaufen.

Der Strom der Gewinne

Wenn Sie die oben zitierten Investment-Thesen genauer betrachten, werden Sie feststellen, daß die meisten Bewertungen auf einer Einschätzung der langfristigen Wachstumsrate des Unternehmens basieren.

Wenn Investoren eine Aktie kaufen, dann erwerben sie damit einen Anteil an den Gewinnen des Unternehmens. Mit dem Kauf einer Aktie erwirbt der Investor nicht das Recht an irgendwelchen Vermögenswerten oder Produkten. Compaq schickt seinen Aktionären am Ende eines Quartals keinen Computer. Eine Aktie garantiert dem Investor auch keine Dividende. Sie bietet dem Investor auch keinen Gewinn auf den Kapitaleinsatz, außer wenn das Unternehmen verkauft oder liquidiert wird. Eine Aktie bietet einem Investor lediglich einen Anteil am Gewinnstrom dieses Unternehmens.

Deshalb ist der Kurs, den ein Investor zu zahlen bereit ist, durch die Höhe und den zeitlichen Verlauf des Gewinnstroms determiniert. Wenn Sie davon ausgehen, daß der Gewinnstrom zunehmen wird, dann werden Sie bereit sein, mehr zu bezahlen. Wenn Sie davon ausgehen, daß er abnehmen wird, dann werden Sie weniger zahlen wollen.

Erfahrene Investoren gehen von den vorhergesagten Gewinnen der nächsten 15 bis 20 Jahre aus und rechnen diese auf den aktuellen Wert zurück. Der Grund für das Rückrechnen ist, daß künftige Gewinne wegen Inflation, Risiken und der Opportunitätskosten weniger Wert haben als die aktuellen Gewinne. Wenn ein Investor die künftigen Gewinne errechnet, dann sollte er zu einem vernünftigen aktuellen Wert für den künftigen Gewinnstrom kommen.

Da Gewinne im ersten Jahr wertvoller sind als Gewinne in späteren Jahren, haben die am höchsten eingestuften Unternehmen die höchsten vorhergesagten Wachstumsraten. Der Grund dafür ist die Kraft des Zinseszins. An der Börse zahlen Investoren für Wachstum mehr als für augenblickliche Gewinne. Was hätten Sie lieber – jetzt 5 $ oder einen Strom von Zahlungen, der heute bei 1 $ beginnt und in den nächsten zehn Jahren jedes Jahr um 20 % wächst? Die 5 $ sind 5 $ wert, aber der Geldstrom der mit 1 $ beginnt und jedes Jahr um 20 % wächst, ist 26 $ wert. Auch wenn Sie die künftigen Zahlungen mit 10 % Abschlag zurückrechnen, wären sie immer noch 14,50 $ wert.

Die Kraft des Zinseszins ist der Grund, daß Analysten sich so sehr mit der langfristigen Wachstumsrate eines Unternehmens befassen. Nehmen Sie ein hypothetisches Unternehmen, dem jeder voraussagt, daß es dieses Jahr 1 $ je Aktie Gewinn machen wird. Der Wert des Unternehmens hängt von den Wachstumsschätzungen ab. Wenn die Gewinne um 10 % pro Jahr schwinden, dann wird das Unternehmen in den nächsten 15 Jahren 5,04 $ je Aktie verdienen. Wenn die Gewinne bei 1 $ pro Jahr und Aktie bleiben, dann wird das Unternehmen in den nächsten 15 Jahren 7,94 $ verdienen. Steigern sich die Gewinne jedoch um 10 % pro Jahr, dann wird das Unternehmen 13,99 $ je Aktie verdienen. Bei 20 % Wachstum sind es schon 27,15 $, bei 30 % sind es 56,11 $ je Aktie.

GEWINNZUWACHS INNERHALB VON 15 JAHREN*

Jahresgewinne	**– 10 %**	**0 %**	**+ 10 %**	**+ 20 %**	**+ 30 %**
Jahr 1	1,00 $	1,00 $	1,00 $	1,00 $	1,00 $
Jahr 10	0,15 $	0,39 $	0,91 $	2,00 $	4,11 $
Jahr 15	0,05 $	0,23 $	0,87 $	2,94 $	9,01 $
Gesamt	5,04 $	7,94 $	13,99 $	27,15 $	56,11 $
Kurs/Gewinnverhältnis	5,0	7,9	14,0	27,2	56,1

* Diese Wachstumsraten gehen von einer Rückrechnung der künftigen Gewinne mit einem Abschlag von 10 % pro Jahr aus.

Was würden Sie für diesen abgezinsten Gewinnstrom zahlen? In jedem Fall würden Sie wahrscheinlich einen Betrag zahlen, der dem gegenwärtigen Wert der Gewinne entspräche. Das würde bedeuten, daß Sie 5,04 $ je Aktie bezahlen würden, wenn Sie davon ausgingen, daß die Gewinne jährlich um 10 % zurückgehen. Sie würden 7,94 $ je Aktie bezahlen, wenn Sie davon ausgingen, daß die Gewinne gleich bleiben, und Sie würden riesige 56,11 $ bezahlen, wenn Sie davon ausgingen, daß die Gewinne jährlich um

30 % wachsen. Die Wirkung des abgezinsten Gewinnstroms zeigt deutlich, weshalb Investoren 56 $ je Aktie für ein Unternehmen bezahlen, von dem Sie glauben, daß seine Gewinne jährlich um 30 % wachsen, aber nur 5 $ je Aktie für ein anderes Unternehmen, von dem Sie glauben, daß dessen jährliche Gewinne um jeweils 10 % sinken werden.

Natürlich kann eine Veränderung bei der Abzinsungsrate außerordentliche Wirkung auf die Bewertung haben. Stellen Sie sich die Abzinsungsrate wie die Zinsen Ihrer Hypothek vor. Sie beinhaltet sowohl die reinen Geldkosten, als auch das Risiko für den Fall, daß etwas schiefläuft. Wenn die Hypothekenzinsen hoch sind, dann können Sie sich kein sehr teures Haus leisten. Wenn sie niedrig sind, dann können Sie mehr bezahlen. Das gleiche gilt für Abzinsungsraten und Aktien. Je höher die Abzinsungsrate, um so geringer ist der Wert der künftigen Gewinnströme, während dann, wenn die Abzinsungsraten niedriger sind, der Wert des gleichen Gewinnstroms wächst. Wenn die Abzinsungsrate bei 10 % liegt, dann ist ein Unternehmen mit zehnprozentigem jährlichem Gewinnwachstum 13,99 $ wert. Wenn die Abzinsungsrate auf 5 % fällt, dann wäre das Unternehmen mit den gleichen Gewinnen heute 20,78 $ wert. Würde aber die Abzinsungsrate auf 15 % ansteigen, wäre das Unternehmen lediglich 9,77 $ je Aktie wert. Da die Abzinsungsrate von den banküblichen Zinsen beeinflußt wird, wird deutlich, weshalb die Veränderungen des Leitzinses eine so außerordentliche Wirkung auf die Aktienkurse haben.

Die Herausforderung des Unbekannten

Wäre das langfristige Gewinnwachstum eines Unternehmens garantiert, dann wäre es einfach, den richtigen Kurs einer Aktie zu bestimmen. Der Investor würde ganz einfach den aktuellen Wert des Gewinnstroms errechnen. Aber die langfristige Zukunft ist niemals garantiert. Die Konkurrenz, sich ändernde Marktbedingungen, neue Technologien und andere Faktoren können die Erwartungen deutlich verändern. Investoren müssen davon ausgehen, daß das Unternehmen besser oder schlechter als geplant abschneidet, und deshalb einen Risikofaktor einrechnen.

In der Praxis bedeutet das, daß Unternehmen mit deutlich erkennbaren langfristigen Gewinnen in der Regel mit einem höheren Kurs/Gewinnverhältnis gehandelt werden als Unternehmen, deren Zukunft weniger sicher ist. Unternehmen wie Coca-Cola, Wal-Mart, Microsoft und andere, die schon unter Beweis gestellt haben, daß sie ständig wachsen können, und eine beherrschende Marktposition innehaben, die ihnen weiterhin regelmäßiges Wachstum beschert, weisen normalerweise ein höheres Kurs/Gewinnverhältnis auf als Unternehmen mit einer eher unsicheren Zukunft. Wenn Sie der Auffassung sind, daß Coca-Cola oder Wal-Mart seine Gewinne jährlich um 17 % steigern kann, dann wären Sie in der angenehmen Lage, diese Gewinne zehn oder gar 15 Jahre lang zu erzielen.

Aber sogar hier kann die weitere Zukunft schwierig vorherzusagen sein, insbesondere dann, wenn die Märkte dieser Unternehmen gesättigt sind. Es ist einfach, auf die Geschichte von Microsoft, Intel, Wal-Mart oder anderen großen Unternehmen zurückzusehen und die Kraft der Verzinsung zu erkennen. Aber auf jedes Unternehmen das phantastische Wachstumsraten erzielte, kommen Hunderte von Möchtegerns, die auf die Nase gefallen sind. Früher waren Wang, Polaroid und Kmart Wachstumsaktien, deren Aussichten auf Investoren ebenso aufregend wirkten wie die von Microsoft, Intel und Wal-Mart heute. Doch diese Unternehmen gerieten in Schwierigkeiten, als sich die Konkurrenzsituation änderte und das Management Fehlentscheidungen traf.

Wenn es als schwierig gilt, das langfristige Wachstum von starken und beständigen Unternehmen vorherzusagen, ist es bei kleinen und schnell wachsenden Unternehmen noch wesentlich schwieriger. Netscape ist heute eines der Unternehmen, die am schnellsten wachsen. Aber wie wird dieses Unternehmen in zehn Jahren aussehen? Optimistisch gesehen, kann man davon ausgehen, daß Netscape das Internet beherrschen wird. Unter pessimistischen Annahmen kann man davon ausgehen, daß Microsoft den Browsermarkt beherrschen wird, so wie es andere Geschäftsbereiche beherrscht – und Netscape wird zum Visicalc des Browsermarkts, einer schnell vergessenen Fußnote in der Entwicklung der Technologie. Der Unterschied zwischen optimistischen und pessimistischen Annahmen macht für den Kurs einen großen Unterschied aus. Das gleiche kann von einem Unternehmen wie Iomega (einem Hersteller von Zip-Drives) gesagt werden. Iomega wächst im Augenblick sehr schnell, aber wie wird dieses Unternehmen in 10 Jahren aussehen? Werden die Gewinne um 40 % pro Jahr wachsen, weil jeder einen Zip-Drive kauft, oder wird ein neues Speichermedium erfunden, das alle Produkte von Iomega überflüssig macht? Um zu einer Bewertung von Netscape oder Iomega zu kommen, muß der Investor auch auf die möglichen Alternativen achten, die Wahrscheinlichkeit aller möglicher Hindernisse beachten und dann den augenblicklichen Wert de künftigen Gewinnstroms berechnen.

Die gleichen Techniken gelten für zyklische Aktien. Zyklische Unternehmen haben, entsprechend ihrer Definition, zyklische Gewinne. Während eines Hochs können die Gewinne außerordentlich hoch liegen, aber während eines Tiefs kann das Unternehmen sogar Geld verlieren. In der Analyse macht dies jedoch keinen Unterschied. Der Investor kauft immer einen langfristig betrachteten Gewinnstrom. Der Unterschied ist nur, daß die Wachstumsrate über diesen Zeitraum hinweg nicht konstant ist. Das Vielfache des Gewinns, das ein Investor zu zahlen bereit ist, basiert auf der Summe der Gewinne, die um einen plausiblen Betrag abgezinst werden.

Es sind immer die Gewinne

Es gibt aber auch Fälle, in denen sich Analysten auf andere Maßeinheiten konzentrieren als auf die Gewinne. Doch auch in diesen Fällen erwirbt der Investor die Aktie auf der Grundlage des Gewinnstroms. Analysten können ihre Bewertungen durch die Relation von Kurswert zu Buchwert oder den Liquidationswert begründen. Diese Bewertungen werden im allgemeinen dann vorgenommen, wenn Unternehmen gegenwärtig schwache Gewinne aufweisen. Aber die Rechtfertigung des Analysten für die Bewertung ist, daß das Unternehmen oder derjenige, der es kauft, in der Zukunft in der Lage ist, aus diesen Vermögensbeständen einen höheren Gewinnstrom zu generieren.

Wenn der Aktienkurs dem Gewinnstrom entspricht, der von Analysten vorhergesagt wurde, sollte es für Investoren einfach sein, Gewinner von Verlierern zu unterscheiden. Weil Analysten ihre Annahmen sehr deutlich machen, muß der Einzelinvestor die Annahmen der Analysten studieren und entscheiden, ob sie zu optimistisch oder zu pessimistisch sind. Wenn Analysten die Risiken nicht vollständig berücksichtigt haben, dann wird der Kurs der Aktie irgendwann fallen. Wenn sie die Chancen nicht in Betracht gezogen haben, dann wird der Aktienkurs steigen.

So geht es für Investoren darum, eine Information zu finden, die ihnen bei der Entscheidung hilft, ob die Analysten die Wachstumsrate zu hoch oder zu niedrig angesetzt haben. Nur weil ein Analyst sagt, daß ein Unternehmen weiterhin mit 25 % im Jahr wachsen wird, muß dies nicht auch eintreten. Viele Unternehmen übertreffen die Ziele der Analysten, während andere diese Ziele nicht erreichen. **Wenn der Investor etwas über das Unternehmen erfahren kann, womit es die Analysten positiv oder negativ überraschen kann, dann kann dieser Investor schon etwas Entscheidendes tun, bevor die Profis Zeit haben, zu reagieren.**

Allerdings sollten Sie sehr vorsichtig sein, wenn kurzfristige Ergebnisse langfristige Bewertungen über den Haufen werfen. Analysten benutzen kurzfristige Gewinne, um langfristige Projektionen zu entwerfen. Wenn ein Unternehmen, das mit 15 % wächst, ein starkes Quartal hat, in dem Umsätze und Gewinn um 30 % steigen, dann erhöhen die Analysten die langfristige Wachstumsrate. Sie als Einzelinvestor halten es vielleicht nicht für möglich, daß ein paar gute Monate die langfristige Wachstumsrate eines Unternehmens dramatisch verändern können. Langfristig mögen Sie recht haben, aber weil sich viele Investoren auf das kurzfristige Momentum konzentrieren, reagieren sie oft dramatisch auf Veränderungen der Bewertung. Wenn Analysten die Wachstumsraten anheben und der Aktienkurs anzusteigen beginnt, dann sollten Sie sich mit Verkäufen nicht beeilen. Wenn andererseits Unternehmen ein schwaches Quartal eingestehen, dann werden die Analysten ihre Wachstumsschätzungen schnell nach unten korrigieren. Auch wenn Sie annehmen, daß der Wechsel nicht gerechtfertigt ist, sollten Sie die Aktie nicht sofort kaufen. Sie könnten von dem Momentum überwältigt werden. Sollen doch die kurzfristig orientierten Anleger zuerst auf den Plan treten! Danach schätzen Sie die Wachstumsrate neu ein.

Wenn Markt und Analysten nicht einer Meinung sind

Manchmal gibt es eine große Diskrepanz zwischen der Bewertung der Analysten und dem Börsenkurs einer Aktie: Die Analysten mögen sagen, daß eine Aktie zu 50 $ gehandelt werden sollte, aber der Kurs bleibt bei 30 $ hängen. Wenn dies eintritt, dann liegen entweder der Markt oder die Analysten falsch. Wenn es sich um ein kleines Unternehmen handelt, das nur von ein oder zwei Analysten beobachtet wird, dann ist die Wahrscheinlichkeit groß, daß die Aktie tatsächlich 50 $ wert ist und zu 30 $ gehandelt wird, weil sie außerhalb der Radarschirme der meisten Profis gefallen ist. Dies sind oft hervorragende Kaufgelegenheiten.

Handelt es sich jedoch um ein großes Unternehmen und wird es von vielen Analysten beobachtet, dann ist es wahrscheinlich, daß diese Aktie tatsächlich 30 $ wert ist und die Analysten wegen ihrer »rosaroten Brillen« einen entscheidenden Risikofaktor nicht erkannt haben. Wenn Sie eine Gruppe von Analysten bemerken, die beteuert, daß »die Aktie relativ zu ihrer Wachstumsrate weit unterbewertet ist«, dann meinen die Analysten: »Niemand glaubt unseren Vorhersagen.« Wenn Börsenprofis die Vorhersagen der Analysten nicht akzeptieren, weshalb sollten Sie es tun?

* * * * *

Deshalb ist die Aufgabe des Einzelinvestors einfacher, als es den Anschein hat. Zu jedem Zeitpunkt reflektiert der Kurs einer Aktie das kollektive Wissen aller Käufer und Verkäufer. Wenn eine Aktie einigermaßen gut beobachtet wird, dann sollte sie den aktuellen Konsens deutlich darstellen. Die Aktie wird in ihrem Wert steigen, wenn sich der Konsens positiv verändert, der Kurs wird fallen, wenn sich der Konsens negativ verändert. Die Gewinnvorhersagen und Bewertungsparameter der Analysten stellen im allgemeinen die Grundlage des Konsenses dar. Um zu gewinnen, muß der Einzelinvestor nicht selbst ein neues Gewinnmodell entwickeln, er braucht keine Bilanzen zu analysieren oder Bewertungstechniken zu studieren. **Der Einzelinvestor muß nur nach einem Fehler in den Vorhersagen und oder den Bewertungen suchen und daraufhin in Aktion treten. Es ist wesentlich einfacher, die Analysten die Arbeit tun zu lassen und anhand ihrer Ergebnisse zu reagieren, als deren Arbeit von Anfang an selber zu tun.**

Prüfen Sie die Realität

Bevor Sie nach speziellen Fehlern in den Vorhersagen der Analysten suchen, sollten Sie die Realität prüfen. Entscheiden Sie, ob die Strategie des Unternehmens überhaupt Sinn macht. Beispielsweise könnte ein Unternehmen bekanntgeben, daß es plane, Satelliten auszusetzen, um auf Asteroiden Mineralien zu fördern. Der Analyst glaubt, daß die Asteroiden unbegrenzte Mineralienlager haben und das Unternehmen großen Erfolg haben könnte. Existiert dieser Markt? Vielleicht, aber man kann es nicht wissen. Man wagt einen Schuß ins Ungewisse, wenn man nicht gerade Astronom oder Physiker ist. Wenn Sie den Konsens nicht richtig einschätzen können, dann sollten Sie diese Aktie nicht anfassen. Ein anderes Unternehmen gibt bekannt, daß es vorhabe, eine ganze Flotte von Satelliten auszusetzen, die es Menschen auf der ganzen Welt ermöglichen sollen, über Mobiltelefone zu kommunizieren. Existiert dieser Markt? Sie glauben, daß es so ist. Kann das Unternehmen es auch schaffen? Das hängt von den Kosten und der Konkurrenz ab. Es kann sein, daß Sie eine Meinung haben, aber Sie haben keinen wirklichen Anhaltspunkt.

Cott, ein Hersteller von Softdrinks, war einmal ein Himmelsstürmer. Die Analysten sagten, daß Cott Coke und Pepsi unterbieten und 20 % des Marktes an sich ziehen könne. Macht dies für Sie Sinn? Für viele Investoren war es so. Aber darauf zu setzen, daß Unternehmen wie Coke und

Pepsi freiwillig größere Teile ihres Marktes aufgeben, ist eigentlich keine gute Strategie. Zu Beginn des Jahres 1994 wurde Cott zu 30 $ gehandelt. Zwei Jahre später wurde die Aktie nur noch zu 5 $ gehandelt. Dann ging ein anderes Unternehmen, USA Detergents, an die Wall Street. Die Analysten glaubten, daß es 20 % des Marktes für Waschmittel von Procter & Gamble und anderen großen Herstellern erobern könnte. Die Investoren sprangen auf diese Aktie an und verhalfen ihr zu einem enormen Kurs/Gewinnverhältnis. Aber wiederum war die Realität ganz anders als die Vorstellung. Zu Beginn des Jahres 1997 wurde USA Detergents zu 46 $ gehandelt. Am Ende des Jahres waren es nur noch 8 $. Unternehmen wie Procter & Gamble kommen nicht dorthin, wo sie jetzt stehen, wenn sie es kleinen Wettbewerbern ermöglichen, 20 % ihres Marktes zu erobern. Das sind die Realitätstests, die Sie ganz einfach durchführen können sollten.

Die Realität zu überprüfen, ist nicht schwierig. Betrachten Sie ein Konzept, und überlegen Sie, ob es Sinn macht. Manchmal stellt ein Unternehmen eine Behauptung auf, die so außergewöhnlich ist, daß sie eigentlich niemand glauben dürfte. Aber Börsenprofis und Einzelinvestoren tun es dennoch. Einer meiner Favoriten war Value Merchants, ein Handelsunternehmen, das alle Produkte für 1 $ verkaufte. 1991 gab das Management bekannt, daß es beabsichtige, den Markt mit 1-$-Läden zu erobern. Es sprach so davon, den Markt mit 1-$-Produkten zu erobern, wie andere darüber sprachen, den Goldmarkt oder den Silbermarkt in Angriff zu nehmen. Das Konzept schien wirklich bizarr, aber die Investoren mochten es. Die Aktie stieg von 256 auf 1.358 $ und wies ein Kurs/Gewinnverhältnis von 26 auf.

Value Merchants eröffnete überall Geschäfte, auch in der noblen Galleria in Dallas. Es mag die Vorstellung gewesen sein, daß Frauen, nachdem sie bei Neiman Marcus ein Designerstück gekauft hatten, ihren Kindern ein Geschenk für 1 $ kaufen würden. In der Zwischenzeit warf das Unternehmen Geld zum Fenster hinaus, als es Millionen ausgab, um den Markt mit minderwertigen Artikeln zuzuschütten. Diese Artikel verkauften sich nicht so gut wie erwartet. Value Merchants verlor Geld. Der Kurs der Aktie stürzte von 1.358 auf 0,50 $ ab (billig genug, um auch in den 1-$-Läden des Unternehmens verkauft zu werden). Die Lektion, die Value Merchants lehrte, ist einfach. Das Konzept, den Markt mit 1-$-Läden zu erobern, war idiotisch. Es ist unmöglich, den Markt mit minderwertigen Artikeln zu verunsichern. Aber weil Investoren gern exotisch anmutende Konzepte kaufen, stellten nur wenige einen Realitätstest an, bis es zu spät war. Vergessen Sie niemals: Minderwertige Artikel sind keine Wachstumsbranche.

AKTIENKURSE VON VALUE MERCHANTS

Datum	Kurs
Oktober 1990	275,00 $
Oktober 1991	1.358,00 $
Oktober 1992	460,00 $
Oktober 1993	95,00 $
Oktober 1994	28,50 $
Oktober 1995	0,50 $

Die Wall Street ist voll von Unternehmen, die niemals irgendeinen Realitätstest bestehen dürften. Erinnern Sie sich an Silk Greenhouse, das Unternehmen, das Supermärkte für künstliche Blumen unterhielt? Es war ein lächerliches Konzept, aber es war auch eine Aktie, die den Himmel über der Wall Street erstürmte. Viele Profis, die mit Hinweisen von Analysten, Verkäufern oder dem Unternehmen selbst überschwemmt wurden, stellten nie einen Realitätstest an, bis Silk Greenhouse sich selbst zerstörte. Sie konnten den Wald vor lauter (künstlichen) Bäumen nicht sehen. Hier kann ein Einzelinvestor tatsächlich einen Vorteil haben. Jeder, der in einen dieser höhlenartigen Läden ging, mußte feststellen, daß dieses Konzept niemals funktionieren würde.

Wenn man einen Realitätstest vornimmt, dann muß man hinter das Basiskonzept zurückgehen und auf die Bewertungen achten. Viele Konzepte sind großartig, aber es kann durchaus sein, daß sie das Kurs/Gewinnverhältnis, zu dem eine Aktie gehandelt wird, nicht wert sind. Nachdem Netscape öffentlich gehandelt wurde, stieg es bis über 80 $ und hatte eine Marktkapitalisierung von fast 8 Milliarden $. Der Netscape-Browser revolutionierte die Kommunikation, aber die Bewertung berücksichtigte nicht die wirtschaftlichen Gegebenheiten des Internet und auch nicht die potentielle Konkurrenz von Microsoft und anderen. Netscape hatte ein hervorragendes Produkt, aber die Bewertung hätte den Realitätstest nicht bestehen dürfen.

Bei einem Realitätstest ist es wesentlich wichtiger, die Risiken zu beachten als die Chancen. Analysten und Unternehmen zeigen gern die schöne Seite der Medaille. Nur wenige Unternehmen werden zugeben, daß Wal-Mart ihren Marktanteil übernommen hat und wenige Analysten werden zugeben, daß ein Management nicht weiß, wie die Kosten in den Griff zu bekommen sind. Statt dessen betonen die meisten Analysten die positiven Seiten. Deshalb sollten Investoren bei einem Realitätstest mehr Zeit für die möglichen negativen, als für die möglichen positiven Seiten aufwenden.

Der Realitätstest beginnt zuhause

Wenn Sie einen Realitätstest durchführen, dann greifen Sie auf Ihre direkten Erfahrungen zurück. Lesen Sie noch einmal in Kapitel 4 nach, und suchen Sie nach einem Vorteil auf Ihrem Heimatboden. Haben Sie besonderes Wissen über die Grundlagen einer Branche? Benutzen Sie die Produkte des Unternehmens? Kennen Sie jemanden, der für das Unternehmen arbeitet oder für seine Konkurrenten, Kunden oder Lieferanten? Jeden Tag sehen Sie Dinge, die Sie für Ihre Anlageentscheidungen nutzen können. Sie müssen nur den Wert dieser Dinge richtig einschätzen und nach Informationen graben. Wenn Sie keinen Heimvorteil haben, dann sollten Sie ein anderes Unternehmen suchen.

Wenn Sie einen Bericht über ein schnell wachsendes Handelsunternehmen lesen, das vornehmlich Teenager als Kunden hat, dann sollten Sie die Geschäfte aufsuchen. Herrscht dort Gedränge oder sind die Geschäfte leer? Sieht die Ware alt oder neu aus? Wird alles zum vollen Preis verkauft, oder gibt es viele Sonderangebote? Kaufen die Kunden einen Artikel oder mehrere? Sprechen Sie mit den Jugendlichen. Fragen Sie, ob sie das Geschäft mögen und wo sie sonst noch einkaufen. Wenn man Ihnen sagt, man würde nirgendwo anders kaufen, dann kann es sein, daß Sie auf einen Gewinner gestoßen sind. Wenn die Jugendlichen Ihnen berichten, daß dieser Laden sie langweilt, dann haben Sie einen Verlierer.

Beobachten Sie die Leute, die in den Geschäften arbeiten. Sind sie den Kunden behilflich oder sitzen sie hinten im Laden und unterhalten sich? Ein Geschäft mit sehr hilfreichem Personal ist oft ein sehr gut geleitetes Unternehmen. Wenn es im Laden ein wenig ruhiger geworden ist, dann sollten Sie mit den Angestellten sprechen. Erzählen Sie ihnen, daß Sie Aktionär sind. Fragen Sie, ob sie das Unternehmen mögen und wie die Geschäfte laufen. Haben Sie keine Scheu, mit den Angestellten zu sprechen. Die meisten Leute unterhalten sich gern, und man wird Ihnen interessante Dinge über die Firma erzählen. Sie suchen schließlich nicht nach Insider-Informationen. Sie wollen lediglich herausfinden, wie die Geschäfte laufen.

Kleine Dinge können Ihnen sehr viel verraten. Haben Sie sich jemals Gedanken darüber gemacht, weshalb die Dame am Empfang der Wal-Mart-Geschäfte immer zu lächeln scheint, während die Dame am Empfang des Kmart-Ladens dies nicht tut? Eines Tages fragte ich. Die Empfangsdame bei Kmart schimpfte: »Die Empfangsdame bei Wal-Mart arbeitet dort schon seit 20 Jahren. Sie hat so viele Aktienoptionen, daß Sie sich ein zweites Haus leisten kann. Ich lebe in einem Wohnwagen. Am Wochenende mähe ich ihren Rasen, während sie an den Strand geht. Wenn die Aktien von Kmart bei 60 $ sind und die von Wal-Mart bei 10 $, dann werde ich auch für Sie lächeln.«

Wenn Sie nach Informationen über den Hersteller eines Konsumprodukts suchen, dann sollten Sie das gleiche Muster verfolgen. Wenn Sie für einen Fahrradhersteller Interesse zeigen, dann sollten Sie einmal in ein Fahrradgeschäft gehen. Wenn Sie sich für einen Hersteller von Computerperipherie interessieren, dann sollten Sie in ein Geschäft von CompUSA gehen. Interessieren Sie sich für Mattel und Hasbro, dann sollte Ihr Weg Sie zu Toys ´R´ Us. führen. Sprechen Sie mit den Kunden. Fragen Sie die Verkäufer, ob die Produkte gut laufen, ob es Lieferschwierigkeiten gibt und ob die Qualität den Ansprüchen genügt. Wenn Ihnen jeder erzählt, daß das Geschäft brummt, dann stimmt das wahrscheinlich auch.

Das gilt auch für andere Geschäfte, beispielsweise für Restaurants. Lesen Sie nach, was der Analyst als Schlüssel zum Erfolg bezeichnet und kontrollieren Sie, ob Sie den auch sehen können. Sind die Parkplätze voll? Wie oft werden die Tische neu besetzt? Bitten Sie den Manager um ein Gespräch. Sagen Sie dem Manager, Sie seien ein Investor bei diesem Unternehmen, und fragen Sie ihn, auf welche Dinge man besonders achten muß, wenn man ein solches Geschäft leitet. Wenn die Manager nicht soviel zu tun haben, dann werden sie sich mit Ihnen unterhalten. Es kann durchaus sein, daß sie Ihnen einen Drink spendieren. Schließlich wissen die Manager ja nicht, ob Sie 100 oder 100.000 Aktien besitzen.

Wenn Sie an einem Unternehmen interessiert sind, von dem Sie beruflich kaufen, bitten Sie dessen Handelsvertreter um Informationen. Versuchen Sie, von ihm zu erfahren, wie das Unternehmen arbeitet. Wenn sich die Analysten auf einen bestimmten Punkt konzentrieren, bei dem dieses Unternehmen einen entscheidenden Vorteil hat, fragen Sie danach. Die meisten Handelsvertreter haben eine Meinung und werden Ihnen eine offene Antwort geben. Immerhin möchten die Handelsvertreter Sie als Kunden behalten. Wenn Sie die Aktie kaufen und sie im Kurs fällt, dann werden Sie Geld verlieren und die ihren Kunden.

Wenn Sie in einem Unternehmen arbeiten, das Produkte an ein Unternehmen liefert, an dem Sie interessiert sind, dann sollten Sie mit demjenigen sprechen, der bei Ihnen einkauft. Wenn Sie den Kunden besuchen, dann besichtigen Sie die Einrichtungen und sprechen mit den Arbeitnehmern. Wenn Sie schon eine Zeitlang im Geschäft sind, dann werden Sie sicherlich in der Lage sein, gute von schlechten Unternehmen zu unterscheiden. Wenn Analysten über neue Wachstumspläne Ihres Kunden berichten, dann sollten Sie Ihren Kunden danach fragen. Die meisten werden erfreut sein, wenn sie sehen, daß Sie an ihrem Geschäft interessiert sind, und antworten.

Wenn das Unternehmen, an dem Sie Interesse zeigen, in Ihrer Stadt angesiedelt ist, dann sollten Sie die Berichte in der Lokalzeitung beachten. Sprechen Sie mit Ihren Freunden, die dort arbeiten. Erzählen Sie ihnen, was die Analysten über das Unternehmen schreiben, und bitten Sie Ihre Freunde um deren Meinung. Fragen Sie, ob sie auch Aktien ihres Arbeitgebers kaufen. Sie brauchen nur einen kleinen Anhaltspunkt, um zu gewinnen.

Gehen Sie genau auf die Schlüsselfragen zu. Wenn Sie für eine Werbeagentur arbeiten und bei einem Unternehmen, das eine Suchmaschine betreibt, Online-Anzeigen aufgeben, dann fragen Sie ruhig, wie es der Branche geht. Es könnte sein, daß Sie die Antwort erhalten: »Wir haben vor, über das reine Anzeigengeschäft hinauszugehen und für jedes Produkt, das über unsere Suchmaschine verkauft wird, eine Provision zu verlangen.« Wenden Sie sich dann wieder den Berichten der Analysten zu. Keiner der Analysten hat Direktverkäufe der Suchmaschinenbetreiber in seine Modelle einkalkuliert, aber wenn Sie über das Geschäft des E-Commerce nachdenken, dann erkennen Sie, daß sehr viele Geschäfte online abgewickelt werden könnten. Nun haben Sie eine Information, mit der Sie den Analysten voraus sind.

Wenn Sie mit jemandem sprechen, der für eine Aktiengesellschaft arbeitet, versuchen Sie Informationen zu erhalten, über die andere Leute nicht verfügen, besonders, wenn diese Information der Gesellschaft einen großen Vorteil bringt. Die meisten Leute beziehen sich auf ihre eigene Erfahrung am Arbeitsplatz. Fragen Sie deshalb die Leute nach ihrem Job, nach dem Management des Unternehmens und nach der Unternehmenskultur. Stellen Sie die Fragen, die Sie sich stellen würden, wenn Sie selbst für dieses Unternehmen arbeiten wollten. Die Angestellten haben normalerweise ein sehr gutes Gefühl für diejenigen, die ein Unternehmen leiten. Wenn ein Vorstandsmitglied sehr viel Publicity erhalten hat, dann sollten Sie Ihren Gesprächspartner um dessen Meinung zu dieser Person bitten.

Ihr Ziel in diesem Verfahren ist sehr einfach. Sie brauchen Informationen, die Ihnen eine Einschätzung des Unternehmens ermöglichen, und die andere Investoren nicht haben. Verschwenden Sie Ihre Zeit nicht damit, Fragen zu stellen, die Ihr Gesprächspartner nicht beantworten kann.

Fragen Sie keinen Verkäufer nach Gewinnschätzungen. Verkäufer wissen das normalerweise nicht, und Sie können die Antworten ganz einfach auch online in Erfahrung bringen. Fragen Sie nach Dingen, die Ihnen besondere Informationen vermitteln.

Sprechen Sie mit den Aktionärsbetreuern

Wenn Sie erst einmal die Schlüsselstelle herausgefunden haben, in der Ihre Ansicht vom Konsens abweicht, dann sollten Sie mit dem Unternehmen selbst Kontakt aufnehmen. Rufen Sie noch einmal bei der Abteilung für Aktionärskommunikation (Investors Relations) an. (Als Sie das erste Mal anriefen, baten Sie lediglich um ein Informationspaket.) In diesem Gespräch sollten Sie versuchen, eine Information zu erhalten, anhand derer Sie entscheiden können, ob der Konsens richtig oder falsch ist.

Haben Sie keine Angst, Fragen zu stellen, die Profis sind auch nicht gerade schüchtern. Und machen Sie sich nichts daraus, wenn Ihre Fragen nicht perfekt sind. Dies ist keine Prüfung, sondern ein Lernprozeß. Das, was passieren kann ist, daß man auf der anderen Seite einfach auflegt. **Und machen Sie sich auch keine Sorgen, daß Sie dumme Fragen stellen könnten. Wenn das nämlich ein Verbrechen wäre, dann wäre die halbe Wall Street im Knast.** Ich erinnere mich daran, daß ich mit dem Vorstandsvorsitzenden einer Sportschuhfabrik zum Essen ging. Während der Präsentation zeigte er ein Paar High-Tech-Basketballschuhe seines Unternehmens. »Dieser Schuh«, sagt der Vorstandsvorsitzende, stellt »den neuesten Stand der Technik für nur 105 $ dar.« Ein Portfolio-Manager, der einen 400-Millionen-$-Fonds betreute, sah kurz auf. »Pro Stück?« fragte er. »Wir verkaufen sie immer paarweise«, antwortete der Vorstandsvorsitzende und versuchte, ein Grinsen zu vermeiden.

Es ist eher unwahrscheinlich, daß Sie eine dümmere Frage stellen können, als die, ob der Preis bei Sportschuhen für den einzelnen Schuh oder das Paar gilt. Die Abteilungen für Aktionärskommunikation sind an dumme Fragen sogar von den größten Investoren gewöhnt, und so sollten Sie durchaus selbstbewußt auftreten, auch wenn Sie nicht alles verstehen. Empfehlenswert ist es allerdings, schon vorher seine Hausaufgaben zu machen, denn dann wird man Ihnen mehr Zeit zur Verfügung stellen, weil man davon ausgeht, daß Sie wissen, worüber Sie sprechen.

Diese Fragen sollten Sie stellen

- Fragen Sie nach speziellen Themen, die Sie nicht verstehen. Dies gilt insbesondere dann, wenn es sich um komplexe Technologie handelt. Machen Sie sich keine Gedanken, wenn Sie nicht wissen was ein EEPROM ist. Viele Profis wissen das auch nicht. Solche Dinge zu erklären, zählt zu den Aufgaben der Abteilung für Aktionärskommunikation. Wenn Sie das Geschäft auch nach einer Erklärung nicht verstehen, dann sollten Sie die Aktien dieses Unternehmens nicht anfassen. Sie werden nie gewinnen, wenn Sie ein Geschäft nicht verstehen.
- Fragen Sie nach den wirtschaftlichen Basisdaten der Branche. Niemand erwartet von Ihnen, daß Sie die Feinheiten einer jeden Branche kennen, aber Sie sollten in der Lage sein, die Sachverhalte zu verstehen, die zur Bewertung eines Unternehmens beitragen. Es ist in Ordnung wenn Sie fragen: »Wie soll ich die wirtschaftlichen Basisdaten Ihres Unternehmens verstehen?« Wenn Ihr Telefonpartner dann über den Cash-flow spricht, dann sollten Sie im Jahresbericht die Seite nachschlagen, auf der über den Cash-flow berichtet wird, und mit Ihrem Telefonpartner die Zahlen durchgehen.
- Fragen Sie immer dann nach, wenn die veröffentlichten Ziele des Unternehmens im Kontrast zu den entsprechenden Punkten in den Berichten der Analysten stehen. Die Unternehmen werden in Länge und Breite zu erklären versuchen, weshalb sie annehmen, daß ein Analyst etwas falsch verstanden habe. Wenn ein Analyst feststellt, daß der Liquidationswert eines Unternehmens dem doppelten Aktienkurs entspricht, dann sollten Sie nachfragen, weshalb das Unternehmen dann nicht einfach liquidiert. Die Antwort könnte sehr interessant sein.
- Stellen Sie Fragen zu Ihren direkten Erfahrungen mit den wichtigsten Sachverhalten. Ein Autohersteller wird über seine kostendämmenden Maßnahmen sprechen. Sie selbst aber haben im letzten halben Jahr vier Rückrufaktionen erlebt. Fragen Sie, ob die niedrigeren Kosten zu Qualitätsproblemen geführt haben. Eine Discount-Handelskette spricht über ihr Programm, sehr schnell mit neuen Geschäftseröffnungen den Markt anzugreifen. Sie aber konnten zu Beginn der Frühjahrssaison in drei Filialen weder Fahrräder noch Gasgrills finden. Fragen Sie nach, ob die Wachstumspläne die Kapazitätsgrenzen der Logistik des Unternehmens überschritten haben. Ein Online-Service prahlt mit seiner Größe, aber Sie können nie verbunden werden. Fragen Sie, ob das Unternehmen Kapazitätsprobleme hat und wie es diese lösen will. Direkte Erfahrung kann Sie in einen interessanten Dialog mit einem Unternehmen

führen, aber Sie sollten sicherstellen, daß diese Fragen wirklich die ganze Gesellschaft angehen und es keine Sachverhalte sind, die nur Sie angehen und vom Kundendienst nicht beantwortet werden könnten. Deshalb sollten Sie sich auch nicht beschweren, daß Sie für Ihr Auto nicht die Farbe finden konnten, die Sie eigentlich haben wollten und daß Sie deswegen eine lange Wartezeit in Kauf nehmen mußten, wenn Sie nicht der Überzeugung sind, daß dies Probleme sind, die das ganze Unternehmen betreffen. Wenn Sie mit einem Mitarbeiter der Aktionärsbetreuung ins Gespräch kommen, dann können Sie oft wertvolle Informationen erhalten, die Ihnen behilflich sind, Ihre Investmententscheidungen zu treffen.

Das sollten Sie nicht fragen

- Fragen Sie nicht nach den voraussichtlichen Unternehmensgewinnen. Unternehmen geben normalerweise keine Gewinnvorschau heraus. Sehen Sie im Internet nach den Schätzungen der Analysten. Dann können Sie das Unternehmen fragen, ob es mit diesen Schätzungen konform geht. Wenn das Unternehmen sich im Bereich der niedrigen Schätzungen wohlfühlt, dann könnten die Analysten die Schätzungen reduzieren und die Aktie könnte unter Druck geraten. Fühlt sich das Unternehmen jedoch am oberen Ende der Schätzungen wohl, dann könnten die Analysten ihre Schätzungen anheben und der Aktienkurs könnte steigen.
- Fragen Sie nicht, ob der Kurs der Aktie sinken oder steigen wird. Die Leute wissen es nicht, und wenn Sie es wüßten, dann würden sie Ihnen nichts sagen. Über Kursbewegungen einer Aktie sollten Sie nur nachfragen, wenn es größere Zunahmen im Handelsvolumen und der Volatilität geht und Sie zuvor die Nachrichten über das Unternehmen, die Ratings der Analysten und deren Gewinnschätzungen im Internet gesehen haben.
- Fragen Sie nicht, ob ein Analyst die Aktie in der letzten Zeit höher oder niedriger bewertet hat. Bevor Sie anrufen, können Sie darüber etwas im Internet erfahren. Wenn ein Analyst tatsächlich in letzter Zeit das Rating oder die Gewinnschätzungen verändert hat, dann könnten Sie nachfragen, weshalb dies geschehen sein mag. Zwar kann man Ihnen antworten: »Das ist die Meinung eines einzelnen Analysten.« Aber diese Frage sollte man durchaus stellen.
- Fragen Sie nicht, ob Sie kaufen oder verkaufen sollten. Dies ist Ihre Entscheidung und keine Entscheidung des Unternehmens. Mit einer solchen Frage verraten Sie, daß Sie ein blutiger Anfänger sind. Sie sollten

sich nicht um einen Rat bemühen, sondern herausfinden, ob der Konsens der Analysten richtig oder falsch ist.

Sie können auch mit dem Aktionärsservice der Kunden, Lieferanten und Wettbewerber des Unternehmens sprechen. Die besten Informationen erhalten Sie von Firmen, die direkt mit dem Unternehmen, an dem Sie interessiert sind, zu tun haben. Niemand hat ein besseres Gefühl dafür, wie es einem Unternehmen geht, als dessen Kunden und Lieferanten. Die wissen genau, welche Produkte sich gut verkaufen, aber sie müssen vorsichtig über die Unternehmen sprechen, mit denen sie Geschäftsbeziehungen unterhalten. Wenn Sie von Kunden und Lieferanten Informationen bekommen wollen, dann müssen Sie es sehr schlau anstellen. Statt geradewegs danach zu fragen, wie es einem Lieferanten wirtschaftlich geht, sollten Sie mit Fragen über das Geschäft des Kunden beginnen und dann zu Fragen übergehen, die die Unternehmen betreffen, an denen Sie interessiert sind. Wenn Sie beispielsweise etwas über Markenoberbekleidung für Herren wissen wollen, dann rufen Sie den Aktionärsservice einer Kaufhauskette an. Und wenn Sie dann über Herrenoberbekleidung sprechen, dann könnten Sie einfließen lassen: »Ich hörte, daß Polo und Tommy sich sehr gut verkaufen, aber daß es mit Mossimo nicht besonders gut läuft.« Es kann sein, daß Sie darauf keine Reaktion erhalten, aber manchmal kann Ihnen der Gesprächspartner wertvollste Hinweise geben.

Auch Gespräche mit Wettbewerbern können sehr wertvoll sein. Konkurrenten wollen es einander oft heimzahlen. Schließlich sind sie ja Konkurrenten. Wettbewerber sehen ein anderes Unternehmen immer aus einem ganz anderen Blickwinkel. Sie werden Ihnen erzählen, weshalb sie besser sind als das Unternehmen, an dem Sie eigentlich interessiert sind. Es kann sehr nützlich sein, die verschiedenen Ansichten miteinander zu vergleichen. Bevor Sie aber mit Konkurrenten sprechen, sollten Sie sich gut vorbereitet haben. Sie können nicht einfach bei Compaq anrufen und dort Auskünfte über Dell einholen. Wenn Sie sich bei Compaq melden, dann sollten Sie zuerst nach deren Geschäften fragen und dann, wie man diese Geschäfte im Vergleich zu denen von Dell sieht. Außerdem sollten Sie sicher sein, daß zwei Unternehmen auch wirklich Konkurrenten sind. Coca-Cola und Pepsi sind eindeutig Konkurrenten, aber Coca-Cola und Budweiser sind keine Konkurrenten. Wenn die Konkurrenz nicht direkt oder sehr stark ist, dann wird Ihnen ein Unternehmen wahrscheinlich kein besonders gutes Feedback über das andere geben können. Ein kleiner regionaler Discounter könnte Wal-Mart als Konkurrenz betrachten, aber umgekehrt ist das nicht der Fall. Dennoch sollte man Fragen stellen. In manchen Abteilungen für Aktionärsservice sitzen Leute, die sehr viel über ihre Branche wissen und bereit sind, ihr Wissen mit Ihnen zu teilen.

Suchen Sie nach Lücken bei den Zahlen

Wenn Sie einen grundlegenden Überblick über das Unternehmen gewonnen haben, dann ist die Suche nach Ungereimtheiten bei den Finanzdaten der nächste Schritt. Sie wollen herausfinden, ob der Konsens der Analysten zu optimistisch oder zu pessimistisch ist. Sie brauchen nicht herauszufinden, welche Zahlen am wichtigsten sind. Wie wir bereits gesehen haben, stellen die Berichte der Analysten die wichtigsten Sachverhalte ohnehin heraus. Sie brauchen auch kein Gewinn- oder Bewertungsmodell zu entwickeln oder Relationen zu berechnen. Das haben die Analysten bereits getan. Ihre Aufgabe ist es, die Zahlen zu betrachten, und Ungereimtheiten zu erkennen.

Vergraben Sie sich nicht in Details. Suchen Sie im Jahresbericht die Seite heraus, die Ihnen eine Zusammenfassung der letzten fünf oder zehn Jahre bietet. Die Seite mit der Zusammenfassung kombiniert oft die Zahlen der Erfolgsrechnung, der Bilanz und des Cash-flows mit anderen Zahlen, die das Unternehmen für seine Branche als entscheidend betrachtet. Eine Handelsgesellschaft könnte hier die Zahl der Ladengeschäfte aufführen und die Höhe der Umsätze je Quadratmeter Ladenfläche. Eine Immobiliengesellschaft könnte die Zahl der vermieteten Quadratmeter und die Miethöhen darstellen. Eine Kabelfernsehgesellschaft könnte die Anzahl der Haushalte in ihrem Markt und den Prozentsatz der angeschlossenen Haushalte darstellen, aber auch den durchschnittlichen Gewinn je Haushalt. Der größte Vorteil einer Zusammenfassung ist, daß nur die wichtigsten Zahlen angegeben werden und dies in einer historischen Betrachtung. Zwar werden Sie, wenn Sie nur die Zusammenfassung betrachten, manche Details nicht finden, aber der Vorteil, einen guten Überblick zu bekommen, kompensiert dies mehr als ausreichend. Wenn ich zum ersten Mal mit einem Unternehmen spreche, dann nehme ich die Zusammenfassung und gehe sie Zeile für Zeile durch. Das Unternehmen veröffentlicht auf dieser Seite seine wichtigsten Informationen, und wenn Sie diese Seite nutzen, dann sind Sie auf der richtigen Spur.

Wenn Sie die Zusammenfassung betrachten, dann sollten Sie versuchen, Muster zu erkennen: Wie verlief das Umsatzwachstum in der Vergangenheit? War es gleichmäßig oder unregelmäßig? Wurden die Gewinnspannen besser oder schlechter? Wie entwickelten sich die Kosten im Vergleich zu den Umsätzen? Wie lag der Trend beim Gewinn je Aktie? Wie hat sich der Gewinn, bezogen auf das Eigenkapital, im Lauf der Zeit entwickelt? Wie hat sich das Verhältnis der Verbindlichkeiten zum Eigenkapital verändert? Welches sind die branchenspezifischen Ziele, auf die sich das Unternehmen konzentriert hat? Wir werden auf jedes dieser Themen eingehen. Sie brauchen zu keinem Bereich detaillierte Analysen anzustellen, aber wenn Sie sich ein wenig auskennen, werden Sie leichter Veränderungen und bestimmte Muster erkennen können.

Wenn es nicht viele Akquisitionen oder Veräußerungen von Unternehmensteilen gegeben hat, dann werden die meisten Unternehmen deutliche Muster aufweisen. Machen Sie sich ein geistiges Bild dieser Muster. Dann betrachten Sie die Vorhersagen der Analysten: Stimmen irgendwelche Zahlen mit den historischen Trends nicht überein? Falls dies der Fall ist, können diese Zahlen der Schlüssel für Ihren Erfolg sein. Halten Sie sich nicht mit übereinstimmenden Zahlen auf. Konzentrieren Sie sich zunächst Abweichungen. Dies führt Sie im allgemeinen zu den Themen, die über den künftigen Erfolg oder Mißerfolg des Unternehmens entscheiden.

Damit will ich nicht sagen, daß es keine Veränderungen geben soll. Veränderungen können durchaus vorkommen, aber sie sind wesentlich seltener als konstante Entwicklungen. Denken Sie nur an die Menschen. Menschen können sich ändern. Übergewichtige Menschen können 40 Pfund abnehmen, und Stubenhocker mittleren Alters können sich zu einem Marathonlauf aufschwingen. Aber meist bleiben Übergewichtige übergewichtig, und Stubenhocker werden sich einen Marathonlauf eher im Fernsehen ansehen. Das gilt auch für Unternehmen. Die meisten werden den gleichen Verhaltensmustern folgen, die sie schon jahrelang gezeigt haben. **Wenn also jemand davon ausgeht, daß ein Unternehmen sich von einem Stubenhocker zu einem Marathonläufer entwickelt, dann sollte der Investor herausfinden, ob und wie dies möglich ist.**

Beachten Sie Veränderungen bei Umsatz und Gewinnspanne

Nach der Zusammenfassung sollte sich der Einzelinvestor im Jahresbericht die Gewinn- und Verlustrechnung ansehen. Die Gewinn- und Verlustrechnung des Unternehmens weist die historischen Daten nach, während die Modelle der Analysten deren Hochrechnung in die Zukunft beinhalten. Auch hier ist es entscheidend, nach Abweichungen zu suchen. Wenn

Umsätze, Gewinnspannen, Kosten und Gewinne je Aktie in der Vergangenheit jährlich um 10 % gewachsen sind und die Analysten auch ein zehnprozentiges Wachstum vorhersagen, dann ist hier nicht viel zu holen. Wenn die Analysten von einem Unternehmen, das jährlich um 10 % gewachsen ist, nunmehr 20 % Wachstum erwarten, dann haben Sie einen Anhaltspunkt, auf den Sie sich konzentrieren können.

In der Gewinn- und Verlustrechnung sollten Sie zuerst auf den Umsatz achten. Bei vielen Unternehmen sind die Umsätze die wichtigste Zahl. Betrachten Sie die langfristige historische Entwicklung. Manche Unternehmen wachsen konstant, während andere in der Vergangenheit zyklisch wuchsen. Danach betrachten Sie die letzten Jahre: Beschleunigt sich das Wachstum oder nimmt es ab? Sehen Sie nach, was die Analysten erwarten. An dieser Stelle könnte sich entscheiden, ob Sie gewinnen oder verlieren. An dieser Stelle wäre auch ein Realitätstest angebracht. Normalerweise können Sie sich über das Umsatzwachstum selbst eine Meinung bilden. Gehen wir einmal davon aus, daß ein Unternehmen, das zunächst 5 % des Marktes kontrollierte, nunmehr 35 % des Marktes beherrscht, da es kleine Wettbewerber aufgekauft hat. Die Analysten sind der Meinung, das Unternehmen könne 55 % des Marktes gewinnen, aber wenn Sie die Konkurrenten betrachten, dann gehen Sie davon aus, daß das weitere Wachstum eher schwierig werden könnte. Fragen Sie beim Aktionärsservice nach, weshalb das Unternehmen glaubt, daß es weitere Marktanteile hinzugewinnen könne. Stellen Sie den Wettbewerbern die gleiche Frage oder gehen Sie auf Ihren Heimatboden zurück und versuchen Sie selbst, Hinweise zu finden.

Der nächste Punkt der Gewinn- und Verlustrechnung, den Sie sich näher ansehen sollten, sind die Gewinnspannen in Prozent vom Umsatz. Gewinnspannen sind die Profite, die ein Unternehmen bei seinen Verkäufen macht. Die Gewinnspannen sollten ein relativ konstantes Muster aufweisen. Sie können flach verlaufen, leicht ansteigen oder leicht abfallen, aber meist gibt es einen deutlich erkennbaren Trend. Und wiederum ist der Trend nicht der Schlüssel; vielmehr sind es die Veränderungen. Wenn die Gewinnspannen deutlich schrumpfen, dann könnte dies bedeuten, daß der Wettbewerb einigermaßen schwierig wird. Wenn die Gewinnspannen deutlich zunehmen, dann könnte das heißen, die Konkurrenz ist weniger aggressiv, was sehr gut ist, oder daß das Unternehmen anfängt gierig zu werden, und das wiederum ist schlecht. Wenn die Gewinnspannen auf Rekordhöhe ansteigen, dann könnte dies entweder bedeuten, daß die Konkurrenz besiegt ist – oder daß das Unternehmen mit den Zahlen Spielchen betreibt. Wenn es bei den aktuellen oder künftigen Gewinnspannen

Realitätstest: Um diese Fragen geht es beim Umsatzwachstum

- Fragen Sie nach dem Gesamtwachstum des Marktes. Überlegen Sie, ob dieses Wachstum aufrechterhalten werden kann. Innerhalb eines Unternehmens ist man wesentlich optimistischer als außerhalb.
- Fragen Sie nach branchenspezifischen Sachverhalten, die die Umsätze beeinflussen könnten. Ändert sich die Technologie? Was macht die Konkurrenz? Manche Unternehmen betrachten ihr Umfeld aus einem zu engen Blickwinkel und werden somit blind für Einflußfaktoren, die nicht im Branchenmittelpunkt stehen. Stellen Sie jede Vorhersage der Analysten in Frage, die Sie nicht leicht akzeptieren können. Wenn ein Analyst die Behauptung aufstellt, daß die Gewinne je Filiale, die bisher durchschnittlich bei 2 % lagen, plötzlich auf 10 % ansteigen sollen, dann sollten Sie überlegen, wie dies geschehen könnte. Wenn das Unternehmen diese Frage aufklärt, dann sollten Sie nachdenken, ob Sie das auch wirklich glauben können. Dies könnte ein Kernpunkt für Ihre Investmententscheidung sein.
- Fragen Sie nach externen Faktoren, die dem Unternehmen Sorgen bereiten. Geben Sie sich nicht mit Gemeinplätzen zufrieden wie: »Der Aktienmarkt könnte zusammenbrechen.« Derartige Kommentare sind nutzlos. Fragen Sie weiter, bis Sie spezifische Antworten bekommen wie beispielsweise: »Wir haben einen Horror davor, daß Microsoft ein Produkt entwickelt, das direkt mit unserem in Konkurrenz treten könnte.«
- Wenn Sie eine Produktlinie sehen, von der Sie annehmen, daß sie sich sehr gut verkaufen wird, dann sollten Sie die Erwartungen der Analysten in Frage stellen. Gehen Sie von einer konkreten Behauptung aus, und zwingen Sie damit den Aktionärsservice, Ihnen eine konkrete Anwort zu geben: »Ich bin der Ansicht, daß Ihre neuen Produkte sich besser verkaufen werden als die Analysten es annehmen, und daß die Umsätze positiver als erwartet ausfallen werden.« Wenn Sie recht haben, dann wird der Aktionärsservice Sie in Ihrer Ansicht bestätigen oder mindestens zum Ausdruck bringen, das Unternehmen sei optimistisch. Konkrete Fragen führen zu konkreten Anworten.

signifikante Veränderungen gibt, dann muß der Investor den Grund dafür herausfinden.

Das ist nicht so schwierig, wie es den Anschein hat. Faktoren, die die Gewinnspanne beeinflussen können, sollten allgemein verständlich sein. Härterer Wettbewerb kann zu geringeren Gewinnspannen führen, da die Konkurrenten sich gegenseitig über den Preis bekämpfen. Geringere Konkurrenz sollte zu höheren Gewinnspannen führen, da der Druck der Konkurrenz nachläßt. Untersuchen Sie die Konkurrenten. Reflektiert eine Veränderung bei der Gewinnspanne eine Veränderung bei der Konkurrenz? Betrachten Sie zunächst die härtesten Konkurrenten. Gehen deren Gewinnspannen in die gleiche Richtung? Wenn Ihr Unternehmen größere Gewinnspannen aufweist als der härteste Konkurrent, dann könnte leicht etwas falsch sein. Nehmen Sie noch einmal eine Plausibilitätskontrolle vor. Wenn ein Fahrradhersteller Ihnen erzählt, daß es weniger Konkurrenz aus dem Ausland gibt, dann sollten Sie einfach zu Wal-Mart oder Target gehen und sich selbst umsehen.

Unternehmen können Gewinne in Lagerbeständen und Aussenständen verstecken

Nach der Gewinn- und Verlustrechnung sollten Sie sich der Bilanz zuwenden. Viele Investoren haben einen Horror davor, mit Bilanzen zu arbeiten, aber eigentlich ist das sehr einfach. Sie sollten sich nicht mit Branchenstandards oder Kennzahlen aufhalten, sondern die Veränderungen von Abrechnungsperiode zu Abrechnungsperiode beachten. Sehen Sie sich in der Bilanz zunächst die Lagerbestände an. Lagerbestände sollten im gleichen Maß wie die Umsätze wachsen. Wenn sie schneller wachsen, dann stellt das Unternehmen entweder zuviel Produkte her oder es verkauft nicht genug.

Die Bedeutung der Lagerbestände kann nicht genug betont werden. **Anders als guter Wein werden Lagerbestände mit zunehmendem Alter nicht besser.** Ein Unternehmen, das zu hohe Bestände aufweist, kann damit seine Gewinne deutlich überbetonen. Stellen Sie sich vor, daß ein Computerhersteller das Geschäftsjahr 1996 mit Umsätzen von 100 Millionen $ (10 Millionen $ mehr als 1995) und einem Bruttogewinn von 50 Millionen $ (10 Millionen $ mehr als im Vorjahr) beendet hat. Auf den ersten Blick sieht es aus, als hätte das Unternehmen ein gutes Geschäftsjahr hinter sich. Was aber ist, wenn der Lagerwert von 10 auf 40 Millionen $ angestiegen ist? Was glauben Sie, sind die Computer des letzten Jahres im nächsten Jahr noch wert? Nicht besonders viel! Zwar stehen die Lagerbestände noch mit 40 Millionen $ in den Büchern, aber keinesfalls würde jemand diesen Betrag für die alten Computer bezahlen. Wenn Sie bemerken, daß der Lagerwert von 10 auf 40 Millionen $ angestiegen ist, während die Umsätze lediglich um 10 Millionen $ stiegen, dann wissen Sie, daß dieses Unternehmen ein größeres Problem hat.

Würde das Unternehmen den überschüssigen Lagerbestand mit 20 Millionen $ Verlust veräußern, würden die Gewinne auf 30 Millionen $ fallen. Was zunächst wie ein gutes Jahr aussah, wäre nun ein echtes Desaster. Weil der Hersteller zu hohe Lagerbestände hielt, konnte er wesentlich bessere Ergebnisse ausweisen, aber dadurch brachte er die Zukunft des Unternehmens in Gefahr.

Unternehmen kontrollieren den Lagerumschlag. Eine der häufigsten Aussagen ist: »Der Lagerbestand entspricht dem Plan.« Versuchen Sie nicht zu fragen, wie der Plan aussieht. Sie werden niemals eine ehrliche Antwort erhalten. Unternehmen sagen auch, daß sie »neue Ware früh auf Lager nehmen« oder »wegen höherer Umsätze in der Zukunft ein größeres Lager aufbauen«. Zwar gibt es Fälle, wo solche Aussagen zutreffend sind, meist jedoch ist ein höherer Lagerbestand ein schlechtes Zeichen. Die Regel für die Betrachtung der Lagerbestände ist einfach: Wenn die Lagerbestände schneller wachsen als der Umsatz, dann kann es sein, daß die aktuellen Gewinne zu hoch angesetzt und künftige Gewinne in Gefahr sind. Wächst ein Lager langsamer als die Umsätze, dann könnte es sein, daß die aktuellen Gewinne niedriger angesetzt sind und künftige Gewinne besser als geplant sein könnten.

Der nächste Punkt, den wir in der Bilanz betrachten wollen, sind die Außenstände. Dies ist das Geld, das dem Unternehmen von Kunden geschuldet wird. Außenstände sollten im gleichen Maß wie die Umsätze wachsen. Wenn sie wesentlich schneller wachsen, könnte dies ein Anzeichen für Schwierigkeiten sein. Es bedeutet, daß das Unternehmen keine Zahlungen erhält und/oder Kunden besondere Zahlungsziele einräumt, um im Geschäft zu bleiben. Diese Praxis kann Umsätze und Gewinnspannen künstlich aufblähen.

Kommen wir noch einmal zu dem Computerhersteller zurück. Statt die Computer mit großem Verlust zu verkaufen, kann der Hersteller sie auch für 50 Millionen $ »verkaufen« und einen Gewinn von weiteren 20 Millionen $ einstreichen. Es würde nun so aussehen, als gebe es Rekordumsätze, Rekordgewinne und kein Lagerproblem. Die Analysten würden ihre Schätzungen ganz schnell nach oben korrigieren und den Hersteller ein Wachstumsunternehmen nennen. Um jedoch die faule Ware überhaupt in den Handel zu bekommen, müßte der Hersteller den Einzelhändlern ein Zahlungsziel von zwei Jahren einräumen, und unverkäufliche Computer müßten zum vollem Preis zurückgenommen werden. Dies ist natürlich Betrug. Wenn die Wiederverkäufer nicht zahlen müssen und zurückgeben können, was sie nicht verkaufen, dann sind die Umsätze ein Schwindel, und die Gewinne weit überzogen dargestellt. Würden Sie nicht die Außenstände sehen, würden Sie nie erkennen, daß es hier ein Problem gibt. Weil Sie aber darauf geachtet haben, konnten Sie erkennen, daß hier etwas sehr im Argen liegt. Es ist zwar nett für das Unternehmen, sagen zu können, es habe seine Waren verkauft und einen hübschen Gewinn eingestrichen – aber wenn nie bezahlt wird, wo bleiben dann die Gewinne?

Solche Schwindel werden öfter praktiziert, als die meisten Investoren glauben möchten. Jahrelang boten die großen Hersteller von PCs wie beispielsweise Compaq und IBM zum Ende eines Quartals besondere Konditionen an, so daß die Wiederverkäufer zusätzliche Computer »kaufen« sollten. (In der Branche nennt man dies »die Kanäle verstopfen«.) Weil die Wiederverkäufer das, was sie nicht verkaufen konnten, zurückgeben konnten, waren viele dieser Verkäufe überhaupt nicht real. Aber für die Hersteller war es sehr angenehm, zusätzlich Ware aus ihren Büchern zu bekommen und damit die Umsätze optisch aufzubessern. In einer Welt, in der kleine Veränderungen bei den Umsätzen das Kurs/Gewinnverhältnis eines Unternehmens deutlich beeinflussen können, hatten diese »Verkäufe« größeren Einfluß auf die Kurse der Aktien. Wenn die Computer in den Kaufhäusern stehen und darauf warten, wieder zurückgegeben zu werden, dann verschieben die Hersteller lediglich den Tag der Abrechnung. Die Moral ist ganz einfach: Wenn Außenstände wesentlich schneller wachsen als die Umsätze, dann könnte es sein, daß hier sehr üble Spielchen laufen. Wenn Unternehmen besondere Konditionen anbieten, um ihre Ware loszuwerden, dann werden diese Geschäfte zurückkommen und Alpträume auslösen. Analysten schenken Lagerbeständen und Außenständen oft zu wenig Beachtung, oder sie werden vom Unternehmen eingewickelt. Und deshalb bieten Lagerbestände und Außenstände dem Einzelinvestor gute Gelegenheiten, besondere Chancen zu erkennen, die Analysten unbeachtet lassen.

Stellen Sie sicher, dass die Kosten im Rahmen bleiben

Kehren Sie nun wieder zur Gewinn- und Verlustrechnung zurück, und betrachten Sie das Verhältnis der Ausgaben zum Umsatz. Diese Zahlen zeigen Ihnen, wie das Unternehmen die Kosten im Griff hat. Wenn die Kosten in Relation zum Umsatz leicht fallen, dann ist dies normalerweise ein Zeichen dafür, daß das Management die Geschäfte gut unter Kontrolle hat. Wenn die Kosten schneller steigen als die Umsätze, könnte dies ein Zeichen dafür sein, daß das Management die Kontrolle verliert. Wenn die Kosten wesentlich deutlicher fallen als die Umsätze, dann weist dies normalerweise darauf hin, daß das Management drakonische Einsparungsmaßnahmen ergriffen hat. Dies ist oft sehr positiv, aber manchmal kann die Kostenbegrenzung sich auch als Nachteil erweisen.

Wenn es bei den Kosten mehr als eine Kategorie gibt, dann sollten Sie darauf achten, in welchen Bereichen die Zahlen besser und in welchen Bereichen sie schlechter werden. Wenn Sie Einzelheiten kennen, dann könnten Sie besser beurteilen, ob das Unternehmen sich für die Zukunft rüstet oder nur versucht, die gegenwärtig bestmöglichen Zahlen zu präsentieren. Wenn ein Unternehmen mehr Geld für Marketing und Werbung ausgibt, dann können diese Ausgaben den Gewinnen des laufenden Jahres schaden, das Unternehmen aber langfristig stärken. Werden diese Ausgaben dramatisch senkt, dann wird das Unternehmen in diesem Jahr mehr Geld verdienen, aber langfristig verlieren. Die Grenze zwischen aktueller Kostenersparnis und Zukunftssicherung ist nur sehr schmal. Jede Branche hat ihre eigenen entscheidenden Schwerpunkte. Forschung und Entwicklung sind für Technologie- und Pharma-Unternehmen entscheidende Ausgaben. Erhaltungsaufwand ist für Wohnungsbaugesellschaften entscheidend. Probebohrungen sind für Ölunternehmen entscheidend. Wenn Sie ein Unternehmen untersuchen, dann sollten Sie sicherstellen, daß es nicht in einem entscheidenden Bereich die Kosten zurückschraubt, nur um die Gewinnschätzungen auch erfüllen zu können. Wenn das der Fall ist, dann mag es durchaus sein, daß das laufende Jahr den Erwartungen entspricht, aber das langfristige Wachstum gerät dabei in Gefahr.

Besonders schwülstige Sprache kann Ihnen Geld bringen – wenn Sie sie verstehen

Bevor Sie weitergehen, sollten Sie – falls vorhanden – besondere Bereiche betrachten, die die Gewinne beeinflussen können. Unternehmen haben gelernt, wie man aus einer einfachen Gewinn- und Verlustrechnung ein Kauderwelsch machen kann, in dem Akquisitionen und Ausgliederungen, Abschreibungen von ideellen Unternehmenswerten und Rückstellungen für außerordentliche Vorkommnisse eingeführt werden. Wenn das Unternehmen eine größere Akquisition oder Ausgliederung vorgenommen hat, dann sollten Sie nachfragen, ob die Analysten die finanziellen Auswirkungen richtig verstanden haben. Wenn das nicht der Fall ist, dann gibt es ein Problem, denn das Unternehmen hat es dann nicht verstanden, diesen Deal deutlich zu erklären, und der Konsens besteht aufgrund falscher Informationen. Wenn die Erläuterungen des Unternehmens zu verwirrend sind, dann sollten Sie sich nach einer anderen Aktie umsehen.

Wenn Sie allerdings das Kauderwelsch verstehen können, dann könnte es lohnend sein, dieses Unternehmen weiterhin zu untersuchen. Durch die Wunder der Buchhaltung haben viele Unternehmen gelernt, wie man Kauderwelsch nutzen kann, um künftige überplanmäßige Gewinne zu beschreiben. Wenn ein Unternehmen eine Akquisition tätigt oder einen Unternehmensteil abstößt, dann werden für das Schließen ganzer Anlagen und das Absetzen ganzer Produktlinien oft Rückstellungen vorgenommen. Ohne diese Reserven würden die Kosten die künftigen Gewinne beeinflussen, aber nun sind sie in einer einmaligen Belastung verborgen, die den meisten Investoren entgeht. Wenn die Rückstellungen ausreichend hoch sind, dann kann das Unternehmen mit an Sicherheit grenzender Wahrscheinlichkeit die Gewinnschätzungen der kommenden Jahre übertreffen oder zumindest erreichen. Wenn Sie bemerken, daß ein Unternehmen eine einfache Akquisition getätigt hat oder einen Unternehmensteil veräußert hat, dann sollten Sie den Aktionärsservice nach Höhe und Art der Rückstellungen befragen. Wenn Sie verstehen, wie diese Rückstellungen künftige Gewinne beeinflussen, dann könnte es durchaus Sinn machen, sich durch das Kauderwelsch durchzubeißen.

Achten Sie auf Abweichungen bei den Erträgen

Danach werfen Sie einen Blick auf die Höhe der Erträge vor Steuern in Prozent vom Umsatz. Stimmt diese Zahl mit den Erträgen in der Vergangenheit überein? Manche Unternehmen haben sehr einfache Muster. In den vergangenen zehn Jahren mögen die Erträge vor Steuern bei 8 % des Umsatzes gelegen haben, oder sie könnten von 7 auf 9 % angewachsen sein. In allen Fällen ist das Muster sehr einfach zu erkennen. Wenn die Vorhersagen eine deutliche Abweichung von Mustern der Vergangenheit aufweisen, dann sollten Sie sich fragen, was sich im Unternehmen oder seinem Umfeld geändert hat, das zu solchen Abweichungen führen könnte.

Manche Unternehmen, beispielsweise in der Stahlbranche, die Automobilhersteller und die Ölbranche weisen eher zyklische Muster auf. Das kann von Gewinnen bis zu Verlusten reichen. Bei solchen Unternehmen ist es schwieriger, die Muster zu deuten. Manche Unternehmen wie beispielsweise Kabelfernsehgesellschaften oder Immobilienfonds können wegen hoher Abschreibungen und Amortisation geringe oder gar keine Erträge aufweisen. Andere, wie beispielsweise biotechnische Betriebe, können sehr hohe Forschungs- und Entwicklungskosten haben, die die Erträge auf null bringen. In diesen Fällen gibt es offensichtlich keine Ertragsmuster, aus denen man Schlüsse ziehen kann. Wenn die Erträge vor Steuern, ausgedrückt in Prozent vom Umsatz, kein guter Maßstab sind, dann sollten Sie beim Aktionärsservice nachfragen, welcher Maßstab besser geeignet ist.

Wenn es ein einigermaßen stabiles Muster der Erträge vor Steuern (in Prozent vom Umsatz) gibt, dann sollten Sie den jährlichen Gewinnzuwachs betrachten. Bei vielen Unternehmen werden Sie ein kontinuierliches historisches Muster ausmachen. Wachstumsunternehmen wie beispielsweise Intel und Microsoft werden bei den Erträgen vor Steuern jährliche Zuwächse im Bereich von 20 % ausweisen. Etwas reifere Wachstumsunternehmen, wie beispielsweise Wal-Mart oder Coca-Cola, sollten immerhin 15 % Wachstum nachweisen können. Gut gemanagte Branchenführer, wie beispielsweise May-Kaufhäuser, wachsen jedes Jahr um 10 bis 15 %.

Manche Aktiengesellschaften legen ihre Gewinne hervorragend an. Stabile Gesellschaften verwenden einen Teil der Gewinne für Rückstellungen, wenn das Geschäft etwas besser als normal verläuft, und legen weniger zurück, wenn die Geschäfte etwas schlechter als normal verlaufen, so daß sie immer auf kontinuierliches Wachstum verweisen können. Wenn Sie ein Unternehmen entdecken, das 20 Jahre lang stetig wachsende Gewinne nachweisen kann, dann können Sie ziemlich sicher sein, daß es sich nicht nur um ein gutes Unternehmen handelt, sondern daß das Unternehmen die Gewinne auch hervorragend verwendet. Investoren, insbesondere Profis, belohnen Gewinnkontinuität immer durch einen höheren Preis, weil sie ruhiger schlafen können, wenn sie wissen, daß diese Unternehmen sie nicht enttäuschen werden. Deshalb müssen Sie nicht ausschließlich Aktien von Gesellschaften kaufen, die regelmäßige Gewinne aufweisen. Diese Unternehmen werden im allgemeinen sehr genau beobachtet und haben ein hohes Kurs/Gewinnverhältnis. Aber solide Unternehmen, ob das nun gut ist oder schlecht, stellen den Investor vor geringere Herausforderungen, und deshalb sind diese Aktien immer ein wenig teurer als die vergleichbarer Unternehmen.

Wenn sich Gewinne deutlich von denen der Vergangenheit abweichen, dann sollten Sie nachfragen, weshalb das so ist. Wenn ein Unternehmen ständig um 15 % mehr Gewinn machte und plötzlich ein Gewinnwachstum von 25 % ausweist, dann sollten Sie fragen: »War dieser Zuwachs nur eine einmalige Ausnahme, oder kann er weiter gehalten werden?« Kann der Zuwachs gehalten werden, dann wird der Aktienkurs rasant steigen. Wenn der Gewinnzuwachs nicht fortgesetzt werden kann, dann könnte es durchaus sein, daß der Kurs fällt. Das Umgekehrte gilt, wenn Unternehmen in einem Jahr unterdurchschnittlich abschneiden. Wenn ein Unternehmen, das ständig um 15 % gewachsen war, plötzlich nur ein Wachstum von 5 % ausweist, dann kann es durchaus sein, daß die Investoren ihre Ansichten ändern. Hält das fünfprozentige Wachstum an, dann stellt die Aktie totes Kapital dar oder Schlimmeres. Gelingt es aber zu 15prozentigem Wachstum zurückzukehren, dann könnte die Aktie äußerst attraktiv sein.

Cash-flow: Zeig mir das Geld!

Nach der Gewinn- und Verlustrechnung wenden Sie sich nunmehr mehr dem Cash-flow-Status zu. Der Cash-flow zeigt genau, welches Geld ins Unternehmen fließt und welches Geld aus dem Unternehmen abfließt. Weil sich der Cash-flow auf das Geld konzentriert und nicht zu sehr auf die Gewinne oder Einzelheiten der Bilanz, kann er ein Unternehmen in einem anderen Licht erscheinen lassen. Weil der Cash-flow ein nicht so einfacher Maßstab wie die Gewinne ist, schenken ihm die Analysten weniger Beachtung, als er verdient. **Wenn Sie diesen Status studieren, dann erhalten Sie als Investor Hinweise auf Chancen, die Analysten nicht erkennen.**

Der erste Teil des Cash-flow-Status besteht aus den Geldzuflüssen aus Operationen. Dies sind die Gelder, die aus dem eigentlichen Geschäft des Unternehmens resultieren. Die erste Quelle sind die Erträge. (Verluste werden als Cash-Verwendung dargestellt.) Die nächsten Quellen sind Abschreibung und Amortisation. Weil diese gegen die Gewinne aufgerechnet werden, haben sie keinen Einfluß auf die Barmittel und werden deshalb auf die Zuflußseite des Cash-flow-Status gestellt. Schließlich gibt es Veränderungen bei der Lagerbewertung, bei den Zahlungsausständen und anderen Vermögenswerten. Der Saldo aus den Erträgen, der Abschreibung, der Amortisation und den Veränderungen bei den Vermögenswerten stellen die Quellen des Barvermögens dar, das dem Unternehmen zur Verfügung steht.

Das nächste Kapitel des Cash-flow-Status weist die Verwendung von Geld bei Operationen aus. Dies schließt den Kapitalabfluß und Akquisitionen ein. Die Differenz zwischen den Quellen der Geldmittel und Verwendung der Geldmittel ist der freie Cash-flow.

Vergleichen Sie die Höhe des Kapitalabflusses mit der Höhe der Abschreibungen. Der Kapitalabfluß sind die Geldmittel, die das Unternehmen aufwendet, um neue Anlagen zu erstellen. Die Abwertung nimmt Wertberichtigungen der älteren Betriebsmittel vor. Theoretisch sollten, wenn das Unternehmen nicht wächst, die Abschreibung und der Kapitalabfluß für neue Anlagen im Gleichgewicht sein. Wenn das Unternehmen wächst, dann wird der Kapitalabfluß für neue Anlagen höher als die Abschreibung sein.

Seien Sie vorsichtig, wenn der Kapitalabfluß für neue Anlagen zu niedrig erscheint. Einige Unternehmen, insbesondere solche, die hochverschuldet sind, investieren oft weniger als sie es sollten. Wenn bei einer Fluggesellschaft die Investitionen nur die Hälfte der Abschreibung ausmachen, dann ersetzt sie ihre alten Flugzeuge nicht schnell genug. Die Flotte wird schnell überaltert sein, und es könnte bald zu umfangreichen Reparaturen oder Schlimmerem kommen. Wenn Sie bemerken, daß ein Unternehmen seine Investitionen kürzt, dann sollten Sie fragen, ob irgend etwas nicht stimmt. Das Unternehmen könnte seine Zukunft aufs Spiel setzen.

Amortisation ist mit Abschreibungen gleichzusetzen, nur wird sie mit ideellen Gütern in Verbindung gebracht. Kosten, die sich amortisieren wie beispielsweise das Firmenimage, entstehen dann, wenn ein Unternehmen ein anderes akquiriert. Das Firmenimage oder der Goodwill ist der Unterschied zwischen dem, was bezahlt wird, und den Vermögenswerten der übernommenen Firma. Unter der Annahme, daß der ideelle Wert eines Unternehmens mit der Zeit abnimmt, muß auch er abgeschrieben oder amortisiert werden.

In den meisten Fällen bieten Abschreibung und Amortisation einen guten Eindruck vom Wert der älteren Anlagenbestandteile, aber manchmal verliert ein Anlagenteil seinen Wert schneller oder langsamer, als es in den Büchern eines Unternehmens stattfindet. Wenn Ausrüstungsgegenstände ihren Wert schneller verlieren, als sie abgeschrieben werden, dann erhöht dies die Gewinne des Unternehmens. Dies ist bei Technologieunternehmen sehr häufig der Fall. Wenn die Anlagenbestandteile ihren Wert langsamer verlieren, als sie abgeschrieben werden, dann werden die Gewinne untertrieben. Dies geschieht in der Regel bei Immobilien und Medien.

In der Immobilienwirtschaft etwa müssen die Unternehmen ihre Gebäude abschreiben, aber der Wert der Gebäude muß nicht unbedingt geringer werden. Tatsächlich kann er auch wachsen. Alljährlich muß das Unternehmen eine Abschreibung gegen die Gewinne vornehmen und den Buchwert verringern. Durch diese Belastung wird die finanzielle Situation des Unternehmens deutlich schwächer dargestellt. Anwesen, die fast bis

Beta! Zentrale im Besitz u. AfA

auf null abgeschrieben sind, können in Wirklichkeit Millionen wert sein. Deshalb ist der Cash-flow ein besserer Maßstab als Gewinne und Buchwert, wenn man es mit Immobiliengesellschaften zu tun hat oder mit Unternehmen, die viele Immobilien besitzen. Der Cash-flow ist auch ein besseres Maß für Medienunternehmen, die die Kosten für ihre Sendestationen abschreiben und amortisieren müssen, obwohl diese im allgemeinen an Wert gewinnen.

Die Bedeutung eines positiven Cash-flows

Wenn Sie einmal die Quellen und die Verwendung der Geldmittel kennen, dann sollten Sie den freien Cash-flow näher betrachten. Wenn der Cash-flow positiv ist, dann kann ihn ein Unternehmen dafür verwenden, Akquisitionen zu tätigen, Aktien zurückzukaufen oder die Gewinne zu verbessern. Wenn er negativ ist, dann muß das Unternehmen Kapital aufnehmen, um weiterhin wachsen zu können. Wenn alles andere gleich bleibt, dann ist ein positiver Cash-flow sehr bedeutsam.

Schnell wachsende Unternehmen können einen negativen Cash-flow aufweisen, weil sie Kapital benötigen, um ihr Wachstum zu finanzieren. Wenn ein Unternehmen einen negativen Cash-flow aufweist, dann ist das nicht schlimm, solange es über ausreichend Liquidität verfügt und Zugang zu neuem Kapital hat. Wenn allerdings etwas schief läuft, dann könnten solche Unternehmen leicht in Liquiditätsschwierigkeiten geraten. Mehr als ein schnell wachsendes Unternehmen mußte Konkurs anmelden, weil es einen zu hohen negativen freien Cash-flow hatte und kein neues Kapital aufnehmen konnte. Deshalb sollten Sie, wenn ein Unternehmen einen hohen negativen Cash-flow ausweist, immer prüfen, wieviel Barmittel zur Verfügung stehen oder wie hoch die Kreditlinie ist. **Analysten verlassen sich oft so sehr auf die Versprechungen der Unternehmen, so daß sie diesen Punkt nicht ausreichend prüfen.**

Wenn ein Unternehmen nicht genügend Kredit hat, um einen Sturm zu überstehen, dann sollten Sie daran denken, Ihr Geld anderweitig anzulegen. Nur weil ein Unternehmen wächst, bedeutet das noch lange nicht, daß es Barmittel zum Fenster hinauswerfen muß. Viele der größten Unternehmen des Landes, wie beispielsweise Microsoft und Wal-Mart, hatten während ihres größten Wachstums einen positiven oder neutralen Cashflow. Mit der Ausnahme einiger weniger Branchen, die extrem kapitalintensiv sind, sollten die meisten Großunternehmen in der Lage sein, ihre Investitionen unter Kontrolle zu halten und auch die Kapitalanlagen, damit der Cash-flow positiv bleibt. Wenn Sie zwei Unternehmen der gleichen Branche mit derselben Wachstumsrate untersuchen, dann hat das bessere Unternehmen im allgemeinen einen höheren freien Cash-flow. Der Cash-flow ist ein wichtiger Indikator für die Gesundheit eines Unternehmens und ein gutes Barometer dafür, wie das Management seine Arbeit erledigt.

Investoren, die die Wirkung des Cash-flows nicht beachten, könnten dieses Versehen leicht bereuen. Die folgende Tabelle zeigt Ihnen die Ergebnisse von vier Sportartikelketten aus der Zeit von 1991 bis 1993. Während dieser Zeit steigerte Sports Authority seine Umsätze um 366 Millionen $ und schuf 10 Millionen $ freien Cash-flow, weil es die Investitionen und den Lagerbestand gut unter Kontrolle hatte. Die drei Wettbewerber schufen zusammen nur 301 Millionen $ Umsatz und hatten zusammen einen negativen Cash-flow von 186 Millionen $. Weil diese Unternehmen es nicht schafften, ihre Investitionen und Läger unter Kontrolle zu halten, warfen sie Geld zum Fenster hinaus. Sports Authority wurde zum Branchenführer, während SportsTown liquidiert wurde, und Sportsmart und Jumbo Sports mußten außerordentlich harte Zeiten durchmachen. Jeder, der den Cashflow beachtete, hätte bemerken müssen, daß Sports Authority gewinnen und die anderen Unternehmen verlieren würden. Interessanterweise bemerkten dies viele Analysten nicht, die sich lediglich auf das Gewinnwachstum konzentrierten.

SPORTARTIKELKETTEN: 1991 BIS 1993

Unternehmen	Geldzufluß in Mio. $	Geldabfluß in Mio.$	Freier Cash-flow in Mio. $	Umsatzerlöse in Mio. $
Sports Authority	56	46	10	366
Sports & Recreation	–32	61	–93	100
Sportsmart	–9	41	–50	122
SportsTown	–22	21	–43	78

Aus den folgenden Gründen ist der Cash-flow ein sehr wichtiger Maßstab, den Investoren beachten sollten, bevor sie ein Unternehmen bewerten:

- Bei den meisten Unternehmen stellt er ein sehr wertvolles Barometer für die Fähigkeiten des Managements dar.
- Außer in Zeiten besonderen Wachstums, sollten gutgeführte Unternehmen viel freie Mittel zur Verfügung haben. Wenn sie dieses Barvermögen für Lagerbestände, Außenstände oder für Kapitalinvestments ver-

wenden, die keinen starken Cash-flow verursachen, dann sind sie auf dem Weg in Schwierigkeiten.

- Bei Immobilien, Medien und einigen anderen Branchen ist der Cash-flow ein besserer Maßstab als die Gewinne.
- Weil Analysten sich in erster Linie auf das Gewinnwachstum konzentrieren, entgeht ihnen oft die Bedeutung des Cash-flows, und dann stellt dies für den Einzelinvestor einen Vorteil dar.

Der Cash-flow-Status gehört in der Bilanz zu den Verbindlichkeiten und zum Eigenkapital. Eigenkapital ist mit Vermögen gleichzusetzen und ergibt sich aus der Differenz zwischen Aktiva und Passiva. Wenn das Unternehmen einen positiven Cash-flow erwirtschaftet, dann wird das Verhältnis der Schulden zum Eigenkapital normalerweise fallen. Wenn der Cash-flow negativ ist, dann wird das Verhältnis zunehmen. Die meisten Analysten veröffentlichen hinsichtlich dieses Verhältnisses lediglich Lippenbekenntnisse, und deshalb haben Einzelinvestoren hier oft die Möglichkeit, Unternehmen zu finden, die positive und negative Überraschungen bieten.

Das Verhältnis der Verbindlichkeiten zum Eigenkapital sollten Sie über einen längeren Zeitraum hinweg betrachten. Die meisten Unternehmen versuchen, dieses Verhältnis innerhalb sehr enger Grenzen zu halten. Wenn dieses Verhältnis rasch ansteigt, dann könnten die letzten Gewinnsteigerungen aus höheren Schulden herrühren, und das Unternehmen könnte Probleme bekommen, künftiges Wachstum zu finanzieren, insbesondere dann, wenn der Aktienmarkt sich beruhigt. Wenn andererseits das Verhältnis der Verbindlichkeiten zum Eigenkapital unter historische Werte gefallen ist, dann könnte das Unternehmen schwache Gewinne durch Rückkäufe eigener Aktien oder Akquisitionen ausgleichen. **Analysten übersehen oft die Chancen, die in Unternehmen mit niedrigen Schulden in Relation zum Eigenkapital liegen, weil sie relativ schwierig zu bewerten sind.** Wenn ein Unternehmen nicht bekanntgibt, daß es eigene Aktien zurückkauft, beziehen die meisten Analysten das Verhältnis der Schulden zum Eigenkapital nicht in ihre Kalkulationsmodelle ein. Aber Unternehmen mit einem niedrigen Schulden/Eigenkapital-Verhältnis entschulden sich sehr oft und überraschen deshalb bei den Gewinnen oft sehr positiv.

Die Eigenkapitalrendite ist ein sehr nützlicher Massstab

Werfen Sie noch schnell einen Blick auf die Eigenkapitalrendite des Unternehmens. Fast alle Jahresberichte weisen diese Kennzahl aus. Die Eigenkapitalrendite ist eine sehr wichtige Zahl. Sie zeigt die Gewinne, die ein Unternehmen mit einem bestimmten Eigenkapital schaffen konnte. Die Eigenkapitalrendite korrespondiert oft direkt mit der Gewinnwachstumsrate. Im allgemeinen kann man sagen: Je höher die Eigenkapitalrendite ist, um so besser ist auch das Unternehmen.

Wenn ein Unternehmen zwar eine gute Eigenkapitalrendite hat, ihm jedoch der äußere Glamour fehlt oder es keine überplanmäßige Gewinne ausweisen kann, dann wird es von Analysten oft zu niedrig eingestuft. Sie könnten ein Unternehmen mit 20 % Eigenkapitalrendite und nur 10 % Umsatzwachstum untersuchen und dann davon ausgehen, daß dieses Unternehmen keine weiteren Wachstumschancen habe. Unternehmen mit hoher Eigenkapitalrendite könnten normalerweise hohes Gewinnwachstum ausweisen, indem sie Zukäufe tätigen oder eigene Aktien zurückkaufen. **Langfristinvestoren können den Markt dann schlagen, wenn sie Unternehmen kaufen, deren Kurs/Gewinnverhältnis unterhalb der Eigenkapitalrendite liegt.**

Auch das Gegenteil geschieht. Analysten verlieben sich in Unternehmen mit kümmerlicher Eigenkapitalrendite, wenn sie in einer heißen Branche sind oder plötzlich höhere als die geplanten Gewinne ausweisen. Aber ganz gleich, wie sehr Analysten eine Aktie auch mögen, und ganz gleich, wie sehr sie kurzfristig den Markt überflügelt: Nur wenige Unternehmen werden einen hohen Aktienkurs halten können, wenn ihre Eigenkapitalrendite weitaus niedriger als ihr Kurs/Gewinnverhältnis ist. Außer bei Unternehmen, die sofort mit hohem Wachstum in den Markt gehen, oder in Bereichen, in denen Eigenkapital nicht die passende Maßeinheit ist, wie beispielsweise bei Immobilien, ist es für Anleger immer empfehlenswert, das Kurs/Gewinnverhältnis mit der Eigenkapitalrendite zu vergleichen.

Übernahmekandidaten

Zuletzt sollten Sie vielleicht noch auf den Wert eines Unternehmens sehen, wenn es Ziel einer Übernahme würde. Das nennt man den Übernahmewert einer Aktie. Bei Übernahmen wurden schon enorme Summen gezahlt. Anfang der 80er Jahre waren hauptsächlich Medienunternehmen die Übernahmeziele. Dann waren die Kaufhausketten an der Reihe, danach die Pharma-Unternehmen und heute sind es Finanzdienstleister und Brokerhäuser. Fast jede Branche hat eine große Anzahl von Übernahmen gesehen, und die meisten fanden mit einem deutlichen Aufpreis zum ursprünglichen Marktwert statt.

Auf keinen Fall sollten Sie mit Risiko-Arbitrageuren bei Unternehmen konkurrieren, die schon »im Spiel« sind (in Kapitel 3 habe ich Sie vor den Profis gewarnt). Doch ist es durchaus eine vernünftige Strategie, wenn Sie Unternehmen kaufen, von denen Sie annehmen, sie könnten Übernahmekandidaten werden, und diese dann in Ihrem Portfolio halten in der Hoffnung, daß irgendwann einmal »der Blitz einschlägt«. Wenn Sie aber Aktien daraufhin untersuchen wollen, ob sie sich als Übernahmekandidaten eignen, dann müssen Sie einige Grundschritte vornehmen.

Prüfen Sie, ob es in dieser Branche weitere Übernahmen gibt. Wenn eine der Aktien, die Sie regelmäßig beobachten (eine Aktie, die Sie auf Ihrer Beobachtungsliste führen), übernommen wird, dann sollten Sie auch die direkten Konkurrenten beachten. Gibt es in einer Branche viele Übernahmen, dann sollten Sie zu einer Web-Site wie zum Beispiel Morningstar.net gehen und die Namen aller Aktiengesellschaften dieser Branche ausdrucken. Übernahmen folgen bestimmten Mustern. Wenn ein Unternehmen in einer Branche ein anderes aufkauft, dann folgen normalerweise auch weitere. Untersuchen Sie einige der letzten Übernahmen, die in dieser Branche getätigt wurden, und prüfen Sie die Kommentare der Analysten dazu. Gibt es bei den Bewertungen ein Muster? Kabelfernsehgesellschaften und Mobilfunkgesellschaften wurden in der letzten Zeit für einen sogenannten Preis je Teilnehmer (Dollar pro Haushalt) übernommen. Zwar variierte der Kurs an der Börse geringfügig, aber es war relativ einfach, mit den verfügbaren Zahlen für jede Firma eine Bewertung vorzunehmen. Viele Banken wurden auf der Basis des Buchwerts gekauft. Während schneller wachsende Märkte höhere Preise rechtfertigen, ist diese Bewertungstechnik einigermaßen vorhersehbar. Wenn es in einer Branche sehr viele Fusionen gibt, dann entwickeln die Analysten eine besondere Übernahmebewertung, die Sie verwenden können, um den Übernahmewert der Aktie zu errechnen.

Achten Sie aber auch auf den Übernahmeaufschlag beim Aktienkurs. Dies ist der Unterschied zwischen dem gegenwärtigen Kurs und dem Kurs, den die Aktie hätte, gäbe es keine Übernahmegerüchte. Hier haben Sie eine sehr einfache Risiko/Chancen-Analyse. Vergleichen Sie den Übernahmewert mit dem augenblicklichen Kurs. Daraus erkennen Sie Ihren Vorteil. Der Übernahmeaufschlag stellt Ihren Verlust dar. Betrachten Sie den Level, auf dem in einer Branche Abschlüsse zustande kommen, und schätzen Sie, so gut Sie können. Angenommen, Sie sind an einer großen Regionalbank interessiert. Sie vermuten, daß dieses Papier bei einer Übernahme 60 $ wert sein wird, normalerweise jedoch, auf der Basis der Gewinne, für 30 $ gehandelt wird. Wenn der Kurs bei 35 $ liegt, dann beträgt der Übernahmeaufschlag lediglich 5 $, und deshalb stellt dieses Papier wahrscheinlich ein sehr gutes Investment dar. Wird es hingegen mit 55 $ gehandelt, also mit einem Übernahmeaufschlag von 25 $, dann kann die Aktie schon zu teuer sein. Wenn der Übernahmeaufschlag niedrig ist und die Fusionsaktivitäten in der Branche sehr hektisch sind, dann sollten man diese Aktie durchaus beachten. Ist jedoch der Übernahmeaufschlag sehr hoch, dann kann es sein, daß diese Aktie den ganzen Aufwand nicht wert ist.

Das Spiel mit den Übernahmen erfordert sehr viel Geduld. Haben Sie keine Geduld, dann kann es vorkommen, daß Sie eine Aktie aufgeben, kurz bevor eine Fusion ansteht. Wenn Sie mit Übernahmen spekulieren, dann sollten Sie verstehen, weshalb Sie eine spezielle Aktie kaufen. Beobachten Sie die Aktionen in dieser Branche. Solange Sie den Eindruck haben, daß potentielle Aufkäufer immer noch nicht satt sind, seien Sie geduldig. Ihr Tag wird kommen.

Dividenden: Viel Lärm um nichts

Für den Einzelinvestor sind Dividenden in den meisten Fällen irrelevant oder sogar eher negativ. Unternehmen müssen ihre Gewinne versteuern, auch wenn diese in der Form von Dividenden ausgezahlt werden. Bei Einzelinvestoren wird auf Dividenden der normale Einkommenssteuersatz angewendet. Das bedeutet, daß Dividenden doppelt besteuert werden und beide Male mit hohen Steuersätzen. Deshalb eignen sich Unternehmen, die hohe Dividenden zahlen, eher für steuerfreie Konten, so beispielsweise für die finanzielle Absicherung des Ruhestands. (In Deutschland wird Altersvorsorge lediglich im Rahmen der Einkommensteuer mit Pauschalen für Sonderausgaben begünstigt, A. d. Ü.) Ansonsten sind Einzelinvestoren besser bedient, wenn das Unternehmen die Gewinne für sein weiteres Wachstum verwendet oder damit eigene Aktien zurückkauft, statt sie als Dividende auszuzahlen.

Investoren sehen oft Unternehmen, die hohe Dividenden zahlen, und glauben, daß dies von Vorteil sei. In manchen Fällen mag das der Fall sein. Wenn ein Unternehmen aber seine Dividenden nicht verdient, dann besteht das Risiko, daß die Dividende gekürzt wird. Manche Aktien wie beispielsweise die von Immobilienfonds, werden als »Dividenden-Spielchen« angesehen. Bei diesen Aktien setzen die Investoren oft die Dividenden mit den Gewinnen gleich. Das Problem dabei ist, daß die Dividenden, wenn die fundamentalen Daten nicht in Ordnung sind, drastisch gekürzt werden. In den letzten Jahren haben Anleger in Sachwerten zu ihrem großen Mißfallen erfahren müssen, daß das Spiel mit Dividenden durchaus auch mit einem Desaster enden kann.

Ungeachtet dessen tendieren Aktien, die hohe Dividenden zahlen, zu geringerer Volatilität in ihren Kursen. Dies ist besonders dann relevant, wenn der Gesamtmarkt fällt und Investoren nach laufenden Einnahmen suchen. Manche Unternehmen benutzen Dividenden auch als Möglichkeit, geplante Gewinne zu signalisieren. Dies sind allerdings im allgemeinen größere Aktiengesellschaften, die schon lange Jahre regelmäßig die Dividenden erhöhen. Wenn ein Unternehmen zum Beispiel schon 20 Jahre lang die Dividende jährlich zwischen 10 und 15 % angehoben hat und bekanntgibt, daß auch in diesem Jahr die Dividende um weitere 15 % steigen wird, dann kann man mit großer Wahrscheinlichkeit davon ausgehen, daß das Unternehmen sich sicher ist, daß es überdurchschnittliche Gewinne erzielen wird. Bei Unternehmen mit diesem Muster sollten Investoren auf die Dividenden achten, wenn die gegenwärtigen Gewinne eher enttäuschend sind. Kündigt ein Unternehmen weitere Dividendenerhöhungen an, so stellt dies ein Signal an Investoren dar, daß es, was seine Zukunft anbelangt, sehr zuversichtlich ist.

Zusammenfassung zur Aktienbewertung

Sie sollten Ihren Taschenrechner nicht allzusehr bemühen. Sie wollen schließlich kein Finanzanalyst werden. Sie wollen lediglich versuchen, ein paar Bewertungsbereiche herauszufinden, bei denen die Analysten entweder zu optimistisch oder zu pessimistisch sind. Dazu sollten Sie die Werkzeuge benutzen, die wir in diesem Kapitel besprochen haben. Eine einfache Analyse ist deshalb weit weniger kompliziert, als es zunächst aussieht. Sie brauchen lediglich auf den Konsens der Analysten zu achten und zu entscheiden, wann dieser richtig ist und wann falsch. Beachten Sie die folgenden Schritte:

Wie sieht die Strategie des Unternehmens aus? Ist das Konzept für Sie einsichtig? Sind die Produkte gut? Gefällt Ihnen das Management? Nutzen Sie Ihre persönlichen Erfahrungen.

- Beachten Sie die Erwartungen, die an das Unternehmen und seine Wettbewerber gestellt werden.
- Beachten Sie die Gewinne. Sind sie sauber?
- Prüfen Sie die Bilanz: Gibt es Positionen, bei denen es den Anschein hat, als würden sie zu schnell wachsen?
- Widmen Sie den Lagerbeständen besondere Beachtung.
- Prüfen Sie den Cash-flow-Status. Erwirtschaftet das Unternehmen einen positiven Cash-flow?
- Beachten Sie die Eigenkapitalrendite.
- Könnte es sein, daß das Unternehmen ein Übernahmekandidat ist?
- Achten Sie auf das Kurs/Gewinnverhältnis. Stimmt es mit der Wachstumsrate überein?

Sehen Sie noch einmal auf Ihre Analyse. Prüfen Sie, ob Sie den Analysten gegenüber einen Vorteil erzielen konnten. Es gibt Tausende von verschiedenen Aktien, die Sie kaufen können. Finden Sie die heraus, bei denen Sie einen Vorteil haben.

Nun haben Sie einen wichtigen Schritt getan, um Guerilla-Investor zu werden – Sie haben über bestimmte Unternehmen hochwertige Informationen gesammelt. Normalerweise sollten Sie nun in einer guten Startposition sein, um Investmententscheidungen zu treffen, die Sie mit Ihrer Fundamentalanalyse begründen. Dennoch: Bevor Sie kaufen, wäre es sehr nützlich, noch einmal zu warten und die technischen Muster der Aktie zu betrachten. Sehr oft zeigen diese dem Guerilla-Investor entscheidende Fakten, die Analysten und institutionellen Anlegern entgehen.

KAPITEL 7

Technische Waffen

In einem Krieg müssen Guerillas wesentlich bessere Informationsquellen entwickeln, wenn sie eine besser gerüstete Armee ausschalten wollen. Dies mag zunächst unmöglich erscheinen. Eine moderne Armee verfügt über die besten Informationsquellen, die man für Geld kaufen kann, während Guerillas normalerweise nur sehr begrenzte Geldmittel zur Verfügung stehen. Aber Guerillas haben ironischerweise einen Vorteil: Weil die Armee so groß ist, können ihre Bewegungen sehr leicht nachvollzogen werden. Weil die Armee so stark ist, verringert dies den Bedarf an List. Die Guerillas können erkennen, woher eine Armee kommt und wohin sie geht. Andererseits sind Guerillas für die Armee so gut wie unsichtbar. Während eine Armee militärisches Übergewicht hat, können die Guerillas ihr Defizit an Größe nutzen, um direkten Angriffen aus dem Weg zu gehen und Gegenangriffe zu starten.

Die gleiche Situation gibt es auch bei der Kapitalanlage. Die Profis verfügen über die besten Informationen, die man für Geld kaufen kann, weil sie Analysten anheuern, die Gewinne voraussagen, Techniker, um Aktiencharts zu verfolgen, und Strategen, die die Marktbewegungen vorhersagen. Einzelinvestoren haben weder die Zeit noch die Mittel, um den Profis Paroli zu bieten. Die Aufgabe, vor der ein Einzelinvestor steht, mag erschreckend erscheinen, aber sie ist in Wirklichkeit viel einfacher, als sie zunächst aussieht, weil die Profis an der Wall Street sich wie eine Armee bewegen. Ihre Investments bilden oft deutliche Muster, die der Einzelinvestor gut erkennen und verfolgen kann. Wenn sich ein Investor einen guten Überblick über die Bewegungen der Profis verschaffen kann, dann kann er auch Maßnahmen ergreifen, um die Stärken der Profis zu vermeiden und Gegenangriffe starten, die auf deren Schwächen zielen. **Charts sind technischen Waffen, die der Einzelinvestor benutzen kann, um die Aktionen der Profis zu verfolgen und entscheidende Richtungsänderungen vorherzusehen.**

Charts: Das Frühwarnsystem

Charts sind bei der Kapitalanlage das, was Satellitenaufnahmen in einem Krieg sind. Sie bieten ein Bild aller Trades einer speziellen Aktie, eines Index oder des Gesamtmarkts. Ein Chart zeigt auf, wie sich Aktienkurse und Umsätze bewegen, so wie eine Serie von Satellitenfotos zeigt, wie sich eine Armee bewegt. Da die Charts das Gesamtbild einer Aktie oder eines Marktes darstellen, können die Aktionen der Profis darauf besonders deutlich dargestellt werden. Die Profis bestreiten den größten Anteil des gesamten Aktienhandels, und so prägen ihre Aktionen die Informationen, die Charts zu entnehmen sind. Wenn ein Einzelinvestor die Charts studiert, so kann er größere Veränderungen bei den Aktienkursen und beim Handelsumsatz erkennen. Wenn der einzelne auf diese Veränderungen wartet, bevor er selbst agiert, dann ermöglicht er den Profis, den Aktienkursen die künftige Richtung zu geben. Durch schnelle Aktionen, sobald diese Veränderungen deutlich werden, kann der Einzelinvestor schon handeln, bevor der Profi in der Lage war, eine volle Position anzusammeln oder zu verkaufen, und bevor einschneidende neue Ereignisse das Muster des Aktienkurses dramatisch verändern. Dieses Frühwarnsystem ermöglicht es, viele Vorteile der Profis zu neutralisieren.

Das Internet hat die Nutzung von Charts für Einzelinvestoren deutlich verändert. Bevor es das Internet gab, konnten die meisten Investoren überhaupt nicht an Charts kommen, insbesondere nicht für spezielle Aktien, wenn sie nicht ein Abonnement bei einem teuren Service bestellten. Und sogar dann waren die Charts oft veraltet. Heute sind die Charts auf vielen Web-Sites kostenfrei und bieten ständig aktualisierte Informationen. Mit diesen Charts kann man wirklich ganz einfach arbeiten. Ein einfacher Klick kann Sie von einem Zeitrahmen oder Chartsystem zu einem anderen bringen. Durch das Internet wurden Einzelinvestoren technische Ressourcen zur Verfügung gestellt, die ebenso gut sind wie diejenigen der Profis. Und da Einzelinvestoren nun in der Lage sind, mit den Charts die Aktionen der Profis nachzuvollziehen, können sie tatsächlich die Oberhand gewinnen.

Ein Chart zeigt das historische Bild der Performance einer Aktie, aber viele Charts scheinen auch die künftigen Aktionen einer Aktie zu verraten. Ein Chart zeigt oft, wann der Kurs einer Aktie einen Ausbruch unternehmen wird und in einen Aufwärtstrend übergeht, aber auch, wenn er nach unten wegbricht und in einen Abwärtstrend übergeht. Später in diesem Kapitel werden wir einige Beispielcharts betrachten und daran genau zeigen, wie man die Muster verfolgen kann. Die meisten fundamentalen

Investoren (das sind diejenigen, die sich eher auf fundamentale Daten statt auf technische Analysen verlassen) bezweifeln, daß Chartmuster die Zukunft darstellen können. Sie betrachten die Analyse, auf die sich technische Investoren verlassen, als Voodoo-Zauber. Während viele Portfolio-Manager die Chartanalyse wie eine Religion behandeln, werden die Charts nur von wenigen institutionellen Anlegern und von noch weniger Analysten benutzt. Als ich Analyst war, arbeitete ich mit Leigh Curry, einem äußerst cleveren Verkäufer, zusammen. Immer dann, wenn ein Analyst über eine neue Idee sprach, kontrollierte Leigh die technischen Muster der Aktie. In den meisten Fällen hätten die Analysten gut daran getan, zu hören, was Leigh ihnen zu sagen hatte, weil er aus den Charts oft Signale erkannte, die den Analysten entgangen waren. Die Wahrheit ist, daß die technische Analyse weitaus bessere Vorhersagen treffen kann, als die meisten Fundamentalinvestoren zugeben würden.

Es gibt drei wichtige Gründe, weshalb Charts oft das künftige Kursverhalten der Aktie vorhersagen können:

1. **Weil Profis ihre Richtung nicht schnell ändern können, werden ihre künftigen Aktionen oft schon vorzeitig auf den Charts sichtbar.** Es ist nicht so, daß Charts die die Zukunft vorhersagen, aber sie verraten Signale einer Bewegung, bevor diese für die meisten Investoren ersichtlich wird. Stellen Sie sich vor, Sie hätten Luftaufnahmen von einer Armee auf dem Schlachtfeld. Wenn Sie die Bewegungen beobachten, dann kann es durchaus sein, daß Sie nicht alle kleinen Manöver erkennen, aber Sie sollten doch in der Lage sein zu erkennen, wenn sie den Vormarsch verlangsamt, wenn sie stehenbleibt und wenn sie eine Kehrtwendung vollzieht. Das gleiche gilt für Charts und professionelle Investoren. Es kann durchaus sein, daß Sie nicht alle kleinen Auf- und Abwärtsbewegungen erkennen können, aber es ist oft leicht zu bemerken, wann sich ein größerer Trend wenden wird.
2. **Technische Muster beeinflussen technische Investoren.** Da sich die Trading-Muster bei Aktien verändern, werden diese Muster oft zu sich selbst erfüllenden Prophezeiungen, weil viele Investoren technische Muster als ihre erstrangige Investmenttechnik anwenden. Aktien, die deutliche Trading-Muster entwickeln, werden im allgemeinen in ihrem Kurs ansteigen, weil technische Investoren kaufen, während Aktien, die nur unscharfe Trading-Muster entwickeln, in der Regel in ihrem Wert fallen, weil die technischen Investoren verkaufen. Tatsächlich können Aktien mit stark oder weniger ausgeprägten Trading-Mustern auf ein und dasselbe Ereignis völlig unterschiedlich reagieren. Wie oft haben

Sie schon eine Aktie beobachtet, die stark agierte und das, was als schlechte Nachrichten erschien, einfach abschüttelte und weiterhin seinem Aufwärtstrend folgte? Und wie oft haben Sie eine Aktie beobachtet, die schwach agierte und von einer anscheinend belanglosen Information gebeutelt wurde? Deshalb betonen die Aktionen der technischen Investoren zusammen mit den Aktionen der Massen von Profi-Anlegern die Richtung der Aktie und machen es für den Einzelanleger sogar noch einfacher, den künftigen Trend zu erkennen.

3. **Die Trading-Muster die auf einem Aktienchart erkennbar werden, verkünden oft fundamentale Veränderungen eines Unternehmens.** Einzelinvestoren, die einen Aktienchart beobachten, stellen fest, daß eine Aktie plötzlich aus ihrer Tradingrange ausbricht und wundern sich, was vorgefallen ist. Sie könnten das Unternehmen oder Analysten anrufen und würden erfahren, daß es bei den fundamentalen Daten des Unternehmens keine Veränderung gegeben hat. Erst einige Monate später, wenn das Unternehmen deutlich bessere Gewinne als erwartet bekanntgibt, wird deutlich, daß diese Trading-Aktion, die auf dem Aktienchart abgebildet wurde, etwas bedeutet hat. Irgend jemand, Insider des Unternehmens oder Branchenexperten wußten, daß die Geschäfte besser als geplant liefen und hatte diese Aktie aggressiv aufgekauft. Durch diese Aufkäufe entstand ein neues Trading-Muster, während der Markt als Ganzes immer noch unwissend war.
Wie oft haben Sie schon beobachtet, daß eine Aktie wegen geringfügiger Anlässe oder aus heiterem Himmel plötzlich ganz deutlich abfiel? Ihr Broker erklärt Ihnen, daß ein Analyst seine Gewinnschätzungen um 0,02 $ reduziert habe; der Markt habe vollkommen überreagiert, und dies stelle nun eine große Kaufgelegenheit dar. Sie kaufen die Aktie. Dann, drei Wochen später, gibt das Unternehmen bekannt, daß die Gewinne eher enttäuschend sein werden. Die Aktie stürzt ab. »Ich wußte doch, daß irgend etwas nicht stimmt«, murmeln Sie, als Sie die Verkaufsorder geben. Rückblickend war es deutlich, daß jemand ein völlig anderes Bild von den fundamentalen Daten des Unternehmens hatte als Ihr Broker, und der andere hatte recht. Wenn Aktien an einem bestimmten Tag wegen einer enttäuschenden Ankündigung des Unternehmens deutlich gedrückt werden, dann sollten Sie die Trading-Muster der vorangehenden Wochen genauer untersuchen. In den meisten Fällen wird die Aktie schon längere Zeit an Wert verloren haben, im allgemeinen bei starken Umsätzen. Für Sie mögen die Schreckensnachrichten vielleicht eine Überraschung gewesen sein, aber viele Investoren hatten Probleme erwartet und haben bereits verkauft.

Der größte Fehler, den viele Investoren begehen, ist der, deutliche Warnungen aus den Charts zu ignorieren. Langfristiges Investieren ist eine sehr gute Idee, aber es ist nicht gut, wenn man sich mit einem Unternehmen verheiratet. Wenn sich ein »kleines Mißgeschick« ereignet, dann beeilen sich die Analysten, die ebenso mit dieser Aktie verheiratet sind, Berichte herauszugeben, in denen sie verkünden: »Der Markt hat überreagiert.« Die Investoren lesen die Berichte und sind damit zufrieden. Sie wollen glauben, daß die Analysten recht haben. Aber sehr oft stellt sich diese Überreaktion als etwas ganz anderes heraus. Wenn sich die Richtung eines Aktienkurses verändert, dann sollte der kluge Investor immer die Trading-Muster studieren und herauszufinden versuchen, was die anderen sehen. Wenn Investoren die Trading-Muster genau verfolgen, können sie oft Veränderungen in den fundamentalen Daten des Unternehmens erkennen, bevor sie vom Markt als Ganzem zur Kenntnis genommen werden. Wenn Sie Aktien besitzen, bei denen sich die Trading-Muster plötzlich verändern, dann sollten Sie davon ausgehen, daß jemand etwas weiß, das Sie nicht wissen, und daß der Aktienkurs bereit ist für einen Aufwärts- oder Abwärtstrend. Gegen den Ticker zu traden oder den Ticker zu ignorieren, kann ein bombensicherer Weg sein, Geld zu verlieren.

Charts sind für Einzelanleger als Frühwarnsystem vor den Aktionen der Profis besonders wichtig. Ein Chart reflektiert das anfängliche Momentum der Profis, ihre Reaktionen auf Neuigkeiten, die Ansichten der Insider über künftige Ereignisse und die Ansichten der Techniker über die Zukunft des Unternehmens. Weil Profis dazu tendieren, sich in großen Massen zu bewegen, ermöglichen die Charts dem Einzelinvestor zu erkennen, wo die Profis standen und wohin sie sich bewegen werden. Mit diesen Kenntnissen sind die Chancen des Einzelinvestors, die Profis zu besiegen, weitaus verbessert.

Weil die technischen Muster in den Charts das kollektive Wissen aller Investoren vereinigen, ist es am einfachsten, künftige Trends zu erkennen, wenn man nach bedeutsamen Veränderungen in den Mustern Ausschau hält. Auch wenn Sie ein fundamental orientierter Anleger sind, sollten Sie die Charts einer Aktie beobachten und nach Schlüsseln suchen, die die künftige Richtung der Aktie verdeutlichen. Manchmal wird Ihnen ein Chart nicht viel sagen, aber bei anderen Gelegenheiten wird ein so deutliches Muster erkennbar, daß selbst ein Anfänger bullische oder bärische Signale erkennen kann. Wenn Sie diese Signale erkennen, dann sollten Sie sie nutzen, um eine bestehende Position zu bestätigen oder eine bestimmte Strategie neu zu überdenken. In den meisten Fällen werden Sie Ihre Performance damit deutlich verbessern.

Der Trend ist Ihr Freund

Das erste, was Sie über technische Muster wissen müssen ist, daß Aktien, wenn sie einmal in einer Aufwärtsbewegung sind, weitaus höher steigen, als die meisten annehmen, und wenn sie anfangen zu fallen, viel tiefer fallen, als die meisten Leute glauben. Erinnern Sie sich an Newtons erstes Gesetz der Physik: Ein Körper, der in Bewegung ist, bleibt in Bewegung, bis er von einer größeren Kraft angehalten wird. An der Wall Street nennen die Trader dies den Trend. Allgemein wird gesagt: »Der Trend ist Ihr Freund.« Das soll heißen: Bleiben Sie bei dem, was funktioniert, und meiden Sie, was nicht funktioniert.

Dies ist eine wichtige Lektion für alle Investoren, aber für Amateure ist sie besonders wichtig. Sie würden nicht auf Eisenbahngleisen stehen bleiben, wenn ein Güterzug in rasender Fahrt auf Sie zukommt. Sie würden nie auf den Gedanken kommen, den Ausgang eines brennenden Theaters zu blockieren, wenn Hunderte von schreienden Leuten auf Sie zukommen. Dies wäre absoluter Blödsinn. Aber würden Sie eine Aktie kaufen, die ständig bei hohen Umsätzen auf neue Tiefstpunkte fällt, und deren professionelle Investoren dem Ausgang zudrängen? Nur wenige Investoren wissen über ein spezielles Unternehmen so gut Bescheid, daß sie erfolgreich kaufen, wenn die meisten Investoren verkaufen, oder daß sie verkaufen, wenn die meisten Investoren kaufen.

Für die meisten Investoren, für Profis ebenso wie für Einzelinvestoren, ist dies eine schwierige Angelegenheit, weil die meisten Leute nicht gern zugeben, daß Sie falsch liegen. Wenn Sie eine Aktie sehen, die Ihnen gefällt, dann sollten Sie Ihre Hausaufgaben machen, die Vorteile des Heimatbodens ausnutzen und diese Aktie kaufen. Und dann geschieht etwas. Die Investoren beeilen sich mit ihren Verkäufen, wenn die Aktie fällt. Sie aber sehen noch einmal in Ihrer Analyse nach und entscheiden, daß Sie recht haben und daß die Wall Street falsch liegt. Sie verdoppeln ihren Bestand. Immerhin haben Sie ja das Unternehmen studiert und auch den Heimvorteil. Aber was ist mit all den anderen Leuten? Was denken sie? Was wissen sie? Soviel ist sicher: Auch wenn Sie Ihre Hausaufgaben gemacht haben, dann gibt es, wenn alle anderen in Panik geraten, beim Aktienkurs oder bei den Trading-Aktionen keine Vernunft. Einen Fehler einzugestehen, mag hart sein, aber der Versuch, in Panik geratene Investoren aufzuhalten, ist wesentlich härter.

Aktien sind weitaus volatiler, als die meisten Investoren annehmen. Sehen Sie sich doch einmal Oxford Health Plans an, das innerhalb von vier Jahren von 15 auf 90 $ anstieg und dann wieder auf 15 $ zurückfiel. Oder nehmen wir Rainforest Café, das seinen Wert innerhalb eines Jahres verdoppelte und dann wieder halbierte. Oder Just for Feet, das in etwas über zwei Jahren von 12 auf 36 $ anstieg und dann wieder auf 12 $ zurückfiel und auch Rational Software, das in wenig mehr als einem Jahr von 11 auf 48 $ kletterte und wieder auf 11 $ fiel. Waren es lediglich Veränderungen bei den fundamentalen Daten, die für diese bemerkenswerten Bewegungen verantwortlich waren? Die Antwort ist nein. Diese Aktien hatten enorme Aufwärts- und Abwärtsbewegungen, weil dahinter die Kraft des Momentums stand.

Eine Aktie, die Sie beobachten, kann wie ein Hund herumstreunen. Sie kann sich monatelang um den gleichen Kurs herum aufhalten, während der übrige Markt in einem Aufwärtstrend liegt. Dann passiert ein kleines Ereignis. Vielleicht ist die Wachstumsrate etwas höher, als die Analysten angenommen hatten. Dieses Ereignis durchbricht das Gleichgewicht zwischen Käufern und Verkäufern. Die Käufer bringen den Aktienkurs nach oben. Sie durchbricht die Widerstandslinie und beginnt, aufwärts zu stürmen. Während dies geschieht, heben die Analysten ihre Schätzungen an, die Techniker sagen, die Aktie sei ausgebrochen und die Momentum-Investoren steigen ein. Der Kurs der Aktie kann sich verdoppeln oder gar vervielfachen. Sie sehen den Kurs und glauben, daß der Markt irrational sei. Aus Ihrem Blickwinkel heraus mag dies richtig sein. Sie sollten aber nie den Fehler begehen, dagegen zu setzen. Das Momentum kann einen Aktienkurs weitaus höher anheben, als man jemals erwarten würde.

Das Momentum funktioniert aber auch bei Abschwüngen, wie die Aktionäre von Oxford Health Plans, Rainforest Café, Just for Feet und Rational Software bestätigen können. Die Aktie gibt sich alle Mühe, ihren Kurs zu halten – normalerweise bei höheren Umsätzen. Dann ereignet sich ein scheinbar kleiner Zwischenfall. Vielleicht waren die Gewinne etwas niedriger, als die Investoren erwartet hatten. Die Aktie durchbricht eine Unterstützungslinie und beginnt eine Talfahrt. Währenddessen senken die Analysten ihre Schätzungen, die Techniker sagen, die Aktie sei eingebrochen, die Momentum-Investoren fliehen. Die Aktie stürzt ab. Tatsächlich ist das Momentum in einem Abschwung normalerweise schneller und stärker als bei einem Aufschwung. Manche Investoren kaufen, weil sie glauben, die Aktie sei nun billig, aber dies ist meist ein Fehler. Wenn sich eine Aktie im

Abschwung befindet, dann wird sie normalerweise weiter fallen. Der erste größere Abstieg ist selten der letzte.

Es kann sein, daß Sie verständnislos auf Aktien sehen, die zunächst ansteigen und dann wieder zurückfallen, und sich darüber wundern, wie sehr die Bullen Sie lieben und die Bären Sie hassen. Es kann sein, daß es keine vollkommen logische Anwort darauf gibt, weshalb geringfügige Veränderungen bei Umsatz und Gewinn aus einem Unternehmen, das wie ein Hund streunt, plötzlich ein Wachstumsunternehmen machen und es dann später wieder in einen Hund zurückverwandeln. Aber Anleger, die nach Logik suchen und gegen die Ticker kämpfen, verlieren Geld.

Es ist verführerisch für einen Investor, eine Aktie zu verkaufen, die stark in ihrem Wert steigt, oder eine Aktie zu kaufen, die gerade ihren Wert korrigiert hat. Aber in den meisten Fällen sind diese Entscheidungen falsch. Eine Position gegen einen kräftigen Strom zu halten ist so, als ob Sie Ihre Position gegen eine starke Armee verteidigen wollten. Sie werden vernichtet. Langfristig mag sich Ihre Einschätzung als richtig erweisen, aber bis dahin werden Sie schon aus dem Markt gefegt worden sein. Wenn eine Aktie über ein starkes Momentum verfügt, dann sollte der kluge Investor nicht gegen den Strom kämpfen, sondern auf Anzeichen eines Gipfels oder Tals warten, bevor er in Aktion tritt.

Oft verwechseln Investoren das Wetten gegen den Trend mit dem Einsatz gegen einen Konsens. Dies ist nicht das gleiche. Der Konsens zeigt uns die Ansichten aller Profis, während der Trend die Richtung einer Aktie oder des Marktes als Ganzem anzeigt. Typischerweise erreicht der Konsens Extreme, wenn der Markt schon in eine größere Bewegung übergegangen ist. Hohe Ebenen einer Hausse-Tendenz werden noch nicht sichtbar, wenn Aktien oder ganze Märkte beginnen, aus einer Tradingrange auszubrechen und in einen Aufwärtstrend übergehen. Statt dessen zeigen sie sich erst dann, wenn Aktien oder Märkte bereits Höchststände erreicht haben. Ähnlich werden Baisse-Tendenzen erst dann deutlich sichtbar, wenn die Kurse bereits im Keller sind und die Verkäufe schon getätigt wurden. Am besten ist es, wenn Sie dann in Aktion treten, wenn Konsens und Trend nicht übereinstimmen. Sie sollten kaufen, wenn der Trend aufwärts gerichtet ist, der Konsens aber immer noch in Richtung einer Baisse weist, und Sie sollten dann verkaufen, wenn sich der Trend abwärts wendet, der Konsens jedoch immer noch sehr optimistisch ist.

Der Ausbruch

Um die Bewegungen der Profis vorhersagen zu können, ist es erforderlich, daß jeder Investor einige einfache Chartmuster kennt. Das erste Muster ist der Ausbruch. Immer wenn eine Aktie zu einer deutlichen Bewegung ansetzt, dann gibt es einen Augenblick, in dem die Richtung der Bewegung deutlich wird. Dieser Augenblick ist nicht dann gegeben, wenn eine Aktie eine deutliche Aufwärts- oder Abwärtsbewegung durchführt. Vielmehr ist dies der Augenblick, wenn das Kräftegleichgewicht zwischen Käufern und Verkäufern gestört und die Richtungsänderung ansatzweise deutlich wird. Dieser Zeitpunkt ist nicht durch einen Kurssprung gekennzeichnet, sondern durch die Kombination einer kleinen Kursveränderung mit einer starken Umsatzveränderung. **Obwohl die meisten Investoren den Kurs beachten, kann das Umsatzvolumen vielleicht sogar wichtiger sein, wenn man künftige Kursbewegungen bestimmen möchte.**

Über einen Zeitraum von beispielsweise sechs Monaten hinweg könnte sich eine Aktie eine solide Basis geschaffen haben und in dieser Zeit in etwa zum gleichen Kurs gehandelt werden. Dann sind Käufer und Verkäufer einigermaßen im Gleichgewicht. Das erste Anzeichen, daß sich eine Veränderung andeutet, wird durch ein höheres Umsatzvolumen angezeigt. Wenn das Volumen plötzlich ansteigt, dann ist dies ein Zeichen dafür, daß viele Investoren neue Wetten abschließen. Wenn das Umsatzvolumen steigt, werden die Einsätze in den meisten Fällen von Profis getätigt, und die meisten von diesen reagieren auf irgendeine Veränderung im Unternehmen, über die sie informiert wurden. Wenn der Umsatz steigt, während die Aktie an Wert gewinnt, ist dies ein Zeichen dafür, daß noch mehr Investoren darauf setzen, daß der Kurs weiterhin steigen wird. Ein Blick auf den Chart einer Aktie genügt, um zu erkennen, wann sich diese Veränderungen vollziehen.

Wenn man einen Ausbruch rechtzeitig erkennt, stellt dies immer eine großartige Gelegenheit dar, Geld zu verdienen. Da sich der Ausbruch vollzieht, bevor die Aktie eine deutliche Kursbewegung gezeigt hat, kann der Einzelinvestor verhindern, daß die Profis den größten Teil der frühen Gewinne einstreichen. Weil Profis immer ziemlich viel Zeit benötigen, um sich zu bewegen und die technischen Investoren bei einer Aktie nicht aufspringen, bevor ihre Richtung deutlich wird, kann der Einzelinvestor einen Ausbruch in dem Augenblick erkennen, in dem er sich vollzieht, und ohne großes Risiko handeln, da die Profis den Kurs in die Höhe treiben werden. Wenn Einzelinvestoren auf einen Ausbruch schnell reagieren, dann profitieren sie vom neuen Verhalten der Profis.

Das grosse Tauziehen

Betrachten Sie ein Chartmuster wie ein Tauziehen zwischen Käufern und Verkäufern. Die beiden Teams wenden nur wenig Energie auf, um zu einem Gleichstand zu kommen. Aber dann beginnt ein Team, mit größerer Kraft zu ziehen. Dies ist der Augenblick, in dem sich die Gezeiten wenden. Das Fähnchen am Seil ist immer noch in der Mitte. Beide Teams bemühen sich immer noch um einen Vorteil, aber Sie können die beiden Teams beobachten und spüren, daß Bewegung ins Geschehen gekommen ist. Das erste Team scheint ohne große Schwierigkeiten zu ziehen. Dann steigt auch das andere Team ein. Man kann die Anstrengungen auf den Gesichtern der Teammitglieder erkennen. Sie ziehen so kräftig, wie sie nur können. Sie ziehen aber noch nicht, um zu gewinnen. Sie ziehen, um eine Niederlage zu vermeiden. Nun setzen beide Seiten noch mehr Energie ein.

Dann macht das erste Team einen sehr starken und koordinierten Zug. Die Fahne in der Mitte des Seils bewegt sich vielleicht um zwei Meter. Die Mitglieder des zweiten Teams bemühen sich, die Balance zu halten. Vielleicht gelingt es ihnen auch, die Fahne ein Stück zurückzuziehen. Aber dann zieht das erste Team noch einmal kräftig und koordiniert, und die Fahne bewegt sich um einen weiteren Meter. Immer noch befindet sich die Fahne in der Mitte des Felds, aber nun wissen Sie, wer voraussichtlich gewinnen wird. Dies sind die »Ausbruchs-Züge«, die die Richtung bestimmen, in die sich die Entscheidung der Schlacht wenden wird. Dies ist der Augenblick, in dem Sie Ihren Einsatz machen sollten. Einige Mitglieder des zweiten Teams verlieren ihre Balance. Man kann an ihren Gesichtern erkennen, daß sie Kraft verlieren. Ihr Wille ist gebrochen. Sie ziehen nun nicht mehr mit voller Kraft. Die Entscheidung ist gefallen, da das erste Team nun unwiderstehlich das zweite über die Ziellinie zieht.

Dieses Tauziehen gilt auch für den Handel mit Aktien. Die Käufer und Verkäufer kämpfen noch unentschieden miteinander. Dann passiert irgend etwas, das einer Seite einen Vorteil gibt. Es wird eine kleine Veränderung im Kurs der Aktie und eine große Zunahme im Umsatzvolumen geben. Das Umsatzvolumen entspricht dem Energieeinsatz beim Tauziehen. Es ist oft eine Veränderung beim Umsatz und weniger im Kurs, die einen Wechsel der Bewegung am deutlichsten anzeigt. Der Umsatz reflektiert das Engagement der Profis, mit dem sie den Aktienkurs in eine neue Richtung bringen.

Wenn die Bewegung auf die Seite der Käufer schwingt, dann steigt der Kurs bei sehr hohem Umsatz. Aber die Verkäufer kapitulieren nicht sofort. Auch sie bemühen sich und halten die Aktie innerhalb der Tradingrange. Die Schlacht ist in vollem Gange. Die Käufer bewegen den Aktienkurs bei hohem Umsatz nach oben, während die Verkäufer den Kurs bei geringerem Umsatz wieder nach unten ziehen. Es kann sein, daß sich der Kurs noch nicht sehr stark verändert hat, aber man kann die Unterschiede in der Kraft der Käufer und Verkäufer doch erkennen.

Die Wellenbewegung geht ständig auf und ab, wenn es dann zu einem neuen Umsatzrekord kommt, der von einem kleinen Kurssteigerung begleitet wird, was oft über der Tradingrange vorkommt, in der sich die Aktie zuvor bewegt hat. Dies nennt man den Ausbruch. Es ist der Augenblick, in dem der Wille der Käufer über den der Verkäufer obsiegt und die Richtung des Kurses festgelegt wurde.

Nach dem Ausbruch geht das Umsatzvolumen leicht zurück, nicht weil die Käufer ihre Begeisterung verloren haben, sondern weil die Verkäufer aufgegeben haben. Wenn der Umsatz nachläßt, dann bewegt sich der Kurs schneller nach oben. Wenn man den Vergleich des Tauziehens heranzieht, ist dies der Zeitpunkt, zu dem Verkäufer auf dem Boden ausrutschen. Und da die Aktie weiterhin in der Aufwärtsbewegung bleibt, geben die meisten Verkäufer schließlich auf. Der Umsatz fällt, und der Kurs steigt weiter. Schließlich sind die Verkäufer besiegt.

Der Schlüssel zum Erfolg ist es, das Timing im Kampf zwischen den beiden Kräften zu verstehen. **Beim Tauziehen ist die Zeit, zu der man seinen Einsatz wagen sollte dann, wenn Bewegung in den Wettkampf kommt, und nicht erst dann, wenn das verlierende Team schon am Boden liegt.** Beim Stock-Picking ist die richtige Zeit zu kaufen oder zu verkaufen, wenn die künftige Richtung sich andeutet, und nicht erst dann, wenn sich die Aktienkurse schon bewegt haben. Dies ist am einfachsten zu erreichen, wenn man die Trading-Muster beobachtet und die Signale versteht, die in diesen Mustern verborgen sind.

Nichts verdeutlicht das Tauziehen zwischen Käufern und Verkäufern besser als Kurs- und Umsatzcharts, wie beispielsweise der Chart der Ross Stores (siehe weiter unten). Diese Charts zeigen sowohl den Kurs als auch den Umsatz zu verschiedenen Zeitpunkten. Der Kurs wird als Linie im oberen Teil des Charts dargestellt. Die Kurse werden auf der linken, nach oben gerichteten Achse angezeigt. Das Umsatzvolumen wird in Säulen im unteren Teil des Charts aufgezeichnet. Der Umsatz wird auf der rechten, nach oben gerichteten Achse angezeigt. Wenn Investoren einen Chart lesen, dann sollten sie sowohl den Kurs als auch den Umsatz beachten. Investoren sollten den Punkt erkennen, wenn die Veränderungen beim Umsatz sich in den Kursänderungen niederschlagen. Wenn Investoren diesen

Punkt ausmachen können, dann können sie in Aktion treten, bevor der Rest des Marktes es auch tut.

Die größten Chancen einen großen Gewinn mitzunehmen, findet man bei Aktien, die aus der Tradingrange ausbrechen. Wie bereits zuvor erwähnt, gewinnen diese Aktien an Momentum und bewegen sich weitaus höher, als man annehmen würde. In den meisten Fällen kann das Muster leicht erkannt werden. Fassen wir noch einmal zusammen:

1. Die Aktie bildet über einen längere Zeit hinweg eine starke Basis zu einem bestimmten Kurs.
2. Während dieser Zeit wird sie, wenn sie in ihrem Wert steigt, mit großen Umsätzen gehandelt, und wenn sie in ihrem Wert fällt, mit geringeren Umsätzen. Sie fällt nicht unter die Basis zurück.
3. Dann wird, bei einem Ausbruch des Aktienkurses aus der Tradingrange nach oben, der Umsatz stark erhöht.
4. Der Umsatz fällt unter den Level beim Ausbruch zurück, doch die Aktie bewegt sich weiter nach oben.
5. Die Aktie verbessert ihren Kurs weiter, solange die Nachfrage größer ist, als das Angebot.

Eine Fallstudie: Ross Stores

Bei Ross Stores, einem Discounter, konnte dieses Ausbruchsmuster 1995 und 1996 gut beobachtet werden. Der folgende Chart zeigt die beiden wichtigen Komponenten des Trading: Kurs und Umsatz. Der Kurs wird im oberen Teil des Charts als Kurve dargestellt, während der Umsatz im unteren Teil des Charts als Säule abgebildet wird.

Das erste Muster, nach dem Investoren Ausschau halten sollten, ist eine lange solide Basis, der ein starker Durchbruchsumsatz folgt. Anfang 1995 bildete Ross Stores bei 5 bis 6 $ eine starke Basis. In der Woche vom 19. Mai wurde Ross zum Fünffachen seines normalen Umsatzes gehandelt. Diese Spitze beim Umsatzvolumen war das erste Anzeichen für einen Durchbruch und ein unmißverständliches Kaufsignal. Mit diesem Ausbruchsvolumen stieg der Kurs auf 6 $ an. Während zwar der Umsatz ausgebrochen war, verblieb der Aktienkurs immer noch innerhalb der Tradingrange. Im August beschleunigte sich der Umsatz wieder. Dies war das zweite Kaufsignal. Ross durchbrach den entscheidenden 6-$-Level, stieg auf 8 $ und durchbrach damit deutlich seine Tradingrange. Hätte ein Investor bei einem der beiden Kaufsignale gehandelt, so hätte er Ross Stores schon zu Beginn der Aufwärtsbewegung erwerben können.

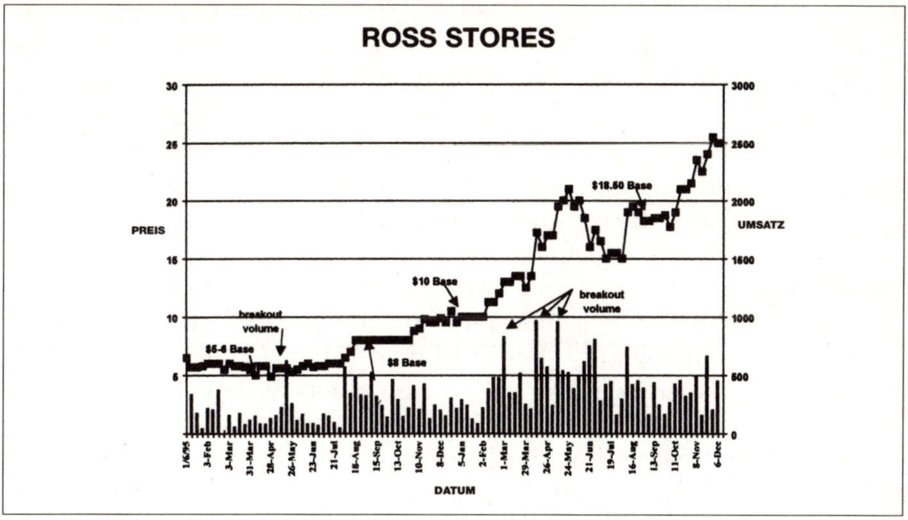

Elf Wochen lang blieb Ross im Bereich um 8 $ – ein weiteres gutes Zeichen. Wenn eine Aktie ansteigt, dann muß sie eine neue Basis bilden, ansonsten ist sie für starke Rückschläge anfällig. Vergleichen Sie eine Aufwärtsbewegung mit einem Treppenhaus. Es muß immer Treppenabsätze geben, auf denen sich die Aktien erholen und neuen Atem schöpfen können. Andernfalls werden sie, falls sie zu fallen anfangen, bis zu ihrem Ausgangspunkt zurückfallen. Eine Basis ist ein Ort, an dem eine Aktie ihre Gewinne konsolidieren und sich stabilisieren kann. Immer dann, wenn eine Aktie eine solide Basis bilden soll, muß der Umsatz zurückgehen und darauf hinweisen, daß viele Investoren, die von Anfang an dabei waren, mit ihrer Position zufrieden sind. Ein mäßiger Umsatz an einer Basis ist ein Zeichen für Stabilität. Hohe Umsätze an einer Basis deuten auf künftige Instabilität hin.

Wenn eine neue Basis gebildet wurde, dann sollte eine Aktie in der Lage sein, einen zweiten Ausbruch zu unternehmen. Der Ausbruch auf der zweiten Stufe sollte bei einem Umsatz stattfinden, der deutlich höher ist, als die vorhergehende Basis (8 $ bei Ross) aber niedriger als der ursprüngliche Ausbruch. Anfang November begann Ross mit der zweiten Stufe seines Ausbruchs. Als Ross seine Aufwärtsbewegung fortsetzte, folgte es diesem typischen Muster, bildete bei mäßigem Umsatz eine Basis und brach dann bei höherem Umsatz nach oben aus.

Nachdem Ross bis auf 10 $ angestiegen war, bildete es dort 11 Wochen lang eine neue Basis. Dann brach Ross im Februar erneut aus und wurde mit sehr hohem Umsatz gehandelt, als der Kurs der Aktie von 10 auf 13 $

anstieg. Dies war aus zwei Gründen besonders bedeutsam. Erstens war der Umsatz höher als beim ersten Ausbruch. Weil es bei 8 und 10 $ jeweils eine lange und stabile Basis gab, war der starke Umsatz bei einer Aufwärtsbewegung ein sehr optimistisches Signal und wies darauf hin, daß der Ausbruch bei höherem Umsatz gehalten werden konnte. Zweitens waren 13 $ für diese Aktie ein absoluter Spitzenwert. Immer wenn eine Aktie einen Höchststand erreicht, ist es normalerweise entscheidend, daß sie dieses Hoch bei sehr starkem Umsatz erreicht. Falls dies nicht zutrifft, fällt sie normalerweise zurück.

In den vorangehenden zehn Jahren war Ross nur bei drei Gelegenheiten über 10 $ angestiegen, aber in keinem Fall war es möglich, die 12-$-Grenze zu überschreiten. Werfen Sie nun einen Blick auf den langfristigen Chart von Ross. Sie werden bemerken, daß die Aktie zwischen einem Tiefstand von 3 $ und einem Höchststand von 12 $ gehandelt wurde. Während die Aktie auf und ab ging, konnte sie diese Tradingrange nie durchbrechen, bis der Umsatz sich 1996 steigerte. Je häufiger eine Aktie eine Widerstandslinie zu durchbrechen versucht und ihr das nicht gelingt, um so stärker wird der Widerstand bei diesem Kurs sein. Immer wird es

ROSS LONG TERM

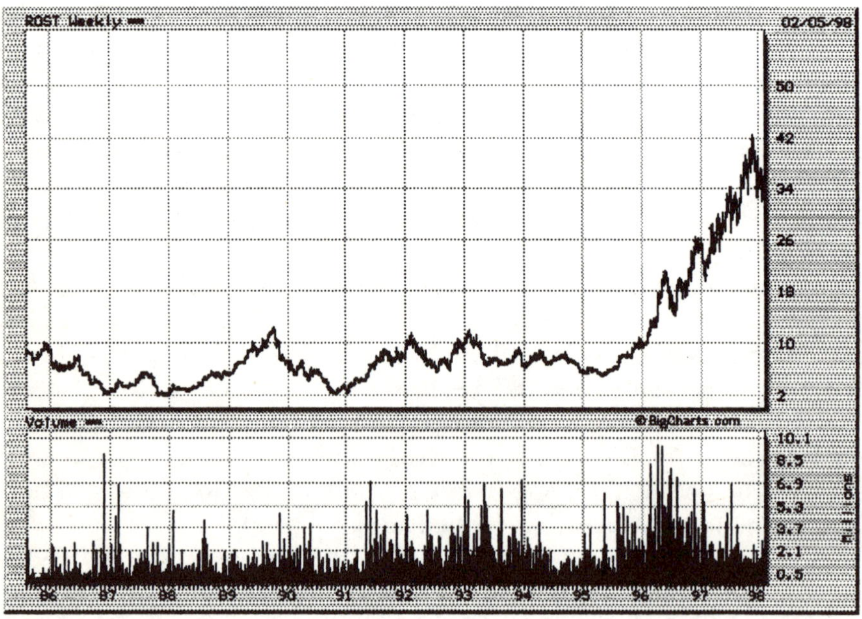

Investoren geben, die der Meinung sind: »Diese Aktie wird es nie über 12 $ schaffen«; sie werden die Aktie verkaufen, sobald sie diesen Kurs erreicht hat. Deshalb muß die Aktie, wenn sie ihren Weg nach oben weiter verfolgen will, den historischen Höchststand mit ausreichendem Umsatz durchbrechen, um das Momentum aufrechtzuerhalten. Wenn man berücksichtigt, daß der Höchststand der Aktie ein Jahrzehnt lang gehalten hat, dann war die Stärke des Durchbruchs besonders signifikant und deutete darauf hin, daß die Ross-Aktie auch weiterhin zulegen würde.

Nachdem Ross einmal den letzten Widerstand durchbrochen hatte, gab es keinen weiteren Widerstand. Die Aktie stieg weiterhin steil. Nach sieben Wochen erreichte sie bei einem Umsatz von 44,4 Millionen Stück einen Kurs von 21 $.

Keine Aktie steigt ständig. Innerhalb der nächsten zehn Wochen fiel Ross auf 15 $ zurück. Dies hätte ein Zeichen für eine Spitze sein können, aber der Umsatz im Abschwung war niedriger und von geringerer Dauer als beim Anstieg. Aktien brechen nicht bei geringen Umsätzen ein. Nach Newtons Gesetz bedarf es einer größeren Kraft, die ihre Richtung verändert. Innerhalb der nächsten vier Wochen bewegte sich Ross auf sein hohes Umsatzvolumen zurück. So wie es schon bei 6, bei 8, bei 10 und bei 13 $ gewesen war, bildete Ross bei 18,5 $ eine neue Basis aus. Nachdem diese Basis gebildet war, stieg Ross weiter und erreichte 25 $.

1997 gab es keinen weiteren Höchststand, der die Aktie zurückhalten konnte; dank starker fundamentaler Daten setzte Ross Stores seinen Run fort und erreichte im November 40 $. Jeder, der den Chart genau beobachtete, hätte Ross bei 6 $ kaufen können und die Aktie während des größten Teils des Anstiegs halten können. Der Ticker verriet den Investoren, daß der Aktienkurs stieg. Jeder Guerilla-Investor, der nicht darauf hörte, verpaßte den größten Teil dieser Aufwärtsbewegung.

Die Rundfahrt

Profis können eine Aktie ein ganzes Stück weit nach oben treiben, aber dann kommt immer die Zeit, zu der eine Aktie »die Luft ausgeht« und sie wieder zurückfällt. Eine Spitze ist das zweite Muster, das alle Investoren erkennen sollten. Zwar ist es für Investoren entscheidend, einen Ausbruch erkennen zu können und an der Fahrt nach oben teilzunehmen, doch ist es ebenso wichtig zu erkennen, wenn man am Gipfel angekommen ist, um die Talfahrt zu vermeiden. In vielen Fällen ist die Talfahrt wesentlich schneller und wesentlich brutaler. Dies gilt besonders für Aktien, die sehr steil in ihrem Wert stiegen. Wenn eine Aktie zwischendurch nicht auf einer soliden Basis ruhen kann, wird sie viel schneller fallen und viel tiefer, als man es für möglich halten würde.

In vielen Fällen zeigt ein Trading-Muster in einem Tal Kaufsignale und an einem Gipfel Verkaufssignale an. Doch Investoren ignorieren diese Hinweise oft. Wenn eine Aktie sich in einem Tal befindet, warten Investoren, bis der Ausbruch vollzogen ist, bevor sie kaufen. Wenn eine Aktie einen Gipfel erreicht, sind Investoren wegen der Gewinne oft so euphorisch, daß sie den Hinweis auf eine deutliche Richtungsänderung nicht erkennen. Micron Technologies ist ein interessantes Beispiel für eine Aktie, die eine regelrechte Rundfahrt durchführte.

Fallstudie: Micron Technologies

Micron Technologies ist ein großer Hersteller von Halbleitern und eine der volatilsten und am aktivsten gehandelten Aktien des Marktes. Als die Aktie stieg, ging sie los wie eine Rakete und erreicht Höhen, die sich sogar ihre glühendste Anhänger nicht vorstellen konnten. Als der Kurs schließlich stockte und wieder nach unten ging, fiel er wie ein Stein und sank viel weiter und wesentlich schneller, als es die heftigsten Gegner dieser Aktie sich hätten vorstellen können. Betrachten Sie nun Microns Trading-Muster, und fragen Sie sich: »Wann wäre die beste Zeit gewesen, zu kaufen und zu verkaufen?«

Anfang 1993 wurde Micron für 3,78 $ gehandelt. Im Juli 1995 war die Aktie bis auf 89 $ angestiegen. Innerhalb von 30 Monaten war der Kurs um 2.278 % angestiegen. Dennoch fiel Micron vom Gipfel steil ab, bis es im Juli 1996 19,50 $ erreichte, ein Abstieg um 79 %. Innerhalb von 42 Monaten war Micron von 4 auf 89 $ angestiegen und auf 19 $ zurückgefallen, ohne daß es langfristig wichtige fundamentale Veränderungen in der Firma gab. Micron erfand keinen neuen Chip, hatte Intel nicht aus dem Geschäft geworfen und wurde auch nicht aufgekauft. Keine rationale Fundamentalanalyse könnte diese Volatilität erklären. Aber die Börse agiert nicht immer entsprechend vernünftiger Analysen. Oft geht es dabei um das Momentum. Im Fall von Micron verkündete der Chart geradezu die künftige Kursrichtung. Diejenigen, die den Chart als Werkzeug benutzten, verdienten höchstwahrscheinlich Geld. Diejenigen, die den Chart ignorierten, wurden wahrscheinlich vernichtet.

Im Fall von Micron Technologies ist das Wort Investor oder Anleger höchst unpassend. Die meisten, die Micron-Aktien kauften, waren Trader und keine Anleger. Micron hat etwa 200 Millionen Aktien ausgegeben. 1995 und 1996 wurden 2,8 Milliarden Aktien gehandelt. Die gesamten Aktien wurden jährlich durchschnittlich siebenmal umgesetzt, was einer durchschnittlichen Verweildauer bei einem Aktionär von weniger als zwei Monaten gleichkommt. 1996 war Micron die Aktie, die an der New Yorker Börse am häufigsten gehandelt wurde. Wenn der Durchschnittsinvestor die Aktie weniger als zwei Monate hielt, dann setzten die meisten Trader auf das Momentum. Ein fundamentaler Investor würde Micron betrachten und über die Volatilität sehr erstaunt sein. Aber dieser Investor hätte nur zwei Wahlmöglichkeiten: die Kraft des Momentums zu respektieren oder die Aktie nicht anzufassen.

Microns Chart wies deutlich den Weg

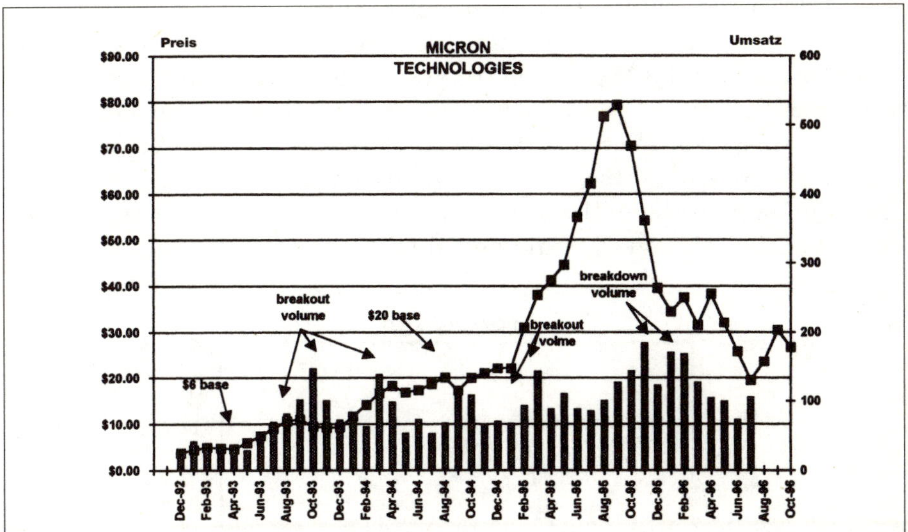

Microns Chartmuster ist eigentlich ganz normal und weist deutliche Kauf- und Verkaufssignale auf. Zwischen Dezember 1992 und Mai 1993 bildete Micron eine solide Basis knapp unter 6 $. Im Juni und Juli nahmen die Umsätze zu, und der Kurs stieg auf 8,97 $ an. Dieser Anstieg war das erste Kaufsignal. Der Umsatz stieg weiter und erreichte im Oktober 146 Millionen Stück. Anders als Ross, bei dem einem Umsatzanstieg ein Kursanstieg folgte, wies Micron einen gleichzeitigen Ausbruch bei Kurs und Umsatz aus. Diese Art von Ausbruch weist auf eine heftige künftige Volatilität hin. Bei solchen Aktionen müssen Investoren besonders vorsichtig sein, denn

Monate wie der Oktober 1993 können entweder die Fortsetzung des Ausbruchs oder aber eine Spitze signalisieren.

In den nächsten Monaten bildete Micron im Bereich von 9 $ eine Basis aus und stieg dann bei etwas geringeren Umsätzen auf 14 $. In einigen Fällen könnte geringerer Umsatz bei einem Aufschwung negativ gesehen werden, aber in Microns Fall war dies positiv. Es zeigte, daß die Investoren sich trotz eines Kursanstiegs um 275 % mit der Aktie immer noch sehr wohl fühlten. Im März nahm der Umsatz wieder zu, als Micron weiter zulegte. Dies war das zweite Kaufsignal, das darauf hinwies, daß der Aufwärtstrend immer noch intakt war. Micron stieg bis auf 20 $ und konsolidierte diese Basis. Elf Monate lang blieb Micron in der Nähe von 20 $ und wurde zu geringerem, aber beständigem Umsatz gehandelt. Dies war ein sehr positives Zeichen. Die Basis, die Micron bei 20 $ legte, war die Grundlage für die nächste Aufwärtsbewegung.

Im Februar und März 1995 nahm der Umsatz zu, als die Aktie bis auf 31 $ stieg. Dies war Microns drittes Kaufsignal. Vom Februar bis zum August vervierfachte die Aktie ihren Wert bei hohen Umsätzen. Viele Investoren verkauften die Aktien während dieser Zeit, aber das war ein Fehler. Auf dem Chart von Micron gab es keinen Hinweis auf eine Veränderung der Kursentwicklung. Trotz dieses gigantischen Runs und des enormen Trading-Volumens blieb der Umsatz relativ konstant und überschritt nie den Level, den Micron während des Durchbruchs erzielt hatte. Wenn der

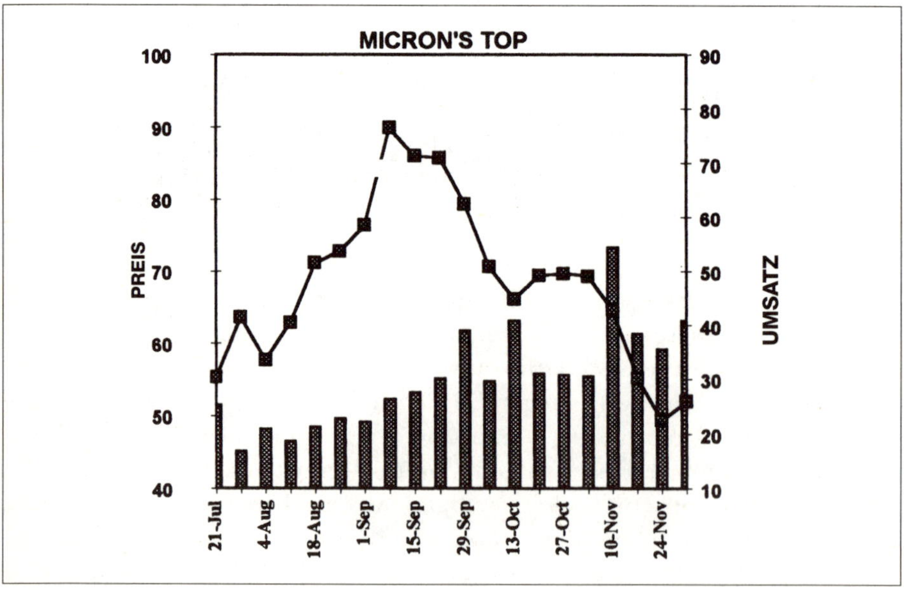

Umsatz konstant bleibt, dann wird auch das Momentum einer Aktie anhalten.

Im September erreichte Micron ein Hoch von 90 $, bevor sie den Monat mit 79,38 $ abschloß. Mit dem scharfen Anstieg auf 90 $ säte die Aktie bereits den Samen für den eigenen Abstieg. Während die Aktie bei 10 $ und bei 20 $ eine Basis ausgebildet hatte, gab es zwischen 20 und 90 $ keine Basis mehr. **Wenn eine Aktie steigt, dann ist es wichtig, daß sie zwischendurch eine Basis bildet, so saß sie ihre Position konsolidieren kann.** Da Micron in der Nähe seines Gipfels keine Basis bilden konnte, war es durchaus möglich, daß sie bis auf 20 $ zurückfallen würde.

Als sich Micron ihren Gipfel näherte, nahmen sowohl die Volatilität als auch der Umsatz zu, und beides sind eher besorgniserregende Anzeichen. In der Woche vom 8. September stieg Micron von 76 auf fast 90 $ an, doch in nächsten drei Wochen fiel Micron bei vierfachen Umsätzen auf 79,38 $. Dieser hohe Umsatz beim Abschwung war besorgniserregend, weil er darauf hinwies, daß die meisten Profis mit großer Überzeugung von Käufern zu Verkäufern wurden.

So wie das Momentum eine Aktie bei einem Anstieg unterstützen kann, so kann es eine Aktie beim Abschwung vernichten. Der Umsatz ist eine sehr entscheidende Komponente, weil er die Bewegung der Armee der Profis widerspiegelt. In Microns Fall nahm der Umsatz zu, als der Kurs nach unten ging. Micron setzte auf dem Weg von 55 bis 90 $ 174 Millionen Aktien um und 352 Millionen auf dem Weg von 90 bis 55 $. (Auf dem Chart, auf dem Microns Gipfel abgebildet ist, können Sie deutlich erkennen, wie bei steigendem Kurs der Umsatz zunimmt.) Die Erklärung hierfür ist sehr einfach, aber viele Investoren kennen sie nicht:

- Eine Aktie, die sich nach oben bewegt, kann ihre Richtung nur ändern, wenn sie auf eine stärkere Kraft trifft.
- Die stärkere Kraft zeigt sich fast immer in hohem Umsatz.
- Wenn eine Aktie bei hohem Umsatz an Wert verliert, dann sollten Sie nicht lange die Berichte der Analysten lesen. Ergreifen Sie die Flucht und steigen aus!

Jeder, der den Chart sah, hätte Micron verkauft, als es sich auf den Abwärtsweg begab. In den meisten Fällen taucht dieses Signal nicht genau am Gipfel auf. Aber hätten Sie Micron bei 10 $ gekauft, dann wären Sie sehr froh gewesen, bei 79 $ verkaufen zu können. An der Spitze auf 10 $ zu verzichten, war sicherlich die bessere Alternative als dabeizubleiben. Denken Sie daran: Wenn der Umsatz bei einem Abschwung zunimmt, dann verkündet der Chart, daß Ärger bevorsteht. Wenn Sie keine Insider-Informationen haben, dann sollten Sie nicht gegen den Ticker kämpfen.

Dies ist normalerweise der Zeitpunkt, wo die Broker anrufen und dringend empfehlen, zu kaufen: »Unseren Analysten gefällt die Aktie immer noch, und sie ist nur 30 % von ihrem Hoch entfernt.« Aber Micron hatte keine Basis, auf der sie auf dem Abschwung anhalten konnte. In den nächsten sechs Wochen fiel sie bei starken Umsätzen auf 43 $. Abschwünge können schnell und brutal sein, wenn es keine Basis gibt, die eine Aktie unterstützt.

Nach ein paar ruhigen Wochen während der Weihnachtszeit explodierten die Umsätze. Im Januar und Februar 1997 wurden 338 Millionen Micron-Aktien gehandelt. Innerhalb einer Woche wurden 70 Millionen Aktien, das ist ein Drittel der gesamten Aktien, gehandelt. Nach der Spitze im Februar fielen sowohl der Kurs als auch der Umsatz zurück. In sieben Wochen fiel der Umsatz auf 20 Millionen Aktien und nach drei weiteren Wochen lag er bei weniger als 10 Millionen Anteilen. Das Verkaufen hörte langsam auf, aber es fanden auch keine Käufe statt. Ende Juli nahm der Umsatz wieder zu, als die Aktie unter 20 $ rutschte. Das Abwärtsmomentum war nun gebrochen, und der Kurs konnte sich stabilisieren. 1997 erlebte Micron Kursgewinne, doch dann fiel die Aktie wieder zurück, und im Dezember wurde sie nur wenig über 20 $ gehandelt.

Die Lehre, die Micron Technologies erteilt, ist einfach. Der Kurs der Aktie stieg weit höher, als jeder erwartet hätte, und bildete dann einen Trichter. Solange der Umsatz gleichmäßig war, stieg auch der Kurs an. Als dann das Umsatzmuster durchbrochen wurde, änderte der Kurs seine Richtung. Investoren die den Chart studierten, hätten den Ausbruch erkennen können und den gesamten Anstieg mitmachen können. Sie hätten auch den Gipfel erkennen und die Talfahrt vermeiden können. Diejenigen, die den Chart unbeachtet ließen, mußten in beiden Richtungen Prügel einstecken.

Der Markt überreagiert nicht

Charts signalisieren nicht nur, wann eine Aktie sich aufwärts oder abwärts bewegen wird, Charts können auch signalisieren, wann ein Unternehmen sich außerordentlich guten oder schlechten Nachrichten gegenübersieht – besonders gut erkennbar ist das bei schlechten Nachrichten. Wenn Aktien bei schlechten Nachrichten nachgeben, veröffentlichen Analysten normalerweise Berichte, in denen sie ihre Überraschung zum Ausdruck bringen, aber in vielen Fällen hat die Aktie selbst das Problem schon längst angekündigt. Ein sorgfältiger Blick auf die Charts enthüllt in den meisten Fällen Anzeichen für heraufziehende Probleme.

Manchmal führen kleinere Ereignisse wie beispielsweise eine geringfügige Reduzierung der Gewinnschätzungen zu dramatischen Neubewertungen einer Aktie. Es könnte sein, daß ein Analyst die Gewinnschätzung um 5 % zurücknimmt, der Kurs hingegen um 35 % fällt. Wenn dies geschieht, dann sagen die Analysten oft: »Der Markt hat überreagiert.« Und dann drängen sie die Investoren, ihre Beteiligungen zu verdoppeln. Eigentlich sollte eine Reduzierung der Gewinne um 5 % keine solch verheerenden Auswirkungen auf eine Aktie haben. Investoren sollten dann argwöhnisch werden. Der Markt überreagiert nicht. Tatsächlich beweisen künftige Ereignisse, daß die Gewinnschmälerung nur die Spitze des Eisberges war und daß mit dem Unternehmen grundsätzlich etwas nicht stimmt. Weiter muß man sehen, daß die erste »Überreaktion« kaum die letzte sein wird. Wie bei Erdbeben gehen dem Einbruch einer Aktie kleinere Erschütterungen voraus und werden auch von Nachbeben gefolgt.

Wenn sich eine Aktie nach Ihrer Meinung und nach der Meinung der meisten Analysten irrational verhält, dann sollten Sie zuerst fragen: »Weshalb geraten alle in Panik, nur ich nicht?« Wenn alle den Notausgang suchen, sollten Sie, auch wenn Sie weder Feuer sehen noch Rauch an Ihre Nase dringt, auf die Schreie hören. Professionelle Investoren geraten nicht wegen Kleinigkeiten in Panik. Wenn sie dem Ausgang zustürmen, ohne daß sie auf den Kurs achten, dann befürchten sie größere Probleme. Überlegen Sie gut, bevor Sie eine Aktie kaufen, die sich gerade im Absturz befindet.

Eine Fallstudie: Donnkenny

Donnkenny stellt Damensportbekleidung im mittleren Preissegment her. Im Juli 1993 ging das Unternehmen an die Börse. Im Dezember verkaufte der Vorstandsvorsitzende Richard Rubin 100.000 Anteile. Im April 1994 verkaufte Rubin weitere 330.000 Aktien und Merrill Lynch, die das Unternehmen an die Börse gebracht hatten, verkauften 1,6 Millionen Aktien. Im Juli 1995 verkaufte Rubin weitere 100.000 Aktien. Im November 1995 noch einmal 200.000 Aktien. Donnkenny gab bekannt, daß es Mickey-Mouse-Bekleidung in China vertreiben, und im vierten Quartal Verluste haben würde. Die Aktie fiel um 18 $ auf 14 $ bei einem Volumen, das sechsmal höher als normal war. Jeder, der diesen Chart sah, hätte besorgt sein müssen. Das Unternehmen gab gute Jahresschlußergebnisse bekannt und versprach ein starkes 1995. Die Aktie stieg wieder auf 19 $. Im August 1996 verkaufte Rubin weitere 150.000 Aktien. Ein ständiger Verkauf von Aktien durch das Management ist niemals ein besonders optimistisches Zeichen.

Im September 1996 gab das Unternehmen bekannt, es würde das Ende des Fiskaljahres vom November auf den Dezember verschieben. Verschiedene Analysten bestätigten ihre Schätzungen, während ein Analyst, dessen Gewinnschätzungen die höchsten an der Wall Street waren, seine Zahlen um 0,05 $ reduzierte, um mit dem Konsens übereinzustimmen. Die Aktie reagierte auf die Änderung des Fiskaljahres und die Gewinnberichtigung heftig und fiel bei achtfachem Umsatz um mehr als 20 %. (Beachten Sie auf dem folgenden Chart, daß alle Umsatzzunahmen von deutlichen Kursverlusten begleitet werden.) Ein eher konservativer Analyst schrieb eine Notiz mit der Überschrift »Der Markt überreagiert wieder«. Dieser Analyst ist sehr gut, aber wenn Analysten schreiben, der Markt überreagiere, dann liegen sie falsch und nicht der Markt.

Der Wechsel des Fiskaljahres und die geringfügige Korrektur bei den Gewinnen waren kaum von Bedeutung. Weshalb also reagierte der Aktienkurs so heftig? Vielleicht, weil irgend jemand irgend etwas vermutete? Aber ganz gleich, was der Grund war: Der enorme Umsatz bei sinkenden

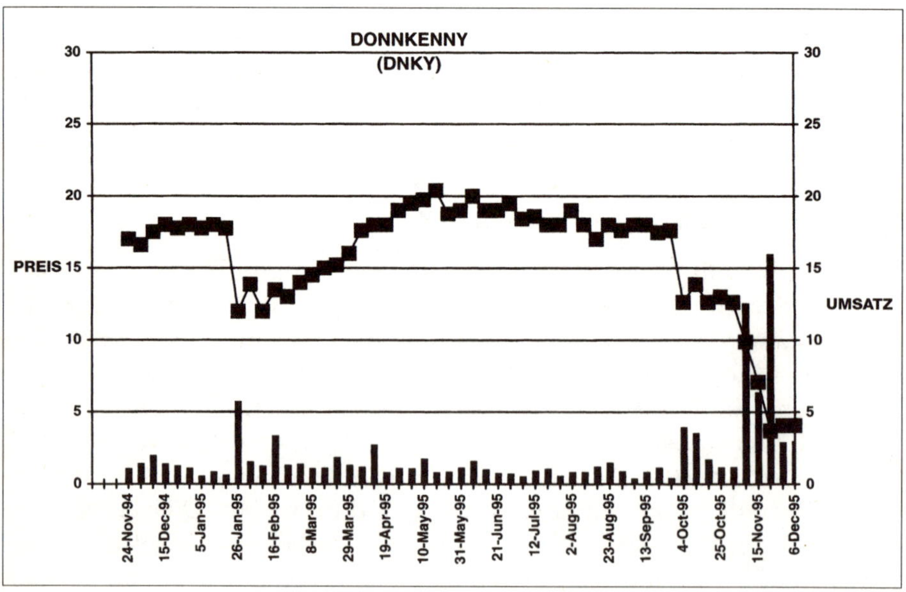

Kursen als Reaktion auf eher unbedeutende Nachrichten war ein eindeutig negatives Zeichen. Der Chart verriet den Investoren, daß bei Donnkenny etwas im argen lag.

Am 28. Oktober schrieb ein Analyst eine Notiz und wies darauf hin, daß Donnkenny seine Gewinne erst Mitte November statt Ende Oktober bekanntgeben werde. Weder der Analyst noch die Investoren schienen diese Verspätung zur Kenntnis zu nehmen, aber es war ein entscheidendes Signal. Wenn ein Unternehmen die Veröffentlichung seiner Geschäftsdaten verschiebt, dann ist das immer ein Zeichen von Schwierigkeiten. Wenn Sie Aktien eines Unternehmens besitzen, das seine Zahlen verspätet veröffentlicht, dann sollten Sie nicht warten und herausfinden wollen, warum das so ist.

Es dauerte nicht lange, bis der Ärger losging. Am 6. November trat die Prüfungsgesellschaft des Unternehmens, KPMG Peat Marwick, zurück. Das Unternehmen entließ den Finanzvorstand und bestellte einen neuen. Das Unternehmen wollte glauben machen, daß KPMG gefeuert wurde. First Call (verbreitet Untersuchungsergebnisse und Unternehmensdaten, die von Brokerhäusern und anderen zur Verfügung gestellt werden) veröffentlichte die Notiz eines Analysten mit dem Titel »Der neue Finanzvorstand ist ein Gewinn« und merkte an, daß dieser fünf Jahre für Ralph Lauren gearbeitet hatte. Eine andere Firma lobte die Bestellung des neuen Finanzvorstands ebenfalls: Das Management werde gestärkt. Niemand machte sich über den Wechsel der Wirtschaftsprüfungsgesellschaft Gedanken. Aber der Analyst, der geschrieben hatte, der Markt habe überreagiert, stufte Donnkenny zurück, weil er glaubte, daß »die Entlassung des Finanzvorstands und der Prüfungsgesellschaft kurz vor der Veröffentlichung der Gewinne … nicht positiv ist« (ein kluger Gedanke, aber eine riesige Untertreibung).

Die Aktie, die bei 12,50 $ geschlossen hatte, hatte zunächst keinen Eröffnungskurs. Am späten Vormittag wurde die Aktie mit 6,50 $ gehandelt. Zwei Analysten stuften die Aktie zurück. Donnkenny schloß mit 8,78 $ bei einem Umsatz von 9,3 Millionen Aktien. Ungefähr zwei Drittel aller emittierten Aktien waren an diesem Tag gehandelt worden. Viele Investoren plazierten ihre Wetten.

Am 8. November wertete Prudential Securities die Aktie zu einer Kaufempfehlung auf. Die Notiz bei First Call war überschrieben mit: »Die Panikverkäufe waren übertrieben«. Dies war das zweite Mal, daß ein Analyst behauptete, der Ticker liege falsch. Der Analyst von Prudential merkte an, daß die Investoren wegen eines möglichen Betrugs besorgt seien, aber der neue Finanzvorstand und ein Mitglied des Aufsichtsrats hätten ihm versichert, alles sei in Ordnung. Mit Gewinnschätzungen von 1,38 $ für 1996 und 1,60 $ für 1997 schien Donnkenny eine sehr günstige Aktie zu sein. Die Empfehlung von Prudential drückte den Kurs von Donnkenny bis auf 9,78 $ hoch.

Am 12. November veröffentlichte Donnkenny eine Verlautbarung, daß KPMG zurückgetreten war und nicht entlassen worden sei. Der Grund für den Rücktritt war, daß der Prüfungsgesellchaft der Zugang zu den Unternehmensdaten verwehrt worden war. (Das ist nie ein gutes Zeichen: Für Prüfer ist es unmöglich, die Arbeit ordentlich zu erledigen, wenn sie keinen Einblick in die Bücher haben.) Am 14. November berichtete das *Wall Street Journal*, daß drei Vorstandsmitglieder innerhalb der letzten 18 Monate Aktien im Wert von 13,4 Millionen $ verkauft hatten. Schließlich berichtete Donnkenny am 15. November, daß die Gewinne des dritten Quartals die Schätzungen der Analysten nicht erreichen würden und die Gewinne der vorangehenden Jahre korrigiert werden müßten. Die Aktie fiel auf 4,375 $. Prudential änderte das Rating von Kaufen auf Verkaufen. Auch zwei andere Firmen stuften die Aktie herunter.

Betrachten Sie auf dem Chart den Umsatz. Alle Aktien wechselten den Besitzer. Die Prüfungsgesellschaft war zurückgetreten. Der Termin für die Veröffentlichung der Geschäftsdaten wurde verschoben. Es gab keine Möglichkeit, daß noch gute Nachrichten folgen würden. Tatsächlich gibt es nur äußerst selten gute Nachrichten, wenn eine Prüfungsgesellschaft während eines Fiskaljahres aussteigt. Kein Investor ist bereit, eine Aktie zu kaufen, wenn die Prüfungsgesellschaft während eines Fiskaljahres zurücktritt.

Als die Aktie im Oktober von 16 auf 12 $ fiel, deutete der Markt schon darauf hin, daß irgend etwas nicht stimmte. Von da an wurden die Probleme deutlich sichtbar. Zwei Analysten schrieben Notizen, der Markt habe überreagiert, und die Investoren verkauften Millionen von Aktien, als der Kurs fiel. Die Lehren aus diesem Beispiel sind einfach:

- Es gibt nur sehr selten einen guten Grund, die Gewinne verspätet zu veröffentlichen.
- Es gibt niemals einen guten Grund, die Prüfungsgesellschaft in der Mitte des Jahres zu wechseln.
- Wenn eine Aktie verrückt spielt, dann hat das Unternehmen meist größere Probleme.
- Der Markt überreagiert nicht.
- Investoren, die gegen den Ticker traden, gehen ein hohes Risiko ein.

1997 übernahm ein neues Management die Geschäfte bei Donnkenny, doch im Dezember wurden die Aktien für nur 3,50 $ gehandelt. Aktien, die einmal eingebrochen sind und Investoren ernsthaft geschädigt haben, erholen sich nicht so schnell.

Bei Charts ist Einfachheit die höchste Tugend

Wenn ein Investor auf die Kurs- und Umsatzcharts von Ross, Micron und Donnkenny sieht, kann er leicht erkennen, wann die Aktien einen größeren Aufschwung begannen und wann es auf Talfahrt ging. Ein Kurs- und Umsatzchart hat den großen Vorteil, daß er sehr einfach ist. Jeder Investor kann auf dem Chart erkennen, wann der Umsatz zunimmt und wie der Kurs auf die Umsatzveränderungen reagiert. Ein Ausbruchsumsatz ist sehr leicht zu erkennen. Auch Kursanstiege bei rückläufigem Umsatz sind sehr leicht festzustellen. Wenn der Umsatz bei fallenden Kursen zunimmt, ist das Risiko groß, daß die Aktie stark an Wert verliert.

Die Lehre für den Einzelinvestor ist einfach: Wenn eine Aktie ohne ersichtlichen Grund ausbricht oder abstürzt, dann sollte man davon ausgehen, daß jemand etwas weiß, das man selbst nicht weiß. Wenn Leute, die dem Unternehmen näher stehen als Sie, anfangen zu kaufen oder zu verkaufen und damit dramatische Kursänderungen bewirken, dann sollten Sie nicht herumstehen und wissen wollen, was die anderen wissen. Wenn Ihnen die Charts andeuten, daß etwas schiefläuft, dann sollten Sie die Aktie schnell verkaufen. Versuchen Sie nie, gegen den Ticker zu kämpfen.

Das einzige Problem bei den Kurs- und Umsatzcharts ist der Zeitrahmen. Wenn Sie etwas sehen, das Sie für den Ausbruch aus einer Basis halten, dann müssen Sie zur Formation der Basis zurückgehen. Wenn Sie ein zu kleines Zeitfenster wählen, dann kann ein kurzer Anstieg des Umsatzes wie ein Ausbruch aussehen, aber nicht genügend Kraft haben, um sich von der Basis zu entfernen. Ein wirklicher Ausbruch vollzieht sich immer bei hohen Umsätzen. Wenn Sie einen Ausbruch nach unten betrachten, dann müssen Sie auch den Umsatz während des gesamten vorherigen Aufschwungs in Betracht ziehen. Die meisten Gipfel erfordern einen Umsatz, der höher liegt als beim ursprünglichen Ausbruch.

Kurs- und Umsatz-Charts im Internet

Das Internet hat es sehr einfach gemacht, Kurs- und Umsatz-Charts zu verwenden. Alle Internet-Broker haben Chartservices eingerichtet, auch Suchmaschinen (beispielsweise Yahoo!) und andere Finanzseiten. Mein spezieller Favorit ist BigCharts. Die Online-Broker haben im allgemeinen die besseren kurzfristigen Charts. Doch reichen den meisten Investoren langfristige Charts aus. **In vieler Hinsicht sind Charts im Internet effektiver und einfacher zu nutzen als die Charts, die Profis benutzen.** Der größte Vorteil der Internet-Charts ist die Leichtigkeit, mit der Investoren zwischen verschiedenen Zeitfenstern hin und her klicken können. Die meisten Charts haben Zeitrahmen von fünf Jahren, zwei Jahren, einem Jahr, sechs Monaten, drei Monaten und einem Monat. Einige Seiten bieten auch Tages-Charts. BigCharts bietet folgende Wahlmöglichkeiten: fünf Minuten, fünfzehn Minuten, fünf Tage, ein, zwei, drei und sechs Monate, das vergangene Jahr, ein bis fünf Jahre, ein Jahrzehnt und alle historischen Daten.

Suchen Sie sich eine Aktie heraus, an der Sie interessiert sind. Klicken Sie den Basis-Chart an. Sie haben die Wahl zwischen verschiedenen Zeitrahmen. Fangen Sie mit einem langen Zeitrahmen an. Fünf Jahre reichen wahrscheinlich aus. Machen Sie sich ein Bild vom langfristigen Muster der Aktie. Liegt sie in einem Aufwärtstrend oder in einem Abwärtstrend? Hat sie eine solide Basis ausgebildet? Beobachten Sie die Schlacht zwischen den Käufern und Verkäufern. Achten Sie auf Nadeln beim Umsatz. Wie reagierte der Kurs, wenn der Umsatz zu- oder abnahm? Beachten Sie die Gipfel und die Täler beim Kurs. Wie korrelierten an diesen Punkten Kurs und Umsatz? Betrachten Sie den Chart als Bewegung einer Armee: Sie können sehen, wo sie gewesen ist. Aber können Sie auch sehen, wohin sie geht?

Klicken Sie den nächstkürzeren Zeitrahmen an, beispielsweise zwei Jahre. Sieht das etwas kurzfristigere Muster anders aus? Klicken Sie nun das ganze Spektrum der Zeitrahmen an, vom längsten bis zum kürzesten. Jeder Klick benötigt nur einige Sekunden, aber jeder Chart wird Ihnen eine andere Perspektive geben. Versuchen Sie, sich auf die Zeiträume zu konzentrieren, in denen die dramatischsten Veränderungen im Kurs und im Umsatz stattfanden. Wenn die Aktie in einem langfristigen Trend war, dann benötigen Sie auch einen Chart mit großem Zeitrahmen. Wenn die Umsatzspitzen erst kürzlich die Richtung des Kurses beeinflußt haben, dann können Sie einen kurzfristigeren Chart benutzen. Wenn Sie zum kleinsten Zeitfenster kommen, dann sollten Sie das gegenwärtige Trading-Muster genau betrachten: Gibt es deutliche Veränderungen im Kurs und/oder im Umsatz? Scheint der Aktienkurs den bisherigen Trend zu verlassen?

Viele Charts werden nichtssagend sein, aber manche werden dramatische Veränderungen im Kurs und im Umsatz zeigen. Wenn Sie einen Ausbruch nach oben erkennen, dann sollten Sie kaufen oder die Aktie weiter halten. Halten Sie die Aktie, solange der Trend besteht. Wenn Sie eine Spitze erkennen, die von einer starken Umsatzzunahme begleitet wird, dann sollten Sie nicht warten, bis es schlechte Nachrichten gibt. Verkaufen Sie die Aktie, und nehmen Sie die Gewinne mit. Denken Sie immer daran: Der Markt weiß im allgemeinen mehr als Sie.

Intraday-Charts zeigen kurzfristige Details

Kurs- und Umsatzcharts sind besonders effektiv, weil sie den Investor mit einem einfachen Überblick über langfristige Bewegungen der Aktien informieren. Die Spitzen, Tiefpunkte, Ausbrüche und Basen sind sehr einfach zu erkennen. Doch gerade weil sie für die Darstellung langfristiger Bewegungen so hervorragend geeignet sind, sind sie wegen ihrer Einfachheit für das Verständnis kurzfristiger Kursbewegungen weniger nützlich. Deshalb sind Intraday-Charts für Einzelinvestoren, die sehr häufig traden und kurzfristige Aktionen der Profis vorwegnehmen wollen, außerordentlich nützlich.

Der Unterschied zwischen den Kurs- und Umsatzcharts und den Intraday-Charts ist der Unterschied zwischen einem Foto, das von einem Satelliten aufgenommen wurde, und einem, das von der Spitze eines Berges aufgenommen wurde. Beide zeigen das gleiche Schlachtfeld, aber der Kurs- und Umsatz-Chart gibt eher einen Überblick, während der Intraday-Chart mehr Details zeigt. Wenn Sie einen Überblick über die gesamte gegnerische Armee erhalten wollen, dann haben Intraday-Charts nur begrenzten Wert, aber wenn Sie die Bewegung eines Bataillons beobachten wollen, dann bieten sie viele Details.

Der Intraday-Chart ähnelt dem Kurs- und Umsatz-Chart, nur daß er jeden Tag nicht nur einen Kurs aufzeichnet, sondern jeden Tag als Säule darstellt. Die kurzen horizontalen Linien auf der rechten und linken Seite der Säule weisen auf den Eröffnungs- und Schlußkurs hin. Die Höhe der Säulen gibt den Bereich an, in dem die Aktie den Tag über gehandelt wurde. Kurze Säulen weisen darauf hin, daß die Aktie innerhalb eines engen Kursbereiches gehandelt wurden, während hohe Säulen zeigen, daß es sehr weite Kurzschwankungen gegeben hat. Wenn die Höhe der Säulen plötzlich zunimmt, dann ist das ein deutliches Zeichen dafür, daß die Profis unterschiedlicher Meinung sind. Wenn diese Abweichungen sichtbar werden, dann ist es wahrscheinlich, daß die Aktie in eine höhere Volatilität gerät. Auf diese Zeichen sollte ein Investor achten.

Die Relation zwischen Eröffnungs- und Schlußkurs gibt Hinweise auf das Trading-Muster und auch auf die Richtung einer möglichen Kursbewegung. Wenn der Bereich zwischen den Kursen sehr eng ist, dann wird die Aktie wahrscheinlich geordnet gehandelt. Wenn dieser Bereich sehr weit ist, dann wird die Aktie volatil. Wenn die Schlußkurse ständig niedriger sind als die Eröffnungskurse, dann wird sich die Aktie auf eine Abwärtsbewegung einrichten. Sind Schlußkurse ständig höher als die Eröffnungskurse, dann wird die Aktie wahrscheinlich einen Aufschwung erleben. Kurswenden entstehen dann, wenn es innerhalb eines Tages eine weite Tradingrange gibt – einen großen Spielraum zwischen den Eröffnungs- und Schlußkursen – und deutliche Umsatzänderungen.

Der Intraday-Chart zeigt auch den gleitenden Durchschnitt der Aktie an. Der gleitende Durchschnitt ist ein weiterer technischer Schlüsselindikator. Die meisten Techniker glauben, daß eine Bewegung über oder unter den gleitenden Durchschnitt einen Wechsel in der Richtung des Aktienkurses anzeigt. Der am häufigsten angegebene Zeitraum für gleitende Durchschnitte sind 50 und 200 Tage.

Weil Intraday-Charts wesentlich detailliertere Informationen geben, müssen sie in einem kürzeren Zeitrahmen liegen. Auf einem langfristigen Chart ist es nicht möglich, jeden Eröffnungs- und Schlußkurs und alle Kursausschläge während eines Tages deutlich darzustellen. Das beste Zeitfenster für einen Intraday-Chart sind sechs Monate und diese Charts eignen sich für kurzfristige Trading-Entscheidungen am besten. Der abgebil-

IBM INTRADAY

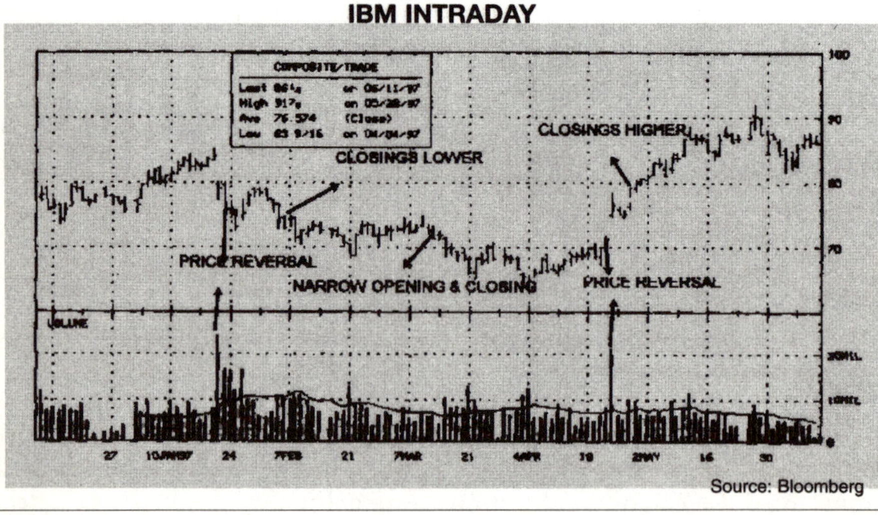

Source: Bloomberg

dete Chart zeigt die täglichen Kursbewegungen von IBM innerhalb von sechs Monaten.

Wie der Anfang des Charts zeigt, wurde IBM sehr geordnet gehandelt, und zwischen den Eröffnungskursen und den Schlußkursen lagen nur geringe Abweichungen. Meist jedoch lagen die Schlußkurse höher. Am 23. Januar 1997 gab es während des Tages starke Kursschwankungen. Der Schlußkurs lag ungefähr 4 $ niedriger als der Eröffnungskurs. Der Umsatz verdreifachte sich gegenüber dem vorhergehenden Niveau und der Kurs fiel unter seinen gleitenden Durchschnitt. Dieser deutliche Kursabschwung bei hohem Umsatzvolumen war ein Schlüsselsignal. Während Schnäppchenjäger kauften, deutete dieses Trading-Muster auf einen Kursumschwung hin. Es ist nie besonders klug, sich einem Kursumschwung entgegenzustellen. Während der nächsten sechs Wochen fiel IBM von 79 auf 64 $.

Mitte März begann sich der Kurs zu stabilisieren. Die Unterschiede zwischen den Eröffnungs- und den Schlußkursen wurden deutlich enger und wiesen ein geordneteres Trading-Muster auf. Dann lagen die Schlußkurse höher als die Eröffnungskurse und wiesen auf einen Aufwärtstrend hin. In der vierten Aprilwoche erweiterte sich die Tradingrange und der Umsatz verdreifachte sich, was auf einen weiteren Kurs- und Umsatzumschwung hindeutete. Im nächsten Monat stieg der Kurs von IBM von 68 auf 90 $.

Wenn ein Investor Intraday-Charts benutzt, dann ist es am wichtigsten, daß er nach Veränderungen in Kurs und Umsatz Ausschau hält. Eine Kurs- und Umsatzumkehr zeigt, daß die Profis ihre Haltung gegenüber einer Aktie ändern. Wenn die Aktie bei höherem Umsatz von niedrigeren zu höheren Schlußkursen wechselt, ist dies ein Zeichen, daß die Profis kaufen und der Kurs zulegen wird. Wenn sie bei höherem Umsatz von höheren zu niedrigeren Schlußkursen wechselt, ist dies ein Zeichen, daß die Profis verkaufen und der Kurs wahrscheinlich fallen wird. Wenn diese Umkehrbewegungen bewirken, daß der Kurs den gleitenden Durchschnitt durchbricht, ist die Reichweite dieser Bewegung wahrscheinlich größer.

Ebenso wie Kurs- und Umsatz-Charts sind Intraday-Charts leicht im Internet zu finden. Die besten Charts gibt es von den Chartservices, Online-Brokern oder spezialisierten Finanzdienstleistern. Ähnlich wie bei Kurs- und Umsatz-Charts ist es sehr sinnvoll, die Intraday-Charts anzuklicken und mit unterschiedlichen Zeitrahmen zu spielen. Für die meisten Investoren wird es einfacher sein, Kurs- und Umsatz-Charts für langfristige Anlagen und Intraday-Charts für kurzfristige Anlagen zu nutzen. Die meisten Online-Services benutzen Kurs- und Umsatz-Charts für die längsten Zeitrahmen und Intraday-Charts für den Rest, und so braucht man sich keine

Gedanken zu machen, welche Charts man wählen sollte. Der Service stellt Ihnen für den Zeitrahmen, an dem Sie interessiert sind, den besten Chart bereit.

Die Kurs- und Umsatz-Charts und die Intraday-Charts sind für den Einzelinvestor Frühwarnsysteme, weil sie sowohl die Vergangenheit als auch die künftigen Bewegungen der Profis darstellen. Charts können nie die Zukunft vorhersagen, aber sie können den Einzelinvestor mit einem hervorragenden Bild der kurz- und langfristigen Kursbewegungen einer Aktie versorgen. Für den Einzelinvestor, der wahrscheinlich weniger über ein Unternehmen weiß als ein Profi, können Charts entscheidend sein. Wenn der Umsatz zu steigen beginnt, dann ist dies ein deutliches Zeichen dafür, daß sich die Profis in einer Aktie stärker engagieren. Wenn Umsatz und Kurs steigen, dann ist das ein Zeichen dafür, daß die Profis kaufen. Wenn der Umsatz zunimmt und der Kurs fällt, dann ist dies ein Zeichen dafür, daß Profis verkaufen.

MACD (Moving Average Convergence/ Divergence): Schwierig zu verstehen, aber einfach anzuwenden

Zu den wichtigsten technischen Indikatoren zählt der MACD: Er gibt Abweichungen und Übereinstimmungen mit dem gleitenden Durchschnitt an. Er ist zwar am schwierigsten zu verstehen, aber auch am einfachsten anzuwenden. Der MACD ist ein Chart, der den gleitenden Durchschnitt als technisches Werkzeug benutzt. Der gleitende Durchschnitt verfolgt den Durchschnittskurs einer Aktie über eine bestimmte Zeit. Der MACD benutzt einen exponentiellen (gewichteten) gleitenden Durchschnitt, was bedeutet, daß aktuelle Kurse mehr Gewicht als ältere haben.

Die Theorie des MACD ist ziemlich verwirrend, und ich will sie hier nicht erklären. Aber es ist sehr einfach, den MACD-Chart zu nutzen. Der Chart hat zwei Bereiche. Der obere Bereich zeigt den Kurs einer Aktie an. Im unteren Bereich finden Sie eine durchgezogene Linie, den Zeitindikator, und eine durchbrochene Linie, den Signalindikator. Ein Trendwechsel findet dann statt, wenn die durchgezogene Linie die unterbrochene Linie in einem scharfen Winkel durchbricht. Wenn die durchgezogene Linie in steilem Winkel von unten her kreuzt, dann handelt es sich um einen Aufwärtstrend, und Sie sollten die Aktie kaufen. Wenn die durchgezogene Linie von

MICROSOFT MACD

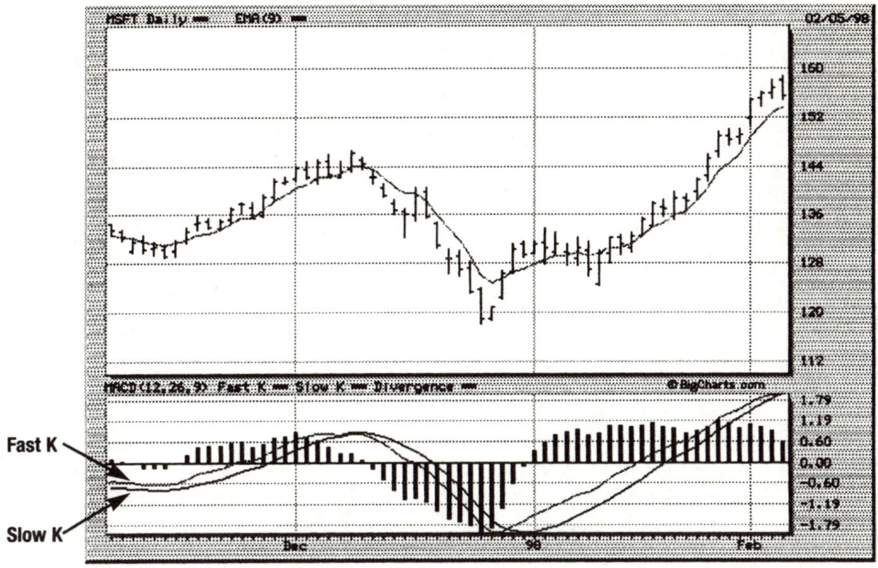

oben her in scharfem Winkel kreuzt, dann handelt es sich um einen Abwärtstrend, und Sie sollten die Aktie verkaufen. Wenn die Kreuzung der beiden Linien nicht besonders deutlich ist oder die beiden Linien parallel zueinander verlaufen, dann gibt es im Trend keinen Wechsel. Die MACD-Charts sind bei der Beobachtung kurzfristiger Bewegungen besonders nützlich, weil die Gewichtung der Linien einen Trendwechsel vergrößert darstellt. Der Einzelinvestor muß nur auf scharfen Kreuzungen achten und dann handeln.

Die Abbildung zeigt einen MACD-Chart für Microsoft. Die Theorie des MACD kann verwirrend sein, aber er kann Kurse sehr gut vorhersagen, und es ist wirklich äußerst einfach, diese Charts zu nutzen. Achten Sie auf scharfe Kreuzungen. In diesem Zeitrahmen gibt es drei. Die erste Kreuzung war positiv und wies auf eine Kaufgelegenheit hin. Sie ereignete sich Anfang November 1997. Microsoft wurde für ungefähr 132 $ gehandelt. In den nächsten fünf Wochen kletterte der Wert der Aktie auf 146 $. Die zweite Kreuzung war negativ und wies auf einen Verkauf hin. Dies geschah Anfang Dezember, als Microsoft für 144 $ gehandelt wurde. Prompt fiel der Wert der Aktie auf 120 $. Die dritte Kreuzung war positiv und wies auf eine Kaufgelegenheit hin. Dies geschah Ende Dezember, als Microsoft zu 120 $ gehandelt wurde. Und sofort stieg Microsoft auf 142 $ an. In den drei Monaten, die dieser Chart anzeigt, ging Microsoft von 136 auf 142 $, was einer Zunahme von 6 $ entspricht, aber wenn man die MACD-Signale beim Aufschwung und beim Abschwung nutzte, hätte ein Investor 60 $ je Aktie gewinnen können. Was den MACD für den Einzelinvestor so interessant macht, ist seine einfache Anwendung. Sie brauchen nur nach scharfen Kreuzungen der beiden Linien Ausschau zu halten und zu sehen, ob ein Anstieg oder Abschwung signalisiert wird. Gehen Sie zu einer der Internet-Seiten, die MACD-Charts anbieten, und betrachten Sie die Charts für die Aktien, die Sie in Ihrem Portfolio halten. Sie werden erstaunt sein, wie oft diese scharfen Kreuzungen die besten Kaufs- und Verkaufsgelegenheiten darstellten. Wenn Sie keine MACD-Charts finden, dann sollten Sie in anderen Charts nachsehen, die auch gleitende Durchschnitte anzeigen.

* * * * *

Wie die Charts in diesem Kapitel zeigen, können Investoren viel Geld verdienen, wenn sie diese technischen Werkzeuge als Frühwarnsystem für Aktionen der Profis nutzen. Der Kurs- und Umsatz-Chart, der Intraday-Chart und der MACD-Chart weisen mit sehr einfachen Strukturen auf Kauf- und Verkaufsgelegenheiten hin. Es gibt eine ganze Reihe von anderen Chartsystemen, die für verschiedene Investoren geeignet sind. Um herauszufinden, welcher Chart für Sie richtig ist, sollten Sie zu einer der Chart-Websites gehen, beispielsweise zu BigCharts, und mit den verschiedenen Alternativen spielen. Suchen Sie eine Aktie heraus, die in Ihrem Portfolio ist, und verbringen Sie einige Zeit damit, diese Charts zu testen. Beachten Sie die unterschiedlichen Indikatoren, beispielsweise den Geldfluß, die Kurskanäle, Stochastik, den Relative-Stärke-Index und andere Arten gleitender Durchschnitte. Probieren Sie unterschiedliche Charttypen aus, beispielsweise Candlestick-Charts. Prüfen Sie, welches der technischen Systeme für Sie am einfachsten ist und Ihnen das deutlichste Bild vermittelt. Dann sollten Sie dieses System an einigen anderen Aktien testen. Es gibt kein bestimmtes technisches System, das richtig ist. Sie sollten das System herausfinden, mit dem Sie am besten umgehen können.

Die größte Herausforderung liegt nicht darin, die Charts zu verstehen, sondern in der Bereitschaft zu handeln, wenn die Charts auf eine Situation hinweisen, die Ihren fundamentalen Überzeugungen entgegensteht. Wenn die meisten Investoren einen negativen Indikator auf dem Chart einer Aktie erkennen, die sie besitzen, dann ist ihre erste Reaktion, daß der Chart wahrscheinlich falsch ist. Das ist gefährlich und dumm. Der Chart stellt das kollektive Wissen aller Käufer und Verkäufer dar. Sehr oft weist er sowohl in fundamentaler als auch in technischer Hinsicht in die Zukunft. In den meisten Fällen profitiert der Investor, wenn er akzeptiert, was ihm Charts zu sagen haben. Dies bedeutet nicht, daß Sie immer, wenn Sie ein kleineres Signal erkennen, kaufen oder verkaufen sollten. Sehr oft werden kleinere technische Signale korrigiert, und eine Veränderung des Portfolios ist überflüssig. Wenn aber ein deutliches Signal auftaucht, dann sollten Sie nicht warten, bis es ein zweites oder drittes Mal bestätigt wird. Deutliche Signale weisen auf Trendveränderungen hin, und in der Regel sollten Investoren diesen Hinweisen auch folgen.

KAPITEL 8

Verbinden Sie lose Enden

Äußere Einflüsse können ein Schlachtfeld radikal verändern. Ein Monsun kann eine Armee im Schlamm versinken lassen. Oder eine dritte Macht, die zuvor nicht beachtet wurde, kann auf dem Schlachtfeld auftauchen und das Gleichgewicht der Kräfte verändern. Der General, der dieses Ereignis zuerst sieht, die Auswirkungen versteht und die geeignete Reaktion anordnet, gewinnt meistens. Der Schlüssel für ihn ist, die Verbindungen zwischen von außen kommenden Einflüssen und seiner eigenen Position zu erkennen und als Waffe der Kriegskunst einzusetzen. Die gleichen Regeln gelten für die Börse. Es ist entscheidend, äußere Einflüsse zu erkennen, die das Gleichgewicht der Kräfte an der Börse beeinflussen können, und die Verbindungen zwischen den Ereignissen und den Aktienkursen zu verstehen.

Nichts beeinflußt die Börse so sehr wie wichtige Nachrichten. Wenn Sie die Nachrichtensendungen einschalten, dann wissen Sie sofort, daß bestimmte Schlagzeilen bestimmte Aktien sofort beeinflussen werden, und sehr oft haben Sie einen starken Verdacht, in welchem Ausmaß und in welcher Richtung die Wirkung eintreten wird:

- Wenn eine Schlagzeile besagt, daß Mexiko den Peso um 50 % abwertet, dann wissen Sie, daß der Dollarwert mexikanischer Aktien drastisch fallen wird.
- Wenn eine Schlagzeile besagt, daß eine regionale Brokerfirma von einer größeren Bank zum doppelten gegenwärtigen Kurs aufgekauft wird, dann wissen Sie, daß der Aktienkurs der Brokerfirma ansteigen wird.
- Wenn die Schlagzeile besagt, daß der stärkste Hurrikan der Geschichte die Küste von Florida verwüstet, dann wissen Sie, daß die Aktien der Immobilienversicherungsgesellschaften nachgeben werden.

Da Sie die Nachrichten kennen, wissen Sie, daß Sie viel Geld verdienen können, wenn Ihre Aufträge vor anderen ausgeführt werden. Das Problem ist, daß Sie das nicht beeinflussen können. Sie sind nicht der einzige, der die Zeitung liest oder die Nachrichten im Fernsehen sieht. Wenn wichtige Ereignisse geschehen, dann gehen für einige Aktien sehr viele Aufträge ein. Die Kurssetzer korrigieren die Kurse sofort, um sie der neuen Realität anzupassen. Zu dem Zeitpunkt, zu dem Ihr Trade zustandekommt, kann es sein, daß die Aktien bereits größere Bewegungen hinter sich haben:

- Die mexikanische Aktie, die bei 20 $ geschlossen hatte, wird nun wegen der Abwertung mit 10 $ notiert.
- Das regionale Brokerhaus, das bei 20 $ geschlossen hatte, wird wegen der Übernahme mit 36 $ eröffnet.
- Das Versicherungsunternehmen, das bei 60 $ geschlossen hatte, wird wegen des Hurrikans mit 55 $ eröffnen.

Wenn wichtige Nachrichten veröffentlicht werden, dann drängen die Leute zum Eingang oder Ausgang wie eine Horde südamerikanischer Fußballfans. Auch wenn Sie in die richtige Richtung gehen, kann es sein, daß Sie zertrampelt werden. Außer der Tatsache, daß wichtige Bewegungen wahrscheinlich schon stattgefunden haben, bevor Sie Gelegenheit hatten, einen Auftrag zu erteilen, begünstigt die erhöhte Volatilität, die durch die Neuigkeiten bewirkt wurde, die Profis. Sie können Neuigkeiten schneller verstehen und ihre Auswirkungen schneller analysieren als der durchschnittliche Investor.

Wenn der Peso abgewertet wird, dann wissen die Profis genau, welche Unternehmen davon negativ betroffen sein werden und welche daraus einen Gewinn ziehen können. Das können Sie vielleicht nicht. Wenn eine Übernahme bekanntgegeben wird, dann haben die Profis einen guten Blick dafür, ob der Deal über die Bühne gehen wird oder das Gebot angehoben werden wird. Das können Sie vielleicht nicht. Wenn ein Hurrikan zuschlägt, dann wissen die Profis, welche Unternehmen dadurch am empfindlichsten getroffen werden und welche Versicherungsgesellschaften das Risiko am besten verteilt haben.

Schnelle Investitionen, die auf wichtigen Nachrichten beruhen, sind nicht immer die klügsten. Wenn Sie Nachrichten sehen, bei denen die Auswirkungen entweder positiv oder negativ sein können, und die betroffene Aktie besitzen, dann sollten Sie abwarten, bis sich die Volatilität verringert, und dann Ihre Position neu bewerten. Wenn Sie diese Aktie nicht besitzen, dann sollten Sie der Versuchung widerstehen, sich an diesem Spiel zu beteiligen. Wenn die Volatilität sehr hoch ist, dann können Sie es sich nicht erlauben, einen Schritt hinter den Profis hinterherzuhinken.

Der Vorteil des Einzelinvestors

Kann der Einzelinvestor jemals neueste Nachrichten zu seinem Vorteil nutzen? Ja, aber sein Ziel muß es sein, nach subtileren Verbindungen zwischen Aktien zu suchen. Wenn es ein Ereignis gibt, das einen großen Einfluß auf eine Aktie hat, dann hat es im allgemeinen, wenn auch weniger direkt, auch Einfluß auf andere Aktien. Während die meisten Investoren sich auf die Aktie stürzen, die im Mittelpunkt des Interesses stehen, bieten sich die besten Gelegenheiten oft bei Aktien, bei denen dieses Ereignis erst in zweiter oder dritter Linie Auswirkungen zeigt. Der Schlüssel zum Erfolg für den Guerilla-Investor ist die Liste der Unternehmen, bei denen er einen Heimvorteil hat. Diese Unternehmen muß er genau beobachten. Er weiß, wie diese Unternehmen indirekt beeinflußt werden, bevor dies dem Rest des Marktes deutlich wird, und er wird an der Spitze des Felds liegen. Hier einige Beispiele von subtileren Verbindungen, auf die Sie achten sollten, wenn Sie Handelsunternehmen, Banken oder Bauunternehmen in Ihrem Portfolio halten:

- Wenn der Peso abgewertet wird, dann können amerikanische Unternehmen, die preisgünstige Waren aus Mexiko importieren, ebenso wie Bekleidungsfabriken profitieren. Doch amerikanische Unternehmen, die ihre Produkte nach Mexiko exportieren, könnten darunter leiden.
- Wenn ein regionales Brokerhaus von einer großen Bank ein Übernahmeangebot mit einem hohen Aufpreis erhält, dann könnten auch die Aktien anderer regionaler Broker und Vermögensverwalter, die ebenfalls Übernahmeziele sein könnten, in ihrem Wert steigen. Die Aktien anderer Banken könnten fallen, da die Investoren glauben könnten, daß diese Banken benachteiligt wären, weil sie selbst keine Brokerfirma haben oder weil sie zuviel bezahlen, um selbst eine Brokerfirma zu erwerben.
- Wenn eine Katastrophe wie ein Hurrikan zuschlägt, dann gibt es, so eigenartig dies auch erscheinen mag, auch Gewinner. Das Geld der Versicherungen, das in den Markt strömt, ist eine Wohltat für Bauunternehmen, Bauzulieferer und Einrichtungshäuser. Auch wenn die meisten Leute bei Katastrophen nicht sagen »Das ist eine tolle Gelegenheit für Home Depot«, ist es eine Tatsache, daß jedes Haus, das dem Sturm zum Opfer gefallen ist, wieder aufgebaut werden muß. Und irgend jemand muß das Material dafür liefern.

Die Börse ist eine dynamische Umgebung, in der fast alles miteinander verquickt ist. Die Verbindungen zwischen verschiedenen Ereignissen nicht zu beachten, ist einer der größten Fehler, den Investoren begehen können. Sonst bleibt ihnen nichts anderes übrig, als die Ansicht eines Unternehmens oder eines Analysten zu teilen. Die Realität ist:

1. Bestimmte Ereignisse schlagen Wellen, die einen weiten Bereich von Aktien berühren.
2. Ganz gleich, ob Auswirkungen real sind und Änderungen bei Gewinnen verursachen oder ob sie lediglich psychologischer Natur sind und die Meinung der Investoren beeinflussen – die Auswirkungen können weitreichender sein, als anfangs vermutet wird.
3. Wenn ein Unternehmen einen deutlichen Bruch seiner Trading-Muster aufzeigt, dann sollten Investoren auch auf die verbundenen Unternehmen achten. Deren Bewegungen werden bald folgen.

Bei positiven und negativen Veränderungen gibt es einen großen Unterschied. Wenn die Veränderung positiv ist, dann beeilen sich die Unternehmen, die gute Neuigkeit zu verbreiten. Doch wenn die Veränderung negativ ist, dann bremsen sie die Verbreitung. Nur wenige Unternehmen veröffentlichen Pressemitteilungen, in denen sie zugeben, daß ein neuer Konkurrent ihre Geschäfte entscheidend stören wird. Und nur wenige Analysten, die auch im Investment-Banking sind, werden einen Bericht veröffentlichen, der besagt, daß ein Unternehmen unter Druck geraten ist. Weil sowohl Unternehmen als auch Analysten mit guten Nachrichten schneller sind als mit schlechten, müssen Investoren ständig nach negativen Veränderungen im Umfeld der Konkurrenz Ausschau halten.

Viele Investoren ignorieren ein negatives Bild, das sie nicht mögen, oder kämpfen sogar gegen diese Nachrichten. Aber gegen Nachrichten zu kämpfen ebenso wie gegen den Ticker zu kämpfen, ist der schnellste Weg in eine Katastrophe. Wenn sowohl die Nachrichten als auch der Ticker eine deutliche Warnung aussprechen, dann werden die negativen Auswirkungen drastisch sein.

Beziehungen zwischen Wettbewerbern

Die meisten Branchen stellen ein Nullsummenspiel dar. Es gibt nur einen ganz bestimmten Kuchen zu verteilen. Wenn ein großer Wettbewerber, beispielsweise Wal-Mart, in einen Markt eintritt, dann muß sein Marktanteil anderen Wettbewerbern verlorengehen. Jahrelang habe ich beobachtet, daß ein Unternehmen nach dem anderen erklärte, Wal-Mart stelle keine Herausforderung dar. Diese Unternehmen hatten Statistiken, die nachwiesen, daß sie mit Wal-Mart konkurrieren könnten. Einige behaupteten sogar, Wal-Mart würde die Branche beflügeln. Man muß kein Handelsexperte sein, um zu verstehen, daß Wal-Marts Jahresumsatz von 100 Milliarden $ irgendwoher kommen muß. Auch wenn die konkurrierenden Unternehmen mit ihren Äußerungen sehr vorsichtig waren, haben sie gegen Wal-Mart Verluste einstecken müssen. Wenn Sie erkennen können, daß ein starker neuer Konkurrent eine ihrer Aktien in Mitleidenschaft ziehen könnte, dann sollten Sie sehr vorsichtig sein, welchen Veröffentlichungen Ihres Unternehmens Sie Glauben schenken können.

Besonders vorsichtig sollten Sie sein, wenn eine Woge von neuen Unternehmen in eine Branche eindringt. Vor einem Jahrzehnt gab es viele schnell wachsende Tankstellenketten mit Ladengeschäften. Zuerst ging alles gut, aber als sich die Konkurrenz verstärkte, litten die Gewinnspannen. Dann machten die Ölmultis aus ihren Tankstellen regelrechte Supermärkte. Man mußte kein Finanzanalyst sein, um zu erkennen, daß Lebensmittelgeschäfte Verluste erleiden würden, wenn Tausende von Tankstellen statt Autos zu reparieren Milch verkaufen. Es entwickelten sich Preiskämpfe. Viele Lebensmittelketten, die als Aktiengesellschaften geführt wurden, gingen in Konkurs. Ganz gleich wie gut ein Markt aussieht, es ist niemals besonders gesund, wenn es zu viele neue Wettbewerber gibt.

Auch das Gegenteil ist richtig. Die Konsolidierung der Wettbewerber kann einem Markt gut tun, weil die Zahl der Wettbewerber reduziert wird und die sich konsolidierenden Unternehmen bei gleichbleibenden Fixkosten höhere Gewinne erzielen können. Das Bankwesen macht derzeit eine enorme Konsolidierungsphase durch.

Wenn bei Fusionen Zweigstellen geschlossen, Zehntausende von Angestellten entlassen werden und deshalb in diesem Markt weniger Konkurrenten agieren, dann ist die Vermutung naheliegend, daß die Gewinne steigen werden. Nicht nur bei den Banken, die fusionieren, sondern auch bei der Konkurrenz.

Bei Branchen, in denen die Zahl der Wettbewerber zunimmt, sollten Sie immer vorsichtig sein und eher nach Branchen Ausschau halten, aus denen Wettbewerber ausscheiden. Es gibt drei sehr gute Möglichkeiten, von abnehmendem Wettbewerb zu profitieren:

1. **Kaufen Sie die Unternehmen, die sich konsolidieren.** Achten Sie auf zersplitterte Branchen wie beispielsweise die Immobilienbranche, in der als Aktiengesellschaft geführte Unternehmen kleine unabhängige

Agenturen aufkaufen. Dies ist Augenblicklich im Immobilienbereich und in der Bestattungsbranche der Fall. Die sich konsolidierenden Unternehmen sind meist in der Lage, ihre Gewinne und somit das Kapital zu erhöhen.

2. **Kaufen Sie attraktive regionale Unternehmen.** Halten Sie nach sich konsolidierenden Branchen Ausschau, in denen die größten Unternehmen starke regionale Konkurrenten aufkaufen, so wie dies augenblicklich im Bankwesen der Fall ist. Wenn in einer Branche Fusionen beginnen, dann werden sie sich wahrscheinlich fortsetzen, bis alle attraktiven Übernahmekandidaten aufgekauft sind.
3. **Kaufen Sie die Überlebenden.** Halten Sie nach Unternehmen Ausschau, die die Reste übernehmen, wenn andere Unternehmen ihre Pforten schließen. Als Fluggesellschaften wie Eastern Airlines und Pan American liquidiert wurden, wurde der Markt für Delta Airlines, American Airlines und United Airlines geöffnet.

Die Kenntnis der Konkurrenzsituation in einer Branche kann ein hervorragendes Hilfsmittel bei der Kapitalanlage sein. Wenn die Konkurrenz zunimmt, weil starke Unternehmen in einen Markt drängen, oder wenn es in einer Nische zu viele Unternehmen gibt, dann sollte der Investor vorsichtig sein. Wenn die Konkurrenz wegen Konkursen abnimmt oder weil ein Unternehmen den Markt konsolidiert, dann sollten Investoren nach guten Gelegenheiten Ausschau halten.

Verbindungen zwischen Kunden und Lieferanten

Das Schicksal eines großen Unternehmens kann Ihnen sehr viel darüber sagen, was mit seinen wichtigsten Lieferanten los ist. Wenn Sie Aktien eines Produzenten besitzen und eine Handelsgesellschaft mit diesen Produkten 30 % der Umsätze bestreitet, dann scheint es logisch, daß Sie auf die Berichte der Handelskette achten, um zu verfolgen, wie es Ihrem Unternehmen gehen wird. Sie wären aber erstaunt, wie viele Investoren diese Nachrichten ignorieren. Sogar Profis beachten diese Verbindungen nicht. Analysten können sie übersehen, weil sie auf eine Branche konzentriert sind und ihre spezielle Branche nicht beide Unternehmen umfaßt. Auch eifrige Portfolio-Manager können sie übersehen, weil ihnen niemand hilft, die losen Enden miteinander zu verknüpfen.

Leuchtende Kaufsignale bei Sonnenbrillen

Ein gutes Beispiel für diese Situation findet man in der Geschichte von Sunglass Hut (RAYS), dem größten Einzelhändler für Sonnenbrillen, und Oakley, einer starken Sonnenbrillenmarke. Sunglass Hut ging 1993 mit 5 $ je Aktie an die Börse. Das Unternehmen kaufte gleich großzügig andere Unternehmen auf und wurde zum Liebling der Wachstum-Investoren. Im März 1996 waren die Aktien von RAYS um mehr als 700 % auf fast 37 $ gestiegen und wiesen ein Kurs/Gewinnverhältnis von 45 auf. In der Zeit, als Sunglass von 7 bis auf 36,625 $ stieg, gab es nur einen Monat, in dem die Aktie verlor. Sunglass Hut bildete auf seinem Siegeszug keine Basis aus.

Als die RAYS-Aktie im März über 36 $ gestiegen war, konnte der Kurs nicht gehalten werden und fiel zurück. Der Umsatz auf dieser Talfahrt nahm zu. Mitte April war RAYS unter 30 $ und bemühte sich, eine Basis zu bilden. In den letzten beiden Wochen im Juni nahm der Umsatz plötzlich stark zu. Viele Investoren vermuteten, daß die Sommersaison schwach würde. Wie es so oft der Fall ist, folgten die Nachrichten den Charts. Am 1. Juli teilte Sunglass Hut den Analysten mit, daß die Umsätze um 1 bis 3 % unter Plan lagen. So ein Rückfall ist nicht das Ende der Welt, aber weil der RAYS-Chart ohnehin schon schwach war, war die Wirkung schnell und brutal. Innerhalb von drei Tagen fiel RAYS bei einem Umsatz von 9,4 Millionen Aktien von 28,375 auf 18 $. Nun war die Aktie am Boden. Jeder, der ein Verkaufssignal gesucht hatte, konnte es sehen. Die Analysten versuchten, die Aktie wieder in einen Aufschwung zu bringen, aber wiederum ver-

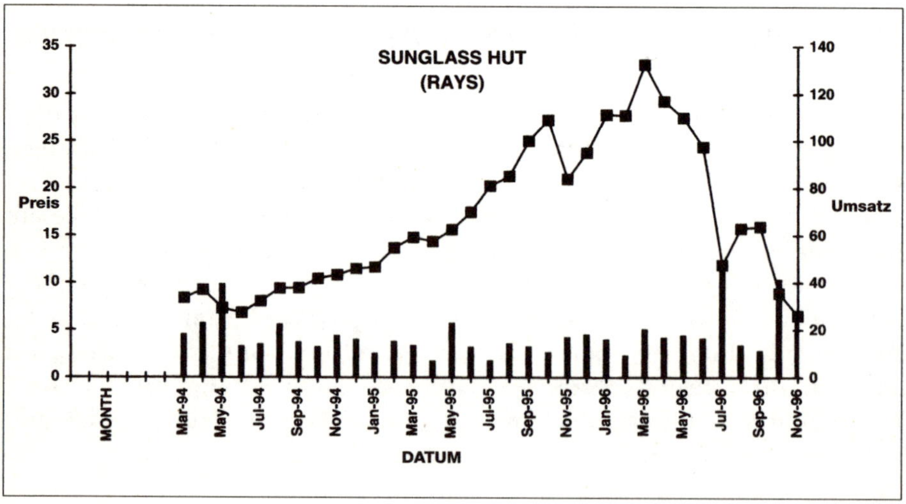

lor sie an Boden. Innerhalb von zehn Tagen fiel Sunglass Hut unter 11 $ und nur deshalb, weil die Umsätze im Juni leicht rückläufig waren.

Investoren nehmen Warnsignale von Aktien oft nicht zur Kenntnis. Trotz des starken Kursverfalls und der Umsatzsteigerung begannen die Investoren, den Kurs der Aktie nach oben zu bieten. RAYS stieg von 12 auf 18 $. Aber die Umsätze waren bei diesem Aufschwung besorgniserregend schwach. Jedem, der es wissen wollte, signalisierte Sunglass Hut, daß man die Aktie am besten verkaufen sollte.

Und jeder, der nicht verkauft hatte, mußte nicht lange warten, um seine Untätigkeit zu bereuen. Anfang Oktober teilte RAYS mit, daß die Umsätze im September sehr schwach waren und diese Schwäche sich auch ins vierte Quartal hinziehen könnte. Normalerweise ist der September für Sonnenbrillen ein bedeutungsloser Monat, aber weil RAYS einen sehr verletzlichen Chart hatte, lösten die Nachrichten eine Panik aus. Innerhalb von fünf Tagen fiel der Wert der Aktie von 16 auf 9 $. Bis Ende November war RAYS von 36,875 auf 6,75 $ gefallen. Innerhalb von drei Jahren hatten sich die Umsätze verdreifacht und die Gewinne je Aktie mehr als verdoppelt. Trotzdem lag die RAYS-Aktie niedriger als in ihrer allerersten Woche.

Jeder, der die Nachrichten gehört und die Trading-Muster von Sunglass Hut beobachtet hatte, sollte die Warnsignale verstanden haben. RAYS warnte nicht nur die eigenen Aktionäre, sondern auch andere in der Sonnenbrillenbranche, besonders die Aktionäre von Oakley, einen der größten Lieferanten. Oakley war ein ganz heißes Unternehmen. Im August 1995 ging Oakley mit 11,50 $ an die Börse, und im Juni 1996 hatte die Ak-

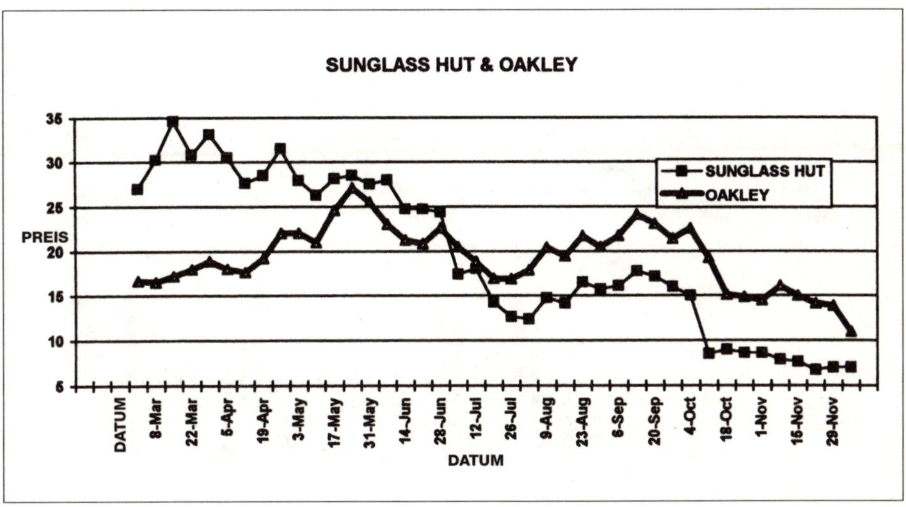

tie 27 $ erreicht. Auf diesem Höchststand wurde Oakley zum 41fachen seiner Gewinne und zum 9,5fachen des Umsatzes gehandelt, und das sind erstaunlich hohe Bewertungen.

Es ist höchst interessant, die Charts von Sunglass Hut und Oakley miteinander zu vergleichen. Während Sunglass Hut von 36 auf 27 $ zurückfiel, stieg Oakley von 16 bis auf 27 $. Es ist zwar immer möglich, daß es einem Unternehmen gut geht, wenn einer seiner größten Kunden Verluste erleidet, aber schwache Verkaufszahlen sind für einen großen Lieferanten nie ein gutes Zeichen. Am 12. Juni wurden von Oakley weitere Aktien ausgegeben. Auch der Vorstandsvorsitzende verkaufte 10 Millionen Aktien zu etwa 24 $. Wußte er, daß die Sunglass-Hut-Umsätze hinter dem Plan zurückblieben und die Lagerbestände zu hoch waren? Sahen die Investoren, die die Aktie kauften, auf dem Chart von Sunglass Hut nach, und fragten sie sich, weshalb der Chart um soviel schwächer aussah als der von Oakley? Und fragten die Aktionäre von Sunglass Hut den Vorstandsvorsitzenden von Oakley, weshalb er kurz vor der Sommersaison 10 Millionen Aktien verkaufte? Wie die Antworten auch immer aussehen mögen, dieser Verkauf des Spitzenmanagers von Oakley zu einer Zeit, als die Aktie von Sunglass Hut schwächer wurde, sollte den Investoren ein deutliches Zeichen gegeben haben.

Nach der zweiten Emission konnte Oakley seinen Kurs nicht halten. Als Sunglass Hut von 24 auf 18 $ fiel, verlor auch die Oakley-Aktie und fiel von 22 auf 17 $ zurück. Doch dann konnte man eine deutliche Abweichung erkennen. Viele Investment-Banken, die die zweite Emission von Oakley

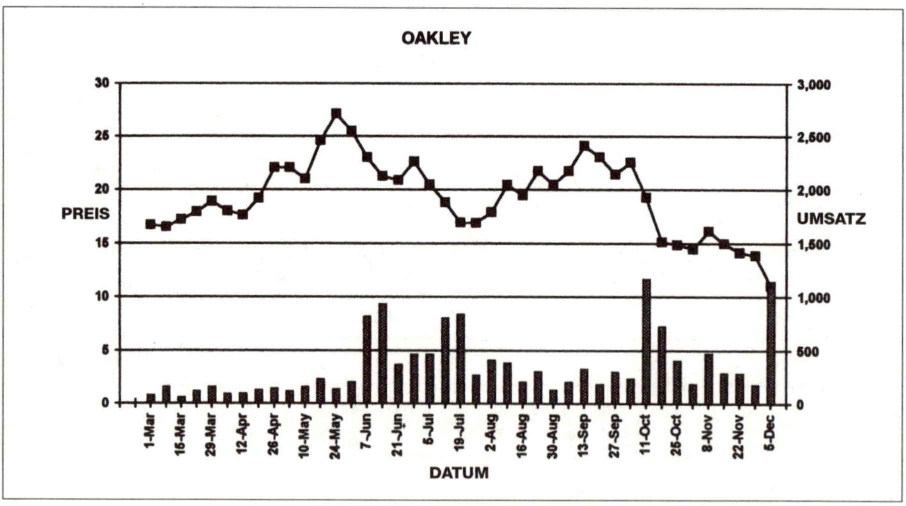

durchgeführt hatten, empfahlen die Aktie. Oakleys Aktie stieg wieder auf 21 $, während Sunglass Hut auf 12 $ fiel. Im Mai wurden sowohl Sunglass Hut als auch Oakley zu 27 $ gehandelt. Beide waren in der gleichen Branche. Oakley und sein Vorstandsvorsitzender hatten ein riesiges Paket verkauft und nun, im August, war Sunglass Hut auf 12 $ gefallen, während Oakley weiterhin zu 21 $ gehandelt wurde.

Als Sunglass Hut in der ersten Oktoberwoche bekanntgab, daß die Geschäfte schwach liefen und die Lagerbestände hoch waren, fiel Oakleys Aktie als Reaktion darauf zurück. Doch schon am nächsten Tag stieg der Wert wieder an. Bausch & Lomb, der größte Hersteller von Sonnenbrillen, gab bekannt, daß auch seine Umsätze schwach waren. Die Investoren hätten aufhorchen sollen. Die Oakley-Aktie befand sich in einem Abwärtstrend. Sein größter Kunde und sein größer Konkurrent hatten bekanntgegeben, daß die Geschäfte schlecht liefen. Dennoch trieb Oakley seine Aktie weiter nach oben, indem es den Investoren mitteilte, die Geschäfte liefen immer noch gut.

Oakley gab starke Gewinne bekannt und verkündete, daß es 3 Millionen eigene Aktien zurückkaufen wolle, doch der Kurs fiel trotzdem auf 16 $. Wenn ein Unternehmen gute Nachrichten veröffentlicht und die Aktie trotzdem fällt, dann ist dies ein weiteres Signal für Investoren. Wenn der Kurs der Aktie bei guten Nachrichten fällt – was wird geschehen, wenn es schlechte Nachrichten gibt? Oakley hatte seine Karten ausgespielt, aber der Markt reagierte negativ. Dies war ein weiteres Alarmsignal, aber viele Investoren wollten das Offensichtliche immer noch nicht sehen. Und dann explodierte die Bombe. Am 3. Dezember gab Sunglass Hut weiterhin schwache Umsätze bekannt. Oakley reagierte darauf mit der Bekanntmachung, daß die Gewinne je Aktie um 30 % zurückfallen würden. Die Analysten reduzierten ihre Gewinnschätzungen und Ratings, und die Aktie fiel bis auf 11,625 $ zurück.

Weshalb sollte dies eine Überraschung sein? Auf den Charts war deutlich ersichtlich, daß irgend etwas nicht stimmte. Die Insider hatten verkauft. Kunden und Wettbewerber hatten mitgeteilt, daß die Umsätze schwach waren. **Man muß nicht unbedingt ein hochbezahlter Analyst sein, um sich ausmalen zu können, daß dann, wenn ein Verkäufer keine Sonnenbrillen verkaufen kann, auch deren Hersteller Verluste erleiden werden.** Oakley mag ein sehr gutes Unternehmen sein, aber wenn der größte Abnehmer mitteilt, daß die Geschäfte sehr schlecht laufen, dann gibt es keinen Grund zur Hoffnung, daß Oakley der einzige Lieferant ist, der von den Schwierigkeiten nicht betroffen ist. Die Überraschung war nicht, daß Oakley am 3. Dezember schwache Zahlen veröffentlichte. Die Überraschung war eher, daß die Investoren trotz deutlicher Hinweise soviel Zeit benötigten, um die Misere zu erkennen. (Auch 1997 hatten sowohl Sunglass Hut als auch Oakley schwache Gewinne und niedrige Aktienkurse. Im Dezember lag Sunglass Hut immer noch unter 7 $, während Oakley unter 10 $ lag.)

Verschicken Sie keine schlechten Äpfel per Post

Ein weiteres Beispiel dafür, wie Investoren sowohl den Ticker als auch die Nachrichten mißverstehen können, ist die Geschichte von Apple Computers und Micro Warehouse, einem Computerversandhaus. Im Februar 1996 wurde Micro Warehouse von allen Analysten, die die Aktie beobachteten, mit 1,0 bewertet. Sie war eine der am höchsten eingestuften Aktien. Micro Warehouse hatte eine sehr dynamische Entwicklung. Die Gewinne je Aktie stiegen von 0,22 $ im Jahr 1991 auf 1,48 $ im Jahr 1995. Bei dieser Wachstumsrate war es für Analysten sehr einfach, die Firma mit den 30fachen Gewinnen je Aktie zu bewerten. Aber Micro Warehouse verkaufte hauptsächlich Produkte von Apple Computers. Man muß kein Computerzauberer sein, um sich zu erinnern, daß im Sommer 1995 Windows 95 auf den Markt kam und Apple das Hauptopfer war. Der Macintosh, einst als revolutionäre Maschine gelobt, war nun ein Produkt wie jedes andere auch. Wintel (Windows und Intel) waren siegreich, und mancher fragte sich, ob Apple überhaupt überleben könne.

Es war keine Überraschung, daß die Apple-Aktie stark unter Druck geriet. Am 14. Juli 1995 wurde Apple noch zu 48,75 $ gehandelt. Ende Oktober war die Aktie auf 35 $ zurückgefallen. Ein Jahr später erreichte sie einen Tiefstand von 16,875 $, ein Abstieg um fast zwei Drittel. Apple fuhr starke Verluste ein. Der Vorstandsvorsitzende wurde entlassen. Ein neuer Vorstandsvorsitzender wurde angeworben, aber bald wieder entlassen, weil er es nicht schaffte, die Geschäfte wieder in Gang zu bringen.

Die Investoren hätten sich fragen sollen: »Wie kann es Micro Warehouse gut ergehen, wenn seinem wichtigsten Lieferanten, Apple, die Luft ausgeht?« Zwar wuchs das Versandgeschäft weiterhin schnell, aber es ist nicht logisch, daß ein Unternehmen, das seine Gewinne hauptsächlich mit dem Verkauf von Macs macht, in einer solchen Situation weiterhin profitabel ist. Micro Warehouse versuchte, sich von Apple zu distanzieren, aber mit dem Macintosh machten sie ihr Hauptgeschäft. Doch der Macintosh-Apfel war wurmig – wenn nicht gar faul.

Trotz der Tatsache, daß Micro Warehouse sich weitestgehend auf Apple verließ, wies seine Aktie eine wesentlich bessere Performance auf als die von Apple. Als Windows 95 eingeführt wurde, lagen beide Aktien bei 47 $. Im folgenden März war Apple auf 26 $ gesunken, doch Micro Warehouse auf 50 $ gestiegen.

Während sich der Aktienkurs noch halten konnte, verschlechterte sich das technische Muster. Der Umsatz nahm zu, aber der Kurs konnte die Widerstandslinie nicht durchbrechen. Dann begann der Kurs zu fallen. Sieben Insider verkauften Aktien. Vielleicht fragten sie sich, weshalb ihr Unternehmen Erfolg haben sollte, während Apple so schlecht abschnitt. Am 28. Mai veröffentlichte Bloomberg einen Artikel mit der Überschrift »Verkäufe der Micro Warehouse-Insider deuten auf weitere Schwächen hin«. Leider glaubte die Analysten, die diese Aktien weiterhin bestens bewerteten, und die Investoren, die weiterhin kauften, dieser Geschichte nicht.

Und dann platzte die erste Bombe. Am 5. Juni gab Micro Warehouse eine Pressemeldung heraus, in der zugegeben wurde, daß die Nettoerlöse die Schätzungen der Analysten nicht erreichen würden. Das Unternehmen rechnete die erwarteten geringeren Erlöse der Schwäche bei den Geschäften mit den Macintosh-Computern zu. Dieses Statement war für die Investoren eine riesige Überraschung. Am nächsten Tag fiel die Aktie von Micro Warehouse um 11,875 Punkte auf 22,875 $, ein Verlust von fast einem Drittel ihres Wertes. Die meisten Analysten stuften die Aktie zurück. Im nächsten Monat fiel MWHS auf 17 $.

Die erste Frage, die sich jeder gestellt haben sollte: »Weshalb war diese Verlautbarung eine Überraschung?« Die Geschäfte bei Apple lagen schon seit Monaten im argen. Auch der flüchtige Beobachter wußte, daß Apple

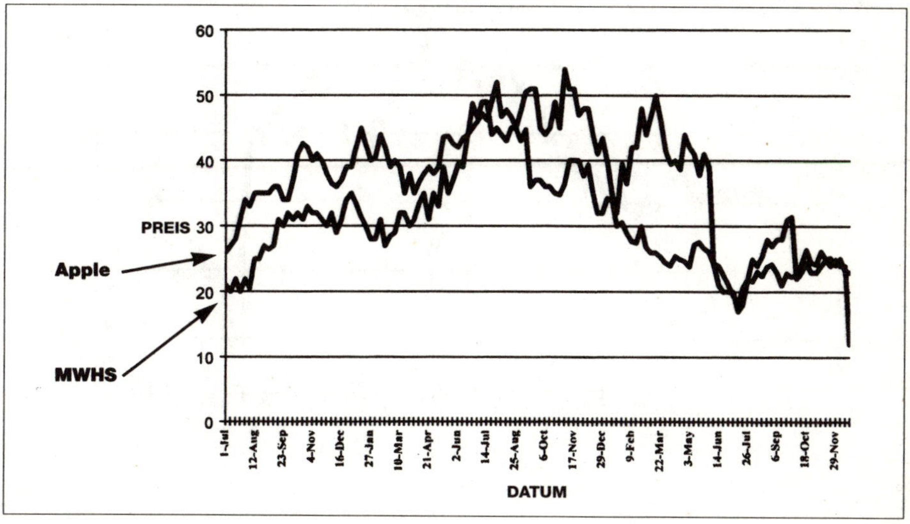

Schwierigkeiten hatte. Die Trading-Muster von MWHS hatten sich verschlechtert, und Insider hatten verkauft. Überraschend war nur, daß sogar die ausgebufftesten Investoren die Anknüpfungspunkte oft nicht finden.

Eigentlich sollte die Geschichte von Micro Warehouse hier vorbei sein. Die Aktie sollte sofort auf neue Tiefs gefallen sein. Aber wie in so vielen Fällen ist der erste größere Absturz selten der letzte. Statt dessen ist dies eine gute Gelegenheit für weitere Investoren, ihr Geld zu verlieren, weil sie die Anknüpfungspunkte nicht verbinden können. Vom 12. Juli bis 21. September stieg der Kurs von MWHS von 17 bis auf 31,50 $ an, und verdoppelte seinen Wert damit beinahe. Weshalb konnte der Aktienkurs steigen? Die Geschäfte von Apple liefen nicht besser, und der Umsatz war nur sehr dünn. Aber die Analysten waren immer noch optimistisch, und Schnäppchenjäger sterben nicht aus.

In der Woche vom 4. Oktober platzte die nächste Bombe. Die Geschäfte verliefen weiterhin schwach. Die Aktie von Micro Warehouse fiel von 31,50 auf 22 $. In den nächsten zehn Wochen wurde die Aktie bei geringen Umsätzen um 20 $ herum gehandelt. Die letzte Bombe platzte in der Woche des 20. Dezember, gerade rechtzeitig, um zum Jahresende Steuerverluste geltend zu machen. Micro Warehouse gab bekannt, daß die Geschäfte weiterhin schwach liefen. Was sonst hätten es zu sagen gegeben? Apple verlor immer noch Marktanteile. MWHS fiel bei enormem Umsatz auf 12 $. Die Analysten reduzierten ihre Gewinnschätzungen weiterhin. Die Aktie, die bei 45 $ ein Liebling der Analysten war, wurde bei 12 $ von ihnen gehaßt.

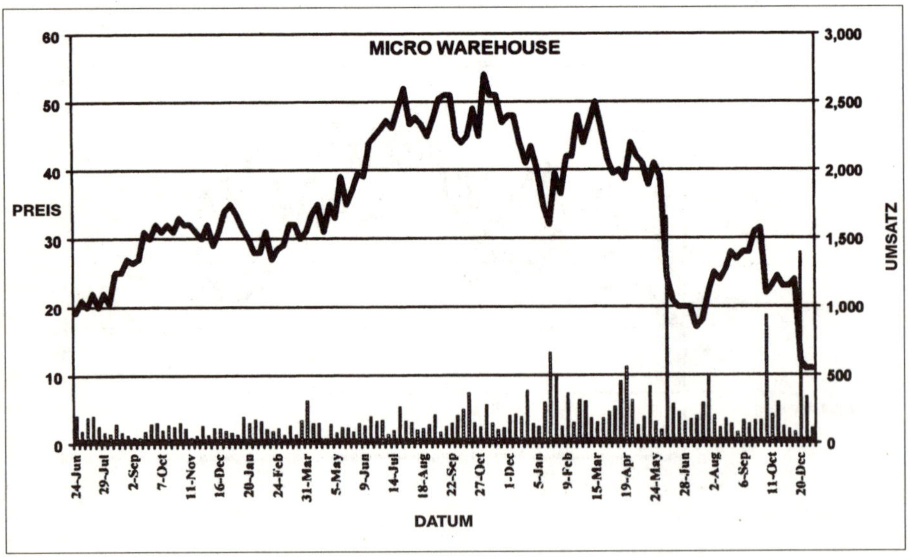

Von dem Augenblick an, als Apple schnell Marktanteile verlor, erlitt MWHS drei Einbrüche: Im Juni, Oktober und Dezember fiel der Aktienkurs um jeweils mindestens 10 $. Während des gesamten Jahres 1997 hatten sowohl Apple als auch Micro Warehouse spärliche Gewinne und schwache Aktienkurse. Im Dezember wurden beide Aktien für weniger als 15 $ gehandelt. Man muß sich fragen, weshalb Investoren angesichts der Probleme bei Apple und der Schwäche der Charts weiterhin bei Micro Warehouse einstiegen. Die Antwort sollte inzwischen klar sein: Die Investoren sahen weder auf die Charts noch verbanden sie die Anknüpfungspunkte. Kapitalanlage kann sehr einfach sein, wenn man nicht versucht, gegen den Ticker oder gegen Nachrichten anzukämpfen.

Verbindungen innerhalb von Branchen

Obwohl Unternehmen einer Branche miteinander konkurrieren, tendieren ihre Aktien überraschenderweise sehr oft zur gleichen Zeit in die gleiche Richtung. Auf den ersten Blick mag dies unlogisch erscheinen. Man möchte meinen, einige Unternehmen würden gut laufen, während konkurrierende Unternehmen und ihre Aktien schlecht abschneiden. Aber sehr oft bewegen sich die Aktien einer Branche im Gleichschritt. Dies geschieht sowohl aus fundamentalen als auch aus politischen Gründen.

Fundamental betrachtet, sehen sich die Unternehmen den gleichen Bedingungen gegenüber, weil sie die gesamte Branche betreffen. Wenn Microsoft ein neues System vorstellt oder Intel einen neuen Chip entwickelt, dann wird die Nachfrage nach Computern sehr hoch sein, auch wenn es einigen Unternehmen besser ergeht als anderen. Wenn die Zinsen fallen, werden die Aktien von Finanzdienstleistern davon profitieren. Aber die allgemeine Richtung drückt weit mehr aus, als fundamentalen Daten allein zugeschrieben werden kann.

Branchen haben, ebenso wie Aktien, technische Muster. Diese technischen Muster drücken das aus, was in der Kapitalanlage in Aktien als »Mode« angesehen wird. Eine Branche kann ebenso wie eine Aktie relativ unverändert bleiben, wenn Käufer und Verkäufer sich im Gleichgewicht gegenüberstehen. Dann ereignet sich etwas, das man als eher nebensächlich empfindet. Ein Unternehmen berichtet über starke Umsätze, oder ein Branchenguru äußerst sich optimistisch über die weiteren Aussichten eines Unternehmens. Plötzlich bricht die gesamte Branche aus und beginnt eine Rallye. Die Analysten springen darauf an. Die größten Aktien bewegen sich zuerst, aber bald zieht die Rallye auch die anderen mit sich. Diese Rallye dauert länger und führt in größere Höhen, als die meisten Investoren erwartet haben. Dann kommt der Anstieg der gesamten Branche an irgendeinem Punkt zum Stillstand. Eine Spitze ist erreicht. Die Nachrichten sind immer noch positiv, aber die Kurse steigen nicht weiter. Dann wird eine kleine, diesmal negative Neuigkeit bekannt. Vor ein paar Monaten wäre diese Neuigkeit vom Markt ignoriert worden, aber nun löst sie einen Absturz der Aktien der gesamten Branche aus.

Die Erklärung für das Verhalten der Branche ist die gleiche wie die für das Verhalten einzelner Aktien. Wenn eine ganze Gruppe bereit ist auszubrechen, dann konzentrieren sich die Investoren gern auf gute Nachrichten. Wenn eine Gruppe nach unten ausbricht, neigen Investoren dazu, sich auf schlechte Nachrichten zu konzentrieren. In beiden Fällen können eher unbedeutende Ereignisse wesentlich wichtiger aussehen, als sie wirklich sind. Es mag für solche Bewegungen fundamentale Gründe geben, doch sind die technischen Muster von gleicher Bedeutung.

Der Markt verläuft in Rhythmen, und diese müssen nicht unbedingt fundamental begründet sein. Wenn beispielsweise bei Halbleitern die Relation der Auftragseingänge zum Absatz etwas besser als vorgesehen ausfällt, dann beginnen plötzlich alle Technologie-Aktien zu rennen. Sie mögen sich wundern, weshalb eine so geringfügige Veränderung die Aktienkurse um 20 % steigen läßt. Die Antwort ist, daß die gesamte Branche ein technisches Muster aufwies, das für einen Ausbruch bereit war, und diese geringfügige Änderung die Kurse anschob. **Sich auf Ereignisse zu konzentrieren, die das technische Muster einer gesamten Branche verändern, bietet dem Einzelinvestor oft eine große Chance Geld zu verdienen, weil vielen Investoren die Bedeutung dieser Veränderung entgeht.** Sie nehmen die Bewegung der Aktien und der Branche nicht zur Kenntnis. Statt dessen hören sie auf Verlautbarungen der Unternehmen und suchen im Markt nach Vernunft.

Leerlauf

Ein interessantes Beispiel eines solchen eher unbedeutenden Ereignisses gab es Anfang 1997 in der Sportschuhbranche. Am Donnerstag, dem 17. April, veröffentlichte Footstar, eine Tochtergesellschaft der Melville Corporation, ihre Gewinne. Footstar betreibt die Footaction Sportschuhgeschäfte und die Kmart-Shop-in-Shop-Schuhabteilungen. Es ist zwar ein großes, aber keineswegs dominantes Unternehmen dieser Branche.

Der Tag begann für Footstar sehr gut. Die Analysten hatten Gewinne von 0,06 $ je Aktie ausgemacht, aber Footstar übertraf die Schätzungen und berichtete Gewinne von 0,16 $ je Aktie. Die Folgen waren sensationell. Die Aktie stieg sofort um 2 $ auf 28 $ an. Ein Analyst, der diese Aktie empfohlen hatte, rief mich an: »Ich habe Ihnen letzte Woche gesagt, Sie sollten kaufen. Sie sollten sich jetzt beeilen, bevor die Gelegenheit vorbei ist. Der Aktienkurs liegt gerade beim zehnfachen Jahresgewinn. Bei diesen Zahlen könnte sich der Kurs leicht verdoppeln.«

Die Analysten-Konferenz am frühen Morgen hatte sehr vielversprechend begonnen: Das Management erläuterte die starke Performance. Dann sprach das Unternehmen über die Umsätze der letzten beiden Wochen. Man gab bekannt, daß die Geschäfte seit Ostern ein wenig träge verlaufen seien. Die Lagerbestände seien ein wenig zu hoch. Einige Lieferungen seien an die Hersteller wie Nike und Fila zurückgeschickt worden und die Gewinne im nächsten Quartal könnten ein wenig unter Plan liegen. Es gibt Unternehmen, die ihre Gewinne etwas aggressiver gemanagt hätten. Sie hätten eher 0,08 statt 0,16 $ im ersten Quartal veröffentlicht und die versteckten Gewinne dazu verwendet, die nächsten Quartale abzufedern. (Man sollte niemals die Möglichkeiten der Gewinnverwendung eines Unternehmens unterschätzen. Ein Unternehmen kann eine ganze Reihe von Spielchen spielen, um die Gewinne eines speziellen Quartals zu modifizieren. Aber Footstar war neu an der Börse, die Manager hatten nur wenig Erfahrung mit Analysten und das Spiel mit den Gewinnen noch nicht richtig verstanden.)

Schon im Verlauf der Analysten-Konferenz fiel der Kurs von Footstar. Die Investoren beeilten sich nach der Konferenz, ihre Aktien zu verkaufen. Um 10.30 Uhr war Footstar auf 26 $ zurückgefallen. Um 10.45 Uhr war die Aktie auf 25 $ gefallen. Um 10.50 Uhr wurde der Handel eingestellt. Eine Stunde später wurde der Handel bei 19 $ wieder aufgenommen (dies ist ein Indiz für den Vorteil, den diejenigen gewinnen können, die an solchen Konferenzen teilnehmen).

Die Analysten sprachen über die Probleme von Footstar. Einige erwähnten ganz deutlich, daß Footstar Ware an Fila und Nike zurückgeschickt hatte. Auch diese Aktien wurden getroffen. Nike fiel um fast 4 $. Am nächsten Tag fiel der Wert von Nike um weitere 2 $. Fila gab um 3,50 $ nach. Am nächsten Tag fiel Fila um weitere 3,25 $ zurück. Investoren verkauften auch die Aktien anderer Sportschuhhändler. Finish Line, das eine Woche zuvor überraschend starke Gewinne veröffentlicht hatte, mußte zusehen, wie der Kurs seiner Aktie von 16 auf 12 $ fiel. Sogar Woolworth, dem die Footlocker-Kette gehört, fiel um 2 $.

Am Ende des Tages hatten die meisten Aktien der Branche Verluste einstecken müssen. Aktionäre der Gesellschaften, die ungeschoren davongekommen waren, müssen mit einem starken Gefühl der Erleichterung zu Bett gegangen sein. Sie glaubten, sie seien dieser Bombe ausgewichen. Vielleicht glaubten sie, daß ihre Aktien besonders gute fundamentale Daten aufwiesen. Aber auch sie sollten an die Reihe kommen und das ganz schnell.

Reebok schloß am Donnerstag bei 45,75 $, mit einem Verlust von nur 0,25 $. Aber am nächsten Morgen berichteten sie über schwache Gewinne. Die Aktie fiel um 5,625 $. Converse hatte am Donnerstag bei 17,875 $ geschlossen, fiel am Freitag jedoch um 3,125 $. Russell, ein Hersteller von Sportbekleidung, berichtete ebenfalls über schwächere Gewinne als erwartet und fiel um 8,50 $ auf 27,125 $. Die Lektion, die Reebok, Converse und Russell lehrten, war einfach: Wenn sich die Aktien einer Branche selbst zerstören, dann entgehen nur wenige Unternehmen diesem Schicksal. **Bevor Sie schlafen gehen und glauben, daß Sie allein dem Tod entronnen seien, sollten Sie noch einmal heftig nachdenken.**

Die Selbstzerfleischung war vollkommen. Jeder, der beim Analystentreffen von Footstar anwesend war, hätte sehr viel Geld verdienen können, wenn er die Aktien von Sportschuhherstellern verkauft oder gar leer verkauft hätte. Aber viele Anwesende hatten kein Interesse zu verkaufen. Immerhin wurde kein Desaster verkündet – so schien es. Footstar berichtete über ein hervorragendes Quartal, so wie auch Finish Line und eine Reihe anderer Unternehmen. Footstar hatte nicht gesagt, daß das Geschäft tot war. Man hatte lediglich bekanntgegeben, daß es in den letzten zwei Wochen ein wenig langsamer gegangen sei. Außerdem war Footstar nicht die beherrschende Figur der Branche. Weshalb also konnte es sein, daß ein zweiwöchiger Rückschritt bei einem Einzelhändler dazu führte, daß alle Aktien der Branche abstürzten?

Die Erklärung hat weniger mit den Neuigkeiten zu tun, die von Footstar bekanntgegeben wurden, als mit den technischen Trends bei Sportschuhen und Sportbekleidung. Zu der Zeit, als Footstar auf mögliche kurzfristige Probleme hinwies, waren die Unternehmen bereits in einer schwachen technischen Position. Die Aktien waren bereits gefallen und auf dem Weg nach unten. Ein Jahr zuvor hätte der Markt diese Ankündigung einfach abgeschüttelt, aber nun waren die Aktien zur Talfahrt bereit. Die Investoren reagierten auf einen relativ unbedeutenden Kommentar und straften alle Aktien der Branche ab.

Wuchs denn allen Sportlern ein drittes Bein?

Sehen Sie sich den Chart der Sportschuh-Aktien von Anfang 1995 bis April 1997 an. Die meisten Aktien wiesen ein sehr ähnliches Muster auf und bewegten sich von Tiefpunkten zu Anfang dieser Periode bis zu ihren Hochs Ende 1996 und Anfang 1997 Dann fielen sie im April 1997. Auch wenn einige Unternehmen eine größere Volatilität aufwiesen und andere ihre Bewegungen später begannen, weisen die technischen Muster viele Gemeinsamkeiten auf.

Es ist sehr einfach zu verstehen, weshalb die Aktien in einigen Branchen quasi im Gleichschritt gehen. Bankaktien bewegen sich wegen der Veränderung in den Zinssätzen gemeinsam. Mineralöl-Aktien bewegen sich wegen der Veränderungen bei den Rohölpreisen gemeinsam. Bei Telekommunikationsgesellschaften kann es sein, daß sie sich gemeinsam bewegen, weil Veränderungen der gesetzlichen Regelungen alle Gesellschaften treffen. Aber was ist für die ähnlichen Bewegungen der Aktien von Sportschuhherstellern verantwortlich? Es gab keinen gigantischen makroökonomischen Trend, der plötzlich die Nachfrage verändert hätte. Den Sportlern wuchs nicht plötzlich ein drittes Bein. Es gab auch keine umwälzend neue Technologie, die die gesamte Branche beeinflußt haben könnte. Diese Gesellschaften sind Konkurrenten, die gegeneinander um Marktanteile kämpfen. Wenn es einem Unternehmen gut geht, dann sollte ein anderes darunter leiden. Es gibt keine fundamentalen Gründe, weshalb die Aktien so vergleichbare Trading-Muster aufweisen sollten.

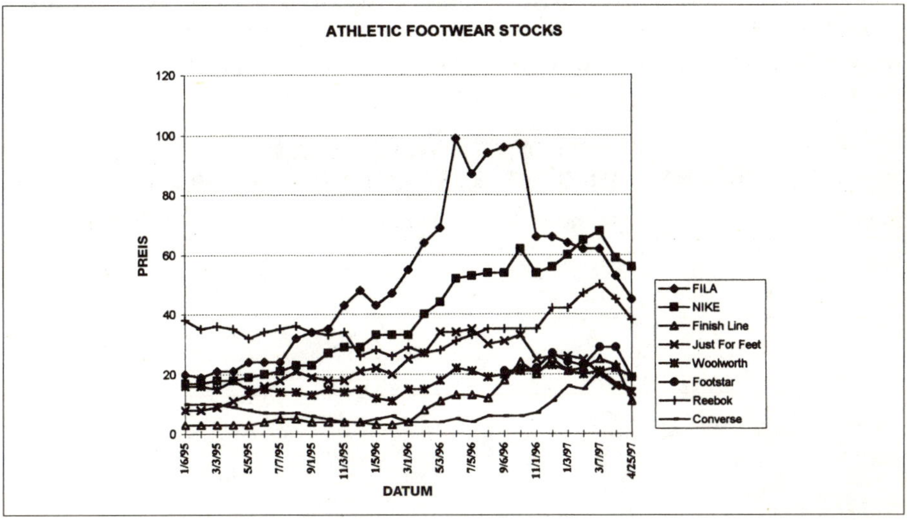

Betrachten Sie die Amplitude der Bewegungen, insbesondere bei den Aufwärtsbewegungen. Diese Unternehmen hatten einen unglaublich steilen Anstieg zu verzeichnen. Von den Tiefpunkten zu den Höchstständen ging Nike um 335 % aufwärts, Fila um 472 % und Finish Line sogar um 733 %, Just for Feet stieg um 428 %, Woolworth um 155 %, Reebok um 100 % und Converse um sagenhafte 700 %. Wenn man jede dieser Aktien an ihrem Tiefpunkt gekauft und an ihrem Höchststand verkauft hätte, dann hätte man innerhalb von zwei Jahren seinen Einsatz verfünffacht. Dies sind erstaunliche Bewegungen, besonders für eine so ausgereifte Branche.

Weshalb aber bewegen sich konkurrierende Sportschuhunternehmen in so drastischer und dennoch einheitlicher Richtung? Die Antwort geht auf die technischen Muster der Branche und die Kraft des Momentums zurück. Die Branche war von einer sehr tiefen Basis ausgegangen und lange Zeit wenig beliebt gewesen. Als sich die Gewinne besserten, sprangen die Investoren auf diese Aktien. Das Momentum trug sie den Rest des Wegs nach oben. Auch kleinere Gesellschaften konnten den Wert ihrer Aktien vervielfachen.

Betrachten Sie die Erfahrungen von Nike. Nike baute nach seinem Start die Position sowohl bei Sportschuhen als auch bei Sportbekleidung sehr dominant aus. Angefangen bei Michael Jordan bis zu Tiger Woods hat Nike mehr berühmte Athleten als alle anderen Sportartikelunternehmen zusammen unter Vertrag. Als alle Teenager Nike trugen, jedes Foto eines Sportlers auch das Markenzeichen von Nike präsentierte und alle wie Michael sein wollten, war es wahrscheinlich die richtige Zeit, Nike-Aktien zu kaufen. Nike ist heute ein großes Unternehmen, aber es war auch 1995 ein großes Unternehmen. Reichte es aber auch dafür aus, daß die Gewinne deutlich zunahmen, daß der Aktienkurs von 17 auf 74 $ sprang?

SPORTSCHUH-HERSTELLER:
HÖCHST- UND TIEFSTSTÄNDE (1995 – 1997)

Name	Tiefststand in $	Höchststand in $	Differenz in %
Nike	17	74	335
Fila	18	103	472
Finish Line	3	25	733
Just For Feet	7	37	428
Woolworth	9	23	155
Reebok	25	50	100
Converse	3	24	700

Einen signifikanten Anteil am Anstieg hatte das Momentum, und zusammen mit Nike stiegen auch die Aktien der meisten anderen Unternehmen der Branche.

Das Momentum wirkt aber in einem Abschwung genauso gut. Mitte des Jahres 1996 lief der Aufwärtsschwung der Sportartikelhersteller aus. Just for Feet war der erste, der einbrach. Nach dem Anstieg um 4 auf 37 $ ging Just for Feet die Luft aus. Die Lagerbestände, die die Investoren auf dem Weg nach oben nicht beachtet hatten, wurden plötzlich entscheidend, und die Akquisition einer Reihe kleinerer Gesellschaften konnte auch nicht helfen. Im Juli fiel die Aktie bei starken Umsätzen von 37 auf 27 $. Der Run war vorbei.

Fila war der nächste. Das Fila-Trading-Muster gleicht dem vieler anderer Aktien, die, ohne eine Basis zu bilden, nach oben gerast waren. Bei 20 und bei 30 $ gab es jeweils einen Ausbruch und dann einen fast geraden Anstieg bis auf 103 $. Aber im Oktober 1996 wurde Fila in einem Abschwung bei sehr hohen Umsätzen gehandelt, die den Aufwärtsschwung neutralisierten. (Es ist keineswegs überraschend, daß Fila ein Jahr später in der Nähe von 20 $ gehandelt wurde, denn das ist genau der Kurs, bei dem Fila eine stärkere Basis ausgebildet hatte.)

Nike kam im November an die Reihe. Innerhalb von zwei Wochen fiel der Kurs bei einem Umsatz von 31 Millionen Aktien von 61 auf 57 $. Im März fielen die Kurse wiederum bei sehr hohen Umsätzen. Dann setzte am 7. April ein sehr kompetenter Analyst bei Smith Barnes das Rating herab. Während der nächsten Woche verlor Nike bei 28,7 Millionen gehandelter Aktien 4,125 $. Das war doppelt so viel wie beim Aufwärts-Ausbruch. Trotz guter Gewinne sollte dieser Umsatz jeden Zweifel zerstreut haben, daß es mit dem Kursanstieg der Nike-Aktien vorbei war. Nike war von 17 bis auf 24 $ gesprintet, aber nun war Nike auf der Talfahrt.

Interessanterweise zeigen die Charts, daß fast alle Aktien dieser Branche den Höhepunkt überschritten hatten und schon auf dem Weg nach unten waren, als Footstar seine Zahlen veröffentlichte. Die Bekanntmachungen auf der Analysten-Konferenz waren nur ein Spiegelbild dessen, was die Charts bereits aussagten. Es waren nicht die zwei Wochen schwacher Umsätze, die die Aktien auf die Talfahrt schickten, sondern die schwächer werdenden technischen Muster, insbesondere der Kursabschwung bei Nike. Sehen Sie sich den Chart der Aktien von Februar bis April 1997 an. Es ist sehr einfach zu erkennen, wie der Abschwung entstand. Und als der Aufschwung der Aktien der Sportschuhhersteller gebrochen war, setzten die Kurse ihren Abstieg fort. Im Januar 1998 waren Nike, Fila, Reebok und Converse auf der Liste der Aktien die Tiefstände erreicht hatten, während

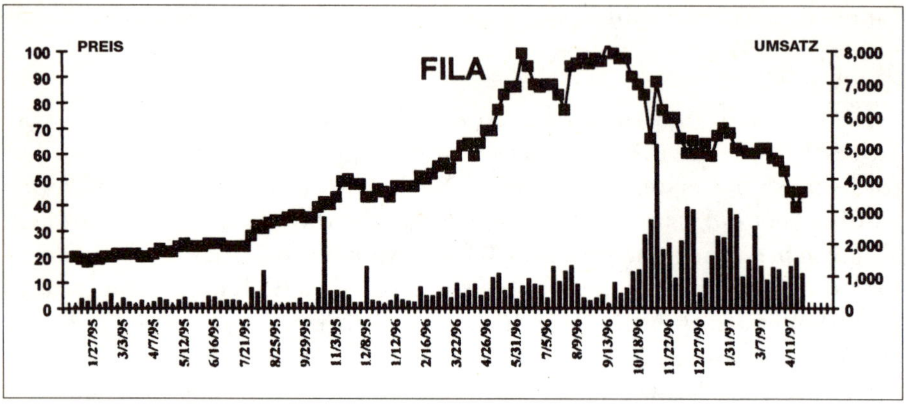

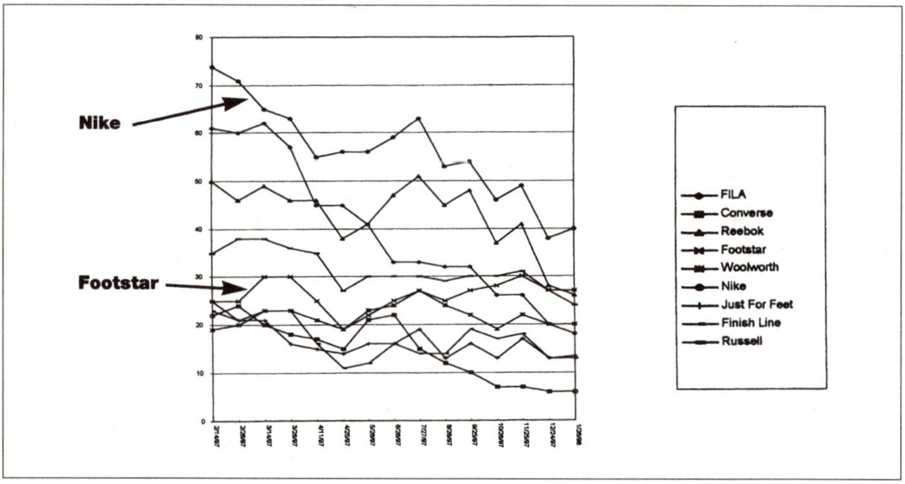

SPORTSCHUH-HERSTELLER: HÖCHSTSTÄNDE 1997, KURSE IM APRIL 1997 UND IM JANUAR 1998			
Name	**Höchststand in $**	**25.4.1997**	**26.1.1998**
Nike	76	56	40
Fila	74	45	18
Finish Line	27	11	12,50
Just For Feet	32	14	13,50
Woolworth	26	19	20
Reebok	53	38	26
Converse	28	15	6

die meisten anderen Aktien in der Nähe ihrer Tiefstände waren. Das Momentum ist immer eine sehr zweischneidige Sache. Ironischerweise ist Footstar, das Unternehmen von dem die Panik scheinbar ausging, die einzige Aktie, die wieder Kursgewinne verzeichnen konnte.

Fünf Wege, von Branchenneuigkeiten zu profitieren

Diese Frage sollten sich Einzelinvestoren stellen: »Wie kann ich die Aktionen ganzer Branchen nutzen, um Geld zu verdienen?« Manche Investoren setzen direkt auf ganze Branchen. Sie betrachten die Charts von Branchen so, wie sie die Charts von Aktien betrachten. Sie steigen in Branchen ein, von denen sie annehmen, daß sie einen Ausbruch hätten, und steigen aus Branchen aus, von denen sie annehmen, daß sie einbrechen. An dieser Strategie gibt es nichts auszusetzen, aber um die Branchen effektiv zu verfolgen, ist viel Zeit und Disziplin erforderlich. Sie müssen die Ereignisse innerhalb der Branchen beobachten, die relative Stärke von Branchencharts studieren und bereit sein zu handeln, wenn sich eine Mode ändert. Wenn Sie nicht auf dem laufenden sind, werden Sie erst dann aufspringen, wenn die Branche bereits ihren Weg nach oben begonnen hat und erst dann abspringen, wenn sie schon auf Talfahrt ist, und Sie werden verlieren. Einzelinvestoren haben normalerweise nicht genügend Zeit zur Verfügung.

Deshalb brauchen Sie die Aktionen einer Aktiengruppe nicht unbeachtet zu lassen. Sie müssen auch nicht geduldig warten, bis die Branche, in der Sie am meisten investiert haben, eine Glanzzeit erlebt. Ganz im Gegenteil, Sie müssen die Trading-Aktionen der Wettbewerber Ihrer größten Beteiligungen beobachten. Die Konkurrenz kann Ihnen viel über die Aktien verraten, die Sie besitzen. Sie müssen die Nachrichten verfolgen, die den Geschäftsverlauf der Unternehmen beeinflussen können, an denen Sie interessiert sind, um Ihren Heimvorteil zu bewahren. Aber dafür benötigen Sie einige zeitsparende Strategien. Hier sind sechs einfache Möglichkeiten, Aktien zu beobachten, die direkt mit denen konkurrieren, die in Ihrem Portfolio sind:

1. **Beobachten Sie die Kurse der größten Aktien in der Branche, um zu sehen, ob sie in die gleiche Richtung wie die Aktien in Ihrem Portfolio laufen.** Große Aktiengesellschaften bewegen sich in der Regel eher als kleine Aktiengesellschaften. Wenn die großen Aktien in ihrer Branche stark anziehen, werden die kleineren Aktien bald folgen. Wenn große Aktien größere Aufwärtsbewegungen machen und Ihre Aktien nicht fol-

gen, dann sollten Sie prüfen, weshalb Sie diese Aktien überhaupt besitzen.

Wenn die größeren Aktien verlieren, dann stehen sie oft für die gesamte Branche. Wenn Microsoft und Intel nachgeben, dann ist es für kleine Technologie-Unternehmen sehr schwierig, einen Kursanstieg zu verzeichnen. Die größeren Aktien beeinflussen die Psychologie der gesamten Branche. Wenn Investoren mit großen Gesellschaften verloren haben, dann wollen sie von schwächeren Unternehmen nichts hören. Außerdem werden professionelle Anleger wie beispielsweise Manager von Investmentfonds, die bedeutende Positionen bei diesen Riesenunternehmen haben, oft unter Druck gesetzt. Viele Menschen, die in die Fonds investiert haben, verfolgen die Nachrichten und verkaufen Ihre Anteile. Die Manager der Investmentfonds versuchen, soviel wie möglich zu verkaufen, um die Auszahlungen vornehmen zu können, und haben keinen Appetit auf neue Aktien. Wenn also die Marktführer in Schwierigkeiten sind, werden es auch die anderen Aktien der Branche sehr schwer haben.

2. **Vergleichen Sie die Charts konkurrierender Unternehmen miteinander.** Gehen Sie auf Ihre Chart-Website, und erstellen Sie einen Chart, der mehrere konkurrierende Unternehmen darstellt (ähnlich wie den Chart von Sportschuh-Herstellern, den Sie vorn finden). Betrachten Sie das Muster der Gruppe als Ganzes und das Muster Ihrer Aktien im besonderen. Dies kann eine sehr interessante Übung sein.
3. **Beobachten Sie die Aktien, die sich prozentual zu ihrem Kurs am stärksten bewegen.** Dies sind die Aktien, die ihren Kurs während eines bestimmten Zeitabschnitts sowohl positiv als auch negativ am deutlichsten veränderten. (Diese Tabelle finden Sie in jeder größeren Finanzzeitung.) Beobachten Sie die Aktien, die mit denen aus Ihrem Portfolio konkurrieren. Wenn sie eine größere Bewegung nach oben oder unten aufweisen, dann sollten Sie versuchen, die Ursachen hinter dieser Bewegung zu erkennen und herauszufinden, ob diese Ursachen auch Ihre Aktien beeinflussen können.
4. **Beobachten Sie die Aktien, die prozentual gesehen den stärksten Umsatzzuwachs zu verzeichnen haben.** Aktiengesellschaften, von denen es Wichtiges zu berichten gibt, verzeichnen oft die größten Umsatzzuwächse. *Investors Business Daily* verzeichnet viele Aktien mit steigendem Umsatz. Wenn es Ihnen möglich ist, die Verbindung zwischen Aktien in diesen Listen und den Aktien, an den Sie interessiert sind, herzustellen, bevor es andere tun, können Sie davon sehr oft profitieren.
5. **Beobachten Sie die Liste der »neuen Hochs und neuen Tiefs«.** Diese

Liste zeigt die Aktien, denen es besonders gut geht, und diejenigen, denen es besonders schlecht geht. Überlegen Sie, wo Ihre Aktien in Relation zu ihren eigenen Hochs und Tiefs stehen. Wenn Sie Aktien, die mit Ihren Aktien konkurrieren, auf der Liste der neuen Hochs finden, Ihre Aktien jedoch in der Mitte ihrer Tradingrange trödeln, dann läuft irgend etwas falsch. Wenn Ihre Aktie sich nicht aufwärts bewegt, während die Konkurrenten neue Hochs erreichen, was glauben Sie, wie sie sich verhalten wird, wenn die Aktien der Konkurrenz in einen Abschwung geraten? Wenn sich aber Ihre Aktie wacker schlägt, während die Konkurrenten auf neue Tiefs fallen, dann ist es gut möglich, daß Sie in einer sehr guten Situation sind, wenn es bei den Konkurrenten eine Trendwende gibt und sie in einen Aufwärtstrend gelangen.

6. **Beachten Sie die relative Stärke verschiedener Branchen.** Die Bewegungen Ihrer Aktien sollten in etwa den gleichen Verlauf nehmen wie die anderen Aktien der Branche. Besonders achtsam sollten Sie sein, wenn die relative Stärke der Branche zunimmt oder deutlich abnimmt. Wenn die relative Stärke Ihrer Aktie sich deutlich von denen der Branche unterscheidet, dann sollten Sie die Charts sehr sorgfältig studieren. Dies könnte eine interessante Chance, aber auch ein Risiko sein.

Wenn Sie Aktien konkurrierender Unternehmen oder der gesamten Branche untersuchen, dann dürfen Sie nie die Möglichkeit unterschätzen, daß scheinbar unbedeutende Ereignisse tiefgreifende Auswirkungen haben können. Wenn Sie die Nachrichten verfolgen und die technischen Muster der Aktien einer speziellen Branche verstehen, in der Sie einen Heimvorteil haben, können Sie die Profis, die oft zu stark diversifiziert sind oder sich auf einen zu engen Bereich konzentriert haben, bei ihrem eigenem Spiel schlagen.

Das Verständnis der Verbindungen zwischen Nachrichten und Aktien ist eine Kunst und keine Wissenschaft. Es gibt keine genauen Antworten auf die Frage, wie Unternehmen auf bestimmte Informationen reagieren. Wenn in einer Branche eine Übernahme stattfindet, dann werden einige Aktien steigen, weil die Unternehmen ebenfalls als Übernahmekandidat gelten. Andere Aktien hingegen könnten fallen, weil die Investoren darüber nachdenken, ob diese Unternehmen Käufer werden oder durch die neue Konkurrenz geschädigt werden könnten. Oft bewegen sich die Aktien in einer Branche gemeinsam, so wie es bei den Sportschuhen der Fall war, doch zuweilen gehen sie getrennte Wege, so wie es bei Apple und Microsoft der Fall war.

Gesundes Urteilsvermögen ist erforderlich, um die fundamentalen Daten und technischen Muster zu studieren und die Anknüpfungspunkte herauszufinden, die das große Geld bringen können. Glücklicherweise sind diese Punkte leicht zu erkennen, wenn man wirklich sucht. Investoren hätten die Probleme bei Oakley und Micro Warehouse durchaus erkennen können, wenn sie nur Sunglass Hut und Apple beobachtet hätten. Investoren hätten bei den Sportschuh-Herstellern sowohl im Aufschwung als auch im Abschwung Geld verdienen können, wenn sie nach den Verbindungen gesucht hätten. Der Trick bei der Sache ist es, die Abhängigkeiten der Aktien untereinander zu verstehen und zu handeln, wenn ein besonderes Ereignis eintritt. Die Fähigkeit, vorauszuschauen und auf Grund der Querverbindungen zwischen den Aktien zu handeln, unterscheidet Gewinner von Verlierern.

TEIL 3

Feindliches Territorium

KAPITEL 9

Hüten vor Sie sich vor falschen Informationen: Die Analysten

In der Kriegsführung sind genaue Informationen von größter Bedeutung. Aber leider versuchen die Informationsbeschaffer oft, die Situation im günstigsten Licht darzustellen. Wenn dies geschieht, dann sind Informationen, die den Generälen zur Verfügung gestellt werden, nicht korrekt. Informationen, die durch eine rosa Brille betrachtet werden, können einer Invasionsarmee eher schaden als helfen. An der Wall Street sind die Analysten die Informationssammler für den Investor. Sie stehen unter hohem Druck, gute Leistungen zu erbringen. In der Theorie ist es Aufgabe der Analysten, für Klienten gute Aktien auszusuchen. Aber diese Theorie ist falsch. Glauben Sie nicht daran, daß es die erste Aufgabe der Analysten ist, für Sie Geld zu verdienen. Das stimmt nicht. Die erste Aufgabe der Analysten ist es, die Investment-Banking-Aktivitäten ihrer Brokerfirma zu unterstützen. Die zweite Aufgabe ist es, die institutionellen Anleger glücklich zu machen. Kunden wie Sie stehen erst abgeschlagen an dritter Stelle. Und deshalb beginnt der dritte Teil dieses Buchs mit einer Warnung vor Informationen von Analysten. Hier betreten Sie feindliches Territorium.

Weil Analysten das Investment-Banking unterstützen, streuen sie Informationen, die irreführend sein können. Erlöse aus dem Investment-Banking nähren die Brokerfirmen und die Kunden aus dem Investment-Banking mögen Analysten, die positiv über ihr Unternehmen sprechen. Wann haben Sie zum letzten Mal ein Unternehmen gesehen, das seine Bankgeschäfte einem Analysten überließ, der sagte: »Verkaufen Sie die Aktie«? Viele Einnahmen von Analysten kommen aus dem Investment-Banking, und so berichten die meisten von ihnen nur Gutes über die Kunden ihrer Firma. Die Begeisterung wurde so extrem, daß die Analysten jeden potentiellen Kunden anpreisen. Bei der derzeitigen Flut der Übernahmen hören Sie von Analysten fast ausschließlich: »Kaufen!«

Auch wenn es schlechte Nachrichten gibt, wird vom Analysten erwartet, daß er Berichte schreibt, die dem Kunden schmeicheln. Nur wenn sie es mit wichtigen institutionellen Anlegern zu tun haben, können sich Zweifel, die sie niemals zu Papier bringen würden, in ihre Aussagen schleichen. Profis verstehen dieses Spiel. Sie wissen, daß ein Analyst in der Öffentlichkeit eine optimistische Position einnehmen muß. Und weil sie direkten Zugang zu den Geschäftszahlen haben, können sie verstehen, was der Analyst wirklich meint. Dies gibt ihnen einen deutlichen Vorteil gegenüber den Einzelinvestoren. **Wenn Einzelinvestoren aus der Arbeit der Analysten ihren Nutzen ziehen wollen, dann müssen sie zwischen den Zeilen lesen und verstehen, was die Analysten wirklich sagen wollen.** Sie müssen die Schwachstelle der Analysten herausfinden und zu ihrem Vorteil verwenden. Dies ist nicht so schwierig, wie es zunächst erscheinen mag. Eigentlich ist es sehr einfach, die Schwächen der Analysten auszunutzen, um die Profis bei ihrem eigenen Spiel zu schlagen.

Die meisten Analysten sind optimistisch

Haben Sie schon bemerkt, daß die Analysten Ihrer Brokerfirma ihre Aktien fast immer sehr optimistisch sehen? Die meisten Aktien werden als dringende Kaufempfehlung, als Kaufempfehlung oder als Halten-Empfehlung herausgestellt. Selten treffen Sie auf eine Einschätzung, die auf Verkaufen oder einen Leerverkauf hinausläuft. Weil die Börse in letzter Zeit so weit angezogen hat, glauben viele, Analysten seien hellsichtig und hätten die Aktionen ihrer Aktien richtig vorhergesagt. Die Realität ist jedoch: **Analysten sind nicht hellsichtig. Sie sind nur optimistisch.** So wie eine stillstehende Uhr zweimal täglich die richtige Zeit anzeigt, so erscheinen Analysten in einem steigenden Markt oft klüger, als sie wirklich sind.

Ein Grund für den Optimismus ist, daß die Analysten Unternehmen beobachten, die sie mögen. Analysten können nicht mehr als 15 bis 20 Unternehmen verfolgen, doch in den meisten Branchen sind mehr als so viele tätig. Analysten beobachten in der Regel die größten Firmen und sind bei kleineren Unternehmen, die sie ebenfalls verfolgen sollten, im Rückstand. Weil die Beobachtung eines Unternehmens einen hohen zeitlichen Aufwand bedeutet, verschwenden nur wenige Analysten ihre Zeit an ein kleines Unternehmen, von dem sie glauben, daß es keine Zukunft hat. Wenn ein Unternehmen kein Branchenführer ist, dann wird es kein Analyst, der es nicht zufällig besonders mag, mit seiner Aufmerksamkeit bedenken.

Analysten beobachten gern Gewinner. Es macht wesentlich mehr Spaß, eine gute Firma zu verfolgen. Investoren lieben es, Neues über Aktien zu erfahren, die neue Hochs erreichen, und sie hassen Aktien, die untergegangen sind. Als ich anfing Sears zu beobachten, war die Aktie deutlich von ihrem Hoch abgefallen. Alle haßten das Unternehmen. Schon wenn Investoren den Namen sahen, überschütteten sie mich mit ihren Frustrationen aus vielen Verlustjahren, obwohl ich selbst nie eine Kaufempfehlung für diese Aktie gegeben habe. Auch wenn sich Sears später als großer Gewinner herausstellte, machte es in den ersten Jahren keinen großen Spaß, dieses Unternehmen zu beobachten.

Weil leistungsfähige Unternehmen schneller wachsen als schwache, sind sie häufiger im Investment-Banking engagiert. Dies kann für Analysten eine wichtige Motivation sein. Schließlich setzen Investoren die Qualität der Analysten oft mit der Qualität der Unternehmen, mit denen sie ihr Investment-Banking abwickeln, gleich. Wenn ein Analyst erstklassige Unternehmen betreut, glauben Investoren, daß er sehr klug ist, während ein Analyst, der zweitklassige Unternehmen betreut, von den Investoren eher als dumm betrachtet wird. Investoren haben mit zweitklassigen Unternehmen schon oft Geld verloren und stehen jedem feindlich gegenüber, der diese beobachtet oder gar empfiehlt. Tatsächlich aber sagt die Qualität der Aktien auf der Liste des Analysten wenig über dessen Fähigkeiten aus. Ein guter Analyst mit einer Liste von schrecklichen Aktien kann seinen Kunden sehr viel mehr Geld einbringen.

Analysten versuchen, Gewinner zu halten und Verlierer loszuwerden. Wenn es einem Unternehmen schlecht ergeht, dann mißtrauen Analysten allem, was die Unternehmensleitung verlautbaren läßt. Investoren hassen Analysten, weil sie sich genasführt fühlen. Oft stufen Analysten eine Aktie, wenn dem Unternehmen ein größerer Fehlschlag passiert, nur deshalb zurück, weil sie die eigene Erfolgsquote schützen wollen. Eine Aktie kann beispielsweise bei 30 $ schließen, aber die Nachrichten lassen deutlich erkennen, daß sie mit 20 $ eröffnen wird. Analysten schreiben schnell eine Notiz, in der sie die Aktie abwerten, noch bevor die Börse am nächsten Tag öffnet. Dann können sie sagen, daß sie die Aktie bei 30 $ zurückgestuft hätten. Dabei spielt es keine Rolle, daß keiner ihrer Kunden die Möglichkeit hatte, zu diesem Kurs zu verkaufen. Manchmal verfolgen sie schwache Aktien nicht weiter und entfernen sie aus ihrer Liste. Und weil sie Gewinner behalten und Verlierer fallen lassen, sich immer die besten Unternehmen aussuchen, verstärken die Analysten ihre Tendenz, auf steigende Kurse zu setzen.

Die Kommunikation mit dem Unternehmen macht Analysten meistens optimistisch. Die Unternehmen sehen ihre Aussichten immer in rosigsten Farben. Wenn man so oft und so lange mit Managern eines Unternehmens spricht, dann ist es schwierig, deren Versprechungen nicht zu glauben. Dies gilt besonders dann, wenn es eine starke persönliche Beziehung zwischen einem Analysten und leitenden Angestellten eines Unternehmens gibt. Menschliche Beziehungen und sogar Freundschaften können auf Analysten starken Einfluß nehmen. Deshalb entwickelt sich zwischen einem Analysten und einem Unternehmen oft ein symbiotisches Verhältnis.

Unternehmen umschmeicheln Analysten, die sie mögen

Analysten wollen ihre Konkurrenten immer übertreffen. Sie sind die Sensationsberichterstatter in der Investmentwelt. Wenn ein Analyst an Exklusivinformationen gelangen kann oder ein Interview mit dem Management erhält, dann hat er einen Vorteil gegenüber seinen Konkurrenten. Die Unternehmen sind sich der Bedeutung ihrer Informationen sehr wohl bewußt und geben diese überlegt und nur scheibchenweise aus. »Veröffentlichen Sie das nicht«, so könnte der Finanzvorstand einem Analysten zuflüstern, »aber die Umsätze unserer neuen Abteilung liegen 40 % über den Erwartungen.« Nach der Unterhaltung wird der Analyst seine größten Investoren anrufen und diese vertrauliche Information weitergeben. Eine Neuigkeit mit großen institutionellen Aktionären zu teilen, ist offensichtlich etwas völlig anderes, als sie der breiten Öffentlichkeit zugänglich zu machen, insbesondere dann, wenn man selbst ein großer institutioneller Anleger ist.

Unternehmen schmeicheln mit so einfachen Dingen wie beispielsweise bei Rückrufen. Wenn ein Unternehmen Wichtiges veröffentlicht, dann werden die Analysten sofort anrufen. Diejenigen, die zuerst zurückgerufen werden, haben einen deutlichen Vorteil. Die meisten Unternehmen sind in dieser Hinsicht sehr wählerisch und sprechen zuerst mit den Analysten, die ihrer Nachricht den positivsten Akzent verleihen. Analysten, die weniger positiv gestimmt sind, werden stundenlang keinen Rückruf erhalten. Wenn der Rückruf schließlich doch noch kommt, ist die Information voraussichtlich schon weit gestreut und sie sind außen vor. Die Reihenfolge der Rückrufe mag unbedeutend erscheinen, aber in einem Markt, bei dem es sehr auf Schnelligkeit ankommt, ist sie von sehr großer Bedeutung.

Manche Unternehmen lassen Analysten, die sie nicht mögen, geradezu verhungern. Ich empfahl einmal, die Aktien von Sports und Recreation (heute Jumbo Sports) zu verkaufen. Das Management war wütend über meinen Bericht. Es hetzte andere Analysten gegen mich auf. Dann strich es meinen Namen aus seiner Faxliste und weigerte sich, mit mir zu sprechen. Ohne Informationen aber ist es sehr schwierig, ein Unternehmen zu beobachten.

Einem freundlich gesinnten Analysten jedoch werden Unternehmen besondere Aufmerksamkeit widmen. Sie können ihm Exklusivinterviews mit dem Vorstandsvorsitzenden anbieten und Gespräche mit ausgewählten institutionellen Anlegern. Sie können auch ihre Teilnahme an Konferenzen, die von der Brokerfirmen des Analysten veranstaltet werden, zusagen. Der Erfolg der Konferenz einer Brokerfirma hängt von der Bedeutung derjenigen ab, die auf der Konferenz präsent sind. Eine Konferenz mit Spitzenrednern, beispielsweise Bill Gates, hat sicherlich den großen Vorteil, die besten institutionellen Anleger anzuziehen. Es liegt in der Verantwortung der Analysten, das Top-Management der Unternehmen, die sie beobachten, zu den Konferenzen ihrer Firmen einzuladen. Die Spitzenmanager, die entscheiden, wo sie sprechen werden und wen sie zu anderen Konferenzen entsenden, bevorzugen natürlich die Konferenzen der Analysten, die die Zukunft ihres Unternehmens am positivsten beurteilen.

Unternehmen laden die Analysten auch zu besonderen Veranstaltungen ein. 1996 wurden viele Analysten-Konferenzen am Rande der Olympischen Spiele gesponsert. Oft wurden die Analysten in Privatjets eingeflogen, logierten in Luxushotels und erhielten Eintrittskarten zu den spannendsten Veranstaltungen. Tickets für Veranstaltungen der Olympischen Spiele sind allerdings nicht die einzigen Wohltaten, die Analysten geboten werden. Kreuzfahrtlinien sponsern Konferenzen auf hoher See. Film- und Fernsehgesellschaften laden Analysten zu privaten Vorstellungen ein, und einige Unternehmen erwähnen die Analysten namentlich in ihren Jahresberichten. Durch keine dieser Aktionen wird ein Analyst direkt bestochen, aber seine Ansichten können so in sehr subtiler Weise beeinflußt werden. Investoren sollten sich deshalb fragen: »Kann ein Analyst, der bei Basketballspielen mit dem Dreamteam in der ersten Reihe sitzt, wirklich unparteiisch sein?«

Und so entwickelt sich die symbiotische Beziehung zwischen Analysten und Unternehmen auf verschiedenen Ebenen. Es gibt die persönliche Beziehung: Freunde sprechen mit Freunden. Dann gibt es die Informationsbeziehung: Der Analyst erhält eine besonders heiße Information. Und dann gibt es noch die Geschäftsbeziehung: Der Analyst kann an Konferenzen teilnehmen oder sie sponsern. Jeder dieser Beziehungen bindet den Analysten an das Unternehmen und macht es für ihn schwierig, wirklich unparteiisch zu sein. Schließlich kann die Macht eines Unternehmens, wenn sie wirklich genutzt wird, stark genug sein, um die Unabhängigkeit vieler Analysten zu beschränken. Dies ist natürlich ein wichtiger Hinweis für Investoren, die glauben, daß Analysten, die von ihren Brokerfirmen bezahlt werden, objektive Beobachter sind, deren ausschließliches Ziel es ist, für sie Geld zu verdienen.

Investment-Banking kompromittiert Analysten

Während man davon ausgeht, daß Analysten von Brokerfirmen angestellt werden, um Investoren mit guten Informationen zu dienen, sieht die Realität anders aus. Investment-Banking und nicht der Aktienhandel macht die Gewinne der Wall Street und die Bezahlung der Analysten aus. Die Rentabilität des Aktienhandels ist weitaus niedriger, als angenommen wird. Die Provisionen aus dem Aktienhandel mit 100 Millionen Aktien könnten etwa bei 5 Millionen $ im Jahr liegen. Wenn zehn Analysten die Aktien verfolgen und die Firmen, für die sie arbeiten, 50 % aller Aktien handeln, dann verdienen diese zehn Firmen durchschnittlich je 250.000 $. Wenn die Firma die Aktienhändler, die Trader, die Handelsgebühren und die Vertriebskosten der Berichte und auch die eigenen Fixkosten bezahlt hat, dann bleibt für den Analysten relativ wenig übrig. Ein Unternehmen zu beobachten, das nur wenige Aktien emittiert hat, kostet mehr, als die Provisionen einbringen. Wenn man das weiß, kann man leicht verstehen, weshalb Analysten kleinere Unternehmen nicht beobachten, wenn sie am Investment-Banking nicht beteiligt sind.

Vergleichen Sie dieses Szenario mit einem Unternehmen, das Aktien emittiert. Im Aktienhandel liegen die Gebühren bei etwa 0,05 $ je Stück auf jeder Seite der Transaktion. Bei einer Aktienemission liegt die durchschnittliche Gebühr bei 2 $ je Aktie. Wenn ein Unternehmen mit 100 Millionen Aktien sich entscheidet, weitere 10 Millionen Aktien zu emittieren, dann liegen die Gebühren bei 20 Millionen $. Wenn vier große Emissionsbanken 80 % der Gebühren unter sich aufteilen, dann macht dies für jeden 4 Millionen $ aus. Dies ist das 16fache von dem, was sie erhalten, wenn sie die Aktien während des Jahres handeln. In beiden Fällen muß es jemanden geben, der die Aktien analysiert, sie verkauft, sie tradet, aber im letzteren Fall liegen die Gebühren weitaus höher. (Es ist nicht unüblich, dem Analysten, der die Emission zu einem Brokerhaus brachte, einen Bonus von 10 % der Emissionsgebühren zu zahlen – in diesem Fall 400.000 $.)

Und wie beeinflussen diese Gebühren die Unabhängigkeit des Analysten? Man muß kein Mathematikgenie sein, um errechnen zu können, daß der Analyst, der sich ein größeres Emissionsgeschäft unter den Nagel reißen kann, weit mehr Geld verdient, als der Analyst, der sich darauf konzentriert, die Aktie zu traden. Manche Analysten sehen sich selbst als Sucher nach Wahrheit und Weisheit, aber unter diesen Voraussetzungen ist es offensichtlich, weshalb sich viele mehr auf das Investment-Banking konzentrieren.

Der Investor hat das Problem, daß die Fähigkeiten, die benötigt werden, um ein guter Stockpicker zu sein, sehr oft im Gegensatz zu den Qualitäten stehen, die einen guten Investment-Banking-Analysten ausmachen. Gute Stockpicker müssen unabhängig sein. Sie sollten ein Management objektiv beurteilen, Fragen stellen, wenn die Strategien falsch erscheinen, und Informationen beschaffen, die anderen entgehen. Aber nur wenige Unternehmen werden hohe Investment-Banking-Gebühren an Brokerhäuser zahlen, deren Analysten zu tief schürfen oder zu kritisch schreiben.

Unternehmen brauchen Analysten, die eine Situation unternehmensfreundlich darstellen. Wenn ein Unternehmen Gewinnschätzungen von 1,50 $ veröffentlicht sehen möchte, dann sollen Analysten auch dieser Überzeugung sein. Der Analyst mit einer Gewinnschätzung von 1,40 $ je Aktie liegt zu tief, aber auch der Analyst, der 1,60 $ annimmt, stellt für das Unternehmen ein Problem dar. Wenn ein Analyst in seiner Einschätzung zu hoch liegt, dann wird es für das Unternehmen wesentlich schwieriger, die Wall Street positiv zu überraschen. Analysten müssen ihre wirkliche Meinung zurückhalten, denn unabhängige Gedanken sind weder erwünscht noch willkommen.

Analysten werden bestraft, wenn sie für ein Unternehmen eine Entwicklung vorhersagen, die nicht den Wünschen des Managements entspricht. Stellen Sie sich einmal vor, ein Analyst schriebe in einem Bericht, ein Unternehmen werde schlecht geführt und die Aktien könnten den dreifachen Kurs ausweisen, wenn das Unternehmen entflochten würde. Auch wenn dieser Bericht verursachte, daß der Kurs der Aktien nach oben ginge und Mitglieder des Managements große Aktienpakete hielten, würde die Firma dieses Analysten voraussichtlich nicht beauftragt, bei der Umstrukturierung behilflich zu sein. Nur wenige Managements belohnen Analysten, die sie zwingen, ihr Unternehmen neu zu strukturieren. Während andere Investment-Banking-Häuser enorme Gebühren erhielten, wenn sie die entflochtenen Unternehmensteile verkauften, würde man den Analysten verstoßen, der den Prozeß in Gang setzte.

Unternehmen mögen Analysten, die kuschen und sie bei vielen Investoren einführen. Der Vorstandsvorsitzende einer sehr erfolgreichen Aktiengesellschaft erzählte mir einmal, daß er eine bestimmte Firma für seine Emission ausgewählt habe, weil der Analyst der Firma gut verkaufen konnte. »Er mag zwar ein Dummkopf sein«, sagte der Vorstandsvorsitzende, »aber er schafft es, Hunderte der wichtigsten Investoren ins Geschäft zu bringen. Das kann ich selbst nicht leisten.« Die Frage ist nun, ob die Kunden dieses Analysten bemerkten, daß er ein Dummkopf ist und mehr als 1 Million $ im Jahr verdiente, weil er ein guter »Fremdenführer« und nicht weil er ein guter Stockpicker war.

Zwar erwartet man von Analysten, daß sie ihre Unternehmen sehr genau beobachten, doch ist es oft ratsam, diese nicht zu genau zu beobachten. Die Unternehmensdaten einer Aktiengesellschaft zu genau zu betrachten, ist so, wie in eine Sonnenfinsternis zu sehen. Sie können den Analysten blenden, zumindest soweit, daß er künftig keine Exklusivinformationen mehr erhält. Unternehmen haben oft fragwürdige Bilanzierungsmethoden, die eine deutliche Auswirkung auf die Gewinne haben können. Und dann ist es nicht erwünscht, wenn ein Analyst diese Geschäftspolitik zu genau untersucht. Es ist nicht ratsam, in ein Hornissennest zu stoßen, wenn es um ein kompliziertes Rechnungslegungssystem geht, besonders dann nicht, wenn solch ein Problem negative Auswirkungen auf den Aktienkurs hätte. Es ist ein Glück für die Unternehmen, daß

Vorstandsgehälter

Ein Thema, das für jeden Analysten absolut tabu ist, wenn seine Firma eine Investment-Banking-Beziehung aufbauen möchten, ist die Bezahlung der Vorstandsmitglieder. Stellen Sie sich einmal vor, wie das Management reagieren würde, wenn ein Analyst schriebe: »Der Vorstandsvorsitzende ist weit überbezahlt.« Auch wenn es stimmt, würde das nicht nur das Banking-Geschäft mit diesem Unternehmen verderben, es würde auch andere Unternehmen abschrecken. Der Vorstandsvorsitzende eines Konkurrenten könnte zwar der Meinung des Analysten sein, aber er würde mit seiner Firma niemals Geschäfte machen. Schließlich könnte er das nächste Opfer dieses Analysten sein. Solange das Investment-Banking an der Wall Street das große Geld bringt, werden nur wenige Analysten die Entlohnungspolitik der Unternehmen in Frage stellen, genauso wenig, wie Unternehmen die Entlohnungsrichtlinien der Investment-Banken hinterfragen.

Analysten etwa 15 Unternehmen beobachten, an Investment-Banking-Projekten arbeiten und auf Geschäftsreisen gehen. So haben sie relativ wenig Zeit, die Finanzberichte intensiv zu studieren. Analysten verlassen sich oft auf das Management, wenn es Themen herausstellt, auf die man sich konzentrieren sollte. Und dabei sind Unternehmensleitungen sehr wählerisch.

Investoren sollten vorsichtig sein, wenn sie Aktien kaufen, die von Analysten empfohlen werden, die für Brokerfirmen arbeiten. Der Broker könnte das Investment-Banking dieser Aktiengesellschaft betreiben. Stellen Sie sich einmal vor, der Analyst einer Bank, die eine Emission durchführen möchte, ist der Meinung, die Geschäfte liefen nicht so stabil wie geplant. Was würde er tun? Sie würden sich wünschen, er setzte die Gewinnschätzungen herab und nähme beim Rating eine Rückstufung vor. Aber dann würde die Firma den Emissionsauftrag verlieren und ihm entginge ein enormer Bonus, möglicherweise mehr als 500.000 $ – und wahrscheinlich würde er seinen Job verlieren. Versetzen Sie sich in die Lage des Analysten. Sie haben zwei Kinder auf einer Privatschule und eine Ferienwohnung in East Hampton. Außerdem sind Sie nicht absolut sicher, daß die Gewinne geringer ausfallen werden. Was würden Sie tun? Sonderzahlungen von 500.000 $ und Jobs, bei denen man 1 Million $ im Jahr verdienen kann, werden nicht jeden Tag angeboten. In der Regel wird der Analyst die Risiken sehr versteckt andeuten, aber die Gewinnschätzungen sowie das Rating unverändert lassen.

Nur selten stufen Analysten die Kunden ihrer Investment-Bank zurück, aber sehr oft stellen sie ihre Auffassung in ihren Berichten sehr subtil dar. J. P. Morgan war einer der Zeichner von Intimate Brands, dem Besitzer von Victoria´s Street und Bath and Body Works. Im dritten Quartal 1996 deutete Intimate an, die Gewinne würden geringer als geplant ausfallen. Der Analyst bei J. P. Morgan nahm die Gewinnschätzungen zurück. Aber statt auch das Rating zurückzuführen, schrieb er: »Wir bleiben bei unser Kaufempfehlung, erwarten aber, daß die Aktie in der nächsten Zeit kaum zulegen wird.«

Es gibt Tausende von Aktien, und ich wüßte nicht, weshalb jemand eine Aktie kaufen sollte, die in der nächsten Zeit keinen Gewinn einbringt. Zwar hat der Analyst seine Kaufempfehlung aufrechterhalten, aber niemand, der seine Notiz las, würde diese Aktie kaufen. Das ist der schmale Grat, auf dem die Analysten gehen müssen, um ihren Job richtig zu tun. Aber als Investor dürfen Sie das, was sie sagen, nicht als Evangelium betrachten. (Glücklicherweise hatte Intimate Brands 1997 hervorragende Ergebnisse und war eine der besten Aktien der Branche.)

Zwar sollten Sie beim Kauf einer Aktie, die vom Analysten eines Investment-Bankers empfohlen wurde, vorsichtig sein, doch brauchen Sie beim Verkauf nicht besonders vorsichtig zu sein, wenn der Analyst etwas Negatives über das Unternehmen verlauten läßt. Wenn ein Analyst nach einer Erstemission die Aktie schlechter einschätzt als »unbedingt kaufen« oder »kaufen«, dann deutet das auf Probleme hin. Wenn er beispielsweise »langfristig attraktiv« sagt, dann machen ihm die Aussichten des Unternehmens Sorgen. Er fühlt sich aber von seinem Arbeitgeber und dem Management des Unternehmens unter Druck gesetzt. Wenn ein Analyst sich so verhält, dann wird er wahrscheinlich Schwierigkeiten bekommen. Investoren jedoch sollten hier aufmerksam werden. **Dies ist die Art, wie Analysten ihren Investoren einen Tip geben.**

Manchmal nutzen Analysten subtilere Möglichkeiten, um ihre Besorgnis über Investment-Banking-Kunden auszudrücken. Morgan Stanley war der wichtigste Emittent von Designer Holdings, dem Hersteller von Calvin Klein und anderen Markenjeans. Einige Monate nach der sehr erfolgreichen Erstemission hielt Josie Esquivel, eine sehr fähige Analystin bei Morgan Stanley, ein Seminar mit dem Titel »Krieg um Marktanteile im Jeansgeschäft«. Josie sagte nichts Negatives über Designer Holdings, aber allein die Tatsache, daß sie dieses Thema wähllte, zeigte den Investoren, daß es in dieser Branche einen außerordentlich starken Konkurrenzkampf gab. Kurz vor der Konferenz wurde Designer Holdings mit 32 $ gehandelt. Zwei Monate später waren es nur noch 16 $. **Wenn Sie bemerken, daß ein Analyst eines Investment-Banking-Hauses etwas Negatives über ein Unternehmen von sich gibt, das erst kurz zuvor Aktien emittiert hat, dann sollten Sie die Aktie verkaufen.**

Analysten wissen genau, daß ein Großteil ihrer Honorare aus dem Investment-Banking stammt. Zwar werben sie nicht offen für Aktiengesellschaften, aber sie stellen sicher, daß ihre Gewinnschätzungen und Berichte die Ansichten der Kunden wiedergeben. Das mag Ihnen gefallen oder auch nicht, aber das sind die Regeln des Spiels.

Vorsicht bei Ratings von Brokerhäusern

Sie erhalten von Ihrem Broker einen Bericht. Sie lesen die Überschrift. Der Analyst bewertet eine Aktie als »Kauf«. Sie glauben, daß der Analyst Ihnen empfiehlt, diese Aktie zu kaufen. Nicht so schnell. Sie lesen noch einen anderen Bericht. Hier wird die Aktie mit »Halten« eingestuft. Sie glauben. der Analyst empfiehlt Ihnen, diese Aktie zu halten, wenn Sie in Ihrem Portfolio ist. Und wiederum: Nicht so schnell. Ratings von Analysten können sehr irreführend sein. Bei vielen Firmen bedeutet ein »Kaufen« nicht unbedingt, daß Sie die Aktie kaufen sollen. Bei den meisten Firmen bedeutet ein »Halten« sicherlich, daß Sie diese Aktie nicht halten sollen.

Das dreistufige Ratingsystem

Bei den Ratings der Brokerhäuser gibt es kein durchgängiges System. Manche Firmen machen es den Investoren einfach. Bei ihnen gibt es drei Klassifizierungen: Kaufen, Halten und Verkaufen. Natürlich ist es eine berechtigte Frage, weshalb sie diese drei Einstufungen benötigen. »Kaufen« und »Verkaufen« würde durchaus ausreichen. Die Bedeutung eines »Kaufen« oder eines »Verkaufen« ist eindeutig. Die Bedeutung des »Halten« ist schon problematischer. Wenn eine Aktie nicht länger gut genug ist, sie zu kaufen, weshalb sollte man sie weiterhin im Portfolio behalten? Wahrscheinlich gibt es einige gute Gründe dafür. So beispielsweise, keine Steuern bezahlen zu müssen. **In den meisten Fällen jedoch möchte der Analyst gar nicht, daß Sie die Titel, die mit »Halten« eingestuft wurden, auch wirklich behalten.** Der Analyst sagt immer dann »Halten«, wenn er der Aktie gegenüber eine neutrale Position einnehmen will.

Zwar ist das dreistufige Ratingsystem ziemlich eindeutig, aber die meisten Brokerhäuser haben vier oder fünf Qualitätsstufen. Beim vierstufigen Rating könnte es so aussehen: 1. Unbedingt kaufen. 2. Kaufen. 3. Halten oder durchschnittlich. 4. Unattraktiv oder verkaufen. Beim fünfstufigen Rating könnte es so aussehen: 1. Unbedingt kaufen. 2. Kaufen. 3. Zukaufen oder langfristig attraktiv. 4. Durchschnittlich. 5. Verkaufen.

Das vier- oder fünfstufige Ratingsystem

Das »Unbedingt kaufen« in einem vier- oder fünfstufigen Ratingsystem entspricht einem »Kaufen« in einem dreistufigen System. Dies ist die bestmögliche Einstufung. Es ist nicht überraschend, daß die Aktiengesellschaften es lieber sehen, wenn ein Analyst »Unbedingt kaufen« sagt, statt nur »Kaufen«, weil es sich besser anhört. Als ich für ein Brokerhaus, mit einem dreistufigen Ratingsystem arbeitete, fragten die Unternehmen immer, weshalb ich ihre Aktie nicht mit einem »Unbedingt kaufen« bewertete. Darauf antwortete ich immer, daß ein »Kaufen« meine beste Empfehlung sei. Doch dies stellte sie nur selten zufrieden. Der Klang eines

»Unbedingt kaufen« gefiel ihnen viel besser. Irgendwann, nachdem ich das Brokerhaus verlassen hatte, wechselte die Firma zu einem fünfstufigen Ratingsystem.

Weil ein »Unbedingt kaufen« die beste Empfehlung eines Analysten bei einer Firma mit vier- oder fünfstufigem Ratingsystem darstellt, ist »Kaufen« eine Art Versteck für Analysten. Wenn Sie in einem fünfstufigen System eine Aktie mit einem »Kaufen« sehen, dann sollten Sie sich fragen, weshalb diese Aktie nicht gut genug ist, um ein »Unbedingt kaufen« zu erreichen, oder um es anders zu sagen: Weshalb sollte ich eine Aktie erwerben, die nur mit »Kaufen« bewertet wurde, wenn ich genauso gut eine mit »Unbedingt kaufen« nehmen könnte? Der Unterschied zwischen »Unbedingt kaufen« und »Kaufen« ist einfach: »Unbedingt kaufen« bedeutet, daß Sie die Aktie kaufen sollten. »Kaufen« bedeutet nicht unbedingt das, was man annimmt. »Kaufen« ist oft eine Einstufung, die für Kunden des Investment-Banking reserviert ist. Diese Einstufung bedeutet: »Wir sind nicht unbedingt der Meinung, daß diese Aktie die beste Kaufgelegenheit ist, aber wir führten die letzte Aktienemission an, und wenn wir über die Aktie nicht positiv berichten, dann wird uns das Management der Aktiengesellschaft umbringen.«

Wenn ein Analyst eine Aktie mit »Kaufen« statt mit »Unbedingt kaufen« bewerten kann, so kann er damit einen Aufruhr vermeiden. Viele Analysten hassen es, Ratings zurückzunehmen, auch wenn der Aktienkurs dramatisch angestiegen ist. Ich kannte einen hervorragenden Analysten, der eine Aktie von »Unbedingt kaufen« auf »Kaufen« abwertete, nachdem der Kurs der Aktie sich verdoppelt hatte. Daraufhin fiel der Kurs um 20 %. Der Vorstandsvorsitzende der Aktiengesellschaft war so wütend, daß er die Geschäftsbeziehungen mit der Firma des Analysten abbrach, obwohl diese Firma schon immer und ewig das Investment-Banking des Unternehmens erledigt hatte.

Die Botschaft an konkurrierende Analysten war überaus deutlich: Die Aktiengesellschaft würde jeden bestrafen, der die Aktie abwertete. Und so taten die anderen Analysten das beste, was sie nur tun konnten: Sie hielten die Aktiengesellschaft ständig als Kaufempfehlung. Weil niemand sie zu einer dringenden Kaufempfehlung aufwertete, brauchten sie sich auch keine Gedanken über eine Abwertung zu machen.

Entscheidend für ein »Kaufen« in einem fünfstufigen System ist, ob der Analyst jemals sein Rating verändert. Wenn er sein Rating jahrelang aufrecht erhält, dann ist es wertlos. In solchen Fällen muß man zwischen den Zeilen lesen, wenn man herausfinden möchte, ob die Aktie dem Analysten wirklich gefällt. Analysten machen feine Unterschiede zwischen einem

»Kaufen« und einem anderen. Sie sprechen beispielsweise über Kursziele. Wenn die Aktie bei 28 $ liegt und ein Kursziel von 30 $ hat, dann ist sie nicht unbedingt eine Kaufempfehlung. Analysten können auch über das Potential für positive Überraschungen sprechen (eine Kaufempfehlung) oder über Risiken (nicht unbedingt eine Kaufempfehlung). Oder wie es ein Analyst von J. P. Morgan ausdrückte: »Diese Aktie ist totes Geld.«

Die dritte Qualitätsstufe in einem fünfstufigen System, »Zukaufen« oder »Langfristig attraktiv«, wird am wenigsten einheitlich gehandhabt. **Wenn ein Analyst Aktien hat, die er mit »Unbedingt kaufen«, und andere, die er mit »kaufen« beschreibt, weshalb sollten Sie eine Aktie erwerben, die mit »Zukaufen« bewertet wurde?** Und außerdem: Wo ist der Unterschied, ob man eine Aktie »zukauft« oder sie ganz einfach kauft? Wenn Sie Aktien zukaufen, dann müssen Sie den gleichen Betrag aufwenden, um einen Anteil zu erwerben. Was bedeutet »Zukaufen« also wirklich? »Zukaufen« ist ein Euphemismus und bedeutet: Diese Aktie ist nicht gut genug, um ein »Unbedingt kaufen« oder »Kaufen« zu verdienen, aber wir möchten immer noch mit dem Management des Unternehmens in Verbindung bleiben und auch gern bei der nächsten Aktienemission dieses Unternehmens dabeisein. Deshalb müssen wir die Aktie so einstufen, daß es positiv klingt, ohne daß es wirklich positiv ist.

»Langfristig attraktiv« ist ein weiterer Ausdruck, der soviel besagt, als ob man die Schwester küßte. (Das ist zwar ein wenig besser, als die Schwiegermutter zu küssen, aber das ist auch schon alles.) Die erste Frage, die man sich stellen sollte: »Weshalb sollte ich eine Aktie kaufen, die nicht auch kurzfristig interessant ist?« Langfristig attraktiv bedeutet: »Diese Aktie ist nicht billig, und wir haben keinen Grund, eine Kaufempfehlung dafür auszusprechen. Aber das Unternehmen ist in Ordnung, und wir mögen das Management. Vielleicht wird die Aktie ein wenig billiger; dann haben wir die Möglichkeit, unser Rating ein wenig anzuheben. Wenn Sie die Aktie bereits besitzen, dann sollten Sie nicht in Panik geraten. Irgendwann in ferner Zukunft werden Sie vielleicht auch Ihr Geld zurückbekommen.« Mit anderen Worten: »Es tut uns fürchterlich leid, daß Sie dieses Hündchen in Ihrem Portfolio haben, aber immerhin werden Sie, wenn Sie lang genug leben, Ihren Einsatz zurückerhalten.«

Die vierte Qualitätsstufe beim Rating wird »Halten« oder »Marktdurchschnitt« genannt. Diese beiden Ratings hören sich recht gut an. Offensichtlich möchte kein Analyst, daß Sie eine Aktie halten, die sich auf der Talfahrt befindet, und viele wären glücklich, wenn sie Aktien in ihrem Portfolio hätten, die genauso gut sind wie der Markt. Das Problem dabei ist, daß es sich zwar gut anhört, die Bedeutung aber durchaus nicht positiv ist. In den meisten Fällen bedeutet »Halten«: »Wenn Ihnen Geld gleichgültig ist, dann sollten Sie diese Aktie behalten!« »Marktdurchschnitt« bedeutet eigentlich: »Wenn der Markt so schlecht ist wie diese Aktie, dann sind Sie in großen Schwierigkeiten.«

Es gibt zwei Ausnahmen von der Halten-Regel. Oft gibt es in einer Branche wichtige Unternehmen, die der Analyst jedoch niemals wirklich beobachtet hat. Um sich ein Urteil über so ein Unternehmen erlauben zu können, benötigt der Analyst Gewinnschätzungen und ein Rating. Das »Halten« ist ein anderes Wort für: »Über dieses Unternehmen kann ich nicht viel sagen.« Es ist relativ einfach herauszufinden, ob ein Unternehmen in diese Kategorie gehört. Wenn der Analyst nie zuvor einen Bericht über dieses Unternehmen veröffentlicht hat, dann ist es sehr wahrscheinlich, daß er nichts über das Unternehmen weiß.

Die zweite Ausnahme von der Halte-Regel liegt dann vor, wenn eine Gruppe von Aktien im Bereich des Analysten einen Sprung nach vorn gemacht hat, bevor der Analyst genauere Erkundigungen einziehen konnte. Im letzten Jahr rasten die meisten Internet-Aktien davon, bevor viele Software-Analysten überhaupt wußten, was www.com überhaupt bedeutet. Irgendwann während dieser Bewegung gingen der Leiter der Marktforschung und der Abteilungsleiter des Investment-Bankings in der Brokerfirma auf den Software-Analysten der Firma zu und sagten etwas wie: »Merken Sie denn nicht, daß wir das ganze Internet-Banking-Geschäft verlieren, weil Sie diese Aktien nicht beobachten?«

Der Analyst schaute auf seine polierten Gucci-Slipper und antwortete: »Ich habe über diese Gruppe drei Monate lang gearbeitet. Mein Bericht ist fast fertig.« In Wirklichkeit hatte der Analyst die Bedeutung des Internet nicht erkannt oder Angst davor, sich auf Aktien zu stürzen, die bereits davongestürmt waren. Aber das kann man seinen Chefs schließlich nicht sagen.

»Nächste Woche möchte ich Ihren Bericht sehen«, forderte der Leiter der Marktforschung. »Wir wollen uns an drei potentiellen Erstemissionen beteiligen, und ich muß zeigen, daß wir diesen Bereich auch beobachten.«

Nun ist der Analyst in einer Zwickmühle. Die Aktien haben ihren Kurs bereits vervierfacht. Wenn er seine Beobachtung mit einem »Kaufen« beginnt, wird ihm jeder vorhalten, er habe diese Aktiengruppe verschlafen. Was auch der Fall ist. Wenn er aber nicht glühend begeistert über die Aussichten dieser Branche schreibt, dann wird seine Firma niemals ein Investment-Banking-Geschäft machen können. Und hier ist »Halten« sehr bequem. Der Analyst beginnt seine Beobachtung mit »Halten«. Dies gibt ihm die Möglichkeit, wie ein Experte über die Branche zu berichten. Er schreibt einen begeisterten Bericht, der die Zukunft sehr rosig darstellt und den die Investment-Banker für das Marketing bei potentiellen Erstemissionen benutzen können. In diesem Bericht weist er darauf hin, daß er erwarte, daß die Aktien um 10 bis 20 % fallen – bevor er sein Rating auf ein »Kaufen« aufwertet. Weil er sich die Möglichkeiten offenläßt, sein Rating zu verbessern, kann sich der Analyst vor der Verkaufsabteilung schützen, die immer noch wütend darüber ist, daß er diese Aktien vernachlässigt hat. Doch sein Rating heißt in Wirklichkeit: »Ich habe es vermasselt und diese Aktien übersehen. Ich hoffe, daß sie ein bißchen an Wert verlieren, dann kann ich meine Bewertung verbessern und sehe nicht ganz so dumm aus.«

Eine solches Halten-Rating ist immer ganz einfach zu erkennen. Es wird zu Beginn einer Aktienbeobachtung vorgenommen, wenn die Aktien bereits eine deutliche Aufwärtsbewegung hinter sich haben, während der Analyst noch untätig war. Es ist einfach einzuschätzen, wie sehr der Analyst die Gruppe vernachlässigt hat. Sehen Sie sich den Umfang seines Berichts an. Je schmerzhafter die Gewissensbisse des Analysten wegen seines Fehlers sind, um so länger wird der Bericht ausfallen. Als ob die Länge des Berichts seinen Fehler ausgleichen könnte.

Das Schlußlicht bei den Ratings ist meist »Verkaufen«. »Verkaufen« ist eine eindeutige Bewertung. Es bedeutet, daß man die Aktie verkaufen soll. Dennoch wird ein »Verkaufen« nur selten ausgesprochen. Investoren werden sich wundern, daß »Verkaufen« so selten in den Berichten auftaucht. Immerhin werden viele Aktien verkauft. Die Anzahl der Verkäufe entspricht der Summe der »Unbedingt kaufen«, »Kaufen« und »Zukaufen«. Da jede Transaktion einen Käufer und einen Verkäufer benötigt, möchte man annehmen, daß die Analysten ebensoviel Zeit für Verkaufsempfehlungen wie für Kaufempfehlungen aufwenden. **Die Realität sieht aber anders aus: Analysten empfehlen mehr als 100 Käufe für jeden Verkauf.**

Unternehmen mögen keine Analysten, die Verkaufsempfehlungen aussprechen. Da die Gebühren des Investment-Banking der Motor des Geschäfts sind und Aktiengesellschaften ihre Bankgeschäfte nur selten an negativ eingestellte Analysten geben, wird der Analyst, der gut essen und ein Appartement an der Park Avenue bewohnen möchte, wahrscheinlich kaum Verkaufsempfehlungen geben. Auch Portfolio-Manager mögen keine Analysten, die Verkaufsempfehlungen geben, besonders dann nicht, wenn sie selbst diese Aktien in ihrem Portfolio haben. Da die Verkaufsempfehlung so selten vorkommt, verursacht sie, wenn sie denn gegeben wird, den Absturz der Aktie. Auch wenn die Gründe für eine Verkaufsempfehlung gerechtfertigt sind, werden sich die Besitzer dieser Aktien kaum darüber freuen. Und weil sich Analysten den negativen Reaktionen sowohl der Aktiengesellschaften als auch der Investoren ausgesetzt sehen, vermeiden sie dieses Rating. Sie halten sich an Umschreibungen wie beispielsweise »totes Geld« oder »deutliches Risiko«, um Aktien zu beschreiben, die ihnen nicht gefallen.

Meine Lieblingsumschreibung ist »Geldquelle«. Wenn ein Analyst »Geldquelle« benutzt, dann meint er: »Wenn es eine Aktie gibt, die Sie gern kaufen wollen, dann sollten Sie diese Aktien verkaufen und die Erlöse daraus zur Finanzierung nutzen.« Mit anderen Worten: »Geldquelle« bedeutet »Verkaufen«.

Die schlechteste Qualifizierung, »Leer verkaufen«, wird fast nie benutzt. Bei einem Leerverkauf verkaufen Investoren eine Aktie, die sie gar nicht besitzen, und setzen darauf, daß der Kurs dieser Aktie fallen wird. Ein Leerverkauf ist mehr als ein einfacher Verkauf. Er ist eine Wette gegen eine Aktiengesellschaft. Deshalb sieht man nur sehr selten die Empfehlung, eine Aktie leer zu verkaufen. Das bedeutet nicht, daß diese Klassifizierung nicht legitim wäre, und sollte Sie auch nicht davon abhalten, Aktien leer zu verkaufen. Im letzten Kapitel werden wir darüber sprechen, wann man eine Aktie leer verkaufen sollte.

Manche Brokerfirmen haben ein etwas komplizierteres Bewertungssystem geschaffen, indem sie sowohl kurzfristige wie auch langfristige Bewertungen für jede Aktie vornehmen. Ein typisches Rating ist beispielsweise 1/1, was bedeutet »Kurzfristig kaufen/langfristig kaufen«, oder 2/1, was bedeutet »Kurzfristig halten/langfristig kaufen«. In der Theorie ist dies eine gute Möglichkeit, Aktien zu beurteilen. Das kurzfristige Rating gibt die Ansicht des Analysten wieder, wie die Aktie sich in naher Zukunft entwickeln wird. Das langfristige Rating gibt die Ansicht des Analysten wieder, wie er die langfristige Stärke des Unternehmens sieht. In der Praxis neigen Analysten jedoch dazu, mit den kurzfristigen Ratings ihre wirkliche Ansicht auszudrücken und mit den langfristigen Ratings die Bankkunden zu besänftigen. Bei einer Brokerfirma wurden beispielsweise nur 37 % der Aktien mit einem »Kurzfristig kaufen« bewertet, 86 % aber wurden als langfristige Kaufempfehlung eingestuft. Mit einem kurzfristigen »Halten« und einem langfristigen »Kaufen« kann der Analyst dem Management der Aktiengesellschaft sagen, daß er die Aktie immer noch für eine Kaufempfehlung hält, während er den Investoren gegenüber zum Ausdruck bringt, daß dieses Unternehmen eher mit »Halten« zu bewerten ist. Mit diesem System kann man gut arbeiten, solange man das Spiel versteht.

Analysten fassen nie eine Aktie an, die sie nicht mögen

Die Inflation der Ratings geht weit über das hinaus, was man eine irrationale Übertreibung nennen könnte. Viele Ratings sind bestenfalls irreführend und schlimmstenfalls bedeutungslos. Um dies zu demonstrieren, suchte ich zufällig sieben Firmen aus und untersuchte ihre Bewertungen von Anfang Juli 1996. Aktien ohne Ratings wurden von den Berechnungen ausgenommen.

- Bei **Montgomery Securities** hatten 368 Aktien oder 72 % eine Kaufempfehlung und nur bei einer einzigen Aktie wurde zum Verkauf geraten. Ich würde gern wissen, was diese eine Aktiengesellschaft dem Analysten angetan haben muß, um sich dieses Attribut zu verdienen. Außerdem sollte man einmal darüber nachdenken, woher die Investoren das Geld nehmen sollten, um 368 Aktien zu kaufen und nur eine zu verkaufen.
- Bei **Robertson Stevens** hatten 316 Aktien oder 79,4 % sehr optimistische Bewertungen. Die verbleibenden 20,6 % wurden als »durchschnittlich« eingestuft. Und so glaubte Robertson, daß 316 von 398 Aktien besser als der Markt abschneiden und 82 Aktien so gut wie der Gesamtmarkt laufen würden. Allerdings hatte er keine Aktie unterdurchschnittlich eingestuft. Da aber nach Definition die Hälfte aller Aktien schlechter sein muß als der Durchschnitt, ist kaum zu glauben, daß die Analysten bei Robertson die Fähigkeit haben, Aktien die schlechter sind als der Marktdurchschnitt, völlig zu vermeiden.
- **Robinson Humphrey** benutzt ein System, das sowohl kurzfristige als auch langfristige Ratings gibt. Kurzfristig gesehen waren 37 % der Empfehlungen der Aktien mit »Kaufen« bewertet, langfristig jedoch gab es 86 % Kaufempfehlungen, und nur eine einzige Aktie wurde mit »Verkaufen« eingestuft.
- Bei **Needham** rangierten 72 % der Aktien unter »Unbedingt kaufen« oder »Kaufen«, und 28 % sollten gehalten werden. Es gab keine Aktien die man verkaufen sollte.
- Bei **Gerard Klauer** wurden 64 % der Aktien mit »Kaufen«, 35 % mit »Halten« bewertet. Es gab nur eine einzige Verkaufsempfehlung.
- Bei **Wheat First** übertrafen 197 Aktien den Markt, und nur 9 Aktien hatten Ratings unterhalb des Durchschnitts – eine sehr eindrucksvolle Trefferquote. Bei Wheat First gab es keine Verkaufsempfehlungen.
- Bei **Alex Brown** erreichten 65 % der Aktien die besten Ratings, die die Firma zu vergeben hatte. 35 % der Aktien wurden als durchschnittlich

eingeschätzt. Besonders eindrucksvoll war, daß es überhaupt keine Aktie gab, die schlechter oder deutlich schlechter als der Gesamtmarkt war. Mit anderen Worten: Alex Brown hatte 401 Aktien, von denen man glaubte, sie seien besser als der Markt, und keine, von der man annahm, daß sie eine schlechtere Performance als der Gesamtmarkt hätte. Erstaunlich! Natürlich werden Skeptiker fragen, weshalb Alex Brown überhaupt fünf Bewertungsstufen hat, wenn man nur drei benutzt. Aber vielleicht gelingt es dieser Firma tatsächlich, ausschließlich Gewinner herauszufinden.

Damit wird ganz deutlich, daß Analysten ihren Kunden wenig Hilfestellung leisten. 70 % aller Aktien waren langfristige Kaufempfehlungen, und so muß es für den Investor sehr schwierig sein, die besten Kaufempfehlungen herauszufinden. Und was noch erstaunlicher ist: Nur drei von 1.559 Aktien wurden mit einer Verkaufsempfehlung versehen. Damit gaben die Analysten dem Investor keinerlei Hilfestellung bei der Auswahl der Aktien, die er verkaufen sollte. Die Realität ist also ganz einfach: Die Bewertungen der Analysten helfen bei der Suche nach guten Aktien überhaupt nicht.

Acht Regeln für den Umgang mit Analysten

Analysten machen es einem Investor nicht einfach zu entscheiden, welche Aktien er kaufen und verkaufen soll. Aber, wie wir gesehen haben, gibt es bei Analysten dennoch einige Hinweise, die nützlich sein können, wenn man nach Aktien sucht. Wenn Sie die folgenden acht Regeln beherzigen, die aufzeigen, wie man mit Analysten zusammenarbeiten sollte, dann werden Sie am Ende vorn liegen:

1. **Wenn Analysten mit der Beobachtung eines Unternehmens beginnen und dessen Aktie gerade ein neues Hoch erreicht, dann kann es durchaus sein, daß sich die Firma ein neues Investment-Banking-Geschäft an Land ziehen will.** Dies ist besonders bei Firmen üblich, die Wachstumsaktien beobachten. Wenn die Aktie zuvor kein deutliches Wachstumsmuster aufzuweisen hat, dann könnte sie dennoch weiter in ihrem Wert steigen, weil neue Momentum-Investoren aufspringen. Investoren können aber nicht wissen, ob der Analyst wirklich an das Unternehmen glaubt oder nur nach einem neuen Zahltag sucht. (Wenn die Firma des

Analysten das Geschäft nicht bekommt, dann sollten Sie vorsichtig sein. Eine Rückstufung beim Rating kann eine Aktie auf die Talfahrt schicken.)

2. **Vorsicht ist geboten, wenn Analysten die Gewinnschätzungen bei ihren Lieblingsaktien herabsetzen.** Alle Analysten haben ihre Lieblinge. Sie haben nicht nur zum Management dieser Aktiengesellschaften gute Beziehungen aufgebaut, auch ihr guter Ruf ist oft an diese Aktien gebunden. Es könnte durchaus sein, daß sie viele Aktionäre auf diese Aktien hingewiesen haben. Eine Abwertung könnte den Kurs der Aktie stark beeinflussen und nicht nur die Investoren, sondern auch das Management und die Händler in der Firma des Analysten verärgern. Deshalb halten Analysten oft eine Kaufempfehlung bei solchen Aktien aufrecht, mit denen sie sich stark identifizieren. Ich habe Analysten kennengelernt, die einzelne Aktien über ein Jahrzehnt hinweg zum Kauf empfohlen haben. Je länger eine Bewertung Bestand hat, um so schwieriger wird es für den Analysten, sie zu verändern. Sie ändern die Bewertung nicht, sondern vermitteln Probleme durch Zurücknahme der Gewinnerwartungen. Wenn das geschieht, dann sollten Investoren Verkaufsaufträge ausstellen.
   Dies gilt insbesondere dann, wenn das Unternehmen erst kürzlich neue Aktien ausgegeben hat. Bei diesen Gelegenheiten weisen die Unternehmen die Analysten regelrecht auf die »richtigen« Gewinnschätzungen hin. Weil Unternehmen und Investment-Banker Strafverfolgung fürchten, sind sie sehr vorsichtig, wenn Analysten die »richtigen« Zahlen veröffentlichen sollen. Wenn ein Analyst kurz nach einer Emission seine Gewinnschätzungen herabsetzt, ist dies ein sicheres Zeichen für Probleme, auch wenn er weiterhin positiv über das Unternehmen schreibt.
3. **Seien Sie vorsichtig, wenn Analysten ihre Schätzungen geringfügig ändern.** Wenn Analysten eine Aktie mit einer Kaufempfehlung bewertet haben und die Gewinnschätzungen von 1 auf 1,04 $ heraufsetzen, dann sagen sie üblicherweise, daß sie ihre Schätzungen verbessern. Wenn sie aber ihre Schätzungen von 1,04 auf einen 1 $ herabsetzen, dann behaupten sie, sie hätten ihr Modell »abgestimmt«. »Abstimmen« ist eine Umschreibung dafür, daß Schätzungen herabgesetzt werden. Ärgerlich wird es dann, wenn diese »Abstimmung« im laufenden Quartal zu einer Minderung führt, die Schätzungen für das Gesamtjahr jedoch unverändert bleiben. Wenn der Konsens in einem Quartal bei 1 $ liegt, dann haben die Analysten von der Aktiengesellschaft Hinweise erhalten, daß sie plant, 1,05 $ je Aktie zu verdienen. Wenn das Unternehmen feststellt, daß die Geschäfte schwieriger als erwartet laufen, dann könnte der erste

Schritt sein, den Analysten zu empfehlen, ihre Modelle genauer »abzustimmen«. Wenn es nicht unbedingt notwendig ist, dann vermeiden es Unternehmen, den Analysten mitzuteilen, daß sie die Gewinnerwartungen herabsetzen sollten. Auch Analysten reduzieren ihre Gewinnerwartungen nur sehr ungern. Und so mindern sie ihre Quartalseinschätzung um ein paar Cents und hoffen, daß es den Unternehmen gelingt, noch einige Kaninchen aus dem Zylinder zu ziehen, bevor das Geschäftsjahr endet.

Wenn Analysten ihre Schätzungen in einem Quartal geringfügig zurückführen, die Erwartungen für das gesamte Jahr jedoch aufrechterhalten, dann erhöhen sie automatisch die Gewinnannahmen für die folgenden Quartale. Wenn ein Unternehmen im laufenden Quartal eine Schwäche zeigt, dann erhöht dies die Wahrscheinlichkeit, daß es die Investoren enttäuschen wird. Ich habe erlebt, daß Analysten ihre Gewinnerwartungen drei Quartale hintereinander jeweils geringfügig nach unten korrigierten, nur um herauszufinden, daß auch das vierte Quartal mit einem Desaster endete. Zwar gibt es wirklich Gelegenheiten, bei denen eine geringfügige Korrektur angemessen ist, aber in den meisten Fällen sollten die Investoren solche Korrekturen als das ansehen, was sie wirklich sind – eine Herabsetzung der Gewinnschätzung –, und davon ausgehen, daß auch die folgenden Quartale korrigiert werden müssen, wenn man nicht einen guten Grund findet, etwas anderes anzunehmen.

4. **Seien Sie vorsichtig, wenn das Kursziel ohne besonderen Grund verändert wird.** Wenn Analysten Aktien empfehlen, dann geben sie in der Regel auch ein Kursziel an. Das ist der Kurs, der innerhalb eines bestimmten Zeitrahmens erreicht werden sollte. Kursziel und Zeitrahmen werden normalerweise auf dem Deckblatt des Berichtes spezifiziert. Eigenartiges geschieht, wenn die Aktien ihr Ziel erreichen. Weil Analysten ihre Gewinner behalten wollen, verändern sie das Kursziel kaum. Eine Änderung des Kursziels kann richtig sein, wenn die Gewinne über den Erwartungen liegen oder so viel Zeit verstrichen ist, daß die Analysten auch schon auf die Gewinne des kommenden Jahres schielen. Wenn der Analyst wirklich belegen kann, daß die Wachstumsrate zugenommen hat, dann kann er ein höheres Kurs/Gewinnverhältnis rechtfertigen und somit auch ein höheres Kursziel. In vielen Fällen jedoch korrigieren die Analysten die Kursziele, ohne die geplanten Gewinne oder die geplante Wachstumsrate zu verändern, nur um ihre Kaufempfehlung aufrechterhalten zu können. Wenn Sie dies feststellen, dann sollten Sie auf dem Chart nach einem guten Absprungspunkt suchen. Wenn eine Aktie das ursprüngliche Kursziel eines Analysten übertrifft,

ohne daß bei den Gewinnschätzungen eine Veränderung eintritt, dann sollten Sie sich nicht vom neuen Kursziel des Analysten verführen lassen und nicht auf seine Kaufempfehlung hereinfallen. Fragen Sie sich lieber, ob es nicht Zeit ist, diese Aktie zu verkaufen.

5. **Halten Sie Ausschau nach Analysten, die auch Verkaufsempfehlungen geben.** Diese Analysten sind zumindest unabhängig. Wenn ein Analyst Verkaufsempfehlungen gibt, dann kann man sicher sein, daß er auf Investment-Banking-Geschäfte verzichtet und die Entscheidung getroffen hat, daß es wichtiger ist, die richtigen Aktien zu empfehlen als Provisionen einzustreichen. Das findet man nur selten. Die Wall Street ist nicht mit Analysten überfüllt, die die Wahrheit dem Geld vorziehen. Die sieben Brokerfirmen, die ich zuvor zitierte, hatten nur drei langfristige Verkaufsempfehlungen. Es gibt aber einige Analysten, die auch Verkaufsempfehlungen geben. Ich arbeitete einmal mit Mark Gilman zusammen, einem Mineralöl-Analysten, der regelmäßig bei der Hälfte seiner Aktien einen Verkauf empfahl. Gilman war aber auch einer der wenigen Analysten, der ganz öffentlich das Management seiner Unternehmen herausfordern konnte. Gilman lag zwar nicht immer richtig, aber er war immer unabhängig.

   Verkaufsempfehlungen machen Investoren das Leben leichter. Hier gibt es kein Versteckspiel hinter Euphemismen wie beispielsweise »Marktdurchschnitt«. In den folgenden Fällen sind Verkaufsempfehlungen besonders wichtig:

   - Suchen Sie Analysten, die auch Aktien, die alle anderen besonders lieben, mit Verkaufsempfehlungen bedenken. Wenn ein Analyst eine Verkaufsempfehlung ausspricht und alle anderen Analysten diese Aktie unbedingt zu kaufen empfehlen, dann hat dieser einzelne Analyst eine Meinung, die – richtig oder falsch – auf alle Fälle beachtet werden sollte.
   - Suchen Sie Analysten, die Aktien von Unternehmen mit »Verkauf« einstufen, auch wenn diese gerade neue Aktien ausgeben. Wenn ein Unternehmen neue Aktien emittiert, dann ist das für die meisten Analysten ein großer Zahltag. Der Analyst, der vorschlägt, die Aktie zu verkaufen, verzichtet auf dieses Geld. Investoren sind gut beraten, zu hören, was dieser Analyst zu sagen hat.
   - Suchen Sie Analysten, die sich bei ihren Verkaufsempfehlungen auf Bilanzen stützen. Diese Empfehlungen sind besonders interessant, weil die meisten die Bilanzen nicht besonders genau untersuchen. Analysten, die sich der Mühe unterzogen haben, eine Bilanz zu studieren, können Wichtiges zu sagen haben.

- Ganz selten kann es vorkommen, daß ein Analyst tatsächlich empfiehlt, eine Aktie leer zu verkaufen. Auf eine solche Empfehlung sollte man besonders achten, weil dies ein so seltener und radikaler Schritt gegen eine Aktiengesellschaft ist. Sie müssen die Aktie zwar nicht unbedingt leer verkaufen, aber Sie sollten auf die Argumente des Analysten achten.

6. **Suchen Sie sich einige wenige Analysten aus, und bleiben Sie bei ihnen.** Vergleichen Sie Analysten mit Sportlern. Shaquille O'Neal und Yinka Dare sind beide 2,20 Meter groß und Centerspieler beim Basketball. Aber ihre Performance kann man kaum vergleichen. Die Performance von Analysten kann sich ebenso unterscheiden wie die von Sportlern. Wenn Sie bei den Analysten die O'Neals von den Dares unterscheiden können, dann werden Sie Geld verdienen. Am besten fragen Sie Ihren Broker, welche Analysten das meiste Geld verdienen. In jeder Brokerfirma gibt es einige wenige Großverdiener, ein paar Dauerverlierer und viele, die eben nur Durchschnitt sind. Die meisten Broker haben ein ziemlich gutes Gefühl dafür, welche Analysten die besten Leistungen erbringen. Fragen Sie Ihren Broker welche Analysten er für seine eigenen Investments zu Rate zieht. Die meisten Broker werden sich nur der Ratschläge von drei oder vier Analysten bedienen. Bleiben Sie bei den besten Analysten auch dann, wenn sie nicht gerade die »heißesten« Branchen betreuen. Die einfachste Möglichkeit, Geld zu verlieren ist, sich auf einen schlechten Analysten in einer »heißen« Branche zu verlassen.
7. **Ein ständiger Verlierer kann ebenso gut sein wie ein ständiger Gewinner.** Ab und zu findet man Analysten, die immer falsch liegen. Sie sind ständige Geldvernichter. Aber diese Analysten können auch sehr hilfreich sein, weil sie die perfekten Kontraindikatoren sind.

   Ein Broker erzählte mir einmal eine Geschichte über einen Analysten, der mit seinen Vorhersagen ständig falsch lag. Wenn er behauptete, daß der Kurs einer Aktie steigen werde, dann fiel der Kurs – und umgekehrt. Es war sehr schwierig, die Berichte dieses Analysten zu verkaufen, aber der Broker gab sich größte Mühe. Es gab allerdings einen Portfolio-Manager, der immer genau wissen wollte, was dieser Analyst zu verkünden hatte. Er sagte: »Ich zahle Ihnen jedes Jahr 100.000 $, aber ich möchte immer den ersten Anruf erhalten und hören, was dieser Analyst zu sagen hat.« Der Verkäufer verstand nie weshalb, aber er war mit der Provision ganz glücklich und so rief er den Portfolio-Manager sofort an, wenn der besagte Analyst neue Berichte veröffentlichte.

   Eines Tages empfahl der Analyst die Aktien einer großen Aktiengesellschaft, von der man den Eindruck haben konnte, sie habe große finanzielle Probleme. Der Broker konnte überhaupt nicht verstehen, was der Analyst an dieser Aktie mochte, und war überzeugt, daß diese Empfehlung nur schaden könne. Und so rief er keinen Kunden an. Innerhalb von zwei Tagen fiel die Aktie um über 30 %. Während die anderen Verkäufer pausenlos verärgerte Anrufer am Telefon hatten, fühlte sich dieser Verkäufer sehr behaglich. Dann rief der Portfolio-Manager an und war sehr wütend: »Weshalb haben Sie mich über diese Empfehlung nicht unterrichtet?«

»Ich fand, daß dies eine ganz dumme Idee war«, entgegnete der Broker. »Und außerdem fiel die Aktie innerhalb von zwei Tagen von 12 auf 8 $.«

»Ich habe diese Aktie in meinem Portfolio«, schrie der Portfolio-Manager.

»Dann habe ich Sie davor bewahrt noch weitere Aktien dazuzukaufen«, antwortete der Broker.

»Ja verstehen Sie den überhaupt nichts?« schimpfte der Portfolio-Manager. »Wenn ich gewußt hätte, daß dieser Idiot die Aktie zum Kauf empfiehlt, dann hätte ich jedes einzelne Stück verkauft. Ich kenne diesen Trottel jetzt 15 Jahre lang, und er lag mit seinen Vorhersagen immer daneben. Er ist der perfekte Kontraindikator! Wenn er sagt »Kaufen«, dann verkaufe ich, und wenn er sagt »Verkaufen«, dann kaufe ich. Er hat nie recht! Sie haben keine Ahnung, wieviel Geld ich schon verdient habe, weil ich genau das Gegenteil von dem tat, was er empfahl!«

Mein Freund war völlig perplex. Er konnte sich überhaupt nicht vorstellen, daß irgend jemand diesen Analysten als Kontraindikator benutzte. Aber Analysten, die immer falsch liegen, können Ihnen ebenso viel Geld einbringen, wie diejenigen, die immer richtige Vorhersagen treffen. Man darf allerdings nie vergessen, genau das Gegenteil von dem zu tun, was sie empfehlen. Und so sollten Sie Ihren Broker nicht nur nach den besten Analysten fragen. Manchmal ist es auch sehr sinnvoll, nach den schlechtesten zu fragen.

8. **Versuchen Sie herauszufinden, worin ein Analyst besonders gut ist.** Manche finden langfristige Geldbringer, haben aber bei Wachstums- oder Momentum-Aktien deutliche Schwächen. Andere erkennen Trends sehr gut, schaffen es aber nicht, vernünftige Gewinnschätzungen abzugeben. Manche sind in einem bestimmten Bereich ihrer Branche besonders gut, in anderen hingegen sehr schlecht. David Goldsmith, ein Analyst bei Buckingham Research, hatte die besondere Fähigkeit, den Liquidationswert von Mediengesellschaften, Kabelfernsehgesellschaften und Mobiltelefongesellschaften zu errechnen. Innerhalb eines Jahrzehnts, in dem viele dieser Gesellschaften fusionierten, machte

Goldsmith für seine Kunden große Gewinne. In diesem Bereich gab es bisher nur wenige, die besser waren als er. Wenn sich Goldsmith aber darüber verbreitete, ob ein Film oder eine Fernsehserie erfolgreich sein würde, dann war er nur durchschnittlich. Der Trick war, ihn das zu fragen, worin er sich wirklich gut auskannte, und sich nicht bei allem auf ihn zu verlassen. Sie brauchen keinen Analysten, der ein Hansdampf in allen Gassen ist. Sie brauchen einen Analysten, der in ein paar Bereichen besonders gut ist. Wenn Sie herausfinden, worin er gut ist, dann können Sie mit diesem Analysten viel Geld verdienen.

* * * * *

Analysten sind die Nachrichtenabteilungen der Brokerhäuser. Es ist einfach, ihre begeisterten Berichte zu lesen und sofort die Aktien zu kaufen. Bevor Sie das aber tun, sollten Sie daran denken, daß Analysten überaus optimistisch sind und ihr Optimismus von den Provisionen des Investment-Banking herrührt und daß die Ratings der Brokerhäuser nur von sehr begrenztem Wert sind. Wenn Sie die aufgeführten Regeln beherzigen, dann können Sie von Analysten profitieren und einige Vorteile der Profis ausgleichen.

KAPITEL 10

Fallstricke (und Chancen)

Bisher haben wir allgemeine Verhaltensweisen und Aktionen besprochen, die der Guerilla-Investor anwenden sollte, um die Profis der Wall Street zu besiegen. Bevor wir zum Schlußkapitel kommen, wo wir eine wirkliche Investmentstrategie entwickeln werden, scheint es sehr nützlich, einige entscheidende Fallstricke und Chancen zu betrachten, die jeder Einzelinvestor beachten sollte, wenn er sich auf feindlichem Gebiet befindet. Diese häufig vorkommenden, aber leicht zu übersehenden Situationen verraten viel über die künftige Richtung eines Aktienkurses. Einzelinvestoren, die diese Fallstricke meiden und die Chancen nutzen, können ihre Performance verbessern.

Achten Sie auf die Drehtür

Bei einer scheinbar starken Aktiengesellschaft kann ein zu häufiger Wechsel im Management ein schlechte Zeichen sein. Wenn Manager zurücktreten, dann verrät das etwas über die Zukunft des Aktienkurses des Unternehmens. Die meisten Manager verfügen über noch nicht ausgeübte Aktienoptionen, die mit ihrem Ausscheiden verfallen. Stellen Sie sich vor, ein Manager hat 200.000 Aktienoptionen, die in zwei Jahren fällig werden, und die Aktie liegt augenblicklich um 20 $ je Anteil über dem Optionskurs. Damit liegt der Manager schon mit 4 Millionen $ im Plus. Weiterhin sollten Sie sich vorstellen, daß Analysten sagen, der Kurs der Aktie werde in den nächsten zwei Jahren um weitere 30 $ steigen. Wenn das stimmt, dann werden die Optionen zum Zeitpunkt ihrer Einlösung 10 Millionen $ wert sein. Wenn ein Manager ausscheidet, dann verzichtet er auf einen möglicherweise riesigen Zahltag. Wenn er aber zuvor aus dem Unternehmen ausscheidet, dann bedeutet dem Manager Geld nicht besonders viel (äußerst selten!), oder er hat andere Ansichten über die Zukunft des Unternehmens als die Analysten.

Achten Sie darauf, welche Manager eine Aktiengesellschaft verlassen. Wenn der Vorstandsvorsitzende eines schnell wachsenden Unternehmens zurücktritt, dann ist es sehr wahrscheinlich, daß es langfristig fundamentale Probleme geben wird. Vorstandsvorsitzende verlassen ihre Unternehmen nicht, wenn alles in bester Butter ist. Im Mai 1996 trat der Vorsitzende von Aetna zurück, weil er »mehr Zeit mit seiner Familie verbringen« wollte. Als er ausschied, lag der Aktienkurs von Aetna bei 95 $. In den nächsten Monaten stieg der Kurs auf 120 $. Außer dem Rücktritt des Vorsitzenden gab es gravierende Verkäufe von Insidern. (Ein Vorstandsmitglied verhökerte Aktien im Wert von fast 130 Millionen $.) Aber es hatte nicht den Anschein, daß die Investoren sich Sorgen machten. Einige Monate später gab Aetna bekannt, daß es mehr Probleme bereite, als man angenommen habe, eine Akquisition zu integrieren. Die Aktie fiel auf weniger als 70 $ zurück. Vielleicht aber sollte diese Neuigkeit keine allzu große Überraschung gewesen sein. Wenn alles planmäßig verlief, dann hätten Insider doch nicht 130 Millionen $ in Aktien verschleudert und der Vorsitzende der Aktiengesellschaft hättesicherlich einen Weg gefunden, neben seinem Job auch ausreichend Zeit mit seiner Familie verbringen zu können.

Wenn der Finanzvorstand plötzlich das Unternehmen verläßt, dann sollten Sie nach möglichen Bilanzschwierigkeiten fahnden. Finanzvorstände verlassen ihre Unternehmen sehr oft. In den meisten Fällen ist ihr Abgang kein Grund zur Sorge. Wenn das Unternehmen jedoch für aggressives Verhalten bekannt ist, dann könnte es durchaus sein, daß der Finanzvorstand mit dem Vorstandsvorsitzenden Konflikte wegen der Bilanzierungsstrategie hat. In fast allen Fällen möchte der Vorstandsvorsitzende bessere Zahlen veröffentlichen. Vor einigen Jahren trat der Finanzvorstand von Intelligent Electronics zurück und weigerte sich, den Finanzbericht zu unterzeichnen. Weil Intelligent Electronics im Ruf stand, sehr aggressiv zu bilanzieren, fiel die Aktie um 50 % und erholte sich nie. Der Hinauswurf von Managern kann auf verborgene Probleme hinweisen. Ein Unternehmen, dem es gut geht, sollte eigentlich keinen Grund haben, seine wichtigsten Manager zu entlassen.

Zuviel Bewegung bei den Spitzenkräften einer erfolgreichen Gesellschaft ist nicht positiv. Allerdings kann sie für ein Unternehmen, das in der Vergangenheit wenig erfolgreich war, durchaus positiv sein. Dann könnte der Rücktritt eines Spitzenmanagers oder seine Entlassung einen Verkauf andeuten oder auch eine Neustrukturierung des Unternehmens. Wenn ein neuer Vorstandsvorsitzender antritt, oder wenn ein Unternehmen eine Turnaround-Strategie verfolgt, dann kann man damit rechnen, daß es beim Management größere Umbesetzungen geben wird. Andernfalls jedoch ist das ein schlechtes Zeichen. Das Unternehmen wird versuchen, die Angelegenheit möglichst positiv darzustellen, aber man sollte skeptisch sein. Vergessen Sie nie: Manager, die auf eigenen Wunsch ausscheiden, lassen viel Geld zurück. Vielleicht sollten Sie sich in einem solchen Fall auch von der Aktie verabschieden.

Hüten Sie sich vor Unternehmen, die verspätet informieren

Manche Unternehmen geben ihre Gewinne zehn, 20 Tage oder gar 30 Tage nach dem Quartalsende bekannt, aber sie tun das schon jahrelang mit einiger Regelmäßigkeit. Aktiengesellschaften müssen innerhalb von 45 Tagen nach Ende des Quartals ihre Zahlen offenlegen. Am Jahresende dürfen sie sich 90 Tage Zeit lassen, damit sie die erforderlichen testierten Geschäftsberichte vorbereiten können. Doch manchmal verspäten sich die Unternehmen mit ihren Gewinnberichten. Es kann gute Gründe dafür geben. Wenn ein Unternehmen eine größere Akquisition getätigt hat oder eine größere Abschreibung vornimmt, dann ist es möglich, daß die Buchhaltung mehr Zeit benötigt. Wenn Unternehmen ihre Berichte verspätet veröffentlichen, tun sie es oft dann, wenn es schlechte Nachrichten gibt, die sie möglichst lange verbergen wollen. In der Regel können Sie davon ausgehen, daß Unternehmen gute Nachrichten so schnell wie möglich veröffentlichen und schlechte Nachrichten so lange wie möglich verbergen wollen. Üblicherweise geben sie gute Nachrichten auch zu einer Zeit bekannt, zu der die meisten Investoren sie auch zur Kenntnis nehmen können. Schlechte Nachrichten schieben sie so lange auf, bis sie nur von wenigen Investoren zur Kenntnis genommen werden.

Der Geschäftsbericht vom Karfreitag

Oft warten Unternehmen mit schlechten Nachrichten bis zum Freitagnachmittag, wenn die Börse schon geschlossen hat und die meisten Investoren schon nach Hause gegangen sind. Der Freitag vor einem langen Wochenende ist besonders günstig. Eine besonders schlaue Aktiengesellschaft veröffentlichte schwache Ergebnisse am Karfreitag, als die Börse schon geschlossen war. Vielleicht hoffte man, daß niemand den Bericht bemerken würde und die Investoren dann, wenn sie wieder an ihren Arbeitsplatz zurückkehrten, sich über andere Dinge Gedanken machen würden.

Einmal beeilte ich mich, vor dem jüdischen Feiertag Yom Kippur aus dem Büro zu kommen, als ein Unternehmen, das ich beobachtete, sehr enttäuschende Zahlen veröffentlichte. Da ich für den Gottesdienst in der Synagoge schon sehr spät dran war, hatte ich keine Zeit mehr, das Unternehmen anzurufen. Doch wie das Schicksal es will, betrat ich gemeinsam mit dem 75jährigen Vorsitzenden genau dieser Aktiengesellschaft die Synagoge. »Wie können Sie diese enttäuschenden Nachrichten nur um 16 Uhr veröffentlichen, wenn viele Investoren sich auf den jüdischen Feiertag vorbereiten?« fragte ich ihn.

»Das tut mir sehr leid«, entgegnete der Vorsitzende. »Diese Mitteilung war ein Fehler. Die Nachricht sollte erst um 17.30 Uhr rausgehen.« Weil viele Investoren die nächsten Tage damit verbringen würden, für ihre Sünden zu büßen, hätte ihnen das Desaster des Unternehmens vollkommen entgehen können.

Wenn Sie hören, daß ein Unternehmen an einem Freitag nach Börsenschluß (oder an einem der jüdischen Feiertage) Berichte veröffentlichen will, dann sollten Sie vorsichtig werden. Die Überraschungen werden nicht besonders positiv sein.

Besonders vorsichtig sollten Sie bei Aktiengesellschaften sein, die ihre Berichte nicht innerhalb der vorgeschriebenen Frist bei der SEC eingereicht haben. Wenn ein Unternehmen eine Fristverlängerung beantragt, dann deutet dies darauf hin, daß es ernsthafte Bilanzprobleme gibt. Greenman (heute Noodle Kiddoodle) war eine äußerst heiße Aktie. Ein Analyst, der sie empfohlen hatte, stellte fest, daß mehr als 90 Tage vergangen waren, nachdem das Geschäftsjahr zu Ende gegangen war. Als er das Unternehmen anrief, teilte ihm der Finanzvorstand großspurig mit, daß alles in Ordnung sei, aber das Unternehmen wolle noch einige weitere Tage warten, bis es die Zahlen bekanntgab. Der Analyst reduzierte sofort sein Rating. Eine Woche später berichtete Greenman, daß sie eine größere Abschreibung vornehmen müßten. Die Aktien fiel auf die Hälfte ihres letzten Kurses. Die Regel ist hier ganz einfach: **Wenn Sie wissen, daß ein Unternehmen eine Fristverlängerung beantragt, dann sollten Sie erst verkaufen und danach Fragen stellen.** 45 Tage nach Quartalsende und 90 Tage nach dem Ende des Geschäftsjahres sollten ausreichen, die Ergebnisse bekanntzugeben, außer irgend etwas läuft ernstlich schief.

Hüten vor Sie sich vor Unternehmen, die ihre Prüfer wechseln

Aktiengesellschaften wechseln ihre Wirtschaftsprüfer, wenn der Finanzvorstand und die Prüfer nicht miteinander zurechtkommen. Die Zusammenarbeit könnte auch zu Konflikten mit anderen Kunden der Prüfungsgesellschaft führen oder man könnte das Gefühl gewinnen, daß die Prüfungsgesellschaft nicht gut arbeite. Es gibt sehr viele gute Gründe, die Prüfungsgesellschaft zu wechseln. Es gibt aber auch Gründe, die nicht besonders gut sind. Oft wechselt ein Unternehmen die Prüfungsgesellschaft, weil es bei der Bilanzierungsstrategie unterschiedliche Auffassungen gibt. Diese Differenzen betreffen meistens die Gewinne, und oft geht es um erhebliche Beträge. Bei einer Auseinandersetzung zwischen einem Unternehmen und der Prüfungsgesellschaft möchte das Unternehmen meist bessere Zahlen veröffentlichen. Die Vorstandsmitglieder des Unternehmens besitzen Aktien und erhalten einen Bonus für besonders gute Performance. Die Prüfer erhalten ihr Honorar und müssen auf ihren guten Ruf achten. Im Zweifel sollten Sie den Ansichten der Prüfungsgesellschaft mehr Glauben schenken.

Wenn eine Prüfungsgesellschaft während eines Geschäftsjahres zurücktritt, sollten Sie nicht lange warten und herauszufinden versuchen, weshalb. Höchstwahrscheinlich liegt irgend etwas ernstlich im argen. Den Prüfern entgeht nicht nur ihr Honorar, sondern sie könnten entweder vom Unternehmen oder den Aktionären mit einer Strafanzeige überzogen werden. Ein Ausstieg mitten im Geschäftsjahr kommt nur dann vor, wenn die Prüfer und das Unternehmen sich über ein sehr ernstes Problem nicht einigen können. Es wäre zwar sehr nett, wenn das Unternehmen den Grund für die Beendigung der Zusammenarbeit nennen würde, aber können Sie sich vorstellen, daß ein Unternehmen sagt: »Unsere Prüfer stiegen aus, weil sie glaubten, daß wir bei den Bilanzen tricksen.« So ehrlich sind Unternehmen nie. Bei Donnkenny (eine der Fallstudien in Kapitel 7) gab das Management lediglich zu, daß sich die Prüfer beschwerten, daß sie nicht ausreichend Zugang zu den Unternehmenszahlen hatten. Natürlich gab das Management einige Wochen später zu, daß man die Umsätze und Gewinne korrigieren müsse. Lassen Sie sich auch dann nicht irritieren, wenn das Unternehmen bekanntgibt, daß es sofort eine andere Prüfungsgesellschaft engagiert habe. Es gibt immer Prüfer, die gern Honorar kassieren, und auch die neuen Prüfer müssen nicht unbedingt die Ansichten des Unternehmens akzeptieren. Wenn ein Unternehmen während des

Jahres die Prüfungsgesellschaft wechselt, dann sollten Sie die Aktien verkaufen. Soll sich doch ein anderer Sorgen machen.

Vor einigen Jahren hatte Regal Communications, ein Marktführer bei Infomercials, gerade die Kundenbetreuung gekauft, mit der sie zusammenarbeitete, und wollte schon die Jahresergebnisse veröffentlichen. Dann gab das Unternehmen eine kurze Notiz heraus, die besagte, die Wirtschaftsprüfungsgesellschaft sei zurückgetreten und sofort durch eine andere Firma ersetzt worden. Auf der Analysten-Konferenz versicherte das Unternehmen, das Ausscheiden sei auf eine persönliche Meinungsverschiedenheit zurückzuführen. Kurz danach wiesen die neuen Prüfer darauf hin, daß es bei den Zahlen ein Problem gebe. Schließlich wurde die Akquisition rückgängig gemacht. Regal Communications ging in Konkurs und wurde liquidiert. (Ich habe mich immer darüber gewundert, weshalb das Management der übernommenen Gesellschaft die Probleme nicht frühzeitig erkannt hatte. Vielleicht hätten sie ihre eigene Hotline anrufen sollen.) Die Regel ist in diesem Fall sehr einfach: Wenn die Zahlen den Prüfern nicht schmecken, dann sollten auch Sie keinen Appetit entwickeln.

Nicht immer will das Management, daß die Kurse steigen

Fast alle Aussagen in diesem Buch unterstellen, daß das Management für sein Unternehmen einen möglichst hohen Aktienkurs wünscht. Dies trifft auf 99 % aller Fälle zu, doch gibt es auch einige Ausnahmen. Diese Situationen können Investoren eine interessante Kaufgelegenheit andeuten.

Ein Management wünscht sich einen niedrigen Aktienkurs, wenn es vorhat, für das Unternehmen ein größeres Paket eigener Aktien zurückzukaufen, oder wenn die Manager selbst diese Aktien kaufen möchten. Wenn das Management und die Aktiengesellschaft eigene Aktien kaufen, dann wollen sie möglichst günstig kaufen. Das heißt nicht, daß das Management versucht, die Kurse der eigenen Aktien zu stürzen, aber es könnte einen positiven Bericht so lange hinauszögern, bis man mit den eigenen Kaufaktivitäten fertig ist. Wenn Sie bemerken, daß ein Unternehmen oder seine Vorstände aggressiv eigene Aktien kaufen, dann können Sie davon ausgehen, daß den Käufen optimistische Veröffentlichungen folgen werden.

Das Management kann sich niedrigere Aktienkurse wünschen, wenn es Optionen erhält. Da der Kurs der Optionen an einem bestimmten Tag festgesetzt wird, werden die Optionen um so wertvoller, je niedriger der Kurs an diesem Tag steht. Die wenigsten Unternehmen werden ihren Aktienkurs manipulieren um bei kleineren Stückzahlen geringfügig bessere Kurse zu erzielen. Aber wenn die Zahl der Optionen groß genug ist, dann könnte es durchaus sein, daß einige Unternehmen ihre Spielchen treiben. Ich erinnere mich an ein Analystentreffen, bei dem der Vorstandsvorsitzende vor Hunderten von Investoren aufstand und sagte, er mache sich über die künftigen Geschäfte Sorgen. Innerhalb der nächsten drei Tage fiel der Aktienkurs um 10 %. Zufällig traf ich einen Abteilungsleiter des Unternehmens, den ich von der Harvard Business School her kannte. Ich erwähnte die Konferenz und die darauffolgende Reaktion des Aktienkurses. Er lächelte nur verlegen. »Schau dir doch einmal den Chart der Aktie an«, schlug er mir vor. »Im Juli machen wir immer etwas Verrücktes. Das ist nämlich die Zeit, wenn wir den Kurs der Optionen für die Mitarbeiter festlegen. Wenn es uns gelingt, 1 Million Optionen um je 6 $ niedriger anzusetzen, dann können wir 6 Millionen $ mehr Lohn einstreichen. Bis Mitte August haben die Aktionäre alles vergessen.« Ich sah mir die Charts der letzten 20 Jahre an und tatsächlich, fast in jedem Juli gab es einen kleinen Rückschlag. Nur wenige Unternehmen drehen solche Dinger, und diejenigen, die es tun, geben es nicht zu. **Wenn Sie jedoch wissen, daß ein Unternehmen viele Optionen gewährt, dann macht es Sinn zu fragen, wann der Kurs der Optionen festgelegt wird. Wenn ansonsten alles gleich bleibt, dann könnte es durchaus sein, daß Sie, wenn Sie an diesem Datum kaufen, ein gutes Geschäft machen.**

Eine andere Situation ist einfacher zu verfolgen – die Loslösung einer Tochtergesellschaft von der Muttergesellschaft. Wenn das Unternehmen ausgegliedert wird, erhalten die Vorstandsmitglieder der Tochtergesellschaft Optionen. Während die verkaufende Gesellschaft den höchsten Preis erzielen möchte, würden die Vorstandsmitglieder der Tochtergesellschaft lieber einen geringeren Aktienkurs sehen, damit ihre Optionen wertvoller sind (Sie erinnern sich: Je höher eine Aktie während der Optionszeit ansteigt, um so mehr Geld verdient man). Normalerweise leiten die Vorstandsmitglieder der Tochtergesellschaft die Road-Show.

Ich erinnere mich, daß ich mit dem Vorstandsvorsitzenden einer Aktiengesellschaft sprach, die aus einer großen Handelskette ausgelöst wurde. Ich sagte ihm, ich sei der Meinung, daß seine Aktien 30 $ wert sein sollten. »Mit 25 $ wäre ich glücklicher«, antwortete er. »Wenn der Kurs zu hoch steigt, dann sind die Optionen wertlos. Wir haben dieses Geschäft jahrelang aufgebaut und meine Leute verdienen etwas Besonderes. Außerdem, was machen ein paar Millionen Dollars (für die Muttergesellschaft) aus?«

Dieser Vorstandsvorsitzende war ehrlich. Er wollte, daß das Angebot bei einem etwas niedrigen Kurs abgegeben werden solle, so daß seine Optionen und die seiner Angestellten wirklich einen Wert darstellen.

Ihre Strategie sollte sein: Weil Vorstandsmitglieder von Aktiengesellschaften, die von der Muttergesellschaft gelöst werden, die Gewinnchancen kleinreden, um einen besseren Kurs für ihre Optionen zu erhalten, sollten Sie überlegen, diese Aktien zu kaufen, sobald der Kurs für die Optionen gestellt wurde.

Achten Sie darauf, ob Insider kaufen oder verkaufen

Kaum etwas ist für den Einzelinvestor so wertvoll wie Anzeichen, daß Insider kaufen oder verkaufen. Wenn Insider kaufen, dann setzen sie auf die Zukunft ihres Unternehmens, doch wenn sie verkaufen, dann glauben sie nicht an ihr Unternehmen. Beim Insider-Trading sind drei Faktoren wichtig: die Zahl der im Umlauf befindlichen Aktien, das Verhältnis der im Umlauf befindlichen Aktien zu den Aktien, die von Insidern gehalten werden, und wer kauft oder verkauft. Ganz offensichtlich ist bei den Transaktionen die Zahl der Aktien entscheidend. Wenn Insider größere Mengen von Aktien kaufen oder verkaufen, dann geben sie ein sehr deutliches Signal. Auch die relative Menge ist wichtig. Wenn Vorstandsmitglieder ihre gesamten Positionen auflösen, dann sollte dies ein stärkeres Alarmsignal darstellen, als wenn sie lediglich 10 % ihrer Aktien verkaufen. Schließlich ist es wichtig, wie viele und welche Leute kaufen oder verkaufen. Wenn viele leitende Angestellte kaufen oder verkaufen, dann stellt dies ein Bekenntnis über die Zukunft des Unternehmens auf sehr breiter Basis dar.

Wenn Insider die Aktien des eigenen Unternehmens kaufen, dann kann dies Zeichen dafür sein, daß es mit dem Unternehmen eine Wende zum Besseren nimmt. Wenn Vorstandsmitglieder mit eigenem Geld Aktien ihres Unternehmens kaufen, dann vertrauen sie dem finanziellen Erfolg des Unternehmens. Wenn etwas schiefgeht, werden sie nicht nur ihren Job verlieren, sondern auch das Geld, das sie selbst investiert haben. Wegen der Konzentration auf die fundamentalen Daten und der Restriktionen bei Käufen und Verkäufen kaufen Insider sehr früh. Wenn Insider kaufen, bewegen sich die Aktienkurse im allgemeinen kaum. Wenn Insider jedoch massiv eigene Aktien in ihr privates Portfolio nehmen, dann ist dies ein

Zeichen dafür, daß sie ihr Unternehmen wesentlich optimistischer sehen, als es die Analysten tun.

Als Jim Halpin und sein Team zu CompUSA gingen, gab die Aktie stark nach. Die frühere Wachstumsaktie wurde von den meisten Analysten vernachlässigt. Es dauerte nicht lange, bis das Management herausfand, daß die Geschäfte eigentlich sehr stark waren und die Ergebnisse sich verbessern würden. 16 Insider kauften mindestens einmal CompUSA-Aktien, und elf Insider bedienten sich sogar mehrmals. Insgesamt investierten diese 16 Insider ungefähr 4 Millionen $ aus ihren Privatvermögen. Dieser deutliche Vertrauensbeweis erwies sich als äußerst gewinnbringend, als der Kurs rasch zulegte.

Wenn Insider eine Aktie verstärkt kaufen, die den Analysten überhaupt nicht gefällt, dann stellt dies einen interessanten Zwiespalt dar. Die Analysten setzen darauf, daß der Kurs fallen wird, während die Manager darauf setzen, daß er steigen wird. Fast immer ist es ratsam, sich auf die Seite der Manager zu schlagen. Ein Unternehmen, bei dem dieser Zwiespalt zutraf, ist Crown American Reality Trust. Obwohl Crown der größte Immobilienfonds war, der zu dieser Zeit an der Börse war, mochten viele Investoren dieses Unternehmen überhaupt nicht, und die Aktie dümpelte vor sich hin. Nachdem Crown 1994 eine Tochter veräußert hatte, gab sie eine deutliche Aufwertung ihrer Einkaufspassagen bekannt. May, Sears, JC Penney, Wal-Mart und andere würden einziehen oder ihre Geschäftsflächen erweitern. Aber Crown hatte ein ernsthaftes Problem. Um die neuen Mieter unterbringen zu können, mußte man bauen, und dafür brauchte man Geld. Weil die Kapitaldecke relativ dünn war und der Aktienkurs sehr niedrig lag, entschied sich das Management für die einzig mögliche Kapitalquelle: eine Kürzung der Dividende. Im August 1995 kürzte Crown die Dividende von 1,40 auf 0,80 $ je Aktie. Diese Kürzung überraschte die Analysten. Fast alle Analysten setzten ihr Rating auf »Verkaufen« oder »Unterdurchschnittlich«. Am Ende des Quartals war Crown eines der acht am schlechtesten bewerteten Unternehmen, die von Analysten bewertet wurden. Die Aktie fiel auf 6,50 $. Trotz eines Gewinns von 12 % wollte niemand kaufen.

Nun begannen die Insider zu kaufen. In den zehn Monaten nach der Dividendenkürzung kauften 14 Insider, darunter der Vorstandsvorsitzende, der Aufsichtsratsvorsitzende, alle Aufsichtsratsmitglieder, der Finanzvorstand, sieben Direktoren und ein Angestellter 28 Mal größere Aktienpakete. Der Kurs stieg wieder auf 8,50 $ an. Mit der Dividende lag der Gewinn für diejenigen, die beim Tiefststand gekauft hatten, bei mehr als 33 %. In den meisten Fällen haben die Insider recht, wenn sie sich intensiv in einer Aktie engagieren, die die Analysten nicht mögen.

Wenn Käufe von Insidern ein Zeichen sind, daß sich die Geschäfte verbessern, dann sind Verkäufe ein Zeichen, daß die Geschäfte an einem Zenit angekommen oder schon rückläufig sind. (Erinnern Sie sich an den Direktor von Aetna, der, kurz bevor der Kurs einbrach, Aktien im Wert von 130 Millionen $ verkaufte? Erinnern Sie sich an die Insider bei Rainforest Café, die die Flucht ergriffen?) Der Service für die Betreuung der Aktionäre hat meist sehr gute Erklärungen für solche Verkäufe. »Der Finanzvorstand mußte das Schulgeld für seinen Sohn bezahlen. Der Vorstandsvorsitzende baut ein neues Haus, und der Aufsichtsratsvorsitzende gründet gerade eine Stiftung.« Es mag Ihnen gefallen, daß all diese leitenden Angestellten den amerikanischen Traum verwirklichen, aber regen die Verkäufe Sie dazu an, genau diese Aktie zu kaufen? **Wenn eine Aktie für die leitenden Angestellten des Unternehmens nicht gut genug ist, weshalb sollte sie gut genug für Sie sein?**

Zwischen dem 11. und 14. August 1997 verkaufte Michael Cowpland, der Vorstandsvorsitzende von Corel, einem kanadischen Softwareunternehmen, Aktien im Wert von 14,5 Millionen $ zu mehr als 6 $ pro Stück, kurz bevor die Aktiengesellschaft enttäuschende Gewinne verkündete und die Aktie um 33 % zurückfiel. Im Dezember war der Kurs auf 3 $ gefallen und der Finanzvorstand war zurückgetreten. (Der Vorstandsvorsitzende erhielt über 13 Millionen $ mehr, als er erhalten hätte, wenn er mit seinen Verkäufen bis zum Dezember gewartet hätte.) Der Vorstandsvorsitzende behauptete, er habe keine Ahnung gehabt, wie die Gewinne ausfallen würden. Ich glaube zwar, daß dies stimmt, doch muß der Vorstandsvorsitzende ein wesentlich besseres Gefühl für den Geschäftsverlauf gehabt haben als die anderen Aktionäre. Insider wissen nicht immer alles. Und sie verkaufen auch nicht immer beim Höchststand einer Aktie. Aber wahrscheinlich wissen sie wesentlich besser, wie die Geschäfte laufen, als Sie es je wissen können.

Achten Sie auf Kursübertreibungen wenn Insider verkaufen

Besonders vorsichtig sollten Sie dann sein, wenn Sie bemerken, daß Insider größere Pakete verkaufen, nachdem sie die Kurse hochgetrieben haben. Sie können den Umfang der Kurskosmetik an der Zahl der Presseveröffentlichungen und optimistischen Berichte von Analysten erkennen. Wenn ein Unternehmen ständig kursfördernde Pressemitteilungen herausgibt und Analysten ermutigt, ihre Gewinnerwartungen zu erhöhen, während das Management die Flucht ergreift, dann könnten Sie in größere Schwierigkeiten geraten. Investoren sollten sich immer fragen: »Weshalb verkauft das Management seine Aktien, wenn das Geschäft so gut läuft?« Auf diese Frage werden Sie wahrscheinlich kaum eine gute Antwort finden.

SLM International, eine kanadische Spielzeugfirma, bietet ein gutes Beispiel für Insider-Verkäufe, die mit einem Hochtreiben der Kurse in Verbindung standen. SLM hatte drei verschiedene Geschäftszweige: CCN (Hockeyartikel), Boddy L (Platstikspielzeug) und Swimmingpools, die einfach im Garten aufgestellt werden konnten (Dieser Zweig wurde nach dem Konkurs von Coleco erworben). Die Vermögenssituation bei SLM war bescheiden. Im November 1992 wurde die Aktie für 11 $ gehandelt. In den folgenden zehn Monaten stieg der Kurs um beinahe 300 %. Einer der Hauptgründe für den Kursanstieg war ein Lizenzvertrag über ein neues Verfahren, mit dem SLM verbrauchte Batterien aufladen konnte. SLM erwarb die Lizenz für dieses Verfahren von einem kleinen Unternehmen in Alberta, Kanada. Das wiederum hatte die Lizenz von einem Unternehmen in Atlanta erworben.

Ein Ladegerät, das ganz gewöhnliche Batterien wieder auflädt, kann jeder gebrauchen. Am Tag, an dem diese Möglichkeit bekanntgegeben wurde, wurden die Aktien anderer Batteriehersteller regelrecht geprügelt. Duracell beispielsweise fiel zunächst um 14 %, schloß dann aber mit einem Verlust von 6 %. Einige Skeptiker fragten sich, weshalb der Entwickler dieses Verfahren nicht selbst vermarkten konnte und weshalb er die Lizenz an diese kleine Gesellschaft in Kanada weitergegeben hatte. Und weshalb hatte diese Gesellschaft den Lizenzvertrag mit SLM abgeschlossen? Die meisten jedoch hingen dem Traum nach, daß sie bald in der Lage sein würden, ihre Batterien neu laden zu können.

Als die Aktie starke Kursgewinne verzeichnen konnte, verkaufte das Management große Aktienpakete. Zwischen dem 27. Juli 1992 und dem 12.

Oktober 1993 – in dieser Zeit stieg der Aktienkurs von 12,75 auf 29,33 $ – gab es die folgenden Insider-Transaktionen:

27. Juli 1992:	Angestellte und Direktoren verkauften 1.540.654 Aktien zu etwa 12,75 $.
27. Juli 1992:	Das Unternehmen verkaufte 1.458.991 Aktien zu etwa 12,75 $.
2. bis 15. Juli 1993:	Ein Direktor verkaufte 50.000 Aktien zu etwa 20,625 $.
2. bis 29. Juni 1993:	Ein Direktor verkaufte 117.000 Aktien zu etwa 21,125 $.
17. bis 28. Juni 1993:	Der Vizepräsident verkaufte seinen gesamten Aktienbestand zu etwa 21 $.
12. bis 15. Juli 1993:	Ein Direktor verkauft 83.000 Aktien zu etwa 24 $.
29. bis 30. September 1993:	Ein Direktor verkaufte 79.000 Aktien zu etwa 29,125 $.
7. bis 12. Oktober 1993:	Ein Direktor verkaufte 21.000 Aktien zu etwa 29,25 $.

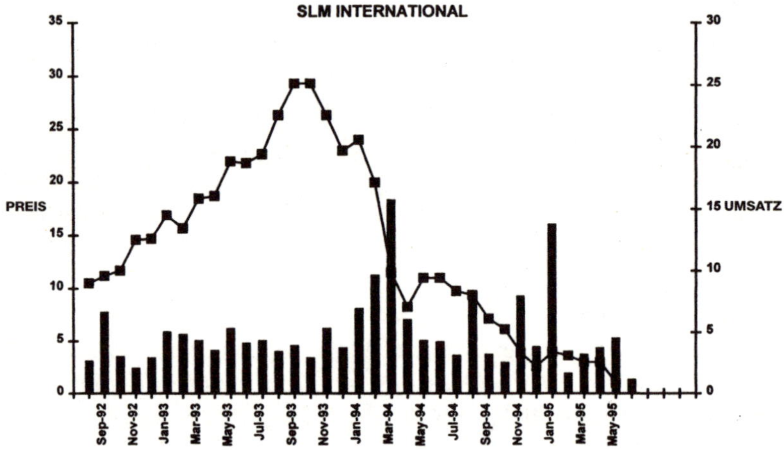

Innerhalb eines Jahres hatten drei Direktoren des Unternehmens Aktien im Wert von 40,4 Millionen $ verkauft. Die Aktie erreichte zwar neue Höchststände, jedoch bauten sich große Lagerbestände auf. Im vierten Quartal 1992 gab SLM bekannt, daß die Verkäufe hinter dem Plan zurückgeblieben, die Lagerbeständen deutlich zugenommen hätten und das Unternehmen 0,50 $ je Aktie Verlust einstecken müßte. Wußten die Manager, daß die Gewinne weit unter Plan bleiben würden, als sie ihre Aktien verkauften? Das ist schwierig zu sagen. Vielleicht erkannten sie Anzeichen, die sie nervös machten, oder vielleicht hatten sie ganz einfach Glück. Der Kurs der Aktie fiel vom Oktober 1993 bis Dezember 1994 von 29 auf unter 3 $. 1993 gab SLM einen Verlust von 112 Millionen $ bekannt.

Die Lehre, die man aus diesem Beispiel ziehen kann, ist sehr einfach. Ein Produkt zu entwickeln, das normale Batterien wieder laden kann, ist nicht falsch. Manchmal funktionieren auch revolutionäre Produkte. Aber während die Leute sich noch auf den Trick mit den Batterien konzentrierten, gerieten die Lagerbestände außer Kontrolle, und das Unternehmen zerstörte sich selbst. Die Manager hatten großes Glück, daß es ihnen gelang, Aktien im Wert von 40 Millionen $ zu verkaufen, während die Investoren im dunkeln gelassen wurden. (Dies sowohl im wörtlichen wie auch im übertragenen Sinn, weil das Batterieladegerät niemals wirklich funktionierte.) Das Management versuchte nicht, seine Verkäufe vor den Investoren zu verbergen. Aber die Aktionäre mußten die Aktien, die das Management verkaufte auch nicht kaufen. Offensichtlich nahm sich niemand die Zeit, der Frage nachzugehen: »Wenn SLM ein so großartiges Unternehmen ist, weshalb verkaufen alle Insider ihre Aktien?« Zwar gibt es auch Gegenbeispiele, aber als Faustregel gilt: Meiden Sie Aktien, deren Kurse hochgetrieben wurden, wenn Insider große Pakete abstoßen.

Manche Investoren lernen nie ...

Das wäre eigentlich das Ende der SLM-Geschichte gewesen, hätte SLM nicht die Bereiche Buddy L und die Schwimmbecken an Empire of Carolina, eine kleine Spielzeugfabrik, verkauft. Empire hatte den Deal des Jahres gemacht, das wenigstens teilte das Management seinen Aktionären mit. Akquisitionen sind oft eine gute Möglichkeit für ein Unternehmen seinen Umsatz zu steigern und die Gewinne zu verbessern. Für Investoren gilt es dabei, auf zwei Dinge besonders zu achten. Erstens: Ein faules Geschäft bleibt ein faules Geschäft, auch wenn es in die Hände neuer Besitzer gerät. Zweitens: Wenn das Management eine Akquisition tätigt und sich überschwenglich über das Potential äußert, während es gleichzeitig große Aktienpakete verkauft, dann sollten Investoren äußerst vorsichtig sein.

Die von SLM übernommenen Geschäftsbereiche waren in Relation zur Größe von Empire of Carolina außerordentlich groß und hatten eine sehr bewegte Finanzgeschichte hinter sich. Aber Empire war sehr zuversichtlich, daß alles auf den richtigen Weg kommen würde. Vom Zeitpunkt der Akquisition an stieg der Kurs der Empire-Aktie steil nach oben. Obwohl die Topmanager und einige wichtigen Investoren glaubten, daß Empire ein phantastisches Jahr haben würde, verkauften sie Aktien. Zwar glaubten die Insider an die Zukunft ihres Unternehmens, aber wahrscheinlich mußten sie ihre Anlagen diversifizieren oder Häuser bauen.

Bei der zweiten Emission von Empire lief nicht alles so glatt wie man gehofft hatte. Die Zahl der zu emittierenden Aktien mußte zurückgenommen werden. Am 25. Juni 1996 verkaufte das Unternehmen 1.400.000 Aktien, und Insider verkauften 1.723.908 Aktien zu 12 $. Der Kurs begann zu rutschen. Drei Wochen später lag er bei 9 $. Wenn der Kurs einer Aktie nach einer Emission fällt, dann sollten Investoren aufhorchen. Das Unternehmen hatte auf der Verkaufs-Show sein Meisterstück abgeliefert. Man hatte die Story jedem Investor erzählt, der sie hören wollte oder der ein kostenloses Mittagessen haben wollte. Später noch weitere Investoren zu finden, ist immer schwierig. Und außerdem hatten sich viele Investoren auf Tauchstation begeben. Sie hofften nur noch auf eine Gelegenheit, um mit einem blauen Auge aus dieser Sache herauszukommen. Mit jedem Tag wurden sie nervöser. Am 7. August ließ Empire die Bombe platzen. Der Verlust im zweiten Quartal war höher als im gesamten Vorjahr, und das dritte und vierte Quartal würden unter drei Problemen leiden: Einige neue Spritzgußmaschinen waren nicht voll funktionsfähig. Der Produktionsleiter hatte Krebs. Und wegen des Hurrikans Bertha mußte die Fabrik einige Tage geschlossen werden.

Die zeitliche Abfolge dieser Bekanntmachungen war höchst interessant. Insider hatten am 25. Juni große Aktienpakete verkauft, und so müssen sich diese Ereignisse unmittelbar danach zugetragen haben, sonst hätte das Unternehmen die Investoren im Rahmen der Road-Show informieren müssen. Der Hurrikan war ein Naturereignis, aber das Problem mit den Maschinen und die Krankheit des Produktionsleiters müssen erst in den Tagen nach der Emission entdeckt worden sein. Die Aktien von Empire waren am Boden zerstört. Im folgenden Jahr fiel der Aktie auf unter 1 $.

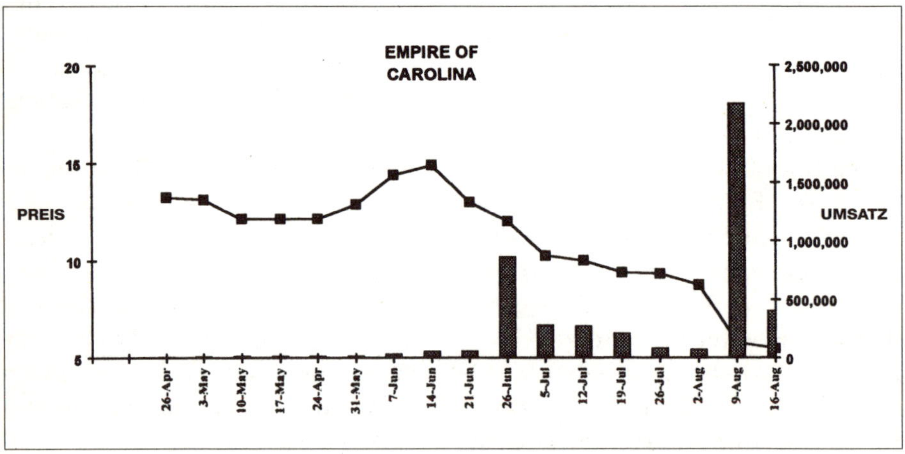

Aus dieser Geschichte kann man einige wichtige Lehren ziehen:

- Seien Sie vorsichtig, wenn ein Hering versucht, einen Wal zu schlucken. Es ist wesentlich schwieriger, ein größeres Unternehmen aufzukaufen, als es den Anschein hat.
- Hüten Sie sich vor Unternehmen, die faule Firmen kaufen.
- Seien Sie sehr vorsichtig, wenn Insider ihre Aktien verkaufen, während sie gleichzeitig den Kurs nach oben treiben. Wenn sie glauben, daß die Geschäfte so gut laufen, weshalb verkaufen sie dann?

Das Management von SLM äußerte sich überschwenglich über das Potential von Buddy L, während es gleichzeitig Aktien verkaufte. Und dann sah es, wie der Aktienkurs zerschmettert wurde, als die Geschäfte enttäuschten. Zwei Jahre später äußerte sich das Management von Empire euphorisch über das Potential von Buddy L, während es gleichzeitig Aktien verkaufte und dann erleben mußte, daß der Kurs der Aktien zerschmettert wurde. Denken Sie an die Redewendung: Wenn du mich einmal an der Nase herumgeführt hast, dann solltest du dich schämen. Führst du mich zum zweiten Mal an der Nase herum, dann muß ich mich schämen.

Ein häßliches Entlein kann ein Schwan werden oder eine Ente bleiben

Unternehmen können sich wie Menschen verhalten, wenn sie versuchen, ihr Image zu verändern, um attraktiver zu werden. Menschen gehen in Fitneßstudios, um in Form zu kommen, in die besten Geschäfte, um sich neue Bekleidung zu kaufen, und sogar zu kosmetischen Chirurgen, um ein völlig neues Aussehen zu erhalten. Zwar können diese Veränderungen einiges bewirken, doch bleibt die Person immer noch die gleiche, nur in einer etwas veränderten Verpackung. Auch in Unternehmen kann es solche Umbauten geben. Die Einsätze können sehr hoch sein. Wenn eine Aktiengesellschaft Investoren davon überzeugen kann, daß sie eine schnell wachsende Telekommunikationsgesellschaft ist und kein schwerfälliger Hersteller von Gefrierfisch, dann kann die Erhöhung des Kurs/Gewinnverhältnisses durchaus deutlich sein. Aber das Spiel ist sehr trickreich: Wenn das Unternehmen am Ende wirklich nichts anderes ist als ein Produzent von Gefrierfisch, dann wird die Aktie für jeden, der sie als Telekommunikations-Aktie gekauft hat, sehr eigenartig riechen.

Die einfachsten Veränderungen sind rein kosmetischer Natur. Ein Unternehmen nimmt einen kleinen sehr schnell wachsenden Bereich und versichert, daß dieser Bereich der Schlüssel für die Zukunft des Unternehmens sei und die Aktien des Unternehmens deshalb einen Wachstumsbonus erhalten sollten. Auf solch ein Spiel sollten Sie sich niemals einlassen. Wenn etwas aussieht wie eine Ente und quakt wie eine Ente, dann ist es eine Ente, auch wenn es beteuert, es sei ein Schwan!

Eine etwas grundlegendere Renovierung geht mit einer Namensänderung einher. Es ist durchaus in Ordnung, daß ein Unternehmen seinen Namen ändert, wenn es sich eines Geschäftsbereichs entledigt, der zuvor sein Markenzeichen war. Es wäre dumm, einen Namen zu behalten, der inzwischen zu jemand anderem gehört. Zayre veränderte seinen Namen und nannte sich TJX, nachdem der Bereich Zayre verkauft wurde. Es gibt auch Gerüchte, daß Woolworth seinen Namen wechseln wird, nachdem die Woolworth-Kaufhäuser in den USA geschlossen wurden.

Unternehmen können aber auch ihren Namen ändern, wenn sie ausreichend Investoren »verbrannt« haben und neu anfangen wollen. Als Sports and Recreation an die New Yorker Börse ging, wählte das Management ganz bewußt das Tickersymbol WON (englisch: gewonnen). Leider verlor WON. Als die Aktie von 25 auf 1 $ fiel, gab es nur wenige, die die Bedeutung des Tickersymbols zu schätzen wußten. Danach änderte ein neues Management den Namen der Gesellschaft in Jumbo Sports, und man wählte das Tickersymbol JSI. Selbst wenn ein Unternehmen seinen Namen ändert, bedeutet dies noch lange nicht, daß plötzlich alle alten Probleme verschwinden.

Und schließlich nehmen Aktiengesellschaften einen neuen Namen an, wenn dieser ihre neue Identität besser ausdrückt. Als Regel kann gelten, daß geringfügige Änderungen durchaus angebracht sein können. Vanity Fair änderte seinen Namen in VF Corporation, als Jeans für das Unternehmen wichtiger wurden als Unterwäsche. Dramatische Veränderungen sind allerdings besorgniserregend, insbesondere dann, wenn ein Unternehmen eine Imagekampagne startet. Es ist nicht besonders sinnvoll, wenn ein Unternehmen einen neuen Namen und eine neue Identität annimmt. Das verwirrt die Angestellten und Aktionäre, kostet Geld und lenkt die Konzentration des Managements von den laufenden Geschäften ab. Kann sich irgend jemand daran erinnern, weshalb aus United Airlines Allegis wurde? In keinem Flughafen fand ich je einen Allegis-Terminal.

Achten Sie auf Phantasienamen, die irgend etwas bedeuten sollen, wie beispielsweise Unisys. Die meisten großen Unternehmen bleiben bei ihren Geschäften und haben einfache Namen, die Angestellte, Kunden und Aktionäre verstehen können. Nehmen wir einmal einige der besten Aktien: Dell Computer, Compaq Computer, Intel, Microsoft, Wal-Mart, Costco, Toys «R' Us, Coca-Cola, Citibank, oder J. P. Morgan. Unter diesen Unternehmen ist kein einziger absonderlicher Name. **Unklare Namen dienen Managern, die nicht genau wissen, in welchem Geschäft sie sind.**

Manche Veränderungen sind grundlegender. Ein Unternehmen könnte beispielsweise größere Akquisitionen tätigen, um sich neu zu positionieren. General Motors kaufte Hughes und EDS, um ein Technologieunternehmen zu werden. Sears kaufte Allstate, Dean Witter und eine Reihe andere Unternehmen, um ein Finanzdienstleister zu werden. Kmart kaufte Sports Authority, Office Max, Builders Square und PACE, um ein wachsendes Handelsunternehmen zu werden. United Airlines kaufte Hertz (Ford tat das auch) und Hotelketten, um ein Reisedienstleistungsunternehmen zu werden. Das Problem dabei ist, daß sie schließlich das blieben, was sie schon immer waren: ein Autohersteller, zwei Handelsunternehmen und eine Fluggesellschaft. Das Argument, sie würden zu einem Wachstumsunternehmen umgebaut, konnte nie aufrechterhalten werden.

Unternehmen nehmen auch Entflechtungen ihrer Geschäftsbereiche vor, um sich selbst neu zu positionieren. General Motors verkaufte Hughes und EDS, um zum Kerngeschäft zurückzukehren – zur Produktion von Automobilen. Sears verkaufte Allstate, Dean Witter, Coldwell Banker, Homart und Prodigy, um zum Kerngeschäft zurückzukehren – zum Handel. Kmart verkaufte Sports Authority, Office Max, Builders Square und PACE, um wieder zu einer Handelskette zu werden. Allegis verkaufte Hertz und die Hotels und wurde – welche Überraschung – UAL Corp. (zumindest weiß man nun, daß es sich um eine Fluggesellschaft handelt). Auch Ford verkaufte Hertz wieder, um ausschließlich Autohersteller zu sein.

Haben Sie an diesem Bild irgend etwas Interessantes feststellen können? Ein Unternehmen kann große Akquisitionen tätigen und Entflechtungen vornehmen, nur um wieder so zu werden, wie es am Anfang war. In der Zwischenzeit haben die Investment-Banker gewonnen, weil sie bei allen Transaktionen Gebühren einstecken konnten. Aber jeder, der sich bei diesen »Transformationen« eingekauft hatte, der hat verloren, weil es in Wirklichkeit keine Neugestaltungen gab. Nur dann, wenn sie sich von ihrem Kerngeschäft trennen, sind Unternehmen in der Lage, ihre Geschäftsgrundlagen zu verändern. Wenn Sie sich nicht sicher sein können, ob aus dem häßlichen Entlein ein Schwan wird oder ob es eine Ente bleibt, dann sollten Sie ruhig davon ausgehen, daß es eine Ente bleibt.

Hüten Sie sich vor Egotrips

Zuweilen begeben sich Unternehmen auf Egotrips, und das erscheint sogar den harmlosesten Beobachtern als Verschwendung von Aktionärsgeld. Wenn Sie solche Egotrips bemerken, dann sollten Sie diese Aktien nicht anfassen. Den Sport ins Geschäftsleben einzubeziehen, ist augenblicklich sehr populär. Unternehmen gaben Football-Turnieren ihren Namen (Insight.com Copper Bowl), gaben Sportstadien ihren Namen (Delta Center) und gaben ihren Namen auch für Golfturniere her (Kmart Greater Greensboro Open). Oft sind dies gut überlegte Marketingaktionen. Handelsketten und Fluglinien haben es mit Millionen von Konsumenten zu tun und erreichen damit viel Aufmerksamkeit. Aber manche Aktionen erscheinen weniger sinnvoll. 3Com Park fällt mir dazu ein (ich nenne es immer noch Candlestick). Hilft die Verbindung mit einem Sportstadion den Verkäufen von 3Com-Technologieprodukten, oder ist dies eher ein Egotrip?

Einer meiner Favoriten ist die Corel Women's Tennis Tour, die nun leider vorbei ist. (Ich glaube, wenn man 232 Millionen $ verliert, dann muß etwas vorbei sein.) Selbst wenn Corel solche Verluste nicht hätte einstecken müssen und auch wenn die Aktie nicht von 19 $ im November 1995 auf 1,71 $ im Januar 1998 gefallen wäre – glauben Sie wirklich, das Sponsoring von Frauentennisturnieren könnte dazu beitragen, Microsoft zu schlagen? Oder vermuten Sie eher, daß diese Art von Sponsoring nur ein Egotrip des Unternehmens war?

Das gleiche gilt für die riesigen Unternehmenszentralen, die aus ihrer Umgebung herausragen. Sears baute das höchste Gebäude der Welt und die Aktien fielen in den Keller. (Als Sears aus dem Gebäude auszog, stiegen die Aktienkurse wieder.) Das Pan-Am-Gebäude in New York überlebte noch lange, nachdem die Fluggesellschaft schon Geschichte war. Wenn Sie bemerken, daß Unternehmen das Geld ihrer Aktionäre für Egotrips ausgeben, und nicht davon ausgehen können, daß dies die Geschäfte voranbringt, dann sollten Sie solche Aktien nicht kaufen.

Vorsicht vor Tricks mit Informationen

Vorsicht ist auch geboten, wenn Sie bemerken, daß ein Unternehmen bei den Informationen schummelt. Unternehmen ändern ihre Informationspolitik, um den Eindruck zu erwecken, daß alles beim alten geblieben sei.

Wenn Sie bei der Aktionärsbetreuung nach dem Marktanteil des Unternehmens fragen und man Ihnen die Marktanteile für bestimmte Produkte nennt, dann stellt dies ein Problem dar. Wenn Sie nach den Rücklagen fragen und die Aktionärsbetreuer Ihnen von der Reaktion der Konsumenten auf die neuen Produktlinien erzählen, dann stimmt etwas nicht. Die Veränderungen mögen zwar unwesentlich erscheinen, aber es könnte sein, daß das Unternehmen etwas verbergen will.

Vor einigen Jahren begannen manche Handelsketten wie beispielsweise The Limited, größere Ladengeschäfte zu bauen. Um ihre Lagerbestände geringer erscheinen zu lassen, wies man die Lagerbestände je Quadratmeter Verkaufsfläche und nicht je Ladengeschäft aus. Daran ist eigentlich nichts falsch – außer, daß man die Umsätze weiterhin je Ladengeschäft angab. Wenn man Lagerbestände je Quadratmeter mit Umsätzen je Ladenlokal verknüpft, dann ist das so verwirrend, daß Investoren nicht feststellen können, daß die Lagerbestände zu hoch sind. The Limited hielt die Investoren so lange zum Narren, bis der Tag der Abrechnung kam und die Gewinne sehr enttäuschend ausfielen.

Denken Sie daran, daß Unternehmen immer nur die Informationen herausgeben, die in ihrem Interesse sind, und nicht die, an denen Sie interessiert sein sollten. Unternehmen wollen sich ihren Kunden und Investoren selbst möglichst gut verkaufen. Oft will man nicht, daß die Öffentlichkeit bestimmte Dinge erfährt, und es gibt kein Gesetz, das Ehrlichkeit und Aufrichtigkeit vorschreibt. Wenn Sie das Gefühl haben, daß ein Unternehmen anfängt, mit Informationen zu tricksen, dann sollten Sie höchst vorsichtig sein.

Kaufen Sie nicht, was Broker verkaufen, sondern das, was sie kaufen!

Wenn Sie mit einem Broker zusammenarbeiten, dann nehmen Sie wahrscheinlich an, daß er etwas weiß. Doch Ihr Broker weiß bei weitem nicht soviel, wie Sie annehmen. Man kann ihn mit einer Telefonauskunft vergleichen. Denken Sie nur an die vielen Anrufe, die der Broker im Lauf eines Tages erhält. Ein Kunde ruft wegen eines Investmentfonds an, ein anderer wegen einer steuerfreien Anleihe, ein dritter möchte etwas über eine Wandelanleihe erfahren, während ein vierter Auskünfte über Emerging Markets haben möchte. Und dann rufen Sie an und wollen etwas über eine bestimmte Aktie wissen.

Es ist absolut unmöglich, daß ein Broker bei allen Informationen, die täglich über ihn einstürzen, auf dem laufenden bleibt. Broker erhalten jeden Tag ganze Stapel von Berichten über Aktien und Prospekten von Neuimmissionen. Ein Broker müßte den halben Tag ausschließlich lesen, und dann würde er auch nur die Berichte über Aktien schaffen. Er muß aber auch Berichte von Fondsgesellschaften lesen, die Analysten-Berichte über festverzinsliche Wertpapiere, die Berichte der Analysten, die internationale Aktien beobachten, und außerdem Zeitungen und Zeitschriften. Ein Analyst kann sich auf 20 Aktien konzentrieren, aber von einem Broker wird erwartet, daß er 27.000 Aktien kennt oder zumindest die eine der 27.000, über die Sie etwas wissen wollen. Außerdem soll er etwas von Anleihen, Schatzbriefen, Investmentfonds und den internationalen Märkten verstehen. Es ist offensichtlich, daß kein Broker dieses Wissen haben kann.

Meistens weiß der Broker, wo er nachzuschlagen hat. Wenn Sie ihm eine Frage stellen, dann sieht er unter dem Aktiensymbol nach und sagt Ihnen, was ein Analyst über diese Aktie zu sagen hat. Daran ist eigentlich nichts falsch, ebensowenig, wie es falsch ist, wenn Sie die Telefonauskunft um Hilfe bitten. In beiden Fällen stammen die Informationen aus einer Computer-Datenbank. Sie allerdings gehen davon aus, daß der Broker die Informationen zuvor analysiert und interpretiert hat. In den meisten Fällen jedoch wird der Broker die Informationen ebensowenig interpretieren, wie die Telefonauskunft Ihnen kaum sagen wird, in welchem Restaurant man am besten chinesisch essen kann.

Es kommt noch schlimmer: Die Telefongesellschaft kassiert für die Auskunft, die Sie erhalten, eine Gebühr, während der Broker nur dann Geld verlangen kann, wenn Sie eine Transaktion durchführen. Ein Broker kann Sie fünfmal am Tag anrufen, aber wenn Sie keine Order erteilen, dann verdient er nichts. Und deshalb liegt es im Interesse des Brokers, daß Sie eine Aktie verkaufen und dafür eine andere kaufen. Wenn Sie eine Aktie in Ihrem Portfolio haben, die ganz gut lief, und einen Broker um Rat bitten, dann wird er Ihnen vorschlagen, Sie sollten diese Aktie verkaufen und eine andere kaufen. Das heißt nicht, daß Broker ausschließlich Ihr Aktienkonto plündern wollen. Aber deren Interessen und Ihre sind nicht identisch, weil Broker nur dann bezahlt werden, wenn Sie ordern.

Die lukrativste Transaktion für einen Broker ist es, wenn er Ihnen die von seiner Firma gezeichneten Aktien verkaufen kann. Aus dem Investment-Banking bezieht die Firma den größten Teil ihrer Gewinne. Die Broker erhalten nicht nur ein höheres Honorar, wenn sie eine Neuemission verkaufen, sondern sie stehen auch unter erheblichem Druck, insbesondere dann, wenn die Emission nicht besonders gut läuft. Heiße Emissionen sind leicht an den Mann zu bringen, aber erst bei den eher schwach laufenden Emissionen kann der Broker seinem Arbeitgeber seinen wirklichen Wert beweisen.

Dies ist der Kern des Konflikts zwischen einem Broker und seinen Kunden. **Heute aber, da das Internet und das Online-Trading zur Verfügung stehen, ist die traditionelle Brokerfirma nicht mehr unbedingt die erste Wahl, wenn es um Informationen über Aktien geht oder den Kauf von Investmentfonds. Die traditionelle Brokerfirma ist teurer und in ihrem Angebot weitaus weniger umfassend.** Statt einen Broker anzurufen, können Sie im Internet die aktuellen Aktienkurse abrufen, aber auch Nachrichten und Gewinnschätzungen. Verschiedene Seiten wie beispielsweise Motley Fool oder Street.com bieten hervorragende Kommentare. Zacks.com, Morningstar und andere verfügen über sehr gute Tools, um am Bildschirm zu arbeiten. Auch die Informationen über Investmentfonds sind online viel leichter zu erhalten. Tatsächlich steht Ihrem Broker lediglich die Arbeit von Analysten seiner Firma zur Verfügung. Dafür kann Ihr Broker nichts. Er wird bezahlt, um Ihnen zu dienen. Aber es gibt keinen Grund mehr, Ihren Broker in Anspruch zu nehmen, wenn Sie die Informationen leicht auch selbst erlangen können.

Der größte Vorteil der traditionellen Brokerfirmen sind die Emissionen, die der Kunde erwerben kann. Da die meisten »heißen Kisten« an institutionelle Anleger gehen, ist die Liste, die dem Einzelinvestor noch angeboten wird, oft nicht der Mühe wert. Der Grund dafür, daß viele Kleinanleger bei größeren Brokerfirmen noch ein Konto unterhalten ist, daß sie dann an Emissionen teilnehmen können – von denen Sie allerdings die meisten meiden sollten.

Das bedeutet nicht, daß Broker keine gute Ideen haben. Die meisten Broker wissen genau, welche Analysten in ihrer Firma gut sind. In dieser Hinsicht auf den Broker zu hören, kann äußerst nützlich sein. Es lohnt sich, bei einer größeren Brokerfirma ein Konto zu haben, wenn Ihnen der Broker behilflich ist, zwischen guten und mittelmäßigen Analysten zu unterscheiden. Außerdem haben Broker auch ihre Lieblingsaktien, und oft sind dies die, die sie für ihr eigenes Portfolio kaufen. Wenn Broker ihr eigenes Geld in Aktien anlegen, dann haben sie sich bestens informiert. Immerhin sind sie Profis. Allerdings werden Sie nie etwas davon erfahren, wenn Sie nicht direkt fragen: »Und welche Aktien kaufen Sie für Ihr Portfolio?« Und auch dann kann es sein, daß Sie nichts erfahren. Den wenigsten Firmen gefällt es, wenn ihre Broker auf eigene Rechnung arbeiten.

Einmal rief mich ein Broker von Bear Stearns an. Er bot zwei Empfehlungen seiner Firma an. Dann fragte ich ihn, was er für sein Portfolio kaufen würde. Daraufhin erzählte er von einer Bank, die gerade mit der Regierung einen Prozeß führte. »Die Aktie ist zwar nur 2 $ wert, sie könnte aber durchaus ...« Er stoppte mitten im Satz. »Ich kann jetzt nicht sprechen«, sagte er und legte auf. Ich vermutete, daß sein Vorgesetzter in die Nähe kam, als er gerade diese Idee entwickelte. Am nächsten Tag rief der Broker zurück und erzählte eine wunderbare Geschichte, die er vorher gründlich recherchiert hatte. Kein Analyst beobachtete diese Aktie, aber er kannte alle Einzelheiten. »Wissen Sie«, sagte er, »das ist eigentlich keine Aktie, die ich Ihnen verkaufen sollte. Unsere Firma beobachtet sie nicht, und es ist auch nicht unbedingt eine Qualitätsaktie, aber ich habe selbst eine ganze Menge davon gekauft.« Die Aktie verdreifachte in diesem Jahr ihren Wert. Wenn Broker für ihr persönliches Portfolio Aktien kaufen, dann wissen Sie zumindest, daß sie immer alles über diese Aktie wissen. Die einzige Warnung, die hier auszusprechen ist: Wenn Sie sich entschließen, eine dieser Aktien zu kaufen, dann sollten Sie den Broker bitten, Sie ständig darüber auf dem laufenden zu halten.

Die Regeln für den Umgang mit Brokern sind ziemlich einfach:

- Gehen Sie nicht davon aus, daß Broker über die meisten Aktien mehr wissen als jemand bei der Telefonauskunft.
- Rufen Sie die Broker nicht an, um aktuelle Kurse oder Informationen zu erhalten. Nutzen Sie dafür das Internet.
- Denken Sie daran, daß Broker nur dann bezahlt werden, wenn Sie eine Transaktion tätigen. Hüten Sie sich vor den Deals, die von Brokern am heißesten empfohlen werden. Damit könnten Sie leicht in Schwierigkeiten kommen.
- Fragen Sie Broker, was sie für ihr eigenes Portfolio kaufen. Kaufen Sie, was Ihr Broker kauft, und verkaufen Sie, wenn er verkauft.
- Lassen Sie sich von Ihrem Broker zum besten Analysten seiner Firma führen.

Wenn Sie davon ausgehen, daß Broker in jeder Hinsicht Experten sind, dann liegen Sie falsch. Wenn Sie Ihren Broker ständig um Informationen bitten, die Sie leicht selbst herausfinden können, dann könnte es durchaus sein, daß Sie aus der Telefonliste gestrichen werden. Wenn Sie sich hingegen auf das konzentrieren, was sie wissen und woran sie interessiert sind, dann können Broker wirklich sehr wertvoll sein.

Würden Sie von Mortimer Snerd eine Aktie kaufen?

Erhöhte Vorsicht ist angeraten, wenn Aktien im Fernsehen, in Zeitschriften oder in Chatrooms im Internet angepriesen werden. Viele dieser »Experten« haben Erfolge und gute Ideen, aber manche sind Luschen. Auch wenn Sie die guten von den schlechten »Experten« unterscheiden können, haben Sie immer noch zwei Probleme. Diese Spezialisten sagen Ihnen zwar, wann Sie eine Aktie kaufen sollten, aber in keiner Sendung sagen sie Ihnen, wann Sie die Aktie wieder verkaufen sollten. Es kann es durchaus sein, daß sie bei ihrem nächsten Fernsehauftritt die Aktie nicht einmal erwähnen oder sagen: »Diese Aktie hat mein Kursziel erreicht, und ich habe sie verkauft.« Das kann sehr unangenehm werden, wenn Sie die Aktie gekauft haben und sie seither verloren hat.

Anlaß zur Beunruhigung gibt die Tatsache, daß diese Fernsehspezialisten auch ihr eigenes Süppchen kochen. Portfolio-Manager empfehlen selten eine Aktie, die sie nicht selbst schon in ihrem Portfolio haben, und oft sind es sehr große Aktienpositionen, die sie in ihrem Wert hochtreiben wollen. Es könnte sein, daß sie auf diese Weise versuchen, den Kurs hochzutreiben, damit sie selbst verkaufen können. Es gibt viele aggressive Hedge-Fonds-Manager, die ausschließlich zu diesem Zweck im Fernsehen auftreten. Die Zuschauer vor dem Fernseher vernehmen die gute Kunde und beeilen sich, diese Aktie zu kaufen. Der Portfolio-Manager hingegen verkauft, wenn die meisten Leute kaufen. Dies ist zwar nicht besonders moralisch, aber Moral hat an der Wall Street noch nie eine große Rolle gespielt.

Die Regel für den Umgang mit den Fernseh-»Experten« ist einfach: Folgen Sie ihrem Rat nicht unbedingt, nur weil sie sagen, daß ihnen eine Aktie gefällt. Wenn Sie das tun, werden Sie immer einen Schritt zu spät sein. Wenn Sie eine Idee entdecken, die Ihnen gefällt, dann sollten Sie die Angelegenheit selbst überprüfen. Nutzen Sie Ihr Urteilsvermögen, und gehen Sie Ihren Weg. Denken Sie daran, daß die Tatsache, daß jemand bei CNBC oder in einem Chatroom auftritt, nicht unbedingt ein Beweis dafür ist, daß er besonders gut ist. Fernsehkommentatoren können gute Ideen haben, aber es können auch Nieten sein wie beispielsweise Mortimer Snerd, der sozusagen auf dem Schoß von Edgar Bergen saß. Sie würden niemals eine Aktie kaufen, weil ein Dummkopf sie empfohlen hat. Deshalb sollten Sie auch nicht auf Empfehlungen dieser Fernsehexperten hören, wenn Sie nicht selbst noch einmal nachrecherchieren.

KAPITEL 11

Mit dem Feind traden: Kaufen und verkaufen

Um den Feind zu besiegen, müssen Einzelinvestoren sich eine Anlagestrategie zurechtlegen und einen Anlagestil entwickeln, der zu dieser Strategie paßt. Eine Strategie ist wie ein Schlachtplan, der beschreibt, wie der Investor beabsichtigt die Informationen zu nutzen und den Feind anzugreifen. Manche behaupten, ihre Strategie sei, besser zu sein als der Gesamtmarkt. Dies ist aber ein Ziel und keine Strategie. Und wer strebt dieses Ziel nicht an? Kennen Sie jemanden, der sagt, es sei sein Ziel, schlechter zu sein als der Markt? Jeder will gewinnen.

Die meisten Anlagestrategien bauen auf speziellen Investmentphilosophien auf:

- Die **Strategie der positiven Gewinnüberraschungen** beruht darauf, daß Aktien von Unternehmen, bei denen Gewinne besser ausfallen als erwartet, besser abschneiden werden als der Gesamtmarkt.
- Die **Wachstumsstrategie** beruht auf der Vorstellung, daß Wachstumsaktien besser sein werden als der Durchschnitt.
- Die **Wertstrategie** beruht auf der Theorie, daß Aktien mit einem niedrigen Kurs/Gewinnverhältnis oder einem relativ hohen Kurs im Verhältnis zum Buchwert besser sein werden als der Durchschnitt.
- Die **Strategie des Gegenteils** beruht darauf, daß Investoren annehmen, sie könnten gewinnen, wenn sie gegen den Konsens setzen.
- Die **technische Strategie** geht auf die Vorstellung zurück, daß Charts die zukünftige Richtung der Aktien zeigen.

Jede dieser Strategien kann funktionieren, aber alle haben für den Guerilla-Investor den gleichen Nachteil: Sie konzentrieren sich auf den Markt und sind nicht auf die besonderen Talente des Einzelinvestors zugeschnitten. Jede dieser Strategien kann für Profis, die diese Strategie verfolgen, großartige Ergebnisse erbracht haben. Aber wenn diese Strategien nicht Ihre Stärken berücksichtigen und Ihre Schwächen meiden, dann werden sie bei Ihnen nicht funktionieren.

Die Strategie des Guerilla-Investing unterscheidet sich deutlich von diesen oder anderen Strategien. Statt von einem Anlagesystem auszugehen und anzunehmen, daß alle Investoren die gleichen Fertigkeiten haben, geht Guerilla-Investing davon aus, daß man das »Schlachtfeld« versteht und daß darauf ein einzelner Investor kämpft. Guerilla-Investing geht davon aus, daß jeder Investor unterschiedliche Talente und Voraussetzungen mitbringt. Es erlaubt dem Investor, individuelle Anlagestrategien zu entwerfen, bei denen die eigenen Stärken in ihrer Wirkung maximiert und die Schwächen minimiert werden. Der Grundgedanke des Guerilla-Investing ist, daß man keine Schlacht gewinnen kann, wenn man weder die eigenen Stärken und Schwächen noch die des Feindes kennt.

Vielen Kleinanlegern mag diese Grundlagenarbeit überflüssig erscheinen, doch ist sie entscheidend. Wenn Sie nur gelegentlich anlegen, nur einige wenige Aktien in Ihrem Portfolio halten wollen und kaum Zeit haben, die Börse intensiv zu beobachten, dann können Sie keinen Nutzen aus einer Strategie ziehen, die bei einem aktiven Trader funktioniert. Wenn Sie nichts von Technologie verstehen und sich nicht wohl fühlen, wenn eine Aktie mit hoher Volatilität gehandelt wird, dann können Sie keine Strategie nutzen, die von Ihnen verlangt, in Momentum-Aktien zu investieren. **Ganz gleich, wie gut eine Strategie für irgend jemanden sein mag, bei Ihnen wird sie nicht funktionieren, wenn sie nicht zu Ihren Fähigkeiten und Bedürfnissen paßt.**

Es ist möglich, daß ein Profi Milliarden verdient, wenn er internationale Währungen handelt, mit Optionen spielt oder sich in Risikoarbitragen engagiert. Das heißt aber noch lange nicht, daß Sie das auch tun können. Wenn Sie einem andern folgen, dann werden Sie keinen Erfolg haben, wenn Sie nicht auch über dessen Wissen und Talente verfügen. Um zu gewinnen, müssen Sie eine Strategie finden, die ganz speziell auf Sie zugeschnitten ist.

Gehen wir noch einmal davon aus, Sie seien der General einer kleinen Guerilla-Streitkraft, die in einem Dschungel gegen eine moderne Armee kämpft. Würden Sie die Strategie großer Generäle wie Hannibal oder Dschinghis Khan nutzen? Wahrscheinlich nicht. Diese Generäle kämpften in einer ganz anderen Zeit, mit ganz anderen Waffen und gegen ganz andere Feinde. Hannibal benutzte Elefanten und Dschinghis Khan benutzte Pferde gegen Fußsoldaten. Deren antike Erfahrung wäre kaum von Nutzen, wenn man gegen eine moderne Armee kämpft.

Würden Sie die Strategie von General Schwarzkopf nutzen, die er gegen die Iraker verwendete? Wahrscheinlich nicht. Die Amerikaner kämpften in der Wüste und hatten eine enorme militärische Übermacht. Seine Strategien wären für eine schwach bewaffnete Guerilla-Streitkraft in einem Dschungel von geringem Nutzen. Sie könnten zwar sehr viel lernen, wenn Sie seine Strategie studierten, aber um seine Ideen wirklich zu anzuwenden, müßten Sie sie Ihrer eigenen militärischen Situation anpassen.

Denken wir an andere Aktivitäten, die eine Strategie erfordern. Stellen Sie sich vor, Sie wären der Coach einer der kleinen College-Mannschaften, die die Football-Großvereine in der Vorbereitung auf die Saison als leichtes Futter betrachten. Sie spielen gegen Michigan. Vor dem Spiel könnte es sein, daß Sie über die Strategien von Bill Walsh nachdenken. Walshs »West Coast Offense« mag zwar ein großartiger Plan sein, aber sie wurde nicht aus der Perspektive eines Underdogs erdacht. Pässe quer über das ganze Spielfeld zu werfen, ist keine besonders realistische Möglichkeit, gegen ein starkes Team, das nahezu jedes Spiel mühelos gewinnt, erfolgreich zu sein.

Denken Sie über Ihre Position der Stärke immer in Relation zu den Profis im Aktienmarkt nach. Ist das hypothetische Footballteam in einer schlechteren Position, als Sie es sind, wenn Sie gegen George Soros oder Warren Buffett antreten würden? Wenn Sie es mit einem dieser Investoren direkt aufnehmen müßten, was glauben Sie, wie das Endergebnis aussehen würde?

Wenn die Chancen für Sie so schlecht stehen, wie können Sie dann direkt gegen ein so starkes Footballteam oder einen großen Investor bestehen? Die Antwort ist einfach: Sie können keinen Blumentopf gewinnen. Ganz gleich, wie viele Ratschläge Sie von den besten Trainern der Geschichte erhalten, Ihre zweitklassige College-Mannschaft hat gegen eine Spitzenmannschaft nicht die geringste Chance. Und ganz gleich wie viele Bücher Sie über die größten Investoren der Geschichte gelesen haben, es ist äußerst unwahrscheinlich, daß Sie jemals gegen Soros oder Buffett bei deren Spiel gewinnen. Die beste Strategie, gegen Michigan nicht zu verlieren: Treten Sie überhaupt nicht an. Und die beste Strategie, gegen Soros oder Buffett nicht zu verlieren: Legen Sie sich nie direkt mit ihnen an.

Das scheint nicht besonders tapfer zu sein. Viele Leute nehmen eine »Wo steht das Klavier!«-Haltung ein. Aber dies ist dumm. Kein vernünftiger Mensch würde mit Mike Tyson in den Boxring steigen, insbesondere dann nicht, wenn man weiterhin zwei Ohren haben möchte. Niemand würde versuchen, einen rasenden Güterzug anzuhalten, außer er glaubte, er wäre Superman. Der Versuch, einen weitaus stärkeren Feind im offenen Kampf zu besiegen, ist glatter Selbstmord. Wenn Sie das an der Börse versuchen, dann werden Sie nicht nur Ihr Leben oder Ihre Ohren verlieren, sondern auch Ihr letztes Hemd. Der Sinn der Kapitalanlage ist es, besser zu sein als der Markt. Aber das werden Sie nie schaffen, wenn Sie den Profis geradewegs ins offene Messer, in ihre Stärken, laufen.

Doch glücklicherweise ist es wegen der Größe und Komplexität der Börse möglich, den direkten Kampf mit den Profis zu vermeiden. Wenn Sie die Stärken der Profis vermeiden und ihre Schwächen attackieren, wenn Sie Nischen finden, in denen Sie einen Heimvorteil haben; dann stehen die Chancen gut, das Spiel zu gewinnen. Der erste Schritt ist es, die Strategie des Guerilla-Investing anzuwenden: Sie müssen Ihre Stärken und Schwächen kennen und auch die Ihrer Feinde.

Finden Sie Ihren Anlagestil

Wenn der Kleinanleger sich für die Strategie des Guerilla-Investing entschieden hat, dann muß er einen Anlagestil entwickeln, um die Strategie darin einzubauen. Viele Anlagestrategien der Profis können auch beim Guerilla-Investing verwendet werden, solange sie mit den Grundregeln der Guerilla übereinstimmen. Um dem Guerilla-Investing gerecht zu werden, müssen die Strategien so angewendet werden, daß die Stärken des Kleinanlegers voll genutzt werden und die Stärken des Feindes möglichst wenig zum Tragen kommen. Beispielsweise wird die Strategie, Aktien mit großer Marktkapitalisierung zu kaufen, beim Guerilla-Investing nur dann funktionieren, wenn Sie sie kaufen und lange halten, aber nicht, wenn Sie aktiv traden.

Die Strategie, Aktien mit geringer Marktkapitalisierung zu kaufen, kann als Anlagestil beim Guerilla-Investing wesentlich wirkungsvoller sein, weil diese Aktien von Analysten weniger beobachtet werden, weil sie nicht so liquide sind und weil man bei ihnen viel eher einen Heimvorteil finden kann, als bei Aktien mit hoher Marktkapitalisierung. Die Strategie, unterbewertete und wenig geschätzte Aktien zu kaufen, funktioniert aus den gleichen Gründen. Die Strategie, die Trading-Muster der Insider zu verfolgen, paßt auch zum Guerilla-Investing, weil sie die Vorteile der Profis mindert und sogar ihren größten Vorteil, die Informationsbeschaffung, zu Ihren Gunsten wirken läßt.

Guerilla-Investing funktioniert auch bei wachstumsorientierten Strategien. Wenn man Aktien mit hoher relativer Stärke und hoher Ertragskraft kauft – dies nennt man auch Momentum-Investing –, kann es auch bei Einzelinvestoren funktionieren, solange sie die Charts beobachten, um Veränderungen beim Momentum aufzudecken, und weil sie bei den meisten Aktien in ihrem Portfolio den Heimvorteil haben. Dies gilt auch für die Strategie bei Aktien, von denen man positive Überraschungen bei den Gewinnen erwartet. Gewinnschätzungen und veröffentlichte Unternehmensdaten sind im Internet verfügbar. Wenn der Einzelinvestor bereit ist, die Schätzungen zu überprüfen und mit den tatsächlichen Gewinnen zu vergleichen, wenn diese veröffentlicht werden, dann kann eine Strategie der positiven Gewinnüberraschungen auch im Guerilla-Investing genutzt werden.

Auch technische Strategien können im Guerilla-Investing angewendet werden. Heute haben Einzelinvestoren Zugang zu den gleichen Charts, die auch den Profis zur Verfügung stehen. Wenn Einzelinvestoren die Disziplin aufbringen, die Charts täglich zu kontrollieren, können sie sowohl Ausbrüche als auch Spitzen entdecken und diese technischen Muster als Leitlinie zur Anlage in Aktien nutzen.

Es gibt jedoch einige Stilrichtungen, die den Guerilla-Grundregeln niemals gerecht werden können, weil damit die Schwächen des Einzelinvestors den Stärken der Profis direkt gegenüberstehen. Einzelinvestoren werden nie gewinnen, wenn sie in Arbitrage-Deals einsteigen, weil die erforderlichen Informationen dazu viel zu komplex sind. Sie werden niemals das Spiel mit den Optionen gewinnen, weil das Timing einfach zu schnell ist. Genauso wenig werden sie Gewinne erzielen können, wenn sie in Emerging Markets investieren, weil die Informationen dazu viel zu weit von ihrem Heimatboden entfernt sind. Dennoch ist der Rahmen des Guerilla-Investing weit genug, um anderen Anlagestrategien Platz zu bieten.

Es gibt keinen Stil, der bei allen Investoren funktioniert

Zwar wird die Effektivität verschiedener Stilrichtungen heiß diskutiert, doch die Realität ist:

- Jeder wichtige Investmentstil funktioniert manchmal.
- Kein Investmentstil ist jederzeit der beste.
- Kein Investmentstil funktioniert für alle Investoren.

In starken Märkten kann es sein, daß der Wachstums-Stil von Vorteil ist. In schwachen Märkten kann es sein, daß der Value-Stil besser ist. Leider ist es oft der Erfolg einer Stilrichtung, der auch zur Demontage führt. Wenn ein Investmentstil in Mode kommt, dann stützen die Investoren die Aktien, die den Parametern dieses Stils entsprechen, und vernachlässigen Aktien, die nicht zu diesem Stil passen. An irgendeinem Punkt werden die Bewertungen zu extrem. Bei den Aktien, die zu diesem bestimmten Stil passen, bleibt kein Raum mehr für Kursgewinne, sondern die Chancen für Kurssteigerungen liegen bei Aktien, die nicht zu diesem Stil passen. An diesem Punkt nehmen Investoren ein anscheinend unbedeutendes Ereignis als Vorwand, um ihren Anlagestil zu ändern.

Auch wenn ein Anlagestil in jedem Markt funktioniert, wird er nicht für alle Investoren segensreich sein. Es gibt Investoren, die diesen Stil nicht verstehen oder sich damit nicht wohl fühlen. Ein Investor, der einen Anlagestil nicht versteht oder damit nicht zurechtkommt, wird mit diesem Stil niemals Erfolg haben, ganz gleich, wie gut der Anlagestil selbst sein mag.

Wenn Sie sich mit Aktien mit hohem Kurs/Gewinnverhältnis nicht wohl fühlen, dann werden Sie mit dem **Momentum-Stil** nie Erfolg haben. Wenn Sie nicht geduldig sind, dann werden Sie sich nie wohl fühlen, wenn Sie auf **Übernahmen** setzen. Wenn Sie nicht die Zeit haben, um Unternehmensdaten zu studieren, dann werden Sie nie Erfolg haben, wenn Sie auf **positive Überraschungen** bei den Gewinnen setzen. Wenn es Ihnen keinen Spaß macht, Charts zu lesen, dann werden Sie mit einem **technischen Stil** nie erfolgreich sein. Das spielt aber keine Rolle. Machen Sie sich keine Gedanken, wenn Sie sich mit einem »Mode-Stil« nicht wohlfühlen. Nur weil Profis mit einem Anlagestil gut zurechtkommen, muß er nicht auch für Sie geeignet sein.

Der Anlagestil sollte zu Ihnen passen

Denken Sie an die Mode. Jedes Jahr entwickeln die Designer neue Moderichtungen. Sie sehen sie in den Modezeitschriften. An Supermodels sieht alles phantastisch aus, aber es kann sein, daß Sie in diesen Kleidungsstücken nicht besonders phantastisch aussehen. Es kann sein, daß diese Mode Ihrem persönlichen Stil nicht entspricht. Sie kann entweder zu jung, zu alt, zu verrückt oder zu trendy sein. Es kann sein, daß diese Mode nicht Ihren Bedürfnissen entspricht. Es könnte sein, daß Sie nach gediegener Kleidung für die Arbeit suchen und nicht nach frivolen Klamotten, die eher in einen Nachtclub passen. Es kann sein, daß der Modeschöpfer gerade »in« ist, aber seine Kleider nicht zu Ihrem Stil und Ihren Bedürfnissen passen. Und deshalb werden Sie diese Bekleidungsstücke auch nicht kaufen.

Kapitalanlage an der Börse ist der Mode sehr ähnlich. Manche Stilrichtungen sind sehr beliebt und andere nicht. Aber die Popularität eines Stils zählt nicht. Vielmehr zählt, ob diese Stilrichtungen zu Ihnen und Ihren Lebensumständen passen. Es mag zwar gerade Mode sein, nabelfreie Kostüme zu tragen, aber eine Lehrerin in der Grundschule würde in einem solchen Kostüm wahrscheinlich nicht vor ihre Klasse treten. Zwar mögen Anzüge mit Weste gerade in Mode sein, aber ein Klempner würde in einem solchen Anzug nie bei Ihnen auftauchen, um die Wasserleitung zu reparieren. Wie Kleidungsstücke müssen auch die Anlagestile genau passen. Die meisten Anleger wollen auch an der Börse modern und »in« sein. Sie würden gern glauben, daß sie an den schnellsten und heißesten Anlage-Spielchen teilnehmen können. Das gelingt allerdings den wenigsten. Die Realität ist: Diese Spiele passen den meisten genausowenig wie die verrücktesten Bekleidungsmoden. Wenn Sie Ihren Anlagestil auswählen, dann müssen Sie sich selbst gegenüber sehr ehrlich sein. Ganz gleich, wie schnell und spannend ein Anlagestil erscheinen mag, er wird Ihnen nicht weiterhelfen, wenn er nicht zu Ihrer Persönlichkeit und Ihren Fähigkeiten paßt. Nur Sie selbst wissen, was zu Ihnen paßt und für Sie funktioniert.

Entwickeln Sie Ihren Stil – Aktie für Aktie

Und wie finden Sie nun Ihren persönlichen Anlagestil? Sie können dabei genauso vorgehen wie bei der Bekleidung. Nur wenige Menschen haben von Anfang eine bestimmte Art, sich zu kleiden. Nur sehr selten sagen sie: »Ich glaube, ich kleide mich nur nach dem letzten Schrei.« Statt dessen werden sie kaufen, was sie benötigen und was ihnen gefällt. Es könnte sein, daß Sie Arbeitskleidung benötigen. Sie wissen genau wo Sie arbeiten und welche Bekleidung dafür geeignet ist. Wenn Sie dann etwas sehen, was Ihnen gefällt, dann probieren Sie diese Stücke an um zu sehen, ob sie Ihnen stehen und Ihren Bedürfnissen entsprechen. Wenn Sie das nächste Mal einkaufen gehen, dann werden Sie wahrscheinlich etwas Ähnliches kaufen, oder Sie nehmen geringfügige Veränderungen vor, weil Jahreszeiten oder Trends es erfordern. Über eine längere Zeit hinweg wird sich Ihr persönlicher Stil entwickeln. Es mag Ihnen nie bewußt geworden sein, aber wenn Sie Ihre Garderobe betrachten, dann werden Sie erkennen, daß Sie Ihren eigenen Stil haben.

Das gleiche gilt für die Anlage in Aktien. So wie Sie Kleidungsstücke aussuchen, die Ihnen gefallen, und Ihren Stil entwickeln, so sollten Sie auch bei der Kapitalanlage Aktien auswählen, die Ihnen gefallen, und abwarten, ob dies zu einem bestimmten Anlagestil führt. Die folgende Übung kann Ihnen helfen, Ihren Stil zu erkennen:

1. Suchen Sie unter den Aktien, die Sie bereits in Ihrem Portfolio hatten Ihre Lieblingsaktien heraus – wenn möglich, etwa zehn Stück. Das müssen nicht unbedingt die Aktien mit der besten Performance sein. Es soll-

ten die sein, mit denen Sie sich am wohlsten fühlten. Schreiben Sie auf, weshalb Sie diese Aktien gekauft haben und weshalb Sie diese mochten.

2. Danach besorgen Sie sich zehn aktuelle Aktienangebote von Ihrem Broker, aus Wirtschaftszeitungen, von einer Website oder aus anderen Quellen. Die Beschreibungen sollten Ihnen gefallen. Schreiben Sie auf, weshalb Sie sie mögen.
3. Suchen Sie die Aktien, die Sie in Ihrem Portfolio hatten und überhaupt nicht mochten – zehn oder weniger –, und schreiben Sie auf, was damit nicht in Ordnung war.
4. Überprüfen Sie Ihre Antworten. Versuchen Sie ein Muster zu erkennen. Machen Sie sich keine Gedanken darüber, wenn Ihre Antwort nicht besonders tiefschürfend erscheint oder wenn Sie mehr als ein Muster entdecken können. Es könnte sein, daß Sie Wachstumsaktien von Unternehmen mögen, bei denen Sie einen Heimvorteil haben, oder Aktien, bei denen auch Insider kaufen, oder Aktien aus Spinoffs.
5. Danach untersuchen Sie Empfehlungen oder Börsenkommentare von zehn Profis. CNBC und *Barron's* sind für diesen Schritt gut geeignet, weil sie sehr gründliche Interviews anbieten. Der »runde Tisch« bei *Barron's* ist hervorragend geeignet, weil er viele prominente Investoren vorstellt. Auch in *Forbes* und *Wall Street Week* werden Sie hervorragende Kommentare finden. Einige Websites weisen stark ausgeprägte Anlage-Stilrichtungen auf. Notieren Sie, so gut Sie können, den Anlagestil eines jeden Experten. Suchen Sie die Experten heraus, bei denen Sie das beste Gefühl haben. Schreiben Sie auf, weshalb dies so ist.
6. Vergleichen Sie die Gründe, weshalb Ihnen einige Profis besonders gut gefallen haben, mit den Gründen dafür, daß Sie bestimmte Aktien besonders mochten. Hier sollte es eine logische Verbindung geben. Wenn dies der Fall ist, dann können Sie weitermachen. Falls nicht, dann sollten Sie Ihre Antworten noch einmal überdenken. Wenn die Aktien, die Sie besonders mögen, eher die schwerfälligen Blue Chips sind, dann sollten Sie nicht weiter nach Analysten suchen, die die technische Seite bevorzugen.
7. Beschreiben Sie Ihren Anlagestil mit eigenen Worten. Das muß nicht besonders poetisch sein, sondern Sie sollten es so aufschreiben, wie Sie es verstehen können. Beispielsweise könnten Sie schreiben: »Mein Anlagestil ist, unterbewertete Aktien mit geringer Marktkapitalisierung in Branchen zu kaufen, von denen ich etwas verstehe.« Oder: »Ich kaufe Aktien, die jährlich um mehr als 20 % wachsen und ein Kurs/Gewinnverhältnis unter 20 haben.« Oder: »Mein Stil ist es Blue Chips zu kaufen und zu halten, aber auch kleinere Aktien zu traden, die ich gut kenne.«

Es gibt keinen Stil, der richtig ist. Es gibt nur den Stil, bei dem Sie sich wohlfühlen. Ihr Anlagestil muß nicht dem eines bestimmten Profis gleichen, genausowenig wie Ihr Kleidungsstil einem bestimmten Designer entsprechen muß. Wichtig ist, daß dieser Stil Ihnen logisch erscheint.

8. Und nun stellen Sie ein Proforma-Portfolio zusammen, das Sie ganz nach Ihrem Anlagestil ausrichten. Sind Sie zufrieden, mit dem, was Sie besitzen? Wenn das nicht der Fall ist, dann fangen Sie noch einmal von vorn an und überprüfen, wie Sie Ihren Stil gefunden haben. Wenn Sie diese Übung beendet haben, dann sollten Sie einen Anlagestil gefunden haben, mit dem Sie sich wohlfühlen, und ein Portfolio, das zu Ihrem Stil paßt.

Bleiben Sie bei Ihrem Stil

Viele Anleger sind versucht, von einem Stil zum anderen zu springen, so wie es im Augenblick gerade Mode ist. Wenn Wachstum »in« ist, dann kaufen sie Wachstumsaktien. Wenn Value »in« ist, dann kaufen sie Value-Aktien. Wenn Technologie-Aktien heiß sind, dann kaufen sie diese. Das Problem dabei ist, daß man feststellen können muß, wann Stilrichtungen sich ändern und es darf Ihnen nichts ausmachen, verschiedene Anlagestile anzuwenden. Von einem Anlagestil zu einem anderen zu wechseln, funktioniert ungefähr so gut, als ob man in der Mode jeden neuen Trend mitmacht. Am Ende wird man auch bei der Kapitalanlage zum Opfer verschiedener Moderichtungen.

Wenn sich ein Investor auf einen Anlagestil konzentriert, dann bietet ihm dieser einen Rahmen, innerhalb dessen er anlegen kann. Investoren, die bei einem bestimmten Anlagestil bleiben, wissen, wie man bestimmte Signale erkennt, die jedem Anlagestil eigen sind. Sie wissen, wann sie kaufen und verkaufen müssen. Sie wissen auch, wann sie sich beruhigt fühlen dürfen und wann sie in Panik geraten müssen. **Investoren, die von einem Trend zum nächsten springen, haben zwar das Gefühl, sie seien mitten im Geschehen, aber in den meisten Fällen jagen sie lediglich Gespenstern nach.**

Wenn Sie ein Value-Investor sind, dann wissen Sie, was Value bedeutet. Wenn Sie eine günstige Aktie finden, dann kaufen Sie sie. Wenn sie ihren wirklichen Wert erreicht hat, dann verkaufen Sie. Wenn Value-Aktien aus der Mode sind und Sie sich entschließen, auf den Momentum-Stil umzusteigen, dann werden Sie Ihre Basis verlieren, denn in Ihrer Mentalität werden Sie weiterhin Value-Investor bleiben. Wenn beispielsweise eine Momentum-Aktie eine enttäuschende Performance zeigt, dann werden

Sie beschließen, daß diese Aktie trotz allem einen guten Wert hat, und sie weiter halten. Wenn dies geschieht, dann sind Sie verloren, weil Sie versuchen, zwei Stilrichtungen gleichzeitig zu folgen.

Die erfolgreichsten Investoren bleiben in der Regel in allen Märkten bei ihrem Stil. Sie wissen genau, daß sie dann, wenn sie mittendrin ihre Stilrichtung ändern, in allergrößte Schwierigkeiten geraten. Beau Duncan von Duncan Hurst ist einer der erfolgreichsten Momentum-Anleger. Er verfügt über die Disziplin, ausschließlich Aktien mit hoher relativer Stärke und Ertragskraft zu kaufen. In den letzten Jahren habe ich mich mit Beau über viele Aktien unterhalten, von denen ich glaubte, daß sie gute Chancen hätten. Die erste Frage, die er stellt: »Wie sehen die Gewinne und die relative Stärke aus?« Ganz gleich, wie gut die Aktie aussieht, er würde sie nicht anfassen, wenn sie nicht seinen Anforderungen entspricht. Beau hat von Value-Aktien keine Ahnung, aber er ist ein großartiger Momentum-Anleger. In den letzten fünf Jahren zählte Beau zu den besten 10 % aller Geldmanager. Sein Geheimnis ist einfach: Er fand einen Anlagestil, mit dem er Gewinne machte, und blieb dabei.

Andere große Investoren verhalten sich ebenso. Warren Buffett kauft große Unternehmen zu bescheidenen Kurs/Gewinnverhältnissen. Mike Price ist ein hervorragender Value-Investor. Seine Definition von Value kann sich zwar ändern, aber er kauft immer starke Unternehmen, die im Augenblick nicht besonders beliebt sind. Peter Lynch war der geschickteste Stockpicker. Lynch kauft Tausende von Unternehmen, eine Aktie nach der anderen, und jedesmal ist er besser als der Markt. Alle diese Investoren haben Berühmtheit erlangt, weil sie bei ihrem Anlagestil bleiben, ganz gleich, was der Markt macht.

Ein Anlagestil muß zu den Aktien und den Branchen passen. Jonas Gerstl von EGS Partners ist einer der besten Investoren, die ich kenne. Jonas ist ein Value-Investor, der sich auf Aktien aus dem Konsumbereich spezialisiert hat. Wenn Value-Aktien aus dem Konsumbereich »in« sind, dann ist niemand besser als Jonas. Wenn sie gerade nicht in Mode sind, dann ist er eher durchschnittlich. Aber Jonas ändert seinen Stil nicht, weil der ihn im Lauf der Zeit zu einem der besten Investoren an der Wall Street gemacht hat.

Am schlimmsten ist es für einen Investor, der einen festen Anlagestil hat, wenn sein Stil gerade nicht »in« ist. Wenn Sie als Value-Anleger in einem Bullenmarkt sind oder in Aktien mit geringer Marktkapitalisierung anlegen und sich in einem Markt befinden, der Aktien mit hoher Marktkapitalisierung bevorzugt, dann werden die Ergebnisse leiden. Es kann schwierig werden, wenn Ihr Stil gerade schlechter läuft als der Markt. Sie sehen, wie die anderen Geld verdienen, und fühlen sich wie ein Idiot. Sie sehen, wie Wachstumsaktien oder solche mit hoher Marktkapitalisierung neue Höchststände erreichen, und schließlich entscheiden Sie sich, auf einen neuen Anlagestil umzusteigen. Das ist garantiert die falsche Entscheidung. Die meisten Leute steigen ausgerechnet in dem Augenblick um, wenn sich die Märkte wieder ändern.

Bob Martorelli, der den Phoenix Fund bei Merrill Lynch betreut, ist ein hervorragender Investor. Wie der Name des Fonds schon andeutet, kauft Bob Aktien, die total am Boden liegen. Über die Jahre hinweg hat Bob eine gute Performance entwickelt, aber in Wachstumsmärkten sind Bobs Aktien oft nicht am Drücker, und es kann durchaus sein, daß er schlechter abschneidet als der Markt. Zu solchen Zeiten müßte es für Bob eigentlich sehr verführerisch sein, seinen Anlagestil ad acta zu legen und etwas zu suchen, das in solchen Zeiten besser funktioniert. Aber Bob bleibt bei seinem Stil, weil er weiß, daß sich die Märkte ändern und daß er langfristig gesehen besser abschneiden wird als der Durchschnitt.

Wenn Ihr Anlagestil aus der Mode kommt, dann könnten Sie überlegen, ob er weiterhin für Sie richtig ist. Stilrichtungen ändern sich, und manchmal muß man sich selbst auch ändern. Wenn Sie immer noch darauf warten, daß Ihr Nehru-Sakko wieder in Mode kommt, dann sind Sie in Schwierigkeiten. Dennoch kehren die meisten Stilrichtungen wieder, und so könnte es ein Fehler sein, einen Anlagestil abzulegen, mit dem Sie sich eigentlich sehr wohl fühlen. Wenn Ihr Anlagestil oder die Aktien, die Sie bevorzugen, vorübergehend eine schlechte Phase haben, dann sollten Sie nicht in Panik geraten. Es ist ganz in Ordnung, wenn Sie Ihren Anlagestil geringfügig anpassen, ungefähr so, wie Sie es auch mit Ihrer Bekleidung tun würden. Vermeiden Sie jedoch radikale Veränderungen. Diese enden meist in einem Desaster.

Ein Anlagestil muß keine Ewigkeit gleichbleiben. Er sollte sich so entwickeln, wie es Erfahrung und Rahmenbedingungen erlauben und ratsam erscheinen lassen. So wie ein guter General müssen Sie Chancen dann ergreifen, wenn sie sich zeigen. Aber der wesentliche erste Schritt für Sie muß es sein, einen eigenen Anlagestil als Basis zu haben. Der Stil sollte leicht zu beschreiben sein. Sie sollten sich mit ihm wohlfühlen, und er sollte erfolgreich sein. Ein Anlagestil hat nichts mit Magie zu tun. Er muß nur zu Ihrer Persönlichkeit und zu Ihrem Lebensstil passen.

Finden Sie den harten Kern Ihrer Aktien

Stellen Sie eine Liste von Aktien auf, die Sie regelmäßig verfolgen. In dieser Liste sollten alle Aktien, die in Ihrem Besitz sind, enthalten sein, alle Aktien, bei denen Sie einen Heimvorteil haben und alle, mit denen Sie schon Erfolg hatten. Wenn Sie ein Portfolio mit 20 Aktien einrichten wollen, dann sollten Sie 50 bis 60 Aktien prüfen, um die besten Gelegenheiten zu finden.

50 oder 60 Aktien scheint eine entmutigende Zahl zu sein, wenn man sie alle beobachten soll. Aber in Wirklichkeit ist es ganz einfach. Alle Profis beobachten die Aktien, für die sie sich interessieren. Wenn sie bei einem ihrer Unternehmen eine deutliche Kursveränderung oder einen wichtigen Bericht sehen, dann prüfen sie den Bericht oder den Chart, um zu sehen, was da passiert ist. Sie sollten das auch tun.

Mit Hilfe des Internets können Sie die Aktien am einfachsten und auch am effektivsten beobachten. Sie brauchen nur einen Online-Service zu finden, die Tickersymbole einzutippen und die Website stellt die notwendigen Daten zur Verfügung. Wenn ich Aktien beobachten will, benutze ich My Yahoo!, eine Website, die von der Yahoo!-Suchmaschine zur Verfügung gestellt wird. Mit My Yahoo! kann ich die Kurse und Nachrichten über meine Aktien verfolgen. Andere Suchmaschinen sind auch gut, auch Online-Broker und viele spezialisierte Investmentdienste. Immer wenn Sie auf Ihr persönliches Tableau zugreifen, dann werden Sie Ihre Aktien, deren Kurse und eine Liste von Nachrichten über die Unternehmen finden, die Sie beobachten. Normalerweise sollten Sie in etwa fünf Minuten alle 60 Aktien durchblättern können. **Wenn Sie die Aktien und Nachrichten im Internet studieren, dann kostet es Sie weniger Zeit, als wenn Sie die Kurse in der Zeitung nachlesen.**

Klicken Sie Ihr persönliches Portfolio regelmäßig an. Lesen Sie die Nachrichten darüber. Die Nachrichten sind leicht zu erkennen, denn die Aktien, zu denen es Neues gibt, sind mit einem Sternchen gekennzeichnet. Beobachten Sie, wie Aktien auf spezielle Ereignisse reagieren. Kontrollieren Sie die Gewinnschätzungen und Ratings der Analysten. Auch das ist sehr einfach, weil die Aktionen der Analysten immer sehr deutlich gezeigt werden. Beobachten Sie, wie die Aktien auf Höherstufungen oder Rückstufungen reagieren. Sehen Sie sich Aktien, bei denen es deutliche Kursveränderungen gegeben hat, genauer an. Kontrollieren Sie, ob sich auch ihre Umsätze verändern. Die Charts sollten Sie mindestens einmal wöchentlich kontrollieren. Sich durch die Charts zu klicken, ist einfach. Sie müssen nicht alle Charts im Detail studieren. Es reicht, wenn Sie sich auf die Aktien konzentrieren, die sich einem Ausbruch oder einer Spitze nähern.

Wenn Sie eine neue Anregung erhalten, die Sie interessiert, gleich ob sie aus einem Wirtschaftsmagazin oder einem Interview mit einem Experten, einem Online-Chatroom, der Empfehlung eines Brokers, einem Rat eines Freundes oder aus Ihrer direkten Erfahrung herrührt, dann sollten Sie diese Aktie Ihrer Liste hinzufügen.

Prüfen Sie, ob Sie für eine bestimmte Aktie ein Gefühl entwickeln können. Machen Sie sich nichts daraus, wenn Sie eine Chance versäumen und diese Aktie nicht kaufen. Es wird Tausende anderer Aktien geben, und bei den meisten haben Sie mehr als eine Kaufgelegenheit. Viel wichtiger als sie gleich beim ersten Mal zu kaufen ist es, sich mit der Art und Weise, wie eine Aktie reagiert, wohlzufühlen.

In einigen Fällen wird es so sein, daß Sie sich mit dem Verhalten einer Aktie nicht anfreunden können. Vielleicht mögen Sie den Chart nicht. Vielleicht paßt das Kurs/Gewinnverhältnis nicht zu Ihrem Anlagestil. Es könnte auch sein, daß Ihnen die Volatilität nicht gefällt oder wie die Aktie auf bestimmte Ereignisse reagiert. Wenn Sie sich mit einer Aktie nicht wohlfühlen, dann sollten Sie sie von Ihrer Liste streichen. Konzentrieren Sie sich keinesfalls auf Aktien, bei denen Sie kein gutes Gefühl haben, ganz gleich, wie gut Ihnen die Gelegenheit erscheint.

Sie müssen sich auch nicht unbedingt um die beliebtesten Aktien kümmern, außer sie passen perfekt zu Ihrem Anlagestil. Über diese Aktien wird ständig in den Zeitungen geschrieben und in Fernsehsendungen gesprochen, und damit ist es einfach, sie zu beobachten. Suchen Sie sich am besten solche Aktien heraus, von denen Sie annehmen, daß Sie dabei einen Heimvorteil entwickeln können.

Wenn Sie mit einer Aktie gut zurechtkommen, dann sollten Sie ein wenig Arbeit investieren. Suchen Sie die Homepage des Unternehmens auf. Lesen Sie den Jahresbericht. Besorgen Sie sich die Berichte von Analysten über diese Aktie, und studieren Sie deren Anlagethese. Prüfen Sie, ob sie zu Ihrem Anlagestil paßt. Falls nicht, streichen Sie sie von Ihrer Liste. Wenn Sie sich mit der Aktie jedoch wohlfühlen, dann sollten Sie sie genauer beobachten. Vergleichen Sie das mit einer Verabredung: **Die beste Zeit eine Aktie kennenzulernen, ist, bevor man sie kauft, und nicht, wenn man mit ihr schon verheiratet ist.**

Je öfter Sie sich mit einer Aktie auseinandersetzen, um so besser werden Sie sie verstehen. Sie werden erkennen, wie sie sich in starken und in schwachen Märkten verhält, wie sie auf Veränderungen von Gewinnvorhersagen und Ratings verhält und wie sie sich im Vergleich zu den anderen Aktien ihrer Branche bewegt. Je mehr Erfahrung Sie mit einer Aktie haben, um so größer sind Ihre Chancen, mit ihr Geld zu verdienen. Setzen Sie sich nicht unter Erfolgsdruck. Sie sind erst dabei, eine Wissensgrundlage aufzubauen.

Jede Aktie, mit der Sie in der Vergangenheit keinen Erfolg hatten, sollten Sie sofort von der Liste streichen. Jeder Investor kennt Aktien, mit denen er nicht zurechtkommt. Manche werden sogar die besten Aktien falsch behandeln. Ich weiß, daß mir dies passiert ist. Auch wenn diese Aktie eine großartige Angelegenheit für andere ist, muß sie nicht unbedingt auch für Sie eine großartige Aktie sein, wenn Sie sie immer an ihren Spitzen kaufen und an den Tiefs verkaufen. Aktien sind wie Menschen. Sie werden nicht mit allen Menschen gut zurechtkommen, und es wird auch Menschen geben, die mit Ihnen nicht können. Wenn Sie nicht sehr diszipliniert sind, dann sollten Sie Ihre Fehler einfach begraben. Solche Aktien weiterhin zu beobachten, wird Sie irritieren, und es ist eher unwahrscheinlich, daß Sie beim nächsten Mal besser mit ihr zurechtkommen. Verschwenden Sie keine Zeit auf eine Aktie, mit der Sie nicht optimal zurechtkommen.

Jede Aktie, mit der Sie schon einmal Geld verdient haben, sollten Sie unbedingt auf Ihrer Liste behalten. Die besten Gelegenheiten erhalten Sie immer bei Aktien, mit denen Sie schon einmal erfolgreich waren. Wenn Sie vor drei Jahren eine Aktie kauften und zum doppelten Kurs verkauften, dann sollten Sie das nicht vergessen. Auch wenn es sich dabei nicht um das großartigste Unternehmen auf der Welt handelt, könnte es sich für Sie auszahlen, weil Sie schon etwas von seinem Geschäft verstehen und diese Aktie mit Selbstvertrauen traden können. Wenn Sie eine Ähnlichkeit mit Ereignissen erkennen können, die Sie an Ihren früheren Kauf erinnern, dann ist dies die Zeit, zu der Sie diese Aktie wieder kaufen sollten. Allerdings werden Sie diese Ereignisse nie aufspüren, wenn Sie die Aktie nicht auf Ihrer Beobachtungsliste behalten.

Suchen Sie sich die richtigen Branchen aus

Wenn Sie die Aktien auf Ihrer Beobachtungsliste betrachten, dann sollten Sie versuchen, sie nach Branchen zu sortieren. Die meisten Leute legen den Schwerpunkt auf bestimmte Branchen, bei denen sie einen Heimvorteil haben. Manche Aktiengruppen können einen Bezug zu ihren Berufen haben. Andere haben einen Bezug zu persönlichen Interessen oder zu bestimmten geographischen Gebieten. Fast jeder fühlt sich bei einigen Branchen wohler als bei anderen.

Wenn Sie den Schwerpunkt auf einige wenige Kernbranchen legen, dann sollten Sie sich auf diese konzentrieren, wenn Sie Ihre Wissensgrundlage aufbauen. Finden Sie über Unternehmen in diesen Branchen so viel wie möglich heraus. Prüfen Sie die Nachrichten und die Charts. Gehen Sie beispielsweise zu Morningstar.net, und vergleichen Sie die Aktien dieser Branchen. Es könnte sein, daß Sie die Namen von neuen Unternehmen entdecken, die Sie interessieren. Wenn Sie eine Anzahl konkurrierender Unternehmen auf Ihrer Liste haben, dann wird die Beobachtung dieser Aktien einfacher. Sie können mehr Interaktionen beobachten.

Wenn ich mich für ein Unternehmen besonders interessiere, dann setze ich auch die Namen der wichtigsten Konkurrenten auf meine Beobachtungsliste. Nicht nur, daß auch sie für einen Kauf in Frage kommen, sie können mir auch entscheidende Informationen über die Aktie geben, an der ich am meisten interessiert bin.

Prüfen Sie die wichtigsten Kennzahlen dieser konkurrierenden Unternehmen, beispielsweise das Verhältnis von Kurs zum Buchwert, Kurs zum Umsatz, Kurs zum Gewinn, die Eigenkapitalverzinsung und ähnliches. Ihr Ziel sollte es sein, herauszufinden, wie sich ähnliche Unternehmen verhalten. Sie sollten nicht unbedingt die Aktien kaufen, die in jeder Hinsicht am billigsten sind. Oft ist mit den Aktien, die zu billig erscheinen, etwas nicht in Ordnung. Aber Sie sollten diese Kennzahlen als Richtlinien nutzen, wenn Sie die Unternehmen bewerten wollen.

Versuchen Sie herauszufinden, was die Aktienkurse einer speziellen Branche in Bewegung hält. Im Handelsbereich sind die monatlichen Umsätze vergleichbarer Ladengeschäfte entscheidend. Bei Banken sind die Zinsen und Fusionen in der Branche eine Schlüsselgröße. In der Ölbranche sind die Benzinpreise entscheidend. Versuchen Sie herauszufinden, wie diese Faktoren das Unternehmen beeinflussen, an dem Sie interessiert sind. Wenn Sie die Branche verstehen und auch wissen, was die Aktienkurse dieser Branche bewegt, dann sollten Sie einige weitere Aktien dieser Branche auf Ihre Liste setzen. **Bei der Kapitalanlage, wie auch in einem Krieg, benötigen Sie genügend Kraftreserven. Es ist nicht falsch, wenn Sie ein oder zwei wichtige Branchen jeweils mit einer größeren Zahl von Aktien in Ihrem Portfolio halten.** Es ist allerdings besser, zwei voneinander unabhängige Branchen auszuwählen, damit sie nicht im Gleichschritt marschieren. Aber auch, wenn die beiden Branchen sehr eng miteinander verbunden sind, haben Sie einen größeren Vorteil, wenn Sie eine solide Basis entwickelt haben, als wenn Sie quer durch den Gemüsegarten investiert hätten.

Ein Portfolio zu diversifizieren, ist einfach. Sie können immer Investmentfonds aus Bereichen kaufen, die Sie nicht so gut verstehen, um Ihr Risiko bei der Spezialisierung zu begrenzen. Eine solide Wissensbasis aufzubauen ist jede Mühe wert, auch wenn dies Ihre Diversifikation begrenzt.

Wenn Sie eine Beobachtungsliste erstellt und einige Schlüsselbranchen gefunden haben, auf die Sie sich konzentrieren wollen, dann stehen Ihnen auch einige gute Aktien zur Verfügung, aus denen Sie auswählen können. Suchen Sie immer solche Aktien aus, bei denen Sie einen Heimvorteil haben, Aktien, mit denen Sie gut zurechtkommen und die Ihrem Anlagestil entsprechen. Bevor Sie einsteigen, sollten Sie die Aktien ein wenig besser kennenlernen. Die Zeit, die Sie aufwenden, bevor Sie tatsächlich kaufen, wird Ihre Performance deutlich verbessern.

Wählen Sie die richtigen Informationsquellen aus

Parallel zur Aktien- und Branchenauswahl sollten Sie auch einige Informationsquellen suchen. Es gibt viele gute Aktienbroker und Investment-Banking-Firmen, aber niemand hat immer recht. Dennoch ist es wichtiger, eine gute Zusammenarbeit mit einem Broker zu erreichen, der Ihre Bedürfnisse versteht, als von einem Broker zum nächsten zu springen. Es gibt auch viele hervorragende Websites. Man könnte 24 Stunden am Tag am Computer Finanzinformationen prüfen. Aber es gibt keine Website, die so überlegen ist, daß sie für jeden Investor ein Muß wäre. Ich mag Zacks.com weil ich eher ein fundamental orientierter Anleger bin, der auf Gewinnschätzungen großen Wert legt. Silicon Investor benutze ich eher selten, weil ich nicht viele High-Tech-Aktien in meinem Portfolio habe. Das soll nicht heißen, daß Silicon Investor keine hervorragende Site ist. Sie ist großartig. Lediglich für mich und meinen Anlagestil ist sie nicht hervorragend.

Das Sammeln von Informationen sollten Sie so betreiben wie das Sammeln von Aktien. Wenn Sie anfangen, Aktien zu kaufen, dann sollten Sie zunächst mit einer kleinen Anzahl von Informationsquellen beginnen. Später sollten Sie langsam neue Alternativen prüfen. Experimentieren Sie, prüfen Sie, welche am einfachsten zu benutzen sind und welche sie verstehen. Machen Sie sich keine Gedanken darüber, daß Sie irgendwelche wichtigen Nachrichten versäumen könnten. Sie werden wichtige Nachrichten ebenso verpassen wie Sie gute Aktien nicht kaufen. **Der Schlüssel zum Erfolg für jeden Investor ist, Informationsquellen herauszufinden, die für ihn einfach zu benutzen sind, die effizient sind und die seinem Stil und der Zeit, die ihm zur Verfügung steht, entsprechen. Überladen Sie sich nicht mit zu vielen Informationen.**

Kaufen, verkaufen und leer verkaufen

Nachdem Sie nun Ihren Anlagestil festgelegt, eine Plattform von Aktien ausgesucht und Ihre Informationsquellen ausgewählt haben, sind Sie bereit, mit dem Trading zu beginnen. Die erste Aktion, der Kauf einer Aktie, ist einfach. Sie rufen Ihren Broker an oder klicken seine Website an, und im Nu sind Sie Ihr Geld los. Aber kaufen kann gefährlich sein, wenn Sie nicht wissen, weshalb Sie diesen Kauf tätigen. Es ist gefährlich, wenn Sie nicht wissen, wie Sie auf bestimmte Ereignisse reagieren und wann Sie verkaufen werden. Sie sollten niemals eine Aktie kaufen, wenn Sie nicht zuvor den gesamten Prozeß durchdacht haben.

Betrachten Sie den Kauf einer Aktie so, als ob Sie Truppen ausheben würden. Bevor Sie an den Feind geraten, müssen Sie einen Angriffsplan haben, der auf Ihrer Einschätzung des Schlachtfelds beruht. Aber dieser Plan kann nicht in einem Vakuum entstehen. Sie müssen vorher durchdenken, wie der Feind reagieren könnte und welche Gegenmaßnahmen Sie treffen werden. Kein General würde angreifen, wenn er nicht auch einen Rückzugsplan hat, und kein Investor sollte kaufen, wenn er nicht einen Verkaufsplan hat. An der Börse, wie in einer Schlacht, können Ihre Truppen vernichtet werden, wenn Sie nicht alle möglichen Konsequenzen durchdacht haben.

Es gibt viele gute Gründe eine Aktie zu kaufen:

- Ein Freund erzählt Ihnen, daß dieses Unternehmen von einem anderen aufgekauft werden soll.
- Ihr Broker erzählt Ihnen, daß das Unternehmen die Gewinnschätzungen der Wall Street übertreffen werde.
- Die Aktie hat eine hohe relative Stärke und hohe Ertragskraft.
- Ein Analyst sagte, das neue Management werde dem Geschäft neue Impulse geben.
- Der Chart zeigt deutliche Anzeichen eines Ausbruchs.
- Sie gehen davon aus, daß die neue Produktlinie des Unternehmens ein Erfolg sein wird.
- Sie sind der Ansicht, daß dieses Unternehmen weitaus billiger gehandelt wird, als es seiner Wachstumsrate entspricht.

Keiner dieser Gründe, eine bestimmte Aktie zu kaufen, ist besser als ein anderer. Stellen Sie auf alle Fälle sicher, daß Sie genau wissen, weshalb Sie eine bestimmte Aktie kaufen, denn dies ist die einzige Möglichkeit, die Performance der Aktie zu beobachten.

Wie wir bereits besprochen haben, ist es die beste Strategie, eine Aktie zu kaufen, die Ihrem Investmentstil entspricht. **Betrachten Sie Ihren Anlagestil wie Ihre Muttersprache.** Bei ihr verstehen Sie auch Nuancen. Einen anderen Anlagestil sollten Sie wie eine Fremdsprache behandeln. Auch wenn Sie diese Fremdsprache studiert haben, werden Sie diese nicht so gut kennen wie Ihre Muttersprache. Wenn Sie bei Ihrem Anlagestil bleiben, dann ist es so, als ob Sie Ihre Muttersprache sprächen, und das bietet Ihnen die besten Möglichkeiten, das was geschieht, voll und ganz zu verstehen. Wenn Sie ein Momentum-Anleger sind, dann wissen Sie, wie sich Aktien verhalten, wenn es positive oder negative Überraschungen gibt. Wenn Sie ein Value-Anleger sind, dann wissen Sie genau, wann eine Aktie zu einem günstigen Kurs in Relation zu ihrem intrinsischen Wert gehandelt wird. Wenn Sie ein Techniker sind, dann wissen Sie genau, wann eine Aktie ihre Basis verläßt.

Auch wenn Sie Ihren eigenen Anlagestil anwenden, sollten Sie nach einer Bestätigung für Ihre Entscheidungen suchen. Betrachten Sie die Aktie aus der Perspektive eines anderen Anlagestils. Bestätigung können Sie beispielsweise aus der technischen Sicht erhalten. Wenn Sie positive Überraschungen bei den Gewinnen annehmen und der Chart schwach aussieht, dann bedeutet dies, daß die meisten Investoren Ihre Ansicht nicht teilen. Das sollte Sie nicht unbedingt von einem Kauf abhalten, aber Sie sollten sich fragen, was Sie wissen und der Rest der Wall Street nicht. Bestätigung können Sie auch aus fundamentalen Daten beziehen. Wenn Sie annehmen, daß eine neue Produktlinie die Gewinne anheben wird, dann werden Sie mindestens einen Analysten finden, der seine Gewinnschätzungen bereits erhöht hat. Wenn Sie glauben, das Unternehmen sei ein Übernahmekandidat, dann werden Sie wahrscheinlich ähnliche Unternehmen finden, die ebenfalls aufgekauft werden. Wenn alle Informationen gegen Ihre Anlagethese sprechen, dann sollten Sie vorsichtig werden. Es ist zwar in Ordnung, wenn Sie gegen den Strom anlegen, aber das sollten Sie nur dann tun, wenn Sie sich Ihres Wissens relativ sicher sind.

Mit der Zeit werden Sie bestimmte Unternehmen sehr gut kennen und ein Gefühl für ihre Geschäfte und Trading-Charakteristika gewinnen. In diesen Fällen können Sie einen Heimvorteil entwickeln, der ausschlaggebend ist, um Ihren Anlagestil ein wenig zu modifizieren. Als Value-Investor haben Sie vielleicht eine Aktie gekauft, weil Sie davon ausgingen, daß sie preisgünstig war. Wenn Sie das Unternehmen genauer untersuchen, können Sie die Fähigkeiten des Managements besser einschätzen und immer noch der Meinung sein, daß die Möglichkeiten des Unternehmens noch nicht ganz erkannt wurden, obwohl die Aktie ihren Wert inzwischen verdreifacht hat. Sie entscheiden sich, die Aktie zu halten. Nicht weil Sie nun zu einem Momentum-Investor geworden sind, sondern weil Sie einen Heimvorteil haben und der Meinung sind, daß die Investoren dieses Unternehmen immer noch unterschätzen. Dies ist so lange in Ordnung, bis Sie zur Auffassung kommen, daß das Unternehmen tatsächlich besser in das Momentum-Spiel paßt. Stellen Sie sicher, daß diese Aktie weiterhin einen guten Wert darstellt, oder Sie werden sich plötzlich unter den schnellen Momentum-Investoren wiederfinden und die Übersicht verlieren.

Zwar ist es besser, wenn Sie bei dem bleiben, was Sie wissen, doch wird es auch Gelegenheiten geben, zu denen Sie Aktien kaufen aus Gründen, die von Ihren grundlegenden Anlagestil abweichen. Wenn Sie einen Überflieger kaufen, dann sollten Sie genau wissen, weshalb Sie nicht bei Ihrem Stil bleiben, und sich bereithalten, sofort zu verkaufen, wenn es erste Anzeichen dafür gibt, daß die Aktie sich nicht so verhält, wie Sie es erwartet haben.

Bitte keine Kopfsprünge!

Wenn sich auf einem Schlachtfeld eine Lücke auftut, dann wird der kluge General nicht dasitzen und sein Hirn zermartern. Er wird auch nicht seine gesamten Truppen in die Offensive schicken, wenn er sich seiner Position nicht absolut sicher ist. Statt dessen wird er zunächst einmal einen Spähtrupp ausschicken, um die Stärke des Feindes zu prüfen. Wenn deren Berichte positiv sind, wird er seinen Angriff beginnen. In den meisten Fällen jedoch wird er nicht seine gesamten Truppen ins Feld führen. Statt dessen wird er einige in Reserve halten für den Fall, daß sich die Chance als Falle erweist oder der Feind einen Gegenangriff startet.

Bei der Kapitalanlage ist es ebenso. Es gibt einige Investoren, die sofort einsteigen und kaufen was sie können, wenn sie eine Aktie sehen, die ihnen gefällt. Andere sitzen herum und zermartern sich das Hirn, ob sie kaufen sollen oder nicht. Keine der beiden Vorgehensweisen ist richtig. Wenn es kein sehr deutliches Kaufsignal gibt, sollte der kluge Investor so wie der kluge General zunächst einmal klein anfangen und dann seine Position schrittweise aufbauen.

Wenn es Ihr Ziel ist, 300 Aktien eines Unternehmens in Ihrem Portfolio zu haben, dann sollten Sie zunächst 100 kaufen. Es ist wesentlich einfacher, nur einen Teil einer Position zu erwerben, da Sie dafür weniger Barmittel aufwenden müssen. Dies setzt den anfänglichen Kauf weniger unter Druck und gibt Ihnen die Möglichkeit, sich an die Aktie zu gewöhnen. Wenn die Aktie schnell an Wert gewinnt, werden Sie zwar nur zu einem

Drittel profitieren, aber immerhin sind Sie dabei. Beobachten Sie diese Aktie weiter. Achten Sie genau darauf, wie sie sich verhält. Studieren Sie die Nachrichten über diese Aktie. Machen Sie sich mit dieser Aktie vertraut. Wenn Sie dann immer noch attraktiv erscheint, sollten Sie weitere 100 Stück zukaufen. Setzen Sie dieses Verfahren fort, bis Sie Ihr Ziel erreicht haben.

Wenn Sie wegen eines Engagements nervös werden, ganz gleich aus welchem Grund, dann sollten Sie nicht darüber grübeln, ob Sie Ihre gesamte Position auflösen sollten. Eine solche Entscheidung kann Investoren handlungsunfähig machen. Verkaufen Sie 100 Aktien. Wenn Sie Gewinn machen, dann haben Sie sich einen Teil des Profits gesichert. Wenn es ein Verlust ist, dann haben Sie Ihr Risiko zu einem bestimmten Anteil begrenzt. Wenn Sie einen Teil Ihrer Beteiligungen verkaufen, dann wird Ihnen ein wenig Druck genommen. Wenn die Aktie zu ihrem Kaufkurs zurückkehrt, können Sie immer noch 100 weitere Aktien verkaufen. Da die Gebühren im Augenblick sehr günstig sind, wird man normalerweise kaum dafür bestraft, wenn man kleinere Mengen kauft oder verkauft.

Bleiben Sie bei Aktien, die sich gut halten

Wenn Sie eine Aktie erfolgreich getradet haben, dann haben Sie wahrscheinlich auch ein Gespür für das Unternehmen entwickelt. Je häufiger Sie eine Aktie erfolgreich getradet haben, um so besser stehen Ihre Chancen, daß Sie es wieder erfolgreich tun können. Wenn Sie mit einer Aktie in der Vergangenheit Erfolg hatten, dann sollten Sie, so oft es Ihnen geraten erscheint, zu dieser Aktie zurückkehren. Untersuchen Sie die Zeiten, zu denen Sie gekauft und verkauft haben. Versuchen Sie, nützliche Muster herauszufinden. Wenn Sie sehen, daß diese Muster wieder auftauchen, dann sollten Sie sofort aktiv werden. **Nichts zahlt sich mehr für Sie aus als eine Aktie, die Sie wirklich gut kennen.**

Wenn Sie die Wahl haben zwischen einer Aktie, die Sie noch nie im Portfolio hatten, und einer, mit der Sie schon mehrmals erfolgreich waren, dann sollten Sie immer zu der bekannten Aktie greifen. Es mag zwar spannender sein, einen neuen Namen zu kaufen, aber normalerweise werden Sie mit einer Aktie, die Ihnen schon einmal Geld eingebracht hat, wieder Geld verdienen.

Überlegen Sie einmal, wie Sie sich ein Restaurant aussuchen, wenn Sie weit von Ihrem Wohnort entfernt auf einer Autobahn fahren. An der Ausfahrt gibt es vier Restaurants: Drei, in denen Sie noch nie waren, und Denny's. Auf dem Parkplatz von Denny's denken Sie: »Vertraute Mittelmäßigkeit ist besser als unbekannte Mittelmäßigkeit!« Sie wissen genau, daß das Essen nicht gerade vom Feinsten ist, aber Sie waren schon einmal da und können damit leben.

Wenn Sie beim Essen keine Unwägbarkeiten eingehen wollen, weshalb sollten Sie es dann bei Aktien tun? Es ist wunderbar, wenn man neue Ideen hat, aber bevor Sie kaufen, müssen Sie mit diesen Aktien auch zurechtkommen. Wenn Sie nicht die Zeit haben oder nicht die notwendigen Informationsquellen, um eine neue Idee genau zu untersuchen, dann sollten Sie lieber zu einer Aktie zurückkehren, die Ihrem Portfolio schon vertraut ist.

Einmal sah ich einen Artikel über eine Aktie, die ich vor über einem Jahrzehnt erfolgreich in meinem Portfolio hatte. Die Aktie befand sich in einem langfristigen Tief und wurde zur Hälfte ihres Höchststands gehandelt. Ich hatte diese Aktie deshalb nicht in meinem Portfolio, weil ich das Management für unfähig hielt. Allerdings hielt ich sie auf meiner Beobachtungsliste, weil ich der Ansicht war, daß das Unternehmen an sich gut war und vielleicht aufgekauft werden könnte. Als ich erfuhr, daß der Aufsichtsrat den Vorstand gefeuert hatte, kontrollierte ich sofort, was die Analysten dazu meinten. Aber kein Analyst beobachtete dieses Unternehmen. Das war für mich eine ideale Situation. Das Unternehmen nahm erforderliche Änderungen vor, war aber bei den Analysten »durch das Sieb gefallen«. Ich machte meine Hausaufgaben und kaufte die Aktie. Es war zwar kein Weltunternehmen, aber ich wußte, daß es in Ordnung war.

Traden Sie mit einem »Dauerbrenner«

Wenn Profis eine Aktie entdecken, die ihnen wirklich gut gefällt, dann halten sie immer ein größeres oder kleineres Paket davon im Portfolio. Wenn die Aktie besonders attraktiv erscheint, vergrößern sie die Position. Wenn die Attraktivität nachläßt, stoßen sie einen Teil ab. Das sollten Sie auch tun, wenn Sie eine Aktie finden, die Sie besonders mögen.

Der Grund dafür, mit einem solchen »Dauerbrenner« zu traden, ist einfach: Wie wir bereits festgestellt haben, werden Sie mit einer Aktie, die Sie häufig traden, immer besser. Wenn Sie einen Grundbestand dieser Aktie in Ihrem Portfolio halten, werden Sie immer bemüht sein, die Beteiligung entweder aufzustocken oder abzubauen. Weil jede Bewegung einen Zugewinn bedeutet, ist es ziemlich einfach, zu kaufen oder zu verkaufen, wenn der Kurs dieser Aktie steigt oder fällt. Wenn Sie mit einer Aktie einmal Erfolg hatten, dann wird das Traden mit diesem »Dauerbrenner« Ihre Performance verbessern.

Kaufen Sie »Aktienkörbe«

Die Wall Street liebt Themen. Investoren suchen sich gern ganze Gruppen von Aktien, die von den gleichen Bedingungen profitieren. Wenn der Preiskrieg bei Fluggesellschaften abnimmt, steigt der Wert der meisten Airline-Aktien. Als die Märkte im Fernen Osten Ende 1997 zusammenbrachen, suchten Investoren sofort nach Unternehmen, die von niedrigeren Importpreisen profitieren würden. Die Beziehungen zwischen Aktien können auf fundamentalen Daten beruhen, auf technischen Mustern oder auch auf einer Mode. Was auch immer der Grund sein mag, Aktien bewegen sich normalerweise in Gruppen. Die meisten Investoren werden gut bedient sein, wenn sie diese Themen und Verbindungen verwerten.

Wenn Sie eine Aktie, die Ihnen gefällt, beobachten, dann sollten Sie sich die Frage stellen, ob es andere Aktien in dieser Branche gibt, die von den gleichen fundamentalen Einflüssen profitieren:

- Wenn eine Ladenkette, die hauptsächlich an Teenager verkauft, Marktanteile gewinnt, dann liegt das oft daran, daß Wettbewerber ihre Läden geschlossen haben. Sie beobachten diese Ladenkette, weil sie in Ihrer Heimatstadt den Hauptsitz hat. Finden Sie heraus, ob andere Läden in anderen Märkten von den gleichen Faktoren profitieren.
- Eine Bank in Ihrem Markt wird von einer überregionalen Bank mit einem hohen Übernahmeaufschlag erworben. Fragen Sie sich, welche anderen Banken Übernahmekandidaten werden könnten.
- Wegen des Potentials des E-Commerce klettern Yahoo! und AOL auf immer neue Höhen. Fragen Sie sich, welche anderen Unternehmen ebenfalls von der neuen Technologie profitieren.

Machen Sie sich keine Sorgen, wenn die Verbindungen, die Sie zwischen Aktien herausfinden, nicht perfekt sind und auch nicht direkt verlaufen. Die besten Investoren sind oft diejenigen, die Anknüpfungspunkte finden, die andere nicht gesehen haben. Neal Miller, der bei Fidelity den New Millenium Fonds managt, ist ein hervorragender Motiv-Investor. Neal liest einen kleinen Artikel in der Zeitung, und das bringt ihn dazu, über einen bestimmten Trend nachzudenken. Er ruft Analysten und Händler an, aber seine Fragen unterscheiden sich von denen anderer Profis. Viele bekommen überhaupt nicht mit, was er eigentlich wissen will. Aber Neal ist klug. Wie ein Detektiv versucht er, den nächsten Trend zu entdecken und die Aktien, die von diesem Trend profitieren, bevor seine Konkurrenten diese Chancen sehen.

Die meisten Investoren, die ein Thema herausfinden, das eine Aktiengruppe verbindet, versuchen, die beste Aktie in dieser Gruppe zu kaufen, weil sie annehmen, daß sie ihnen den höchsten Gewinn bringen wird. Aber in den meisten Fällen ist Investoren besser gedient, wenn sie einen ganzen Korb von Aktien kaufen, die in ähnlicher Weise von einer Bewegung profitieren können. **Statt 300 Aktien eines Unternehmens zu kaufen, sollten Sie lieber je 100 Aktien von drei Unternehmen der gleichen Gruppe kaufen.**

Wenn Sie einen Aktienkorb kaufen, dann vermindert dies Ihre Risiken, ohne Ihre Chancen entscheidend zu beeinträchtigen. In den meisten Fällen werden, wenn der Trend sich so entwickelt, wie Sie annehmen, alle Aktien an dieser Bewegung teilhaben, und Sie werden einen satten Gewinn einstreichen können. Wenn Sie Ihre Anlage diversifizieren, begrenzen Sie das Risiko, daß Ihr bevorzugtes Unternehmen irgend etwas Dummes macht oder besondere Probleme bekommt, die die Vorteile aus einem Aufwärtstrend zunichtemachen.

Gehen wir davon aus, daß Sie annehmen, alle Regionalbanken würden aufgekauft. Sie prüfen die Banken, und eine erscheint Ihnen besonders attraktiv. Doch dann, während andere Banken übernommen werden, kauft die von Ihnen ausgewählte selbst andere Banken auf, bezahlt enorme Gebühren an eine Brokerfirma und einen Geldmanager. Sie werden äußerst enttäuscht sein, weil Sie den Trend ganz richtig erkannt haben, dann aber die einzige Aktie gekauft haben, die an diesem Trend nicht teilnimmt.

Dick Keim und David Wilson von Keim Wilson gehören zu den besten Geldmanagern, die sich auf Aktien mit geringer Marktkapitalisierung spezialisiert haben. Dick und David managen ein äußerst breitgestreutes Portfolio. Ungefähr die Hälfte Ihrer Aktien paßt zu einem Thema. 1995 reiste Dick zu einer Konferenz von Öllieferanten in New Orleans. Er war der Überzeugung, daß deren Aktien in der nächsten Zeit gewinnen würden, und so baute er eine Position von 15 Aktien dieser Gruppe auf. Als diese Aktien tatsächlich stiegen, erkannte Dick, daß ihr Erfolg auch andere lokale Unternehmen begünstigen würde und so kaufte er zu dem Ölpaket ein Paket Bankaktien hinzu. Auch diese Banken legten deutlich zu.

Auch wenn Sie ein kleines Portfolio haben, können Sie einen Korb von Aktien kaufen. Sie brauchen dafür nur die Menge der einzelnen Aktien gering zu halten. Es ist die Mühe wirklich wert. Wenn man auf einen Korb von Aktien setzt, vermindert man das Risiko und verbessert die Performance.

Seien Sie ein aktiver Aktionär

Der Kauf von Aktien ist ein aktiver Prozeß, der Besitz dieser Aktien allein ist normalerweise passiv. Wenn Sie jeden Morgen die Tageszeitung öffnen oder ins Internet gehen, kontrollieren Sie die Kurse Ihrer Aktien. Dies tun Sie normalerweise, um ihre Performance zu prüfen. Wenn Ihre Aktien gestiegen sind, dann sind Sie glücklich. Wenn sie gefallen sind, dann weniger. Nur auf eine Beteiligung zu starren, ist passiv, wenn daraus keine Erkenntnis entsteht, etwas zu unternehmen.

Sie brauchen nicht jeden Tag in Aktion zu treten, Sie müssen sich aber immer dafür bereithalten. Wie ein General, der seine Truppen in einer Schlacht hat, können Sie Ihre Aktien nicht einfach im Portfolio lassen, ohne die Veränderungen zur Kenntnis zu nehmen, die sich auf dem Schlachtfeld entwickeln. Sie müssen Ihre Positionen ständig neu bewerten und immer dann handeln, wenn Nachrichten oder Charts dies geraten erscheinen lassen.

Der erste Schritt aus dem reinen Eigentümerstatus in einen aktiven Prozeß ist die regelmäßige Analyse einer jeden Aktie. Treten Sie einen Schritt zurück, und beginnen Sie von vorn. Ignorieren Sie die Tatsache, daß Sie mit den Aktien schon Gewinne oder Verluste hatten. Prüfen Sie die fundamentalen Daten, die Charts, die Nachrichten und konkurrierende Unternehmen. Würden Sie diese Aktie jetzt kaufen? Wenn Sie eine Aktie jetzt nicht kaufen würden, dann sollten Sie sie verkaufen. Es gibt keinen Grund, eine Aktie im Portfolio zu halten, die man nicht auch kaufen würde.

Wenn Sie diese Aktie wieder kaufen würden, dann sollten Sie sicher sein, daß der Grund, warum Sie die Aktie heute kaufen würden, ebenso stichhaltig ist wie damals, als Sie die Aktie kauften. Daraus sollte keine Rechtfertigung für Untätigkeit entstehen. Es ist in Ordnung, wenn Sie auch heute eine Aktie kaufen würden, die in Relation zu ihrem Wachstum unterbewertet ist. Aber es wäre falsch, wenn Sie die Aktie heute kaufen würden, weil sie zu billig ist, um sie zu verkaufen. Wenn Sie zum Anfang zurückgehen und Ihre Analyse überprüfen, werden Sie besser verstehen können, weshalb es inzwischen keinen Grund mehr gibt, die Aktie weiterhin im Portfolio zu halten.

Wenn Sie nicht kurzfristig traden, dann sollten Sie sich wegen kleiner Kursveränderungen keine Gedanken machen. Der Schlüssel zum Erfolg liegt darin, Trendwechsel zu erkennen. Dies ist in der Kapitalanlage das Pendant dazu, auf dem Schlachtfeld Veränderungen im Gleichgewicht der Kräfte erkennen zu können. Um dies zu erreichen, sollten Sie sich auf die folgenden Punkte konzentrieren:

- Gewinnberichte oder andere Bekanntmachungen des Unternehmens
- größere Kursbewegungen, die Widerstandslinien durchbrechen
- ungewöhnliche Veränderungen beim Umsatz
- ungewöhnliche Trading-Aktivitäten bei Aktien konkurrierender Unternehmen.

Wenn Unternehmen Gewinne bekanntgeben, dann verändern sich oft die fundamentalen Daten und die Erwartungen der Investoren. Dies ist ein entscheidender Zeitpunkt, um noch einmal zu überlegen, weshalb Sie diese Aktie in Ihrem Portfolio halten. Das ist besonders dann wichtig, wenn die Aktie auf die Veröffentlichungen anders reagiert, als Sie erwartet hatten. Wenn Sie glaubten, die Neuigkeiten seien gute Neuigkeiten und der Aktienkurs dennoch fällt, sollten Sie noch einmal überprüfen, weshalb Sie in diese Aktie investiert haben. Wenn eine Aktie bei schon bei guten Nachrichten an Wert verliert, was wird erst bei schlechten Nachrichten geschehen?

Größere Veränderungen bei Kursen und Umsatz können dazu zwingen, eine Aktie in neuem Licht zu betrachten. Wenn der Umsatz stark zunimmt, dann wechseln die Streitkräfte an der Wall Street ihre Positionen. Wenn eine Aktie eine Widerstandslinie durchbricht oder unter eine Unterstützungslinie fällt, dann wird oft eine neue Richtung festgelegt. Versuchen Sie zu verstehen, was hinter größeren Veränderungen von Kurs und/oder Umsatz steckt.

Einmal beobachtete ich, wie die Aktienkurse von Paul Harris Stores bei hohem Umsatz von 27 auf 20 $ fielen, weil Janet Kloppenberg, eine sehr kluge Analystin, die Aktie abgewertet hatte. Als Paul Harris später sehr gute Gewinne bekanntgab, kritisierten eine Reihe von Investoren Janet, weil Sie zu schnell gehandelt habe. Aber die Aktie verlor weiter. Drei Wochen später gab Paul Harris schwache Novemberumsätze bekannt und der Kurs fiel auf 15 $. Einen Monat später gab man schwache Dezemberumsätze bekannt, und der Kurs fiel unter 10 $, weil alle Analysten ihre Ratings zurückgenommen hatten. Ich weiß zwar nicht, wie Janet wissen konnte, daß die Geschäfte schlecht laufen würden, aber ich weiß, daß der hohe Umsatz bei fallenden Kursen allen Investoren eine Warnung hätte sein müssen. Wenn Sie erkennen, daß eine Aktie bei hohen Umsätzen an Wert verliert, dann sollten Sie nicht davon ausgehen, daß der Markt falsch liegt.

Achten Sie besonders auf Warnsignale: Die Umsätze oder Gewinne liegen unter Plan. Analysten reduzieren ihre Schätzungen. Die Lagerbestände sind zu hoch. Das Management verkauft seine Aktien. Auf dem Chart wird eine Spitze erkennbar. Der Umsatz hat bei fallenden Kursen zugenommen. Die Kurse konkurrierender Aktien fallen ebenfalls. Bei diesen Alarmsignalen sollten Sie sich hüten. Die meisten Aktionäre konzentrieren sich auf gute Nachrichten, aber auf schlechte Nachrichten zu achten kann weitaus entscheidender sein. Wenn Sie die Auswirkungen dieser negativen Ereignisse nicht berücksichtigen, werden Sie unweigerlich verlieren.

Verlieben Sie sich nicht in Ihre Gewinner. Investoren sind oft verliebt in Aktien, die eine gute Performance aufweisen. Wenn Sie einen großen Gewinner in Ihrem Portfolio haben, dann werden Sie oft stolz darüber sprechen, wieviel Geld Sie mit dieser Aktie schon verdient haben, und es kann sein, daß Sie sich mit dem Unternehmen wie verheiratet fühlen. Wenn etwas schiefläuft, dann werden Sie versuchen, die gute Seite daran zu sehen; vielleicht entwickeln Sie sogar Ihre eigene Strategie, eine festgefahrene Situation zu verbessern. Aber es ist nicht Ihr Unternehmen, Sie sind nur Aktionär. Je besser sich eine Aktie entwickelt hat, um so mehr werden Sie an ihr hängen und um so schwieriger wird es dann für Sie, Warnsignale zu erkennen, wenn die Geschäfte schlechter laufen. Auch wenn eine Aktie sich sehr gut entwickelt hat, sollten Sie prüfen, weshalb Sie sie in Ihrem Portfolio halten.

Geraten Sie nicht in Panik, wenn eine Aktie verliert. Eine Aktie wird oft ohne erkennbaren Grund nachgeben. Ein niedriger Kurs bedeutet aber nicht notwendigerweise, daß etwas nicht stimmt. Wenn alles andere in Ordnung ist, dann sollte eine Aktie bei 40 $ attraktiver sein als eine bei 50 $. Wenn Sie in ein Geschäft gehen, dann halten Sie nach Schnäppchen Ausschau. Wenn Sie sehen, daß ein Hemd, das 50 $ kostete, inzwischen für 40 $ angeboten wird, dann werden Sie es wahrscheinlich eher kaufen. Aber an der Börse läuft das oft umgekehrt. Die meisten Investoren kaufen lieber eine Aktie für 50 $, als sie zu kaufen, wenn sie auf 40 $ zurückgefallen ist. Der Grund: Wenn der Aktienkurs fällt, dann sorgen sie sich, daß es kein phantastisches Unternehmen oder kein solider Markt mehr ist.

Manchmal liegt etwas im argen, aber oft auch nicht. Ein kleiner Rückgang bei den Gewinnen bedeutet nicht gleich das Ende der Welt. Momentum-Investoren sollten sich Gedanken machen, aber für die meisten Investoren könnte dies das Zeichen für ein Schnäppchen sein. Wenn eine Aktie zurückfällt, sollten Sie die fundamentalen Daten neu bewerten. Widmen Sie dem Chart größte Aufmerksamkeit. Wenn die Aktie nicht bei großem Umsatz zurückgefallen und durch die Unterstützungslinie gebrochen ist, könnte der Kursrückgang diese Aktie eher attraktiv machen.

Sie sollten sich jedoch vor Aktien hüten, die fast wertlos geworden sind. Wenn eine Aktie bei gigantischen Umsätzen und Lücken zwischen Schluß- und Eröffnungskursen abstürzt und die Investoren in Deckung gehen, dann läuft etwas äußerst falsch. Lassen Sie sich nicht dadurch beruhigen, daß Analysten schreiben, der Markt habe überreagiert. Prüfen Sie Ihre Beteiligung jetzt sehr genau. Nicht nur, daß eine Aktie oft weiter abstürzt, wenn der Chart einmal zerstört wurde, es dauert sehr sehr lange, bis sie sich wieder erholt hat. Wenn Sie das Unternehmen nicht wirklich sehr gut kennen, dann sollten Sie keinesfalls den Helden spielen und an dieser Aktie festhalten.

Machen Sie sich keine Gedanken darüber, wie lange Sie eine Aktie halten. Die Zeit, die Sie eine Aktie in Ihrem Portfolio halten, hängt schließlich von Ihrem Anlagestil und der Performance der Aktie ab. Wenn Sie ein aktiver Trader sind, kann es durchaus sein, daß Sie sich schon nach einem Tag wieder von einer Position verabschieden. Wenn Sie ein langfristig orientierter Investor sind, dann kann es sein, daß Sie eine Aktie jahrelang halten. Es gibt nur eine einzige Regel, die Sie unbedingt beachten sollten: **Solange der Grund, aus dem Sie die Aktie gekauft haben, noch Bestand hat, solange sollten Sie die Aktie behalten.**

Es gibt nur einen Umstand, der Sie beeinflussen sollte, eine Aktie ein wenig länger als üblich zu halten. Wenn Sie deutliche Gewinne erzielt haben und die Aktie schon fast 18 Monate in Ihrem Portfolio halten (das ist der Zeitraum in dem der Kapitalgewinn von kurzfristig auf langfristig wechselt), dann sollten Sie die Charts noch einmal prüfen und auch die fundamentalen Daten. Wenn es keinen wirklich zwingenden Grund gibt, sofort zu verkaufen, dann sollten Sie noch ein wenig länger dabeibleiben, damit Sie der Kapitalertragsteuer entgehen. (In Deutschland sind Kapitalgewinne zur Zeit noch steuerfrei, wenn eine Aktie länger als 6 Monate gehalten wird, A. d. Ü.) Aber seien Sie vorsichtig. Viele Investoren ignorieren deutliche Verkaufssignale, während sie auf eine bessere steuerliche Behandlung warten. Wenn eine Aktie sehr volatil ist und Sie sich Sorgen machen, daß sie stark verlieren könnte, dann sollten Sie nicht zu gierig sein. Gewinne zu versteuern ist immer noch besser, als zusehen zu müssen, wie sie sich in Dunst auflösen.

Verkaufen Sie nicht aus Gefühlsgründen

Die meisten Investoren haben eine gute Erklärung weshalb sie kaufen, aber wesentlich seltener haben sie eine gute Erklärung dafür, weshalb sie verkaufen. Schreiben Sie die Gründe auf, weshalb Sie Ihre letzten zehn Aktien gekauft haben. Wahrscheinlich haben Sie eine ganze Reihe von gut durchdachten Ideen. Und nun schreiben Sie die Gründe für Ihre letzten zehn Aktienverkäufe auf. Was haben Sie aufgeschrieben?

- Die Aktie war mies.
- Mir wurde schon schlecht, wenn ich auf die Kurse sah.
- Sie fiel um 15 %.
- Ich wollte die Verluste steuerlich geltend machen.
- Ich hatte damit viel Geld verdient und wollte nicht zu gierig werden.
- Die Aktie stieg so schnell in ihrem Wert an, daß ich es mit der Angst zu tun bekam.

Keiner dieser Gründe beruht auf fundamentalen oder technischen Daten einer speziellen Aktie. Sie finden keine Überlegungen zu Gewinnen, zum Rating, zum Management oder zu technischen Mustern. Eine miese Aktie ist etwas anderes als ein zusammengebrochener Chart. Die Besorgnis über einen zu schnellen Kursanstieg sagt nichts darüber aus, ob die Aktie nun überbewertet ist oder eine Spitze erreicht hat. Außerdem bezieht sich keiner dieser Gründe auf Ihren Anlagestil. Es sind gefühlsmäßige Reaktionen auf die Performance der Aktie. Es ist nur natürlich, daß man Aktien, die eine schlechte Performance aufweisen, nicht mehr mag und daß man Kursgewinne mitnehmen möchte. Aber dies sind keine guten Gründe, eine Aktie zu verkaufen.

Die Kaufgründe noch einmal zu überdenken, ist der einzige sichere Weg herauszufinden, wann man eine Aktie verkaufen sollte. Wenn der Grund für den Kauf nicht weiterhin gilt, dann sollten Sie verkaufen. Manchmal wird der Kaufgrund anfangs nicht wirksam. Vielleicht haben Sie eine Aktie gekauft, weil Sie davon ausgingen, daß die Gewinne über Plan liegen würden, aber sie lagen unter Plan. Vielleicht haben Sie eine Aktie gekauft, weil Ihnen eine neue Produktlinie gefiel, aber diese Produktlinie war erfolglos. Vielleicht haben Sie eine Aktie gekauft, weil Sie dachten, sie würde auf dem Chart nach oben ausbrechen, aber die Aktie fiel zurück und begab sich in einen Abwärtstrend.

Manchmal trifft der Grund dafür, daß Sie gekauft haben, auch zu, aber gegenläufige Trends machen diese Vorteile zunichte. Die Gewinne lagen zwar über den Erwartungen, aber das Unternehmen gab bekannt, es mache sich Sorgen über das nächste Quartal. Die neue Produktlinie war zwar ein Erfolg, aber es gibt deutliche Schwächen bei den älteren Produktlinien. Die Aktie begann zwar nach oben auszubrechen, aber alle anderen Aktien dieser Gruppe verloren drastisch. Es kann auch sein, daß ein Kaufgrund tatsächlich zutrifft, aber nach einer gewissen Zeit schwindet. Eine Aktie, die einmal unterbewertet war, verdoppelte ihren Wert und ist nun nicht mehr unterbewertet. Eine Aktie, die nach oben ausbrach und deutlich zulegte, bildet nun eine Spitze und geht in einen Abwärtstrend über.

Es spielt überhaupt keine Rolle, ob der Grund, weshalb Sie eine Aktie kauften, ein guter Grund war, wenn er später durch andere Faktoren außer Kraft gesetzt wurde oder mit der Zeit schwand. Wenn der Kaufgrund nicht länger gilt, dann sollten Sie unbedingt verkaufen, weil Sie sonst mit dieser Aktie nie glücklich werden.

Eine Rechtfertigung zu suchen, wenn der ursprüngliche Kaufgrund sich als unberechtigt erweist, ist einer der größten Fehler, den Investoren begehen können. Gehen wir einmal davon aus, Sie kauften eine Aktie bei 20 $, weil Sie annahmen, die Gewinne würden höher als geplant ausfallen. Dann lagen die Gewinne unter Plan, und die Aktie fiel auf 16 $ zurück. Die Versuchung ist groß zu sagen: »Ich halte die Aktie weiterhin, weil sie zu billig ist, um sie zu verkaufen.« Dies ist ein Fehler. Wenn Sie eine Aktie gekauft haben, weil Sie positive Gewinnerwartungen hatten, und die Gewinne nicht erwirtschaftet werden konnten, dann sollten Sie die Aktie verkaufen. Es mag durchaus sein, daß die Aktie bei 16 $ einen guten Wert darstellt, aber wenn Sie sich als Value-Investor nicht wohlfühlen, dann werden Sie versuchen, diese Aktie zu verkaufen. Stellen Sie sich vor, Sie fahren auf der Autobahn. Nur weil andere Autos vor ihnen sind, bedeutet dies noch lange nicht, daß Sie in die richtige Richtung fahren. Als kleiner Junge fuhr ich mit meiner Familie im Auto nach Florida. Wir waren uns nicht sicher, welche Straße wir nehmen sollten. Mein Vater sah auf das Auto, das vor uns fuhr und sagte: »Fahren wir dem nach. Es sieht aus, als wüßte er, wohin er fährt.« Der vor uns fahrende Fahrer wußte es wahrscheinlich. Aber er fuhr nach New Orleans, und wir wollten nach Miami. 10 Meilen weiter kehrten wir um, und wir verspotteten meinen Vater, weil er den falschen Weg genommen hatte. Diese Straße mag für das vor uns fahrende Auto richtig gewesen sein, für uns jedoch war sie die falsche Straße. Bei der Kapitalanlage ist es so wie beim Autofahren: Nicht alle wollen ans gleiche Ziel.

Sie sollten sich ausschließlich von Ihrem Beweggrund für die Kapitalanlage leiten lassen, und nicht unbedingt vom Aktienkurs. Wenn Sie eine Aktie zu 20 $ gekauft haben, weil Sie der Annahme waren, das Unternehmen hätte einen hohen intrinsischen Wert und würde übernommen werden, dann sollten Sie nicht nervös werden, wenn sie auf 16 $ fällt. Der Grund für den Kauf der Aktie ist immer noch gültig, und Sie könnten durchaus weitere Aktien hinzukaufen.

Es scheint ein Widerspruch zu sein, einem Investor vorzuschlagen, er solle eine Aktie bei 16 $ verkaufen, einem anderen Investor hingegen, bei diesem Kurs weitere Aktien hinzuzukaufen. Aber es ist kein Widerspruch. Eine Aktie, die in ihrem Wert gefallen ist, ist eine hervorragende Angelegenheit für einen Value-Investor, der den intrinsischen Wert versteht. Für einen Momentum-Investor, der sich über das Unternehmen ärgert, weil es ihn enttäuscht hat, ist diese Aktie jedoch nicht geeignet. Um zu gewinnen, müssen Investoren wissen, weshalb sie eine Aktie kaufen, und brauchen eine Landkarte, um zu verstehen, wo sie ankommen wollen. Wenn die Aktie nicht mehr zu ihrer Landkarte paßt, dann sind sie orientierungslos. Es ist nicht schlimm, wenn man einen Fehler begeht. Und es ist ganz normal, daß man Geld verliert. Aber eine Aktie aus falschen Gründen zu halten, ist absolut falsch.

Gestehen Sie Ihre Fehler ein. Eine Aktie ist nicht wie ein Kind. Sie gehört Ihnen nicht ein Leben lang. Eine Aktie ist wie ein Soldat in Ihrer Kapitalanlage-Armee. Im Krieg werden Soldaten manchmal getötet. An der Börse ergeht es Aktien genauso. Wenn Sie General sind, dann werden Sie traurig darüber sein, wenn einer Ihrer Soldaten fällt, aber Sie werden dies als einen Teil des Preises akzeptieren, den man für einen Krieg bezahlen muß. Ebenso ist es an der Börse. Sie werden nicht immer recht haben, und Sie können Ihre Aktie nicht heiraten. Wenn eine Ihrer Aktien einen Totalabsturz erleidet, dann begraben Sie sie, und gehen Sie in die nächste Schlacht.

Keine Angst vor Leerverkäufen

Eine Aktie leer zu verkaufen, ist etwas anderes, als eine Aktie zu verkaufen. Es ist genau das Gegenteil von einem Aktienkauf. Wenn Sie eine Aktie leer verkaufen, dann setzen Sie Geld aufs Spiel, weil Sie darauf setzen, daß der Kurs der Aktie fallen wird. Das ist eine legale Wette. Es ist ebenso legitim, darauf zu setzen, daß eine Aktie im Kurs fallen wird, wie darauf zu setzen, daß sie im Kurs steigen wird. Aber es ist schwieriger zu gewinnen. Weil der Aktienmarkt in der Regel steigt, sind die Chancen beim Leerverkauf wesentlich schlechter und Ihr Risiko fast unbegrenzt. Wenn Sie eine Aktie kaufen und der Kurs auf null geht, dann könnten Sie Ihren Einsatz verlieren, aber wenn Sie eine Aktie leer verkaufen und Sie ihren Kurs vervierfacht, dann kann es sein, daß Sie das Vierfache Ihres Einsatzes verlieren. Es ist wesentlich schwieriger, bei einem Leerverkauf Geld zu verdienen als bei einer langfristigen Kapitalanlage. Aber das soll nicht heißen, daß Sie niemals einen Leerverkauf in Betracht ziehen sollten.

Die Unternehmen haben Leerverkäufer in Verruf gebracht, denn Sie behaupten, daß Leerverkäufer pessimistische Informationen streuten, um den Kurs einer Aktie zu drücken. Allerdings beschweren sich die gleichen Unternehmen nie, wenn sie oder Analysten, die so hart für sie arbeiten, optimistische Informationen verbreiten, um den Kurs der Aktie nach oben zu drücken. Unternehmen geben Milliarden von Dollars aus, damit Informationen so dargestellt werden, wie sie es wünschen. Analysten erhalten enorme Beträge und wissen genau, daß es zu ihrem Job gehört, die Aktienkurse der Investment-Banking-Kunden nach oben zu drücken. Die Leerverkäufer bezahlt niemand. Es stimmt: Sie wollen, daß die Kurse der Aktie in den Keller gehen – aber die Besitzer wollen gleichermaßen, daß sie steigen.

Es ist nichts falsch daran, wenn man davon ausgeht, daß eine Aktie überbewertet ist, die Bilanz sich verschlechtert, die Rechnungslegung zu aggressiv ist oder daß ein Unternehmen die Gewinnerwartungen nicht erreicht. Und deshalb ist es nicht schlimm, wenn man leer verkauft und gegen ein Unternehmen wettet. Allerdings sollte ein Investor, bevor er das tut, ein paar wichtige Regeln kennen:

- Die Begründung dafür, eine Aktie leer zu verkaufen, sollte immer besser sein, als die Begründung für einen Kauf.
- Verkaufen Sie nur solche Aktien leer, bei denen Sie einen besonderen Heimvorteil haben.
- Verkaufen Sie keine Aktie leer, weil sie zu teuer erscheint. Zu hoch bewertete Aktien können noch weiter ansteigen.
- Suchen Sie einen Katalysator, der den Kurs der Aktie in den Keller schicken kann.
- Suchen Sie eine Bestätigung, eine weitere Begründung, bevor Sie leer verkaufen.
- Verkaufen Sie solche Aktien leer, bei denen die Charts zusammenbrechen. Am günstigsten ist es, wenn auch die Aktien konkurrierender Unternehmen in den Keller gehen.
- Verkaufen Sie keine Aktien leer, bei denen schon große Shortpositionen bestehen. Diese Aktien sind meist zu teuer und bergen auch die größten Risiken. Gegebenenfalls müssen Leerverkäufer aber auch kaufen. Wenn eine Aktie eine große Shortposition aufgebaut hat, dann können diese Käufe soviel Druck auf die Leerverkäufer ausüben, daß dadurch der Kurs nach oben getrieben wird. Nur wenige Investoren möchten gern auf diese Weise bestraft werden.
- Wenn der Grund dafür, daß Sie leer verkauften, nicht mehr besteht, dann sollten Sie sofort kaufen. Eine Shortposition aufrechtzuerhalten, wenn der Grund dafür nicht mehr vorliegt, ist eine hervorragende Gelegenheit, Geld zu verlieren.

Wenn Sie diese Warnungen beherzigen, dann gibt es keinen Grund, weshalb Einzelinvestoren nicht auch einmal leer verkaufen sollten. Benutzen Sie Leerverkäufe allerdings nicht, um mit dem Markt Schritt zu halten. Statt dessen sollten Sie Leerverkäufe so behandeln, wie Sie den Kauf einer Aktie behandeln würden. Wenn Sie überzeugt davon sind, daß der Kurs fallen wird, dann sollten Sie die Gelegenheit ergreifen und diese Aktie leer verkaufen.

Diversifizieren Sie Ihr Portfolio

Wie weit sollte ein Portfolio diversifiziert sein? Die Antwort ist nicht so einfach, wie sie möglicherweise auf den ersten Blick erscheinen mag. Grundsätzlich ist es besser, ein diversifiziertes Portfolio zu haben. Je weiter es gestreut ist, um so geringer ist das Risiko. Das Dilemma für Guerilla-Investoren ist, daß sie, um einen Heimvorteil zu erlangen und gegen die Profis zu gewinnen, bei dem bleiben müssen, was sie sehr gut kennen. Da das Wissen der Menschen in der Regel sehr begrenzt und spezialisiert ist, neigen die meisten dazu, sich auf eine relativ kleine Zahl von Aktien und Branchen zu konzentrieren.

Investoren sollten sich niemals in eine Situation bringen, in der Erfolg oder Mißerfolg einer einzelnen Aktie oder einer Gruppe von Aktien den Lebensstandard beeinflussen können. Es ist nicht die Absicht dieses Buchs, ein Finanzplanungshelfer für Sie zu sein. Dennoch sollten Sie, bevor Sie investieren, Ihr Vermögen, Ihren Lebensstandard und Ihre langfristigen Verbindlichkeiten genau unter die Lupe nehmen. Als Regel sollte gelten, daß die Diversifikation in Ihrem Portfolio um so größer sein sollte, je näher Sie dem Ruhestand sind und je höher Ihre Verpflichtungen sind. Wenn Sie jung sind, einen guten Job und wenige Verpflichtungen haben, dann sind Sie in der Lage, weniger zu diversifizieren und höhere Risiken einzugehen. Vor allem aber sollten Sie sich niemals in eine Situation begeben, die Ihr Haus oder Ihr langfristiges Wohlergehen in Frage stellen könnte.

Sie sollten in diese Überlegungen Ihre gesamten liquiden Vermögensteile einbeziehen, auch die, auf die Sie Ihre Altersversorgung stützen. Wenn Ihre finanzielle Alterssicherung sich auf Aktien Ihres Arbeitgebers stützt, sollten die übrigen Aktien in Ihrem Portfolio etwas breiter gestreut sein. Wenn sich die Alterssicherung auf einen Investmentfonds stützt, dann brauchen Sie die anderen Bestandteile Ihres Portfolios nicht so breit zu streuen.

Auch wenn Sie einen großen Anteil liquider Vermögenswerte haben und bei Investmentfonds breit gestreut haben, ist es immer noch wichtig, die Aktien zu diversifizieren. In diesem Fall ist der Grund für eine Diversifikation nicht in finanziellen Belangen zu suchen, sondern es sind eher psychologische Gründe. Wenn Sie Ihr Portfolio auf eine begrenzte Anzahl verschiedener Aktien konzentrieren, dann nimmt Ihr Risiko dramatisch zu. Auch wenn ein Wertverlust bei diesen Aktien Ihren Lebensstandard nicht beeinflussen kann, wird er die Art und Weise Ihrer Kapitalanlage beeinflussen. Wenn Ihr Portfolio einmal zusammengebrochen ist, dann werden Sie Ihre nächsten Investments nur sehr zögerlich angehen.

Wie aber können Sie Ihr Portfolio diversifizieren und dennoch bei Unternehmen bleiben, bei denen Sie einen Heimvorteil haben? Es gibt eine Reihe von Möglichkeiten, mit denen Sie diese anscheinend widersprüchlichen Ziele erreichen können:

1. Bauen Sie eine einzelne Position nicht soweit aus, daß die Performance dieser Position Ihr Portfolio dominiert.
2. Wenn Sie eine besondere Branche oder Gruppe von Aktien bevorzugen, dann sollten Sie eine Auswahl von Aktien daraus kaufen, so daß die Performance einer einzelnen Aktie keinen nachhaltigen Einfluß auf Ihre Gewinnsituation hat.
3. Suchen Sie sich als Gegengewicht eine Branche mit unterschiedlichen fundamentalen Voraussetzungen. Wenn der größte Teil Ihrer Beteiligungen von Ihren beruflichen Erfahrungen profitiert, dann sollten Sie eine zweite Gruppe von Beteiligungen aufbauen, die von Ihren Erfahrungen als Konsument profitieren kann.
4. Suchen Sie nach einigen Aktien außerhalb dieser beiden Branchen, bei denen Sie Spezialwissen erwerben können.
5. Benutzen Sie Investmentfonds, um sich an solchen Bereichen zu beteiligen, die Sie nicht verstehen. Wenn Sie in der Regel Aktien mit geringer Marktkapitalisierung und hohem Wachstum kaufen, dann sollten Sie Investmentfonds kaufen, die sich auf Aktien mit hoher Marktkapitalisierung konzentrieren, auf Immobilien- und Versorgungswerte oder ausländische Aktien. Kleinere Beteiligungen an verschiedenen Investmentfonds außerhalb Ihres Spezialgebiets können Ihnen weitreichende Diversifikation bieten.
6. Schließlich sollten Sie sicherstellen, daß die finanzielle Absicherung Ihres Ruhestands anders angelegt ist als Ihr Portfolio. Wenn Ihre Kapitalanlage hauptsächlich aus Aktien besteht, dann sollten Sie die finanzielle Absicherung Ihres Lebensabends eher auf Schuldverschreibungen stützen, auch wenn hier die kurzfristigen Erträge niedriger sind. Wenn Sie

Aktien mit geringer Marktkapitalisierung kaufen, dann sollten Sie einen Teil Ihrer Altersversorgung in eher konservativen Fonds anlegen, die sich auf Aktien mit hoher Marktkapitalisierung konzentrieren. Wenn Ihre Altersversorgung sich auf die Aktien Ihres Unternehmens stützt, dann sollten Sie einen größeren Anteil Ihres Vermögens in Investmentfonds anlegen.

Um in Bereichen zu investieren, die Sie sehr gut kennen, und außerdem zu diversifizieren, müssen Sie genau überlegen. Für die meisten Investoren ist es die beste Lösung, wenn sie sich auf das konzentrieren, was sie selbst gut kennen, und den Profis die Kapitalanlage auf den Gebieten überlassen, die sie nicht so gut kennen.

Vermeiden Sie Gedankenspiele

Wenn man versucht, besser zu sein als der Markt, dann ist die größte Falle, in die Investoren geraten können, Gedankenspiele zu betreiben. Die Börse ist ein äußerst anspruchsvolles Spiel, und wenn man sich auf dieses Spiel einläßt, gibt es nichts, was jemanden schneller an den Abgrund bringt als sein Kopf. Wenn Sie anfangen, sich selbst in Frage zu stellen oder emotional auf die Aktien reagieren, die in Ihrem Besitz sind, dann sind Sie so gut wie tot.

An zwei entscheidenden Punkten kann Ihr Kopf Sie in ernsthafte Schwierigkeiten bringen: Dann, wenn Sie herbe Verluste erleiden, oder dann, wenn Sie große Gewinne einstreichen. Wenn Sie herbe Verluste erleiden, dann neigen Sie dazu, Ihre Entscheidungen in Frage zu stellen oder gar in Panik zu geraten. Wenn Sie große Gewinne einstreichen, dann fangen Sie an zu glauben, Sie seien unbesiegbar. In beiden Fällen könnten Sie größeren Irrtümern zum Opfer fallen.

Die folgenden Regeln sollen Ihnen helfen zu vermeiden, sich in Ihren Gedankenspielen zu verfangen.

Machen Sie sich nichts daraus, wenn Sie versäumen, eine gute Aktie zu kaufen

Wenn Sie an die Empfehlungen denken, die Sie von Freunden, Brokern oder Experten erhalten haben, dann werden Sie sich auf erfolgreiche Aktien konzentrieren, die Sie nicht gekauft haben. Dies ist ein entscheidender Fehler. Es gibt 10.000 Aktien, die Sie kaufen können, aber Sie werden zu einer bestimmten Zeit immer nur einige wenige in Ihrem Portfolio haben. Sie werden die meisten guten Gelegenheiten versäumen.

Es kann sein, daß Ihnen eine gute Aktie entgeht, weil Sie das Geschäft des Unternehmens nicht verstehen oder weil die Aktie nicht zu Ihrem Anlagestil paßt. In diesen Fällen ist es besser, diese Aktie nicht gekauft zu haben, ganz gleich wie gut sie sich entwickelt. Sie wären mit dieser Aktie nie glücklich geworden.

Die Leute jammern mir immer vor, daß sie Microsoft, Intel, Wal-Mart oder Home Depot nicht gekauft haben. In Wirklichkeit aber hätten Value-Investoren diese Aktien nach ihrem ersten Anstieg verkauft, auch wenn sie zu Anfang auf diese Aktie gestoßen wären. Momentum-Investoren hätten diese Aktien gleich nach dem ersten kleinen Einbruch verkauft. Wenn Sie nicht einer der ganz seltenen langfristig orientierten Investoren sind, ist es eher unwahrscheinlich, daß Sie eine dieser Aktien die gesamten zehn oder 20 Jahre ihres Aufstiegs in Ihrem Portfolio gehalten hätten. Einer großartigen Aktie nachzutrauern, die man hätte kaufen können, wird Ihnen niemals helfen.

Es kann sein, daß Ihnen eine hervorragende Aktie entgeht, weil Sie ganz einfach zuviel zu tun haben. Ein Freund könnte Ihnen einen guten Tip gegeben haben, aber Sie hatten an Ihrem Arbeitsplatz mit einem Problem zu tun oder ein Problem bei der Erziehung Ihrer Kinder. Zu dem Zeitpunkt, als Sie endlich die Gelegenheit hatten, sich auf diese Aktie zu konzentrieren, war sie bereits um 20 % gestiegen. Schade! Gute Aktien zu verpassen, kommt im Leben immer wieder vor. Es geschieht jeden Tag und widerfährt auch den Profis. Wenn Sie sich darüber ärgern oder darüber nachdenken, was hätte sein können, dann werden Sie als Investor gelähmt sein.

Manchmal wissen Sie genau, daß Sie eine bestimmte Aktie kaufen sollten, und haben auch die Zeit, sich darauf zu konzentrieren. Aber aus irgendeinem Grund verschieben Sie das Investment. Wenn sich die Aktie zu einem Gewinner entwickelt, tut das wirklich weh. Sie wußten, daß Sie diese Aktie kaufen sollten, aber Sie konnten sich nicht entschließen. Das Schlimmste was ein Investor sagen kann, ganz gleich aus welchem Grund: »Ich hätte doch kaufen sollen.«

Wenn Sie eine gute Aktie nicht gekauft haben, die Sie beobachteten, weil Sie nicht zu Ihrem Anlagestil paßte, dann streichen Sie sie von Ihrer Liste. Wenn Sie sie deshalb verpaßt haben, weil Sie gerade zuviel zu tun hatten, setzen Sie sie an die Spitze Ihrer Liste, und analysieren Sie die Aktie in ein paar Monaten noch einmal. Jagen Sie ihr nicht sofort nach. Wenn Sie das tun, dann tun Sie das aus verletzter Eitelkeit. Wenn Ihnen die Aktie entging, weil Sie sich nicht entschließen konnten, dann versuchen Sie herauszufinden, was der Grund dafür war. Wahrscheinlich werden Sie eine weitere Chance erhalten, wenn Sie sich selbst nicht verrückt machen.

Zu früh oder zu spät? Zweifeln Sie nie an Ihrem Verkaufszeitpunkt

Zwar gibt es viele Investoren, die verpaßten Kaufgelegenheiten nachtrauern, doch fast alle Investoren hinterfragen ihren Entschluß, wenn sie eine Aktie verkaufen. Weil Aktienkurse immer in Bewegung sind, werden Investoren fast immer zu früh oder zu spät verkaufen. Auch wenn Sie ein hervorragender technisch orientierter Investor sind, wird es Ihnen nicht immer gelingen, genau den Höchststand eines Aktienkurses zu erkennen. Ganz gleich, wieviel Geld Sie mit dieser Aktie verdient haben, wenn der Kurs nach Ihrem Verkauf weiter ansteigt, werden Sie sich sagen, Sie hätten die Aktie noch ein wenig länger halten sollen. Wenn die Aktie in ihrem Wert gefallen ist, bevor Sie verkaufen konnten, dann werden Sie sich verfluchen, weil Sie nicht früher verkauft haben.

Selbstzweifel wegen einer Aktion, die bereits stattgefunden hat, sind eine Verschwendung von Zeit und Energie. Als Sie aktiv wurden, haben Sie aufgrund der besten Informationen, die Ihnen zu diesem Zeitpunkt zur Verfügung standen, gehandelt. In kaum einem Fall wird Ihre Entscheidung perfekt sein. Hören Sie auf, nachzukarten. Sie können nicht noch einmal zurückgehen und das Spiel von neuem beginnen.

Statt sich selbst in Zweifel zu ziehen, sollten Sie die Grundlagen Ihrer Verkaufsentscheidungen noch einmal prüfen. Schauen Sie, ob Sie irgend etwas lernen können. Wenn Sie bei Ihrem Anlagestil blieben und aus Gründen verkauft haben, von denen Sie annahmen, daß sie zu diesem Zeitpunkt angebracht waren, dann ist das in Ordnung, ganz gleich, was die Aktie später machte. Es gibt keine Möglichkeit, die Zukunft vorherzusagen. Deshalb stellt ein unerwartetes Ereignis nach dem Verkauf die Gründe für Ihren Verkauf nicht in Frage. Wenn Sie aus Gründen verkauft haben, die im Gegensatz zu Ihrem Anlagestil stehen, oder wenn Sie aus emotionalen Gründen verkauft haben, dann sollten Sie sich gut merken, weshalb Sie dieses getan haben, damit Sie es beim nächsten Mal vermeiden können.

Regen Sie sich wegen eines schlechten Investments nicht auf

Alle Investoren treffen von Zeit zu Zeit schlechte Anlageentscheidungen. Ein schlechtes Investment ist eine Aktie, die nicht nur in ihrem Wert fällt, sondern deshalb an Wert verliert, weil Ihre Analyse falsch war. Sie kauften die Aktie, weil Sie der Ansicht waren, daß die neue Produktlinie ein Erfolg sein würde, doch sie stellte sich als ein Fehlschlag heraus. Oder Sie kauften die Aktie, weil Sie glaubten, daß das Unternehmen übernommen werden würde. Doch statt dessen entschied sich dieses Unternehmen, selber ein anderes zu akquirieren, und das stellte sich als Flop heraus. Ein schlechtes Investment kann es auch sein, wenn Sie die Verkaufssignale erkannten, sich aber nicht zum Verkauf entschließen konnten.

Ein solcher Reinfall läßt Investoren dumm aussehen. Entweder war ihre anfängliche Analyse falsch, oder sie kannten den richtigen Zeitpunkt für einen Verkauf, stießen die Aktie aber nicht ab. In beiden Fällen versagten sie. Ich kann Ihnen jeden einzelnen Fehlschlag aufzählen, der mir je unterlief. Dabei spreche ich nicht über Aktien, die um 5 oder 10 % an Wert verloren, sondern über die richtigen Bomben. Und ich kann mich an jede Aktie erinnern, mit der ich das gesamte Auf und Ab erlebte (ich kaufte die Aktie bei 10 $, wollte sie bei 40 $ verkaufen, hielt sie aber weiter, als sie auf 36 $ fiel, und dann blieb sie in meinem Portfolio, bis sie nur noch 10 $ wert war ...). Ich kann meine Augen schließen und sehe die Tickersymbole förmlich vor mir. Und immer, wenn ich versuchte, diese Mißerfolge zu vergessen, dann kam einer meiner Kunden und erinnerte mich: »Sie haben doch damals ...«

Niemand fühlt sich wohl, wenn er einen Fehler begeht oder Geld verliert. Doch sollten Sie sich wegen eines schlechten Investments nicht selbst zum Märtyrer machen. Statt dessen sollten Sie noch einmal Ihre Analyse überprüfen. Wenn Sie erkennen, weshalb Ihnen dieser Fehler unterlief, können Sie den gleichen Fehler beim nächsten Mal vermeiden. Wenn Sie keinen Fehler erkennen, dann sollten Sie die Aktie von Ihrer Liste streichen. Wenn Sie nämlich nicht wissen, weshalb Sie diesen Fehler beim ersten Mal begingen, dann werden Sie auch nicht bemerken, wann Sie dabei sind, ihn noch einmal zu begehen.

Warten Sie nicht darauf, dass der Markt Ihre Fehler ausgleicht

Es ist sehr schwierig, mit Fehlern zu leben, von denen man genau weiß, wie man sie vermeiden kann. Vielleicht haben Sie bemerkt, wie eine Aktie auf den Charts zusammenbrach oder daß die Gewinne weit unter Plan lagen. Sie wußten, daß Sie eigentlich verkaufen sollten. Aber Sie warteten in der Hoffnung, daß die Aktie sich ein wenig erholen würde oder gar zum ursprünglichen Kaufpreis zurückkehren würde, so daß Sie ohne großen Schaden aus dieser Sache aussteigen könnten. Wenn Sie keinen Anlagestil haben, der Ihnen einen guten Grund liefert anzunehmen, daß die Aktie sich erholen wird, dann sollten Sie keinesfalls darauf warten, daß der Markt Ihre Fehler korrigiert. Das geschieht äußerst selten. Wenn eine Aktie gegen Sie läuft, dann sollten Sie nie versuchen, unbeschadet auszusteigen. Wenn Sie einen Fehler machen, dann sollten Sie ihn akzeptieren und sich der nächsten Aktie zuwenden.

Halten Sie keine Aktien, die Sie nicht mögen

Wenn Investoren große Fehler begehen, dann entwickeln sie oft eine Abneigung gegen die Aktien, mit denen sie entweder Geld verloren haben oder Gewinne, die sie schon gemacht hatten, nicht realisiert haben. Dennoch behalten viele Investoren Aktien, die sie nicht mögen, und verkaufen Aktien, die ihnen gefallen. Man hat den Eindruck, sie hätten das Gefühl, sie müßten für ihren Fehler büßen.

Wenn Aktienkurse fallen, dann hört man oft: »Ich hasse diese Aktie. Sobald sie den Kurs, den ich bezahlt habe, wieder erreicht, werde ich sie sofort verkaufen.« Irgendwie haben diese Investoren im Unterbewußtsein die Vorstellung, daß dann, wenn die Aktie zum Einkaufskurs zurückkehrt, der Fehler getilgt ist. So sollte man aber nie Kapital anlegen. Sie sollten sich bei einem Verkauf nicht von Gefühlen leiten lassen, Sie sollten aber auch keine Aktien halten, wenn Sie sie nicht mehr mögen. Wenn Sie eine Aktie wirklich hassen, dann werden Sie bei dieser Aktie nie eine rationale Entscheidung treffen. Es ist wie in einer schlechten Ehe, außer daß bei Aktien eine Scheidung ziemlich einfach ist. Das Leben ist hart genug, auch wenn man sein Geld nicht in eine Aktie steckt, die man haßt.

Keine Panik, wenn Ihr Anlagestil oder Ihre Branche aus der Mode gerät

Weil sich die Börse in Zyklen bewegt, wird es Zeiten geben, zu denen Ihr Anlagestil oder Ihre Branche aus der Mode gerät. Vielleicht mögen Sie Unternehmen mit geringer Marktkapitalisierung im Rust Belt, aber im Augenblick sind gerade Technologie-Unternehmen »in«. Wenn Sie nicht gerade einen extremen Anlagestil bevorzugen, beispielsweise, daß Sie nur Aktien mit geringer Marktkapitalisierung kaufen, dann werden sich Zyklen innerhalb relativ kurzer Zeit wiederholen. Wenn Ihre Aktien hinter dem Markt zurückbleiben, dürfen Sie keinesfalls in Panik geraten. Die meisten Leute geraten gerade dann in Panik, wenn ihre Aktien kurz vor einer Trendwende stehen.

Wenn Ihre Aktien oder Ihr Anlagestil schlechter laufen als der Markt, dann sollten Sie Ihre Analyse überprüfen. Manchmal wirken sich die fundamentalen Daten anders aus, als Sie annehmen. Wenn es Ihre Strategie war, Aktien in den Emerging Markets Asiens zu kaufen, dann werden Sie die Ereignisse im Mai 1997 veranlaßt haben, die Möglichkeiten neu zu überdenken. Manchmal können makroökonomische Veränderungen die Aussichten für eine gesamte Branche verändern. Wenn die OPEC ihre Produktion verdoppelt, dann werden Sie höchstwahrscheinlich Ihre Ansichten über Ölaktien überdenken. Aber diese Veränderungen sind leicht zu erkennen, und man kann schnell darauf reagieren.

Investoren geraten in Panik, wenn ihr Anlagestil nicht die Performance des Gesamtmarktes erreicht, auch wenn es keine besonderen Nachrichten gibt. Oft ist es einfacher, mit einem Unternehmen zurechtzukommen, das enttäuschende Gewinne vermelden muß, als mit einem Unternehmen, das zwar gute Ergebnisse bringt, jedoch vom Markt ignoriert wird. Sie betrachten die fundamentalen Daten und können nicht verstehen, weshalb der Rest des Marktes dieses Unternehmen oder diese Branche nicht gleichermaßen schätzt. »Der Markt ist doof«, schimpfen Sie vor sich hin.

Schließlich, nach Monaten der Beobachtung, geben Sie auf. Wenn der Markt sich für Aktien aus dem Rust Belt nicht interessiert, so entscheiden Sie sich, auf Technologie-Aktien umzusteigen. Natürlich werden innerhalb kürzester Zeit die Technologie-Aktien einbrechen, und die Aktien aus dem Rust Belt werden den Markt überholen. Aber dann haben Sie Ihre Strategie schon geändert und auf beiden Seiten Verluste einstecken müssen.

Die Moral ist einfach. Es ist richtig, wenn Sie Ihre Analyse noch einmal korrigieren. Es ist auch richtig, wenn Sie Ihren Anlagestil etwas verändern.

Aber Sie sollten nie in Panik geraten. Wenn Sie in Panik geraten, dann sind Sie verloren. Solange Ihr Anlagestil Sinn macht, bleiben Sie bei dem, was Sie wissen. Wenn Sie sich im Rust Belt genau auskennen, haben Sie die Möglichkeit zu gewinnen, wenn Sie Unternehmen kaufen, die dort beheimatet sind. Wenn Sie plötzlich auf Technologie-Aktien umsteigen, dann werden Sie voraussichtlich zermalmt.

Setzen Sie nicht alles auf eine Karte

Wenn Sie dem Markt weit hinterherhinken, sollten Sie keinesfalls den Versuch unternehmen, alles auf eine Karte zu setzen. Bei einem Investment den absoluten Hauptgewinn zu erzielen, ist immer schwierig und sehr oft ist es eine Sache des Glücks. Wenn Sie Druck machen und versuchen, den Markt wieder zu erreichen, indem Sie Optionen oder andere risikoreiche Investments kaufen, dann werden Sie voraussichtlich Ihre Fehler vervielfachen und am Ende noch wesentlich weiter hinter dem Markt zurückliegen.

Halten Sie sich nicht für schlau, weil Ihre Aktien besser laufen als der Markt

Es ist sehr schlecht, wenn Sie in Panik geraten, wenn Ihre Aktien dem Markt gegenüber im Minus sind. Wenn Sie aber annehmen, Sie seien ein Genie, nur weil Ihr Portfolio oder Ihr Anlagestil besser läuft als der Markt, dann ist dies wesentlich schlimmer. Monatelang sahen Sie zu, wie sich andere Aktien im Markt bewegten. Dann fingen Ihre Aktien plötzlich Feuer. Von einem Tag auf den anderen lagen Sie besser als der Gesamtmarkt. Jeden Tag waren Ihre Aktien ganz oben auf der Liste der neuen Hochs. Nun glauben Sie, das Spiel sei ganz einfach und Sie besonders schlau. Sie werden bald in großen Schwierigkeiten sein.

So, wie eine defekte Uhr zweimal am Tag die richtige Zeit anzeigt, haben alle Investoren Zeiten, zu denen ihre Aktien besser laufen, als der Gesamtmarkt. Möglicherweise wird eines Ihrer Unternehmen übernommen, oder Ihre Branche ist gerade »in«. Es kann durchaus sein, daß Sie besser sind als der Gesamtmarkt, aber Sie sind jetzt nicht klüger als vor einigen Monaten, als Sie schlechter abschnitten als der Markt. Es besteht das Risiko, daß Sie von sich glauben, Sie seien unbesiegbar, und dann anfangen, dumme Entscheidungen zu treffen. Branchen und Anlage-Stilrichtungen kommen und gehen, aber in dem Augenblick, in dem Sie glauben, daß Sie immer gewinnen, werden Sie aggressiver und gehen unnötige Risiken ein.

Es kann durchaus sein, daß Sie sich etwas ausgedacht haben und besser abzuschneiden können als der Gesamtmarkt. Aber in den meisten Fällen werden Sie scheitern, wenn Sie die Marktbewegungen fälschlicherweise als Ihre eigene Klugheit betrachten.

Wenn ein Trupp Guerillas auf ein Schlachtfeld vorstößt und kein Anzeichen des Feindes sieht, würde der Anführer dann denken, daß der Feind geflohen und der Krieg vorüber sei? Wenn er das täte, dann gäbe es für ihn ein böses Erwachen, spätestens beim nächsten Gegenangriff. Die Guerilla kann immer eine kleine Schlacht gewinnen, aber wenn sie auf Grundlage der Erfahrungen aus dieser einen Schlacht entscheidet, daß sie nun den Feind vom Tal aus angreifen kann, dann gerät sie in größte Schwierigkeiten. Das gilt auch für den Einzelinvestor. Wenn Ihre Anlagen gut laufen, dann sollten Sie dankbar sein und bescheiden bleiben. Gehen Sie zurück zu den Grundlagen und betrachten Sie einen größeren Zeitraum. Betrachten Sie die Zeiten, zu denen Sie besser waren als der Markt, aber auch die Zeiten, in denen Sie schlechter waren. Achten Sie auf Warnsignale. Versuchen Sie herauszufinden, was schieflaufen könnte. Vergessen Sie nie: Sie sind immer noch ein Einzelinvestor, der gegen die Profis antritt.

An der Börse gegen die Profis zu gewinnen, ist nie einfach, aber es wird wesentlich schwerer, wenn Sie sich von Ihren Gefühlen tragen lassen. Die besten Investoren bleiben cool und bei ihrem Anlagestil. Es ist oft schwierig, cool zu bleiben, insbesondere dann, wenn man verliert. Aber es ist absolut notwendig, daß man die Gefühle ausschaltet. Wenn Sie eine schlechte Performance aufweisen, dann sollten Sie einen Schritt zurücktreten und Ihre Strategie und Ihren Anlagestil überprüfen. Lernen Sie aus Ihren Fehlern, aber lassen Sie nicht zu, daß die Fehler Sie verfolgen. Wenn Sie gewinnen, dann sollten Sie die richtige Perspektive beibehalten. Es kann sein, daß Sie besonders klug sind oder ganz einfach an der Reihe waren, besser zu sein als der Markt. Der Tag an dem Sie glauben, Sie hätten herausgefunden, wie man immer gewinnen kann, ist der Tag, an dem Sie Ihre Niederlage einleiten.

Ende der 60er Jahre hatte ich großen Erfolg mit Aktien. Ich hatte nicht viel Ahnung von Aktien, doch ich kaufte Aktien von Unternehmen, die mir gefielen und verkaufte sie wieder, wenn es den Anschein hatte, daß irgend etwas falsch lief. Dann begann ich meine Arbeit an der Harvard Business School. Alle meine Freunde waren Professoren oder Doktoranden. Wenn einer von ihnen mir einen Tip gab, kaufte ich die Aktie. Wenn sie an Wert verlor, glaubte ich, wir hätten recht und der Markt nicht. Wer auf der Welt sollte mehr wissen als jemand von der Harvard Business School? Doch nur deshalb, weil sie Visitenkarten hatten, auf denen Harvard stand, lagen meine Freunde noch lange nicht richtig. Ich ging unter, weil ich glaubte, daß ich klüger sei als der Markt. Dies ist ein Fehler, den ich nie wiederholen möchte.

Guerilla-Investing: Die Quintessenz

An der Börse zu investieren, ist wie die Teilnahme an einem Krieg. Derjenige auf der anderen Seite eines jeden Deals ist Ihr Feind, und nur einer von Ihnen beiden wird gewinnen. Wenn Sie Ihren Feind besiegen wollen, dann müssen Sie über bessere Informationen verfügen und in der Lage sein, schneller als er zu agieren. Wenn Sie Einzelinvestor sind, dann haben Sie leider schlechte Karten. In den allermeisten Fällen ist Ihr Feind ein professioneller Investor, der über mehr Mittel, mehr Erfahrung und mehr Wissen als Sie verfügt. Wenn Sie versuchen, einen solchen Investor geradewegs anzugreifen, dann werden Sie besiegt. Die einzige Möglichkeit, einen Gegner zu besiegen, der besser bewaffnet ist, ist die Strategie des Guerilla-Investing. Sie müssen

- sich selbst und Ihren Feind kennen.
- vermeiden, die Stärken Ihres Gegners anzugreifen.
- auf Ihrem Heimatboden kämpfen, indem Sie in Bereiche investieren, die Sie verstehen.
- Nischen finden, die Ihrem Feind entgehen. Investieren Sie in kleine Aktien oder in solche, die nur wenig beachtet werden.
- sich eine »Kaufen-und-Halten«-Strategie angewöhnen und damit die Vorteile Ihrer Feinde beim Trading neutralisieren.
- die Stärken Ihres Gegners gegen diese wenden, indem Sie sich auf ihre Schwerfälligkeit konzentrieren und von ihrem Zwang, eine gute kurzfristige Performance aufzuweisen, profitieren.
- ständig gegen den Konsens setzen. Wenn alle Ihre Feinde in eine Richtung gehen, gehen Sie in die andere Richtung. Der Konsens liegt immer falsch.

Um zu gewinnen, müssen Sie sich mit den richtigen Waffen bewaffnen, sowohl mit fundamentalen als auch mit technischen Waffen:

- Nutzen Sie die Arbeit der Analysten als Grundlage, und finden Sie dann heraus, wo der Konsens falsch liegt.

- Nutzen Sie Ihren gesunden Menschenverstand und Ihre eigene direkte Erfahrung.
- Prüfen Sie den Finanzstatus von Unternehmen. Achten Sie besonders auf unerwartete Veränderungen bei den Zahlen. Achten Sie darauf, ob Wachstumsrate und Kurs/Gewinnverhältnis konstant bleiben.
- Benutzen Sie die Charts als Frühwarnsystem. Achten Sie auf Ausbrüche und Spitzen. Die Profis geben immer deutliche Zeichen, wenn sie vorhaben, sich in die eine oder in die andere Richtung zu bewegen.
- Achten Sie auf Verbindungen zwischen Lieferanten und Kunden sowie zwischen Unternehmen der gleichen Branche. Die Aktien von Unternehmen, die in einer engen Beziehung zueinander stehen, folgen oft ähnlichen Mustern.
- Lassen Sie sich nicht von den Aussagen der Analysten benebeln. Lesen Sie zwischen den Zeilen. Prüfen Sie, ob eine Kaufempfehlung wirklich »Kaufen« bedeutet oder lediglich ein Versuch ist, den Kunden einer Investment-Bank glücklich zu machen.
- Denken Sie daran, daß der Markt nur selten überreagiert. Achten Sie auf Fallstricke und Chancen besonders dann, wenn Insider kaufen oder verkaufen oder Unternehmen Informationen verschleiern.

Wenn Sie einen Schlachtplan haben und die erforderlichen Informationen, um ihn umzusetzen, dann sind Sie bereit für den Angriff. Bevor Sie dies tun, müssen Sie

- Ihren eigenen Anlagestil finden, der in die Strategie des Guerilla-Investing paßt.
- vermeiden, den Bewegungen des Marktes hinterherzuhetzen. Bleiben Sie stattdessen bei dem Stil, mit dem Sie zurechtkommen.
- ein Unternehmen gründlich kennenlernen, bevor Sie ihm Ihr Geld anvertrauen.
- verstehen, warum Sie eine Aktie kaufen und wann Sie vorhaben, sie wieder zu verkaufen.
- aus dem Besitz einer Aktie einen aktiven Prozeß machen. Bewerten Sie Ihre Positionen ständig neu, und achten Sie auf Anzeichen dafür, daß etwas in die falsche Richtung läuft.
- ausschließen, sich in Ihre Aktien zu verlieben. Wie Soldaten in einem Krieg werden Aktien manchmal getötet. Sie sollten nicht mit ihnen untergehen.
- sich gegen Selbstzweifel schützen. Bleiben Sie cool, und bleiben Sie bei Ihrem Anlagestil. Wenn Sie das tun, werden Sie langfristig gewinnen.

Benutzen Sie das Internet sowohl zur Informationsbeschaffung als auch für das Online-Investing. Ganz gleich, ob Sie aktiver Trader oder langfristig orientierter Investor sind, das Internet hält für Sie von der Quantität und Qualität her gesehen Informationen bereit, die durchaus mit den Informationen, die den Profis zugänglich sind, vergleichbar sind. Zum ersten Mal können Einzelinvestoren heute mit der gleichen Geschwindigkeit ebenso detaillierte Informationen erhalten wie der Profi. Die Demokratisierung der Information wird einen dramatischen und langfristigen Einfluß auf die Arbeit an der Börse haben und der größte Teil dieses Einflusses wird den Einzelinvestor begünstigen.

Schließlich und dies ist das Wichtigste: Unterschätzen Sie nie die Kraft Ihres Feindes. Vergessen Sie nie, daß Ihr Feind eine gut ausgebildete Armee ist. Sie sind die Guerilla. In einem direkten Kampf können Sie Ihren Gegner nicht überwältigen und gegen ihn gewinnen. Sie müssen sich Ihrem Gegner mit großem Respekt nähern. Ziehen Sie den Nutzen aus den Chancen, die Sie erkennen, aber übertreiben Sie nicht. Vor allen Dingen sollten Sie sich immer das Zitat von Sun Tzu vor Augen halten, mit dem er sein Buch *Die Kunst des Krieges* begann: »Kenne dich selbst, kenne deinen Feind. In hundert Schlachten wird es dann zu hundert Siegen kommen.«

Guerillas

informieren sich ständig...

www.daytrading.de